Di Braun

SAHRANITE MI SRCE KRAJ RANJENOG KOLENA

Indijanci o povesti američkog zapada

Prevela
Gordana Velmar-Janković

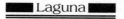 Laguna

Naslov originala

Dee Brown
Bury my Heart at Wounded Knee

Nikolasu
hrabrom – vuku

Sadržaj

Uvod

Otkako su, početkom devetnaestog veka, Luis i Klark počeli da istražuju obale Tihog okeana, o „otvaranju" i osvajanju američkog Zapada objavljeno je na hiljade priča i napisano na hiljade izveštaja. Najviše je doživljaja, iskustava i zapažanja zabeleženo u kratkom tridesetogodišnjem razdoblju između 1860. i 1890. godine, razdoblju o kojem govori ova knjiga. Bilo je to čudesno, neverovatno doba – doba nasilja, pohlepe, neustrašivosti, sentimentalnosti, neumerenog izobilja i osećanja najdubljeg poštovanja prema idealu lične slobode i prema onima koji su tu slobodu već imali.

U tom vremenu uništene su kultura i civilizacija američkih Indijanaca, a iz tog vremena potiču i svi veliki mitovi američkog Zapada – priče o lovcima na krzna, planincima i parobrodarima, o kopačima zlata, kockarima i revolverašima, o konjanicima i kaubojima, bludnicama i usedelicama, o misionarima i belim naseljenicima. Glas Indijanaca čuo se samo s vremena na vreme i bio je najčešće zabeležen perom belog čoveka. U svim mitovima Indijanac je predstavljao zlokobnu opasnost;

da je čak i znao da piše na engleskom, kako bi, i gde, našao štampara ili izdavača?

Pa ipak, glasovi iz indijanske prošlosti nisu zauvek iščezli. Verodostojna svedočanstva o povesti američkog Zapada ostala su zabeležena u indijanskim piktografima i u engleskim prevodima; neka su čak objavljena u lokalnim listovima, pamfletima i knjigama štampanim u malom broju primeraka. Kad je krajem devetnaestog veka interesovanje radoznalog belog čoveka za Indijance koji su preživeli ratove dostiglo vrhunac, preduzimljivi novinari često su vodili razgovore sa ratnicima i poglavicama i tako im omogućavali da iznesu svoja mišljenja o onome što se zbivalo na Zapadu. To su razgovori uglavnom neujednačenih vrednosti, jer su zavisili koliko od sposobnosti tumača toliko i od spremnosti Indijanaca da govore slobodno i otvoreno. Dok su jedni, u strahu od kazne, zaobilazili istinu, drugi su uživali u tome da novinare zbunjuju neverovatnim i nestvarnim pričama. Zbog toga bi izjave Indijanaca koje su objavljivane u novinama trebalo čitati sa skepticizmom, iako se i tu mogu naći istinska remek-dela ironije i pesničkog gneva.

Najbogatije izvore iskaza koje su Indijanci davali u prvom licu sadrže beleške hvatane u toku pregovora, na sastancima sa civilnim i vojnim predstavnicima Sjedinjenih Američkih Država. Kada je u drugoj polovini devetnaestog veka počeo da se primenjuje novi stenografski sistem Ajzeka Pitmena, izlaganje Indijanaca na većanjima pratio je, pored zvaničnog tumača, i zapisničar-stenograf.

Indijanske besede beležene su čak i na sastancima koji su se održavali u zabitima američkog Zapada, ali se proces prevođenja odvijao vrlo sporo, pa se ono što je rečeno uglavnom zapisivalo onako kako je izgovoreno. Tumači su, najčešće, bili poluindijanci koji su govorili mnoge jezike, ali koji su retko umeli da čitaju i pišu. Kao i većina naroda sa razvijenim usmenim predanjem, i tumači i besednici su misao izražavali slikom, pa su zato i svi engleski prevodi prepuni metafora i grafičkih poređenja sa svetom prirode. Nevešt prevodilac je besedu najrečitijeg Indijanca pretvarao u jednoliku prozu, a dobar prevodilac je i rđavog govornika preobražavao u istinskog pesnika.

Dok su većali sa belim činovnicima, indijanske vođe istupale su otvoreno, pošteno i nepristrasno, a kada su, u razdoblju između 1870. i 1880. godine, stekli veće iskustvo i postali veštiji i istančaniji pregovarači, birali su sami i tumače i zapisničare. Kako su u tom periodu već svi pripadnici plemena imali pravo na slobodno izlaganje, stariji Indijanci su ovu priliku koristili da bi, kao očevici, prepričali događaje iz prošlosti ili ukratko izložili povest svojih naroda. Iako su u tom razdoblju propasti svoje civilizacije Indijanci doslovno zbrisani sa lica zemlje, njihove reči ostale su sačuvane u zvaničnim zapisnicima, dok su važniji sadržaji pregovaranja objavljeni u vladinim dokumentima i izveštajima.

Pokušao sam da na osnovu svih izvora tog gotovo zaboravljenog usmenog predanja oblikujem priču o osvajanju američkog Zapada onako kako su to osvajanje doživele njegove žrtve i da se, kad god je to bilo moguće, služim njihovim rečima. Amerikanci su, čitajući zapise o tim vremenima, uvek upirali pogled na zapad; možda će se, čitajući ovu knjigu, konačno sučeliti sa istokom.

Ovo nije vedra knjiga; ali, sadašnjost je satkana iz prošlosti, pa će možda oni koji knjigu budu čitali imati jasniju predstavu o tome šta je američki Indijanac danas zahvaljujući saznanju o tome šta je on bio juče.

Možda će čitaoca iznenaditi blaga razboritost Indijanaca koji su u američkom mitu stereotipno prikazani kao divljaci, a možda će on od tog naroda, koji je bio istinski čuvar prirode, naučiti ponešto i o sebi i svojoj vezanosti za zemlju. Indijanci su znali da zemlja i njena bogatstva čine život, oni su znali i da je Amerika raj, pa zato nisu ni mogli da shvate zašto uljezi sa Istoka uništavaju sve indijansko, a to znači i samu Ameriku.

Ako se čitaocima ove knjige ikada ukaže prilika da vide bedu, beznađe i prljavštinu u savremenim indijanskim rezervatima, moći će možda i da shvate zašto je to tako.

Di Braun
Urbana, Ilinoj,
aprila 1970. godine

Tamo me neće biti. Ustaću i nestaću.
A srce mi sahranite kod Ranjenog kolena.
STIVEN VINSENT BENET

„Njihovo držanje je dostojanstveno, a ponašanje vredno hvale"

Gde je danas pleme Pekot? Gde su Naraganseti, Mohi-kanci, Pokanoketi i mnoga druga nekad moćna pleme-na našeg naroda? iščezli su pred pohlepom i tlačenjem belog čoveka, kao što sneg iščezava pod letnjim suncem. Hoćemo li dopustiti da nas unište bez borbe, hoćemo li se odreći svojih domova, zemlje koju nam je zave-štao Veliki Duh, grobova svojih mrtvih i svega što nam je drago i sveto? Znam, svi ćete uzviknuti za mnom: Nikada! Nikada!

TEKUMSEH, POGLAVICA PLEMENA ŠONI

POČELO JE SA KRISTIFOROM KOLUMBOM: on je naro-du nadenuo ime *Indios*. Beli ljudi, Evropljani, govorili su raznim dijalektima, pa su jedni tu reč izgovarali kao Indijan, a drugi kao Indijanac ili Indi… Izraz *peaux-rouges* ili crvenokošci pojavio se kasnije. Pripadnici plemena Taino sa ostrva San Sal-vador su, kako su im to plemenski običaji i nalagali, Kolumba i njegove pratioce velikodušno obasuli počastima i darovima.

„Ovaj narod je tako pokoran i toliko miroljubiv", pisao je Kolumbo španskom kralju i kraljici, „da se Vašim Veličanstvima kunem da boljeg naroda nema na vascelom svetu. Ti ljudi vole svoje bližnje kao same sebe, njihovo je kazivanje puno blagosti i samilosti, a reči uvek propraćene osmehom; oni jesu goli, ali je njihovo držanje dostojanstveno, a ponašanje vredno hvale."

Sve je to, naravno, shvaćeno kao znak slabosti, nemoći i neznaboštva, pa je i Kolumbo, kao svaki čestiti Evropljanin, bio ubeđen da taj narod valja naterati „da radi, seje i obavlja sve što je potrebno da bi *usvojio naše običaje i naš način života*". U toku sledeća četiri veka (1492-1890), nekoliko miliona Evropljana i njihovih potomaka preduzimali su sve što je bilo u njihovoj moći da narodu Novog sveta nametnu svoje običaje i svoj način života.

Kolumbo je jednostavno oteo desetak svojih prijateljski raspoloženih Taino domaćina i prebacio ih u Španiju, gde je trebalo da se upoznaju sa načinom života belog čoveka. Jedan od njih umro je neposredno po dolasku, ali je pred smrt, preobraćen u hrišćanstvo. Od silnog zadovoljstva što su prvom Indijancu omogućili da ode na nebo, Španci su se brže-bolje potrudili da tu lepu vest pronesu kroz celu oblast Karipskog mora.

Pleme Taino i drugi narodi Aravaka nisu se opirali preobraćenju u evropsku veru, ali su se snažno suprotstavili hordama bradatih stranaca koji su u poteri za zlatom i dragim kamenjem neumorno pretraživali njihovo ostrvo. Španci su pljačkali i spaljivali sela, otimali ljude, žene i decu i brodovima ih slali u Evropu da bi ih tamo prodavali kao roblje; na otpor Aravaka belci su odgovarali puškama i sabljama i za nepunu deceniju otkako je Kolumbo 12. oktobra 1492. godine stupio na tlo San Salvadora uništili su čitava plemena i stotine hiljada domorodaca.

Plemena Novog sveta teško su i sporo dolazila u vezu jedna sa drugima, pa su i vesti o svirepostima Evropljana retko išle ukorak sa sve bržim osvajanjima i naseljavanjem. Pauhatani su, međutim, i pre nego što su belci koji govore engleski došli u Virdžiniju 1607. godine, saznali za tehniku mučenja kojom su se služili civilizovani Španci. Englezi su primenjivali istančanije metode. Da bi obezbedili mir koji će potrajati dovoljno dugo da bi se naselili u Džejmstaun, oni su na glavu Vahunsonakuka stavili zlatnu krunu, proizveli ga u kralja Pauhatana i njegov narod naterali da radi danonoćno i bele doseljenike snabdeva hranom. Vahunsonakuk se našao u procepu; na jednoj je strani bio privržen svojim sada već ogorčenim podanicima, a na drugoj pokušavao da bude veran Englezima. Čim se, međutim, njegova ćerka Pokahontas udala za Džona Rolfa zaključio je da je više Englez a manje Indijanac. Posle njegove smrti, Pauhatani su u želji da se osvete Englezima i proteraju ih na more sa koga su došli digli bunu, ali su potcenili i protivnika i njegovo oružje. Pleme od osam hiljada Pauhatana svedeno je za vrlo kratko vreme na grupu koja je imala manje od hiljadu članova.

U Masačusetsu je priča počela malo drukčije, ali se završila gotovo na isti način kao u Virdžiniji. Pošto su se 1620. godine iskrcali u Plimutu, Englezi bi po svoj prilici skapali od gladi da im u pomoć nisu pritekli prijateljski nastrojeni domoroci Novog sveta. Pemakid po imenu Samoset i tri pripadnika plemena Vampanoago – Masasoit, Skanto i Hobomah – postali su samozvani misionari hodočasnika, ponosni što natucaju engleski, jezik koji su naučili od istraživača što su se prethodnih godina iskrcali na kopno. Skanto je imao uzbudljiv život: jedan engleski mornar ga je oteo i u Španiji ga prodao kao roba, a drugi mu pomogao da pobegne i vrati se kući. Za sve Indijance u Plimutu, pa i za njega, kolonisti su bili bespomoćna deca; domoroci su sa doseljenicima delili kukuruz iz plemenskih skladišta, pokazivali im gde se i kako lovi riba i te prve zime doslovno ih izdržavali. A kad je granulo proleće, svojski su se potrudili da belce nauče kako se seju i gaje usevi.

Englezi i njihovi indijanski susedi živeli su u miru nekoliko godina, ali su brodovi pristizali jedan za drugim i na kopno iskrcavali sve više belih ljudi. Zveket sekira i prasak drveća koje se ruši odjekivali su obalama zemlje koju su naseljenici nazivali

Novom Engleskom. Naseobine su se sabijale jedna uz drugu, pa su kolonisti 1625. godine zamolili Samoseta da im ustupi još dvanaest hiljada jutara permakidske zemlje. Samoset je znao da je zemlja koju im je zaveštao Veliki Duh isto toliko beskrajna koliko i nebo i da ona ne pripada nijednom čoveku. Ali da bi ugodio tim čudnim tuđincima i njihovom još čudnijem načinu života, obavio je svečani obred i, stavivši krst na hartiju, ustupio im zemljište. Tako su engleski kolonisti dobili prvu tapiju na indijansku zemlju.

Sledeći doseljenici, koji su sada već navirali u hiljadama, nisu se zamarali ceremonijama. Kad je 1662. godine umro veliki poglavica Vampanoaga Masasoit, narod je potisnut u divljinu. Njegov sin Metakom je vrlo brzo shvatio da su, ako se ne ujedine i osvajačima ne pruže žestok otpor, osuđeni na propast. Iako su Novi Englezi pokušavali da mu se dodvore i krunisali ga za kralja Filipa Pokanoketa, Metakom je gotovo ceo život posvetio stvaranju saveza sa Naragansetima i drugim susednim plemenima.

Posle niza drskih akcija kolonista, kralj Filip je 1675. godine poveo ujedinjene Indijance u rat kako bi ih spasao istrebljenja. Saveznici su napali pedeset dva naselja i do temelja uništili dvanaest, ali je posle višemesečne borbe vatreno oružje belih doseljenika doslovno istrebilo i Vampanoage i Naragansete. Kralj Filip je ubijen, a njegova odsečena glava javno je izložena u Plimutu gde je tako stajala punih dvadeset godina. Njegova žena i sin su, zajedno sa ostalim zarobljenim Indijankama i njihovom decom, prodati kao roblje trgovcima u oblasti Karipskog mora.

Tada su na ostrvo Menhetn došli Holanđani; Peter Minuit ga je kupio za šezdeset gvineja koje je isplatio udicama i đerdanima od staklenih perli, ali je Indijance podsticao da ostanu sa njim i nastave sa razmenom dragocenih krzna i koža za đinđuve i igračke. Godine 1641. Vilem Kift je počeo da ubira danak od Mohikanaca, a svoje vojnike je poslao na Stejten Ajlend da kazne Raritane zbog uvreda koje mu nisu naneli oni nego beli naseljenici. Raritani su vojnicima pružili otpor i u borbi su poginula četiri Indijanca. A kad su iz odmazde ubili četvoricu Holanđana, Kift je naredio da se u dva indijanska sela izvrši pokolj svih žitelja: holandski vojnici zarivali su svoje bajonete u muškarce, žene i decu, komadali ih i gazili, a sela spalili do temelja.

Ukoliko su, nadirući kroz klance Aligenskih planina i niz reke koje teku na zapad do Velikih voda (Misisipi) i Velike kaljuge (Misuri), evropski kolonisti zalazili dublje u kopno, utoliko su pokolji bivali češći, a trajali su puna dva veka.

Pet naroda Irokvoj[1], najmoćnijeg i najnaprednijeg istočnog plemena, bezuspešno su se borili za mir. Pošto su godinama, uz velika krvoprolića, pokušavali da sačuvaju političku nezavisnost, na kraju su ipak poraženi i potučeni do nogu. Neki Irokvoji pobegli su u Kanadu, neki na zapad, a neki su kao sužnji život proživeli u rezervatu.

Šezdesetih godina osamnaestog veka, poglavica Otava Pontijak ujedinio je plemena iz oblasti Velikih jezera u nadi da će Britance naterati na povlačenje preko Aligenskih planina, ali su svi njegovi pokušaji bili uzaludni. Najveću grešku napravio je kada je sklopio savez sa belim ljudima koji govore francuski, jer su oni u presudnoj opsadi Detroita uskratili pomoć crvenokošcima koje su nazivali *peaux-rouges*.

U sledećem naraštaju, poglavica Šoni Indijanaca Tekumseh je, da bi zemlju zaštitio od invazije, stvorio veliki savez južnih i srednjozapadnih plemena. Taj se san završio Tekumsehovom smrću; moćni poglavica poginuo je u jednoj od bitaka kojima je obilovao rat iz 1812. godine.

Između 1795. i 1840. godine pleme Majami išlo je iz bitke u bitku i potpisivalo jedan mirovni ugovor za drugim, svakim ustupajući svoju bogatu zemlju u dolini Ohajo sve dok je imalo šta da ustupa.

Kada su posle rata iz 1812. godine beli naseljenici pokuljali u Ilinoj, plemena Sok i Lisice prebegla su preko reke Misisipi. Jedan od nižih poglavica, Crni Jastreb, odbio je da se povuče i sklopio savez sa plemenima Vinebago, Potavotami i Kikapu sa namerom da naseljenicima objavi rat. Ali grupa Vinebaga, koju je sa dvadeset konja i sto dolara potkupio zapovednik belih vojnika, izdala je Crnog Jastreba. Beli ljudi su poglavicu zarobili 1832. godine, odveli ga na Istok, tamo zatočili i prikazivali radoznalom svetu. Kad je 1838. godine Crni Jastreb umro, guverner tek stvorene Teritorije Ajova dokopao se njegovog skeleta i godinama ga, pred očima svih posetilaca, držao u svojoj kancelariji.

Godine 1829, sedmi predsednik Sjedinjenih Država postao je Endru Džekson ili Oštar Nož, kako su ga Indijanci zvali. Kao vojni zapovednik, on je u toku svoje karijere pobio hiljade pripadnika plemena Čeroki, Čikaso, Čokto, Krik i Seminol, iako su ti južni Indijanci bili brojni i tvrdoglavo se držali plemenske zemlje koja im je, uostalom, bila trajno i dodeljena ugovorima sklopljenim sa belim ljudima. U prvoj poruci koju je uputio Kongresu, novi predsednik je predložio da se svi Indijanci prebace na zapad, na drugu obalu reke Misisipi: „Predlažem da se za indijanski posed izdvoji šire područje zapadno od reke Misisipi… i da se ta oblast indijanskim plemenima dodeli trajno, to jest sve dok je oni sami ne napuste."

Iako bi se i ta zakonska odredba našla, bez sumnje, na podužem spisku pogaženih obećanja koja su beli ljudi davali istočnim Indijancima, Oštar Nož Džekson bio je duboko ubeđen u to da beli i crveni ljudi ne mogu da žive u miru i da jedino njegov plan pruža obećanje koje se ne mora pogaziti. Njegova preporuka pretočena je u zakon 28. maja 1830. godine.

Dve godine kasnije, predsednik Džekson je u okviru Ministarstva vojske naimenovao Komesara za indijanska pitanja sa zadatkom da se stara o tome da se novi zakoni u odnosu na Indijance što pre sprovedu u delo: Tridesetog juna 1834. godine, Kongres je izglasao *zakon kojim se, radi očuvanja mira na granicama, regulišu trgovinske i druge veze sa indijanskim plemenima.* Po tom zakonu, Indijancima je pripao deo zemlje zapadno od reke Misisipi „koji ne zadire u države Misisipi i Lujzijanu i na Teritoriju Arkanzas"; a to je značilo: belcima se ne dozvoljava trgovanje sa Indijancima bez posebne dozvole, kao što im se ne dozvoljava ni naseljavanje na indijanskoj zemlji. Značilo je i to da će Armija dejstvovati u slučaju da belac prekrši ovu zakonsku odredbu.

Međutim, pre nego što su ovi zakoni stupili na snagu, novi talas naseljenika zapljusnuo je zapad, pa su stvorene još dve teritorije – Viskonsin i Ajova. A to je tvorce politike u Vašingtonu nateralo da „trajnu indijansku granicu" sa reke Misisipi pomere na 95. podnevak. (Ta linija išla je od Šumovitih jezera ka današnjoj granici Minesota-Kanada, sekla na jugu današnje države Minesotu i Ajovu i, zalazeći do zapadnih granica Misurija, Arkanzasa i Lujzijane, pružala se do zaliva Galviston u Teksasu.) Da bi Indijance zadržale na 95. podnevku i sprečile bele ljude da tu granicu prelaze neovlašćeno, vlasti su vojnike smestile u garnizone koji su se ka jugu nizali od tvrđave Sneling na reci Misisipi do tvrđave Atkinson i Levenvort na reci Misuri, zatim do tvrđava Gipson i Smit na reci Arkanzas, i do tvrđave Tauson na Crvenoj reci i tvrđave Džesap u Lujzijani.

Prošlo je, dakle, više od tri veka otkako se Kristifor Kolumbo iskrcao na ostrvo San Salvador i više od dva veka otkako su engleski kolonisti došli u Virdžiniju i Novu Englesku. Za to vreme je prijateljsko pleme Taino, čiji su pripadnici Kolumba dočekali dobrodošlicom, bilo u celosti istrebljeno, a njegova jednostavna ratarska kultura uništena i zamenjena uzgajanjem pamuka koje je bilo prepušteno robovima. Proširujući ta polja, beli kolonisti su posekli tropske šume; biljke su ispostile plodno tlo a vetrovi su, oslobođeni šumskih prepreka, zemlju nasuli peskom. Kolumbo je San Salvador opisao kao „vrlo veliko ostrvo obraslo bujnim drvećem… ostrvo tako zeleno da ga je milina gledati". Evropljani koji su došli za njim uništili su i ostrvo i njegovu vegetaciju i njegove žitelje – ljude, životinje, ptice i ribe… A kad su ga pretvorili u pustinju, hladno su ga napustili.

Sa američkog kopna nestali su zauvek Vampanoagi Masasoita i kralja Filipa, zajedno sa plemenima Česapek, Čikahomini i Potomak, članovima velikog saveza Pauhtan. (Od svih, pamti se još samo pleme Pokahontas.) Potpuno razbijena ili svedena na bedne ostatke životarila su plemena Pekot, Montok, Nantikok, Mačapunga, Katapa, Čero, Majami, Huron, Iri, Mohok, Seneka i Mohikan. Njihova milozvučna imena ostala su zauvek urezana u američko tlo ali su njihove kosti zaboravljene u hiljadama spaljenih sela ili izgubljene u šumama koje su tako brzo iščezavale pod sekirama dvadeset miliona osvajača. Nekada slatkovodni potoci i bistre, hučne rečice, od kojih je većina nosila indijanska imena, pretvoreni su u kaljuge pune otpada, dok je zemlja opustošena i proćerdana. Indijancima se s pravom činilo da ti Evropljani mrze sve što je priroda stvorila – žive šume, ptice i zverke, travnate proplanke, vodu, pa i sam vazduh.

U toku decenije koja je usledila po uspostavljanju „trajne indijanske granice" nastala su za istočna plemena teška vremena. Veliki narod Čeroki uspeo je da preživi stogodišnji rat, bolesti i viski koje je doneo beli čovek, ali se sada i on nalazio na rubu uništenja. Kako je pleme imalo nekoliko hiljada pripadnika, njihova selidba na Zapad trebalo je da se odvija u nekoliko faza, ali je otkriće zlata u planinama Apalači, na njihovoj teritoriji, izazvalo veliko uzbuđenje belaca koji su zahtevali najhitnije i trajno progonstvo Indijanaca. U jesen 1838. godine, vojnici generala Vinfilda opkoliše Indijance i sateraše ih u logore. (Nekoliko stotina Čerokija pobeglo je u Zadimljene planine da bi tek mnogo godina kasnije dobili mali rezervat u Severnoj Karolini.) Iz zarobljeničkih logora poterani su na zapad, ka Indijanskoj teritoriji. Na tom dugačkom i teškom putovanju skapao je od gladi ili umro od studeni i boleština svaki četvrti Čeroki, pa su Indijanci taj marš nazvali „Stazom suza". Svog zavičaja na Jugu odrekla su se i plemena Čokto, Čikaso, Krik i Seminol. Na Severu, preživeli pripadnici plemena Šoni, Majami, Otava, Huron, Delver i mnogih drugih nekada moćnih skupina putovali su pešice, na konjima ili u volovskim zapregama preko reke Misisipi, noseći sa sobom bednu imovinu, zarđale poljoprivredne alatke i torbe sa semenjem. Svi oni došli su kao izbeglice, siromašni rođaci, u zemlju ponositih i slobodnih Indijanaca sa Visoravni.

Tek što su se izbeglice smestile i naselile na bezbednom tlu „trajne indijanske granice", a beli vojnici kretoše preko te zemlje u veliki pohod na zapad. Beli ljudi Sjedinjenih Država, oni isti koji su toliko pričali o miru, a taj mir retko sprovodili u delo, marširali su pravo u rat protiv drugih belih ljudi koji su Indijance porazili u Meksiku. Ali kad se rat sa Meksikom završio 1847. godine, Sjedinjene Države posedovale su ogromnu teritoriju od Teksasa do Kalifornije koja se nalazila zapadno od „trajne indijanske granice".

Tada je, 1848. godine, u Kaliforniji pronađeno zlato. Posle nepuna dva meseca, hiljade i hiljade belaca prešle su, u poteri za bogatstvom, preko Indijanske teritorije. Indijanci koji su živeli i lovili duž puteva Santa Fea ili Oregona viđali su s vremena na vreme poneki karavan sa trgovcima, traperima i misionarima. Sada su, međutim, ti putevi bili zakrčeni kolima punim belaca; većina je već kretala u poteru za kalifornijskim zlatom, a samo je manji broj skretao na jugozapad u pravcu Novog Meksika ili na severozapad u pravcu Oregona.

Da bi kako-tako opravdali grube povrede „trajne indijanske granice", političari u Vašingtonu su izmislili ekspanzionistički pokret koji se zvao „Očita sudbina"[2] i tim izrazom svoju pohlepu za zemljom uzdigli na uzvišeniju ravan. Evropljani i njihovi potomci bili su predodređeni, bogomdani da zavladaju celom Amerikom. A kao vladajuća, viša rasa bili su odgovorni i za Indijance – za njihovu zemlju, za njihove šume i njihovo rudno bogatstvo. Protiv pokreta „Očita sudbina" ustali su samo Novi Englezi, koji su Indijance prvo uništili a onda, one preživele, proterali sa svoje teritorije.

Iako Modoke, Mohave, Pijute, Šastre, Jume i stotine drugih manje poznatih plemena duž obale Tihog okeana niko nije pitao za mišljenje, Kalifornija je 1850. godine postala trideset prva država Saveza. A kad je zlato otkriveno i u Koloradu, nove horde kopača pohrlile su u rojevima preka Visoravni. Pored toga, stvorene su još dve prostrane oblasti, Kanzas i Nebraska, koje su zemlju plemena na Visoravnima opkolile sa svih strana. A kad je 1858. godine za državu proglašena i Minesota, njene međe zadrle su stotinak milja na 95. podnevak i zašle stotinak milja preko „trajne indijanske granice".

Tako su, dakle, samo dvadeset pet godina posle usvajanja Zakona o trgovinskim i drugim vezama sa Indijancima, Zakona koji je predložio Endru Džekson ili Oštar Nož, beli naseljenici prodrli preko severnog i južnog krila 95. podnevka, dok su trgovci i kopači zlata zašli pravo u njegovo središte.

Početkom šezdesetih godina devetnaestog veka, beli Amerikanci krenuli su u rat jedni protiv drugih. Plavi šinjeli sukobili su se sa Sivim šinjelima, buknuo je veliki građanski rat. Godine 1860, u Sjedinjenim Državama i Teritorijama bilo je oko tri stotine hiljada Indijanaca, od kojih je većina živela zapadno od reke Misisipi. Prema nesigurnim procenama, taj broj je od dolaska prvih doseljenika u Virdžiniju i Novu Englesku sveden na polovinu, a možda čak i na trećinu. Preživeli Indijanci bili su sada zbijeni, pritešnjeni između sve brojnijih belih naseljenika na Istoku i više od trideset miliona Evropljana i njihovih potomaka na Zapadu, duž obala Tihog okeana. Ako su se preostala slobodna plemena i ponadala da će im građanski rat belaca omogućiti mali predah, da će ih, bar za kratko vreme, osloboditi nepodnošljivog pritiska i zahteva za novim teritorijama, vrlo su brzo shvatila koliko su te nade bile jalove.

Najbrojnije i najmoćnije zapadno pleme bili su Sijui ili Dakote, podeljeni na nekolike podgrupe. Sante Sijui su živeli u gorama i šumama Minesote i nekoliko godina se povlačili pred najezdom naseljenika. Kad se poglavica Mdukanton Santea, Mala Vrana, vratio sa obilaska istočnih gradova u koje su ga odveli beli ljudi, bio je duboko ubeđen da se Indijanci ne mogu odupreti sili i moći Sjedinjenih Država, pa je pokušao da svoje pleme povede putem belog čoveka. Iako je i drugi poglavica Sante Sijua, Vabaša, prihvatio neizbežno, on i Mala Vrana bili su čvrsto rešeni da se suprotstave svakom sledećem pokušaju osvajanja indijanske zemlje.

Dalje na zapadu, na velikim visoravnima, živeli su u punoj slobodi tetonski Sijui. Prema svojim rođacima brđanima odnosili su se s blagim prezirom zato što su ovi položili oružje i uzmakli pred belim naseljenicima. Najbrojniji i najsamouvereniji, sigurni u sebe i u svoju snagu da odbrane zemlju, bili su Oglala Tetoni. Kada je počeo građanski rat, predvodio ih je Crveni Oblak, tridesetosmogodišnji dovitljivi ratni poglavica. Izuzetno inteligentan i neustrašiv, Oglala Indijanac Ludi Konj bio je u to vreme još suviše mlad da bi se istakao kao ratnik.

Među Hunkpapama, manjoj skupini tetonskih Sijua, jedan se Indijanac već bio proslavio i kao lovac i kao ratnik, a na plemenskim većanjima se zalagao za nepopustljiv otpor svakoj najezdi belih ljudi. Zvao se Tatanka Jotanka, Bik Koji Sedi, i bio je zaštitnik dečaka bez oca i majke po imenu Čemer. Oni će šesnaest godina kasnije, 1876, sa Ludim Konjem, stvarati istoriju američkog Zapada.

Šareni Rep nije imao ni četrdeset godina kada je postao jedan od glavnih vođa plemena Ispečeni, Tetona koji su živeli na dalekim zapadnim ravnicama. Poglavica je bio lep, uvek nasmejan Indijanac koji je voleo bogate gozbe i podatne žene. Svim svojim bićem uživao je u životu i zemlji na kojoj je živeo i zato je, da bi izbegao rat, bio spreman na kompromise.

Prisno povezani sa tetonskim Sijuima bili su Čajeni, koji su nekada živeli u zemlji Sante Sijua – Minesoti a onda se, u traganju za konjima, postepeno selili na zapad. Severni Čajeni delili su sada sa Sijuima oblast Barutne reke i Velikog roga i često logorovali u njihovoj blizini. Četrdesetogodišnji poglavica Tupi Nož bio je istaknuti vođa severnog ogranka ovog plemena. (U svom narodu je bio poznat kao Jutarnja Zvezda, ali otkako su ga Sijui prozvali Tupi Nož, najčešće se pominje pod tim imenom.)

Južni Čajeni došli su do reke Plate i svoje logore podigli u ravnicama Kolorada i Kanzasa. Crni Kotao, koji je potekao iz njihovog južnog ogranka, proslavio se kao veliki ratnik još u mladosti, ali je poglavica postao tek u poznijim godinama. Mlađe pripadnike plemena i skupinu Hotamitaneo (Pseći vojnici) mnogo su više, međutim, privlačile vođe u cvetu mladosti i punom naponu snage kakvi su bili Visoki Bik i Rimski Nos.

U istoj oblasti živeli su i Arapahi, stari saveznici Čajena. Neki od njih ostali su sa severnim Čajenima, dok su neki prišli njihovom južnom ogranku. U to vreme, najpoznatiji poglavica Arapaha bio je četrdesetogodišnji Mali Gavran.

Južno od Kanzasa i Nebraske pružala su se beskonačna prostranstva u kojima su živeli bizoni i Kiove. Stariji članovi ovog plemena sećali su se Crnih brda odakle su morali da se povuku na jug pred udruženim snagama Sijua, Čajena i Arapaha. Kiove su 1860. godine sklopile mir sa plemenima severne nizije i postale saveznice Komanča na čijim su se južnim ravnicama naselile. Pleme Kiova imalo je nekoliko velikih vođa – starog poglavicu Satanka, dva krepka i srčana tridesetogodišnja ratnika koji su se zvali Satanta i Usamljeni Vuk i jednog mudrog državnika, Pticu Koja Se Batrga.

Za razliku od svojih saveznika, Komanči, koji su bili u veći-
tom pokretu i podeljeni na više grupica, nisu imali velike vođe.
Stari poglavica Deset Medveda bio je pre pesnik nego ratnik.
U to doba, 1860. godine, poluindijanac Kana Parker, koji će
Komanče povesti u poslednju veliku bitku za spas bizona, još
nije imao ni dvadeset godina.

Na neplodnom Jugozapadu živeli su Apači, prekaljeni borci
gerilskog rata koji su vodili protiv Španaca i koji je trajao punih
dve stotine pedeset godina; protivnici su ih naučili istanča-
nim veštinama mučenja i kasapljenja, ali ih nikada nisu poko-
rili. Iako malobrojni – sve u svemu oko šest hiljada – bili su
na glasu kao nepokolebljivi branitelji svoje puste i nemilostive
zemlje. Mangas Kolorado, poglavica koji se bližio sedamdese-
toj, potpisao je sa Sjedinjenim Državama ugovor o prijateljstvu,
ali je sve njegove iluzije ubrzo razbila najezda kopača i vojni-
ka na apačku teritoriju. Dok je njegov zet Kočiz još verovao u
to da će se Indijanci složiti sa belim Amerikancima, Viktorio
i Delšej nisu imali poverenja u bele uljeze i pomno su ih izbe-
gavali. Žilavi pedesetogodišnji Nana, nesavitljiv kao neštavlje-
na koža, nije pravio razliku između belaca koji govore engle-
ski i Meksikanaca koji govore španski i sa kojima se borio celog
života. U to vreme, Džeronimo je imao dvadesetak godina i još
nije bio slavan ratnik.

Iako povezani sa Apačima, Indijanci iz plemena Navaho su
u većini sledili Špance: uzgajali su ovce i koze, voće i kukuruz.
I dok su se vredni stočari i dobri tkači bogatili, ostali su i dalje
živeli nomadskim životom i pljačkali koliko stare neprijatelje
Pueblo Indijance i bele neseljenike, toliko i svoje imućne saple-
menike. Na izborima koje su Navahi održali 1855. godine, za
vrhovnog poglavicu izabran je Manuelito, odvažan i odlučan
čovek, poznat kao uspešan odgajivač stoke. Kad su četiri godi-
ne kasnije, 1859, grupa razuzdanih mladih Navaha opljačkala
je, na svojoj teritoriji, građane Sjedinjenih Država, američka

vojska je izvršila odmazdu; nije, međutim, kaznila neposredne krivce nego je uništila sve brvnare i pobila svu stoku poglavice Manuelita i njegovih ljudi. Zbog toga je već sledeće godine, okupivši malobrojne sledbenike u severnom delu Novog Meksika i u Arizoni, Manuelito ušao u nezvaničan rat sa Sjedinjenim Državama.

U Stenovitim planinama, severno od zemlje Apača i Navaha, živelo je agresivno planinsko pleme Juta koje je često napadalo i pljačkalo svoje miroljubive južne susede. Njihov najpoznatiji vođa Uraj zalagao se za mir sa belim ljudima sa toliko usrdnosti da im se, predvodeći saplemenike, kao najamne vojnike, pridružio u borbi protiv indijanskih plemena.

Na dalekom Zapadu, plemena su u većini bila suviše mala, suviše razbijena ili suviše nemoćna da bi pružila veći otpor. Modoci iz severne Kalifornije i južnog Oregona, kojih je bilo manje od hiljadu, pokušavali su da zemlju spasu vodeći gerilski rat. Kintpuaš, koga su kalifornijski naseljenici zvali Kapetan Džek, bio je 1860. godine dečak; kao poglavica plemena Modok, on će kroz teška iskušenja proći tek dvanaest godina kasnije.

Severozapadno od Modoka, pleme Probušeni Nosevi živelo je sa belim ljudima u ljubavi i miru otkako su Meriveder Luis i Vilijem Klark prošli kroz njihovu teritoriju 1805. godine. Godine 1855, jedan ogranak plemena ustupio je deo zemljišta Sjedinjenim Državama i pristao da se povuče u zatočeništvo velikog rezervata. Ostale skupine Probušenih Noseva nastavile su da lutaju po prostranstvima između Plavih planina u Oregonu i planina Gorki koren u Ajdahu. Budući da su do tančina poznavali severozapadnu oblast što se pružala unedogled; ti Indijanci su duboko verovali da će ona biti dovoljna i za bele i za crvene ljude i da će je i jedni i drugi koristiti onako kako im se čini najpogodnijim. Hajnmot Tujalaket, koji će kasnije biti poznat kao Poglavica Žozef, bio je primoran da 1877. godine donese sudbonosnu odluku: mir ili rat! Ali u vreme o kome govorimo bio je još samo sin poglavice i imao dvadeset godina.

U Nevadi, zemlji Pijuta, budući Mesija Vovoka, koji će u jednom istorijskom trenutku izvršiti kratak ali veoma snažan uticaj na zapadne Indijance, imao je 1860. godine samo četiri godine.

U toku sledeće tri decenije, ove i mnoge druge indijanske vođe ući će u istoriju i legendu. Njihova imena postaće isto toliko poznata kao i imena ljudi koji će pokušati da ih unište. I oni stariji i oni mlađi biće sahranjeni pre nego što Indijanci dožive i konačan, simboličan kraj svoje slobode kod potoka Ranjeno koleno decembra 1890. godine. Danas, pošto je proteklo sto godina, danas, u veku bez heroja, ti Indijanci su možda u očima svih Amerikanaca najveći junaci.

Dugo putovanje Navaha

1860 – *12. mart*: Kongres SAD usvaja zakonsku odredbu kojom se naseljenicima na zapadnim teritorijama omogućava kupovina slobodnog zemljišta gotovo u bescenje; 3. april: prvi Poni ekspres napušta Sent Džouzef, Misuri, da bi već 13. aprila isporučio poštu u Sakramentu, Kalifornija; 23. april: na skupu Demokratske stranke održanom u Čarlstonu, Južna Kalifornija, pitanje ropstva dovodi do razdora među prisutnim delegatima; 16-18. maj: na skupu Republikanske stranke, održanom u Čikagu, prisutni delegati kao svog kandidata za predsednika SAD ističu Abrahama Linkolna; jun: stanovništvo Sjedinjenih Američkih Država – 31,443.321; jul: novi izum – Spenserova brzometna puška; 6. novembar: iako dobija samo četrdeset posto glasova birača, Abraham Linkoln dolazi na predsednički položaj; 20. decembar: Južna Karolina istupa iz Saveza.

1861 – *4. februar:* Kongres Konfederacije u Montgomeriju, Alabama; 9. februar: Džeferson Dejvis izabran za predsednika Konfederacije Američkih Država; 11. februar: Abraham Linkoln se oprašta sa prijateljima i susedima u Springfildu, Ilinoj, i vozom odlazi u Vašington; mart: predsednik Dejviš traži sto hiljada vojnika za odbranu Konfederacije; 12. april: konfederacionisti otvaraju vatru na tvrđavu Samter; 14. april: tvrđava Samter polaže oružje; 15. april: predsednik Linkoln traži sedamdeset pet hiljada vojnika dobrovoljaca; 21. jul: prva bitka kod

Bikovog pustopaša; Savezna vojska povlači se u pravcu Vašingtona; 6. oktobar: Univerzitet u Petrogradu zatvara kapije zbog studentskih nemira; 25. oktobar: završena pacifička telegrafska linija između Sent Luisa i San Franciska; 5. decembar: patentirana Getlingova puška; 14. decembar: Britanci oplakuju smrt princa Alberta, supruga kraljice Viktorije; 30. decembar: američke banke obustavljaju isplatu u zlatu.

Da Amerikanci preko velike reke nadiru na zapad čuli su još naši preci... Mi, njihova deca, slušali smo o barutu, olovu i puškama – nekad su to bile kremenjače, danas su to brzometne puške. Mi smo Amerikance videli prvi put kad smo ratovali sa Pueblo Indijancima i Meksikancima, kojima smo otimali mazge; mi smo imali mnogo, mnogo mazgi. Onda su došli Amerikanci, hteli su da trguju sa nama. Kad su nas posetili prvi put, priredili smo velike igre, i oni su, zadovoljni, sa našim ženama igrali a sa nama trgovali.

MANUELITO, POGLAVICA NAVAHA

MANUELITO I DRUGE VOĐE plemena Navaho sklapali su sa Amerikancima jedan mirovni ugovor za drugim. „Onda su, ovde, vojnici podigli tvrđavu i poslali nam opunomoćenika", sećao se Manuelito. „On nam je govorio kako da se ponašamo i savetovao nam da sa belcima živimo u miru i ispunjavamo data obećanja. Beli ljudi su naša obećanja revnosno zapisivali da ih ne zaboravimo i upamtimo zauvek[3]."

Manuelito se svojski trudio da održi sva obećanja zapisana u mirovnim ugovorima, ali kad su vojnici do temelja spalili njegovo selo i poubijali mu svu stoku zbog prestupa nekolicine mladih i razuzdanih Navaha, žestoko se naljutio na Amerikance. On i njegova skupina bili su bogati, a vojnici su ih tog bogatstva lišili nemilosrdno i neopravdano. Da bi se ponovo obogatili i ponovo postali *ricos*, napadali su i pljačkali Meksikance na jugu, pa su ih ovi nazivali lopovima – *ladrones*, iako su odvajkada Meksikanci napadali Navahe, krali im decu i prodavali ih kao robove, iako su odvajkada samo Navaho Indijanci bili kažnjavani zbog svojih napada na Meksikance.

Pošto su došli u Santa Fe i tu zemlju prozvali Novi Meksiko, Amerikanci su svojim građanima Meksikancima pružili punu zaštitu. Tako su Navahi – a oni nisu bili građani jer su bili Indijanci – postali glavna meta vojnika koji su upadali u njihovu zemlju i kažnjavali ih kao otpadnike i buntovnike. Manuelito i njegov narod to nisu mogli da shvate; znali su da mnogi Meksikanci imaju indijanske krvi i da ih niko ne kažnjava zato što Navaho Indijancima bespoštedno kradu decu.

Prvu tvrđavu u zemlji Navaha Amerikanci su izgradili u travnatoj dolini, na ulazu u kanjon Bonito. Nazvali su je tvrđava Prkos i svoje konje izveli na pašnjake kojima su se Manuelito i njegov narod toliko dičili. Vojni zapovednik im je rekao da ti pašnjaci pripadaju tvrđavi i naredio da sa njih povuku svoju stoku. Pašnjaci, međutim, nisu bili ograđeni i Navahi su bezuspešno pokušavali da obuzdaju i svoje konje i svoje mazge: oni su mirno zalazili u te „tuđe" livade. Jednoga jutra izjahala je iz tvrđave četa konjanika i hladnokrvno pobila sve životinje koje su pripadale Navaho Indijancima.

Da bi nadoknadili veliki gubitak, Navahi su krenuli u otimačinu: krali su vojnička krda i pljačkali teretna kola, izazivajući gnev i žestoke napade belih vojnika. U februaru 1860. godine, Manuelito je sa pet stotina ratnika napao krda armijskih konja koji su pasli nekoliko milja severno od tvrđave Prkos. Indijanska koplja i indijanske strele bili su, međutim, nemoćni u borbi sa dobro naoružanim stražarima. Navahi su izgubili više od trideset ratnika a zaplenili samo nekoliko konja. Manuelito i njegov saveznik Barbonsito nedeljama su okupljali ratnike da bi, sa više od hiljadu Indijanaca, opkolili utvrđenje odmah posle ponoći, 30. aprila.

Slika 1. *Manuelito, poglavica Navaha, slika Džulijena Skota iz 1891. godine.*

Dva sata pre svitanja, Navahi su tvrđavu Prkos napali sa tri strane, čvrsto rešeni da je zbrišu sa lica svoje zemlje.

Malo je trebalo da to i učine. Pucajući iz nekolikih starih španskih pušaka, rasterali su stražu i opustošili nekoliko zgrada. A kad su iznenađeni vojnici istrčali iz baraka, dočekala ih je kiša strela; međutim, posle kratke pometnje, vojnici su se postrojili i iz musketa otvorili žestoku vatru. Navahi su se, čim je svanulo, povukli u brda, zadovoljni time što su vojnike naučili pameti.

Armija Sjedinjenih Država je taj napad shvatila kao objavu rata i kao drski izazov zastavi što se vije nad tvrđavom Prkos. Nekoliko nedelja kasnije, pukovnik Edvard Ričard Sprig Kenbi je na čelu šest konjičkih i devet pešadijskih odreda pretraživao planine Čuska u poteri za Manuelitovim drznicima. Trupe su krstarile zemljom crvenog stenja sve dok vojnici nisu iznurili konje i gotovo poumirali od žeđi. Iako se vojnicima retko ukazivala prilika da vide Navaho Indijance, oni su bili tu, svuda oko njih; zametali su sitne čarke i vešto izbegavali neposredne napade. Krajem godine protivnici su se umorili od te lude igre. Vojnici nisu bili kadri da kazne Navahe, a Navahi nisu bili kadri da se dokopaju njihovih konja i useva.

U januaru 1861. Manuelito, Barbonsito, Erero Grande, Armiho Delgadito i druge *rico* poglavice sastali su se sa pukovnikom Kenbijem kod novog utvrđenja koje su vojnici sagradili trideset milja jugozapadno od tvrđave Prkos i koje se po jednom od svojih zapovednika zvalo Fontleroj. Čim su pregovori sa Kenbijem okončani, Navahi su za vrhovnog poglavicu izabrali Erera Grandea. (Tog 21. februara 1861. godine indijanske vođe su došle do zaključka da je bolje živeti u miru, a Grande je svečano obećao da će iz plemena isterati sve lopove – sve *ladrones*.) Iako nije bio uveren da će moći da ispuni data obećanja, Manuelito je dodirnuo pero i potpisao dokument. A kako je u međuvremenu ponovo postao uspešan odgajivač stoke, još jednom je poverovao u mir i ljudsko poštenje.

Posle zimskog susreta u tvrđavi Fontleroj, Navahi i vojnici su nekoliko meseci proživeli u srdačnom prijateljstvu. Indijanci su znali da se negde daleko na istoku vodi rat, rat belih ljudi Severa i Juga, i da su neki Kenbijevi vojnici plave šinjele zamenili sivim da bi se borili protiv onih koji su ostali u plavim. Jedan od njih bio je i Orlovski Zapovednik, pukovnik Tomas Fontleroj; ime mu je izbrisano, a tvrđava dobila novi naziv – Vingejt.

U tom periodu prijateljstva, Navahi su često odlazili u tvrđavu Fontleroj-Vingejt da bi razmenjivali robu i primali sledovanja od svog opunomoćenika. Vojnici su ih dočekivali dobrodošlicom, pa se ubrzo ustalio običaj održavanja konjskih trka u kojima su se takmičili vojnici i Indijanci. Navahi su sa nestrpljenjem očekivali dan takmičenja, a kad bi on osvanuo, povorka od nekoliko stotina muškaraca, žena i dece u odeći jarkih boja krenula bi na najboljim konjima u tvrđavu Vingejt. Jednog vedrog i sunčanoga septembarskog jutra održano je više trka, ali je ona glavna odložena za podne: utrkivali su se poglavica

Revolverski Metak (kako su vojnici nazivali Manuelita), koji je jahao na svom poniju, i poručnik na štapskom konju. Za tu trku vladalo je izuzetno interesovanje, kladili su se svi odreda, ulažući sve što se posedovalo i što se moglo uložiti – novac, ćebad, stoku, đinđuve i ogrlice od staklenih perli. Konji su poleteli istovremeno, ali je već posle nekoliko sekundi svima bilo jasno da je Revolverski Metak Manuelito u velikoj nevolji: izgubio je nadzor nad ponijem i skrenuo sa trkačke staze. Kad je utvrđeno da su mu uzde presečene nožem, Navahi su prišli sudijama, belim vojnicima, i zatražili da se trka ponovi. Zahtev je odbijen i za pobednika proglašen poručnikov štapski konj. Posle pobedničke smotre, vojnici su u svečanom maršu krenuli u utvrđenje da pokupe veliki dobitak.

Razjareni prevarom, Navahi jurnuše za njima, ali im se kapije tvrđave zalupiše ispred nosa. A kad je jedan od njih pokušao da na silu prodre u nju, stražar ga je ubio bez oklevanja.

Ono što se potom zbilo zabeležio je kapetan Nikolas Hod:

Navahi su, zajedno sa ženama i decom, jurili u svim pravcima i padali pokošeni mecima i proburaženi bajonetima. U jednom trenutku, pošlo mi je za rukom da okupim dvadesetak vojnika… i da sa njima izađem kroz istočnu kapiju. Tu sam ugledao vojnika kako nišani u ženu i dvoje dece. Dreknuo sam koliko me je grlo nosilo, on me je pogledao, ali me nije poslušao. Potrčao sam što sam brže mogao, ali nisam stigao na vreme: ubio je dva nedužna deteta i jednu skvo teško ranio. Naredio sam da ga razoružaju, skinu mu opasač i sprovedu ga u garnizon… U međuvremenu je pukovnik dežurnom oficiru izdao naređenje da iznese haubice i uperi ih na Indijance. Narednik zadužen za haubice prečuo je naređenje smatrajući da je ono protivzakonito, ali je na kraju, uplašen pretnjama dežurnog oficira, bio primoran da ga izvrši i tako spase glavu. Raštrkani po dolini, Indijanci napadoše krdo konja, ali se ne dokopaše nijednog grla; malo kasnije, presretoše poštara, oduzeše mu konja i poštansku torbu i raniše ga u ruku. U garnizonu je, posle pokolja, ostalo samo nekoliko Indijanki – oficirskih miljenica. Zapovednik tvrđave je pokušao da popravi stvar i ponovo uspostavi mir sa Navahima: zamolio je Indijanke da odu kod poglavica i u njegovo ime pregovaraju sa njima; vođe su na taj pokušaj odgovorile tako što su mlade skvo pošteno izdevetale[4].

Od tog 22. septembra 1861. godine proteklo je mnogo vremena pre nego što je između belih ljudi i Navaha ponovo uspostavljen prijateljski odnos.

U međuvremenu su Sivi šinjeli Konfederacije umarširali u Novi Meksiko i duž reke Rio Grande tukli se sa Plavim šinjelima. Zapovednik vojnika u plavim uniformama bio je Kit Karson – Bacač Lasa, koga su Navahi poznavali i u koga su imali poverenja. Nadali su se da će sa njim lako sklopiti mir čim pobedi svoje protivnike.

U proleće 1862. godine umarširale su sa zapada u Novi Meksiko sveže trupe Plavih šinjela koje su sebe nazivale Kalifornijskim kolonom. Njihov general Džejms Karlton imao je na ramenima mnogo zvezdica i bio mnogo moćniji od Orlovskog Zapovednika Karsona. Kalifornijci su se ulogorili u dolini reke Rio Grande, ali su bili besposleni, jer su Sivi šinjeli pobegli u Teksas.

Navahi su vrlo brzo shvatili da Zvezdani Zapovednik Karlton oseća nezajažljivu glad za njihovom zemljom i svim metalima koji se kriju u njoj. „Ova zemlja tako bogata pašnjacima i rudama je pravo carstvo", govorio je general. A kako je imao gomilu besposlenih vojnika čiji je jedini zadatak bio da marširaju, paradiraju i zveckaju oružjem, strasno je priželjkivao borbe sa Indijancima. „Navahi su vuci koji u čoporima jure po planinama i zato ih moramo pokoriti", rekao je.

Pažnju je prvo usmerio na Meskalero Apače kojih je bilo manje od hiljadu i koji su, razbijeni po grupama, živeli između reka Rio Grande i Pekos. Skovao je plan da ih sve ili poubija ili zarobi i da one prežive zatvori u bedan rezervat na obali Pekosa. Tako bi se bogata dolina Rio Grande otvorila naseljenicima koji traže zemlju i u njoj bi se spokojno naselili američki građani. General Džejms Karlton je septembra 1862. godine izdao sledeće naređenje:

Slika 2. *Huanita, Manuelitova žena, član delegacije Navaha u Vašingtonu 1874. godine. Fotografija Smitsonovog zavoda za naučna istraživanja u Vašingtonu.*

Sa Indijancima se više ne sme ni razgovarati ni pregovarati. Indijance treba ubijati uvek i na svakom mestu, a žene i decu zarobljavati i, naravno, ne ubijati[5].

Kit Karson se, međutim sa tim nije složio; godinama je trgovao sa Indijancima i mnoge od njih smatrao svojim prijateljima. Poslao je vojnike u planine, ali je odmah uspostavio i veze sa Meskalero Indijancima i njihovim poglavicama. U poznu jesen, organizovao je posetu petorice poglavica Santa Feu, gde je trebalo da se sastanu sa generalom Karltonom. Na putu za Santa Fe, dvojica poglavica i njihova pratnja naišli su na odred vojnika koje je predvodio nekadašnji vlasnik saluna, kapetan Džejms

(Pedi) Grejdon. Pošto se predstavio kao veliki prijatelj Meskalera, Grejdon im je darovao veliku količinu brašna i goveđeg mesa – „da im se nađe na dugom putovanju" – da bi odmah potom za njima poslao svoju izvidnicu koja je Apače presrela kod Vrela Galina. Šta se tom prilikom dogodilo ostaće večna tajna, jer susret nije preživeo nijedan Indijanac. Zapovednik belih vojnika, major Artur Morison, podneo je kratak izveštaj: „postupci kapetana Grejdona bili su, najblaže rečeno, veoma čudni… On je, bar po onome što sam uspeo da saznam, Indijance prevario tako što je ušao u njihov logor i dao im veliku količinu alkohola, a zatim ih sve pobio. Oni, naravno, nisu bili na oprezu, uvereni da im dolazi prijatelj koji im je prethodnog dana darovao brašno, govedinu i druge namirnice."

U Santa Fe su, dakle, stigla samo trojica poglavica – Kadet, Čato i Estrelja. Uveravali su generala Karltona da njihov narod želi samo jedno: da živi u miru sa belim ljudima, da živi spokojno u visokim planinama. „Jači ste od nas", rekao je Kadet. „Mi smo se protiv vas borili sve dok smo imali i dovoljno baruta i dovoljno pušaka; ali, vaše je oružje bolje od našeg. Da imamo isto oružje, borili bismo se i dalje. Iscrpljeni smo; mi više nemamo ni srca, ni hrane, nemamo od čega da živimo; vaše trupe nalaze se svuda; vaši momci zaposeli su i naša vrela i naše vode. Vi ste nas isterali iz poslednjeg i najjačeg uporišta i slomili nam srce. Učinite sa nama ono što je dobro za vas, ali ne zaboravite da smo ljudi i hrabri ratnici[6]."

Na to mu je Karlton osorno odgovorio da Meskalero Apači mir mogu da postignu samo ukoliko napuste svoju zemlju i povuku se u Boske Redondo, rezervat koji je za njih pripremljen na reci Pekos i gde će ih čuvati vojnici novog garnizona koji se zove tvrđava Samner.

Bespomoćne pred tom ogromnom vojskom, nesposobne da zaštite žene i decu, a uverene u dobronamernost Bacača Lasa

Karsona, poglavice Meskelera se povinovaše zahtevima generala Karltona i svoj narod povedoše u zatočeništvo, u Boske Redondo.

Navahi su, sa osećanjem velike nelagodnosti, pratili Karltonovu brzu i surovu pobedu nad njihovim rođacima, Meskalero Apačima. U decembru su osamnaest *rico* vođa, među kojima su bili Delgadito i Barbonsito, ali ne i Manuelito, otputovali u Santa Fe, u posetu generalu Džejmsu Karltonu. Rekli su mu da predstavljaju miroljubive Navaho stočare i ratare i da ne žele rat. Tada su prvi put videli Zvezdanog Zapovednika Karltona. Imao je maljavo lice, divlje oči i usta čoveka lišenog osećanja za humor. I ta se usta nijednom nisu osmehnula dok su Delgaditu i ostalima govorila: „Ne, vi mir nećete imati sve dok pored praznih reči i na drugi način ne dokažete da vam je do njega stalo. Idite kući i prenesite ove reči svom narodu, jer ja u vaša obećanja ne verujem[7].‟

U proleće 1863. godine, većina Meskalera prebegla je u Meksiko, a onaj manji deosateran kao stoka u Boske Redondo. General Karlton je u aprilu otišao u tvrđavu Vingejt da bi „čim trava izraste, organizovao pohod na Navahe‟. Tom prilikom sastao se sa Delgaditom i Barbonsitom i nabusito im saopštio da će svoje miroljubive namere dokazati samo tako što će narod izvesti iz zemlje Navaha i pridružiti se „zadovoljnim‟ Meskalerima u rezervatu Boske Redondo. Na to mu je Barbonsito mirno odgovorio: „Ja neću otići u Boske: Možete me ubiti, ali ja svoju zemlju nikada neću napustiti.‟

Dvadesetog trećeg juna, Karlton je Navahima odredio poslednji rok za odlazak u Boske Redondo. „Pozovite ponovo Delgadita i Barbonsita‟, naložio je jednom od oficira tvrđave Vingejt. „Ponovite im moje reči i kažite da ću duboko žaliti ako se mom pozivu ne odazovu… Poslednji rok za predaju je dvadeseti dan jula ove godine; neka do tog datuma dođu svi oni koji, kako bar tvrde, pripadaju grupi koja se bori za mir. *Kažite im da će od toga dana svaki Navaho u ovoj zemlji biti naš neprijatelj, što znači da ćemo prema njemu i postupati kao prema neprijatelju.* Kažite im da će se od tog dana vrata koja su danas za njih još otvorena zauvek zatvoriti[8]." Dvadeseti dan jula te godine je i došao i prošao, ali se nijedan Navaho Indijanac nije predao.

Čim je rok istekao, general Karlton je naredio Kitu Karsonu da svoje trupe povuče iz zemlje Meskalero Apača i prebaci ih u Vingejt da bi ih pripremio za rat protiv Navaha. Bacač Lasa se našao u nedoumici; tvrdeći da se dobrovoljno prijavio za borbu protiv vojnika Konfederacije a ne protiv Indijanaca, podneo je generalu Karltonu pismenu ostavku.

Kit Karson je voleo Indijance. Mesecima je živeo sa njima, daleko od belih ljudi. Imao je dete sa Indijankom iz plemena Arapaka, a dugo živeo sa ženom iz plemena Čajen. Ali kad se oženio Hosefom, ćerkom don Fransiska Haramlija iz Taosa, krenuo je drugim stazama, obogatio se i zatražio zemljište za ranč. I pritom je otkrio da u Novom Meksiku na sam vrh društvene lestvice može da se uspne čak i jedan sirov, sujeveran, nepismen gorštak. Naučio je da pročita i napiše nekoliko reči i, premda je bio vrlo niskog rasta, doživeo je veliku slavu. Bacač Lasa nije, međutim, uspeo da savlada bolnu zavist koju je osećao prema dobro odevenim i blagoglagoljivim ljudima od ugleda. A u Novom Meksiku je 1863. godine čovek od najvećeg ugleda bio Zvezdani Zapovednik Karlton. Zato je u leto Kit Karson povukao ostavku i otišao u tvrđavu Vingejt da pripremi teren za borbu protiv Navaha. Pre nego što je vojni pohod okončan, izveštaji koje je slao Karltonu bili su samo odjek stavova njegovog nadmenog naredbodavaca i samo odjek doktrine „Očita sudbina" po kojoj je bela rasa predodređena da zavlada svetom.

Navahi su Kita Karsona cenili kao borca, ali nimalo nisu poštovali njegove vojnike – novomeksičke dobrovoljce. Mnogi od njih bili su Meksikanci, a oni su Meksikance odvajkada terali iz svoje zemlje. Navaha je bilo deset puta više od Meskalero Apača, a izvesno preimućstvo davala im je i krševita zemlja ispresecana dubokim kanjonima, jarugama i bezdanima strmih litica. Njihovo uporište bio je Kanjon de Čeli, koji se prostirao zapadno od planina Čuska. Na pojedinim mestima zidovi od crvenog stenja sužavali su se i uzdizali hiljadu stopa i više, a njihovi grebeni pružali izvanredan odbrambeni položaj. Na mestima gde se kanjon širio nekoliko stotina jardi, Navahi su uzgajali ovce i koze, obrađivali zemlju, sejali kukuruz, sadili i negovali voćke. Naročito su se ponosili svojim breskovim sadom, tim sočnim plodovima kojima su od dolaska prvih Španaca posvećivali najveću pažnju. Pored toga što je kanjon obilovao vodom gotovo preko cele godine, Indijanci su za velike, dobre vatre mogli neograničeno da koriste drvo topole i javora.

I onda kad su saznali da je Karson hiljadu vojnika poslao u Pueblo Kolorado i da je kao tragače unajmio stare prijatelje iz indijanskog plemena Jut, Navahi su njegove akcije pratili sa najdubljim prezirom, podsećajući narod na to da su nekada iz svoje zemlje proterali Špance sa velikim uspehom. „Ako Amerikanci dođu po nas, mi ćemo ih pobiti" – obećavale su poglavice iako su se, znajući da će najamnici Juti pokušati da ih zarobe i prodaju bogatim Meksikancima, i te kako postarale da zaštite žene i decu.

Kada se krajem jula Kit Karson preselio u tvrđavu Prkos i nadenuo joj novo ime po starom protivniku Indijanaca Kembiju, razaslao je svoje čete u izviđanje i verovatno nije ni bio iznenađen činjenicom da su one vrlo retko nailazile na Navahe. Dobro je znao da Indijance može pobediti samo ako uništi njihove useve i njihovu stoku i ako im zemlju sprži do temelja. I zato je, 25. jula, poslao majora Džouzefa Kamingsa sa zadatkom da pokupi svu stoku na koju naiđe i požnje ili spali sve indijanske njive duž Bonite. Čim su otkrili šta Kamings radi sa njihovim zimskim zalihama, Navahi su majora osudili na smrt. Posle kratkog vremena, jedan Navaho strelac oborio ga je sa konja i istog trenutka ubio. Zatim su Navaho Indijanci napali Karsonov ograđen prostor u neposrednoj blizini tvrđave Kenbi, preoteli deo svojih koza i ovaca i Bacaču Lasa ukrali konja-mezimca.

Ti nemili događaji uzbuđivali su generala Karltona mnogo više nego Kita Karsona, koji je sa Indijancima živeo dovoljno dugo da bi od njih naučio šta znači vraćati „milo za drago". Zato je general odlučio da „podstakne borbenost svojih trupa" i raspisao nagradu za svakog zarobljenog Navaha, novčanu nagradu za svaku glavu, za svako grlo. Cena od dvadeset dolara odnosila se na „svakog zdravog konja i tovarnu mazgu koja može da posluži", dok je vojnik koji u tvrđavu Kenbi donese ovcu dobijao jedan dolar.

A kako je plata vojnika u to vreme iznosila manje od dvadeset dolara mesečno, darežljiva ponuda bila je veliki podsticaj, pa su se mnogi postarali za to da u obećanu sumu uključe i skalpove pobijenih Navaha. Da bi dokazali svoje vojničke sposobnosti, presecali su mrtvim Indijancima čuperak vezan crvenim koncem. Navahi i dalje nisu verovali da Kit Karson odobrava skidanje skalpova, jer su smatrali da su taj varvarski običaj uveli Španci. (Moguće je da taj običaj Evropljani nisu uveli u novi svet, ali je izvesno da su ga evropski kolonisti, Španci, Francuzi, Holanđani i Englezi, učinili veoma popularnim nudeći bogate nagrade za indijanske skalpove.)

Kit Karson je i dalje uporno uništavao indijanske useve, pasulj i tikve, ali kako je, po mišljenju generala Karltona, sporo napredovao, ovaj je izdao naređenje da se svaki Indijanac ubije ili zarobi na licu mesta, a Bacaču Lasa pismeno naložio šta da kaže pripadnicima plemena Navaho: „Kažite im: ako ne odete u Boske Redondo, mi ćemo vas goniti do smrti i uništiti. I nećemo sa vama sklopiti mir ni po koju cenu i ni pod kakvim drugim uslovima. Ušli smo u rat sa vama i borićemo se protiv vas sve dok postojite. Razgovora više nema…"

U isto vreme, general je pisao Ministarstvu vojske u Vašington, tražeći još jedan konjički puk. „Pojačanje nam je potrebno zbog novog nalazišta zlata u blizini zemlje Navaha; naše trupe moraju da poraze Indijance, jer ćemo samo tako zaštititi ljude koji ulaze u rudnike i izlaze iz njih… Proviđenje nam šalje svoj blagoslov… a zlato leži pred nogama; dovoljno je da se sagnemo i da ga iskopamo[9]!“

Pod upornim, sumanutim Karltonovim pritiskom, Karson je ubrzao spaljivanje indijanskog zemljišta i do jeseni uništio najveći deo stoke i useva na prostoru između tvrđave Kenbi i Kanjona de Čeli. Onda su, sa zastavom primirja, u tvrđavu Vingejt došla dva Navaho Indijanca. Jedan od njih bio je El Sordo, glasnik svoje braće Delgadita i Barbonsita i njihovih pet stotina sledbenika. „Naši su ostali bez zaliha“, rekao je El Sordo, „i hrane se borovim šišarkama. Potpuno su goli, bez odeće i ćebadi, a suviše uplašeni da bi palili vatre po planinama. Neće da odu u Boske Redondo, ali su spremni da svoje kolibe sagrade pored tvrđave Vingejt i vojnicima pokažu svoju miroljubivost. Za devet dana doći će, sa pet stotina Indijanaca, Delgadito i Barbonsito, koji su voljni da u Santa Feu sa Zvezdanim Zapovednikom pregovaraju o miru.“

Zapovednik tvrđave Vingejt, kapetan Rafael Čejkon, prosledio je kompromisnu ponudu generalu Karltonu, koji je odgovorio: „Navaho Indijanci nemaju pravo izbora; njihova je predaja bezuslovna, oni moraju otići u Boske Redondo. Ako odbiju da to učine, neka ostanu u svojoj zemlji i ratuju sa nama[10].“

Da bi spasao žene i decu koji su umirali od gladi i studeni, Delgadito se predao, a Barbonsito, El Sordo i ostali ratnici povukli su se u planine i čekali da vide šta će se dogoditi.

Oni koji su se predali poslati su u Boske Redondo, ali je Karlton naredio da se sa prvim zarobljenicima postupa na poseban način – da im se deli najbolja hrana i pruži najbolji smeštaj, kako na putu, tako i u dolasku u rezervat. Kako je na opustošenoj ravnici Pekos bio lišen najosnovnijih potreba, Delgadito je bio duboko ganut ljubaznošću i dobrotom onih koji su ga zarobili. A kad ga je Zvezdani Zapovednik obavestio da će sa porodicom moći da se vrati u tvrđavu Vingejt ukoliko i sve ostale poglavice plemena Navaho uveri u to da je život u rezervatu bolji od smrti od gladi i zime, Delgadito je prihvatio ponudu. U istom trenutku, general je Kitu Karsonu naredio da napadne kanjon de Čeli, uništi svu stoku i sve zalihe hrane i u tom poslednjem uporištu pobije ili zarobi sve Navahe.

Pripremajući se za napad na Čeli, Karson je namirnice i ostale neophodne stvari natovario na mazge, a taj transport su 13. decembra napali Barbonsito i njegovi ratnici da bi sebi obezbedili zimske zalihe. Kit Karson je u poteru za njima poslao dva odreda, ali su se Navahi podelili u nekoliko manjih grupa i nestali u velikoj snežnoj oluji. Konjanici poručnika Montoje napali su mali indijanski logor, saterali ratnike u kedrov čestar i zarobili trinaest žena sa decom. Poručnik je u svom izveštaju kazao i ovo: „Iako ranjen u desni kuk, jedan Indijanac je uspeo da pobegne kroz gusti ševar. Posle nekoliko sati zarobili smo njegovog sina, desetogodišnjeg dečaka; to indijansko dete, koje me je zapanjilo inteligencijom, reklo nam je da mu je otac izdahnuo na obližnjem stenju.“

Pošto je ostao bez tovarnih mazgi, Kit Karson je generala Karltona obavestio da se pohod na kanjon de Čeli odlaže, a njegov pretpostavljeni mu je odgovorio kratko i jasno: „Ne odlažite pohod zbog besmislenih transportnih neprilika. Ako je to uopšte potrebno, neka vaši vojnici hranu za tri ili četiri dana ponesu u svojim torbama[11].“

Vojnici su iz tvrđave Kenbi izmarširali 6. januara 1864. godine, Manji deo trupa koje je trebalo da u kanjon de Čeli uđu sa istočne strane predvodio je kapetan Albert Pfajfer, dok je na čelu odreda koji su nadirali sa zapada stajao Bacač Lasa – Kit

Karson. Tlo je bilo pokriveno debelim snežnim prekrivačem, temperatura se spustila ispod nule, i povorka se sporo kretala.

Albert Pfajfer je u kanjon de Čeli ušao posle nedelju dana. Njegove vojnike dočekale su stotine izgladnelih Navaha koji su im, sa vrhova visokih, strmih litica, sručili na glavu gomilu kamenja i drveta i zasuli ih poganim španskim psovkama. Sve je bilo uzalud, nisu ih zaustavili. Pfajferovi ljudi uništili su brvnare i zaplenili hranu i stoku; ubili su trojicu Navaha koji su se pojavili na nišanu njihovih musketa, pronašli u snegu dva zaleđena starca i zarobili devetnaest žena sa decom.

Za to vreme se Kit Karson ulogorio na zapadnom kraju kanjona i sa njegovih litica izviđao teren. Jedna od njegovih patrola naišla je 12. januara na grupu Navaha i pobila devet Indijanaca. Posle nepuna dva dana, spojila su se oba krila belih vojnika i kanjon zauzela bez ijedne veće bitke.

Iste večeri došla su u logor tri Navaho ratnika sa belom zastavom. „Naš narod umire od gladi i zime; da bi izbegli smrt, spremni smo na predaju", rekli su Karsonu. „Dajem vam rok do sutra ujutro; posle toga, moji vojnici će vas goniti do smrti", odgovorio im je Karson. Sutradan ujutro Bacaču Lasa predalo se šezdesetak Navaha u prnjama.

Pre nego što se vratio u tvrđavu Kenbi, Karson je naredio da se u klisuri uništi sve što su Navahi stvorili, pa i divni voćnjaci sa pet stotina stabala sočnih breskvi. Indijanci su Bacaču Lasa još i mogli da oproste to što se kao vojnik bori protiv njih, što ih je zarobio i uništio sve zalihe hrane, ali mu nikada nisu oprostili to što je tako hladno i bez oklevanja posekao njihove voljene breskve.

Pune dve nedelje kolale su vesti o napadu na kanjon de Čeli, a kada su doprle i do najudaljenijih skrovišta, Navahe je izdala hrabrost. „Mi smo se za ovu zemlju borili zato da je ne izgubimo, a izgubili smo gotovo sve", rekao je Manuelito. „Američki narod je suviše moćan i mi se protiv njega više ne možemo boriti. Dok su bitke trajale dva-tri dana, bili smo sveži i orni, ali su nas vojnici morili glađu i brzo nas iznurili[12]“.

Zasenjena Delgaditovim pričama o divnom životu u Boske Redondu, grupa od šest stotina osamdeset Navaha predala se 31. januara zapovedniku Vingejta, a ciča zima i nestašica hrane primorale su ostale da dođu u tvrđavu Kenbi. Sredinom februara našlo se na okupu više od hiljadu dvesta izgladnelih, ispijenih i očajnih Indijanaca kojima je vojska delila bedne obroke, pa su oni najstariji i oni najmlađi počeli da umiru jedan za drugim. A kada se 21. februara sa svojim ratnicima predao i Erero Grande, broj zarobljenika popeo se na hiljadu pet stotina. Već početkom marta, u dvema tvrđavama nalazilo se tri hiljade Indijanaca, a putevi koji su vodili na sever bili su puni preplašenih Navaha koji su pokušavali da se probiju kroz sneg i led. Ali *rico* poglavice se nisu predavale. Manuelito, Barbonsito i Armiho su sa svojim narodom ostali u planinama, čvrsto rešeni da nastave borbu.

Navahi su na svoje dugo putovanje ka utvrđenjima Samner i Boske Redondo krenuli u martu. Prvi transport od hiljadu četiri stotine trideset Indijanaca stigao je u Samner 13. marta; uz put je umrlo desetoro odraslih i oteto je troje dece; otmičari su po svoj prilici bili Meksikanci, članovi vojne pratnje.

Kada je grupa od dve hiljade četiri stotine Indijanaca napuštala tvrđavu Kenbi, utvrđeno je da je u međuvremenu umrlo njih sto dvadeset šest. Dugački karavan sastojao se od trideset kolskih zaprega, tri hiljade ovaca i četiri stotine sedamdeset tri konja. Navahi su podnosili i ciču zimu i glad i dizenteriju i poruge vojnika i marš od tri stotine milja, ali nisu mogli da podnesu tugu za zavičajem i bol zbog gubitka zemlje. Plakali su neutešno i padali jedan za drugim; na cilj koji im je odredila surova sudbina stigli su sa velikim gubitkom: na tom putu umrlo je sto dvadeset sedmoro njihovih saplemenika.

Dvadesetog marta tvrđavu Kenbi napustilo je još osam stotina Navaha; u toj grupi bilo je najviše žena, dece i staraca i njima je vojska dodelila samo dvadeset tri vagona. „Već drugog dana puta" – napisao je u izveštaju zapovednik karavana – „zahvatila nas je strašna snežna oluja koja je neuobičajenom žestinom besnela puna četiri dana i Indijancima nanela teške patnje, jer oni su, u većini, bili potpuno goli". Čim su stigli u Los Pinos, vojnici su im oduzeli kola, pa su Navahi bili primorani da se ulogore pod vedrim nebom. Tada je ustanovljeno da je iz karavana nestao veći broj dece, što je jednog poručnika navelo da zapiše: „Oficiri zaduženi za Indijance moraju da budu na večitom oprezu, jer će im u protivnom neko pokrasti svu indijansku decu i prodati je kao roblje." Grupa je u rezervat Boske Redondo stigla 11. maja 1864. godine. „Tvrđavu Kenbi napustio sam sa osam stotina Indijanaca i uz put do Samnera primio još sto četrdeset šestoro, što znači da ih je u karavanu bilo ukupno devet stotina četrdeset šestoro. Ali, sto deset Indijanaca umrlo je na putu."

Krajem aprila došao je u tvrđavu Kenbi jedan od vođa gerilaca Armiho i obavestio zapovednika (kapetana Kareja) da će za nekoliko dana stići i Manuelito sa Navahima koji su zimu proveli daleko na severu, na obalama reka Mali Kolorado i San Huan. I doista, posle nekoliko dana pojavila se Armihova grupa u kojoj je bilo više od četiri stotine Indijanaca; Manuelito je, međutim, svoje ljude zadržao kod mesta Kelitas i po glasniku pozvao komandanta na razgovor. Na većanju mu je poglavica rekao da njegov narod želi da ostane u blizini utvrđenja i gaji useve i ovce kao što je to radio i do tada.

„Za vas postoji samo jedno mesto, a to je Boske Redondo", odgovorio je kapetan Karej.

„Zašto nas terate u Boske?", pitao je Manuelito. „Mi nikada nismo ni krali ni ubijali, a održali smo obećanja o miru koja smo dali generalu Kenbiju." Na kraju je rekao da njegov narod živi u strahu, jer veruje da vojnici Indijance sateruju u rezervat samo zato da bi ih lakše pobili, što su, uostalom, i učinili sa onima koji su 1861. godine bili zatočeni u tvrđavi Fontleroj. Korej se na sve moguće načine trudio da razbije sumnje sagovornika, ali mu je Manuelito odlučno saopštio da se neće predati sve dok mu se ne omogući razgovor sa starim prijateljem Ererom Grandeom ili nekim drugim vođom Navaha iz rezervata Boske Redondo.

Čim je general Karlton čuo da o predaji razmišlja čak i veliki Manuelito, naredio je da se iz rezervata dovedu četiri brižljivo odabrana Navaha (među kojima se, naravno, nije nalazio i Erero Grande) sa zadatkom da kako znaju i umeju pokolebaju tvrdoglavog poglavicu. Ali ni njima nije pošlo za rukom da obmanu mudrog indijanskog vođu. Posle beskonačnih razgovora, Manuelito i njegovi ratnici su jedne junske noći jednostavno nestali iz Kelitasa i vratili se u skrovišta na obali Malog Kolorada.

U septembru je Manuelito saznao da je u kanjonu de Čeli zarobljen stari saveznik Barbonsito. Sada je on, Manuelito, bio poslednji slobodni *rico* poglavica i poslednji odmetnik koga će, znao je, vojnici proganjati do smrti.

Te jeseni, Navahi su počeli da beže iz Boske Redonda i da se vraćaju u zavičaj; izveštaji o tome šta se sa Navahima tamo radi bili su poražavajući. U rezervatu vlada najstrašnija beda, pričali su begunci. Vojnici sa isukanim bajonetima uteruju zatočenike kao stoku u mala dvorišta ograđena zidovima od nepečene cigle, gde ih oficiri prebrojavaju, prozivaju i zapisuju u neke knjižice. Belci su obećavali odeću, ćebad i hranu, ali ta obećanja nisu ispunili. Posekli su sve drveće, čak i topole, pa se vatre moraju ložiti korenjem. Da bi se zaštitili od sunca i kiše, Indijanci u peskovitoj zemlji kopaju jame i pokrivaju ih asurama od ispreletene trave; oni su sužnji, i žive onako kao što prerijski psi žive u svojim jazbinama. Navahi bezuspešno pokušavaju da sa nekoliko alatki koje su dobili od vojnika prekopaju močvaru bez dna i u njoj nešto posade; insekti, suše i poplave uništavaju sve useve a oni, za kaznu, primaju samo polovinu sledovanja. Indijanci su toliko sabijeni da se razne, nepoznate boleštine brzo šire i ubijaju stare i nemoćne. Rezervat Boske Redondo je pravi pakao i mnogi će Navahi bez oklevanja staviti život na kocku samo da bi pobegli iz njega.

Tih dana je Zvezdani Zapovednik Karlton nagovorio biskupa u Santa Feu da na velikoj misi otpeva himnu „Tebe boga hvalim" i tako proslavi uspešan poduhvat američke vojske – seobu Navaha u Boske Redondo, mesto koje je general svojim pretpostavljenima u Vašingtonu opisao kao „divan rezervat": „Oni (Navahi) imaju sve uslove da postanu najsrećniji, najnapredniji i najbolje snabdeveni Indijanci u Sjedinjenim Američkim Državama... U svakom slučaju, jevtinije je da ih hranimo nego da sa njima ratujemo."

Za Zvezdanog Zapovednika su ti njegovi zarobljenici bili samo – usta i tela. „Da, dužni smo da hranimo šest hiljada usta i odevamo šest hiljada tela. Ali ako uzmemo u obzir činjenicu da su nam oni ustupili jednu čarobnu zemlju bogatu pašnjacima i rudama – zemlju čiju je vrednost nemoguće proceniti – onda su ta mršava sledovanja, koja im moramo odmah obezbediti, gotovo beznačajna cena za prirodna blaga koja su nam ostavili."

Nijednom poborniku „Očite sudbine" nije pošlo za rukom da filozofiju tog pokreta izrazi na tako ganutljiv način kao general Karlton: „Progonstvo tog naroda iz zemlje koju su nasledili od očeva i dedova nije samo zanimljiv nego je i duboko potresan prizor. Ti Indijanci su se godinama viteški borili protiv nas, oni su svoje bogate planine i veličanstvene kanjone branili junaštvom kojim bi se ponosio svaki narod na ovome svetu. Ali kad su na kraju shvatili da je i njih zadesila sudbina drugih bratskih plemena koja su se povlačila prema rađajućem suncu, priklonili su se svojoj sudbini i ustukli pred neumitnim pohodom naše rase; položili su oružje i kao hrabri ljudi dostojni divljenja i poštovanja došli k nama, puni poverenja u našu velikodušnost, svesni toga da smo suviše moćni i suviše pravedni da bismo to poverenje izigrali ili zanemarili; oni su nam žrtvovali svoju lepu zemlju, svoje domove i sve što ih je vezivalo za život, povest i tradicije, sigurni u to da nismo tvrdice i da im nećemo deliti mrvice milostinje u naknadu za ono što su ostavili i što je – to znaju i oni a znamo i mi – jedno raskošno carstvo[13]."

Manuelito, međutim, nije položio oružje; a bio je suviše ugledan vođa i suviše značajan protivnik da bi mu general Karlton dozvolio da se i dalje nekažnjeno diči svojim prkosom. U februaru 1865. godine, glasnici-trkači preneli su Manuelitu poruku Zvezdanog Zapovednika koji ga je upozoravao da će i on i svi njegovi ratnici biti progonjeni i uništeni ukoliko do proleća ne dođu u tvrđavu Vingejt i ne predaju se. „Ja nikome ne nanosim zlo", rekao je glasnicima poglavica Navaha. „I neću napustiti svoju zemlju jer nameravam da umrem u njoj". A onda je, na kraju, pristao da još jednom razgovara sa indijanskim vođama u Boske Redondu.

Krajem februara, Erero Grande se u pratnji petorice Navaha iz rezervata sa Manuelitom sastao u blizini trgovačke ispostave Zunji. Zima je bila oštra, a zemlja pokrivena debelim slojem snega. Pošto je izgrlio stare prijatelje, Manuelito ih je poveo u brda u kojima se krio njegov narod ili, tačnije rečeno, ono što je od njega ostalo: stotinak muškaraca, žena i dece, nekolika konja i ovaca: „Ovde je sve što imam na svetu", rekao je poglavica. „A koliko je malo to što imam, vidite i sami. Moj narod je siromašan i bedan, a moja deca jedu korenje palmilje". Zaćutao je, pa dodao: „Moji konji ne mogu da izdrže put do Boske Redonda". Grande mu je odgovorio da nije dobio nikakva ovlašćenja i da ne može da produži rok za predaju; prijateljski ga je upozorio da će, ukoliko ne ode u tvrđavu, ceo svoj narod izložiti smrtnoj opasnosti. Manuelito se kolebao. Pošto je potvrdio da će se predati samo zato da zaštiti žene i decu i dodao da mu je za pripreme potrebno najmanje tri meseca, naglo se trgao i otvoreno rekao da on svoju zemlju ne može da napusti.

„I moj Bog i moja majka žive na Zapadu i ja ih neću napustiti. Naše nam tradicije nalažu da nikada ne pređemo tri reke

– Rio Grande, San Huan i Kolorado. Ja planine Čuska ne mogu da napustim, u njima sam rođen, u njima ću i umreti. Nemam šta da izgubim osim golog života, a *to* mogu da mi oduzmu kad god zažele. Neću se pomeriti odavde, jer Amerikancima nikada nisam naneo nikakvo zlo, ni Amerikancima, ni Meksikancima. Ako me ubiju, proliće krv nevinog čoveka."

Erero Grande mu je na rastanku rekao: „učinio sam sve što sam mogao za tvoje dobro i dao ti najbolji savet. Sada te napuštam sa osećanjem da ti je grob već iskopan[14]."

Čim je posle nekoliko dana obavešten o Manuelitovom novom izazovu, general Karlton je zapovedniku tvrđave Vingejt izdao sledeće naređenje: „Konačno sam shvatio: ako zarobimo Manuelita, njegov narod će se odmah predati. Ubeđen sam da će, uz izvesne ustupke i male nagrade, Indijanci u selu Zunji, koje on često obilazi da bi sa njima razmenjivao robu, rado sarađivati sa nama u njegovom hvatanju… Preduzmite sve da bi poglavicu što pre uhvatili. Okujte ga i opkolite jakom stražom. Ako njega zarobite ili ubijete, poštedećete one kojima zapoveda. Ja lično bih, naravno, više voleo da Manuelito bude zarobljen; ali ako pokuša da pobegne, pucajte bez oklevanja[15]."

Ali Manuelito je bio suviše mudar da bi upao u zamku koju mu je Karlton postavio u selu Zunji, i u toku proleća i leta 1865. godine vešto se provlačio kroz sve zasede. Krajem leta, iz rezervata Boske Redondo pobegao je Barbonsito sa nekoliko svojih ratnika; krili su se, govorkalo se, u zemlji Apača, u Sijera del Eskadelo. Kako je tih dana naglo rastao broj begunaca iz rezervata, Karlton je oko tvrđave Samner, na prostoru od četrdeset milja, postavio danonoćnu stražu i u avgustu zapovedniku naredio da bez upozorenja ubije svakog Navaho Indijanca koji se bez propusnice nađe izvan rezervata.

Kada je i u jesen 1865. godine podbacila žetva u Boske Redondu, vojska je Navahe počela da hrani pokvarenim mesom, crvljivim brašnom i užeglom slaninom, namirnicama koje su beli ljudi bacali kao neupotrebljive. Smrt je kosila Indijance, a broj pokušaja bekstva iz rezervata povećavao se iz dana u dan.

Iako su građani Novog Meksika sada već otvoreno optuživali generala Karltona zbog nečovečnosti sa kojom se u Boske Redondu postupa sa Indijancima, on se na to nije obazirao i nastavio je da progoni Navahe. Najzad je, 1. septembra 1866. godine, doživeo davno očekivanu pobedu: toga dana je, hramljući, u tvrđavu Vingejt ušao prkosni poglavica Manuelito i sa dvadeset trojicom poraženih ratnika predao se belom zapovedniku. Navahi su bili u dronjcima, iznureni, ispijenih lica i ranjavih tela. Članci su im još bili uvezani kožnim trakama koje su ruke štitile od ozleda što su ih ostavljale tetive na strelama, ali oni više nisu imali ni lukove ni strele. Manuelitu je jedna ruka nemoćno visila niz telo i na njoj se širila krvava rana. Posle kratkog vremena predao se po drugi put i Barbonsito sa dvadeset jednim ratnikom. Navaho Indijanci više nisu imali ratne poglavice.

Da ironija bude veća, general Karlton smenjen je sa položaja vojnog zapovednika u Novom Meksiku samo osamnaest dana posle Manuelitove predaje. Građanski rat, koji je Zvezdanom Zapovedniku i dao tako veliku moć, bio je okončan već godinu dana ranije, a stanovnicima Novog Meksika je bilo dosta i Džejmsa Karltona i njegovog razmetanja.

Manuelito je u Boske Redondu zatekao novog nadzornika, A. B. Nortona. Pošto je zemlju u rezervatu savesno ispitao, Norton je podneo zvaničan izveštaj i u njemu potvrdio da je ona zbog velike količine lužnih soli nepodesna za obrađivanje. „I voda je ovde crna i slana; čoveku se gadi da je proba. Indijanci kažu da je nezdrava jer je jedna četvrtina njih već podlegla raznim bolestima. Poznato mi je da je rezervat američku vladu stajao milione dolara, ali je neophodno da se on što pre napusti i da se Indijanci presele na drugo mesto. Ovde se, kako sam čuo, odvijala neka prilično prljava igra… Zar se od Indijanca koga smo lišili osnovnih uslova za život može očekivati da bude miran i zadovoljan? Zar je moguće da postoji čovek, razuman čovek, koji bi za smeštaj osam hiljada Indijanaca odabrao rezervat u kome je voda nepitka, zemlja pusta i neplodna, a korenje meskite na prostoru od dvanaest milja jedina 'šuma' koju ti Indijanci mogu da koriste?... Ukoliko ih zadržimo ovde, moraćemo neprekidno da primenjujemo silu i koristimo oružje, jer oni u ovakvom rezervatu neće ostati dobrovoljno. Dozvolite im, molim vas, da se vrate kući ili ih prebacite

Slika 3. *Ratnik iz plemena Navaho iz šezdesetih godina devetnaestog veka. Fotografija Džona Mima objavljena uz saglasnost Muzeja umetnosti, Denver.*

tamo gde će moći da piju zdravu hladnu vodu, gde će imati dovoljno drva da se ne smrzavaju i ne umiru od vlage i studeni i gde će zemlja biti dovoljno plodna da im daruje nešto čime će se hraniti[16]…"

Pune dve godine se kroz rezervat Boske Redondo slivala reka istraživača i činovnika iz Vašingtona. I dok su jedni bili iskreno i duboko potreseni onim što su videli i iz dna duše žalili Indijance, drugi su razmišljali samo o tome kako da smanje velike troškove njegovog „održavanja".

„U rezervatu smo živeli dve-tri godine", sećao se Manuelito. „Za smrt mnogih naših ljudi bilo je krivo samo podneblje… Zvaničnici iz Vašingtona su dolazili i većali sa nama, objašnjavali nam kako belci kažnjavaju one koji ne poštuju zakone. Mi smo im obećali da ćemo zakone poštovati ako nam dozvole da se vratimo u svoju zemlju. Obećali smo i to da ćemo poštovati ugovor o miru… Obećali smo to četiri puta. Onda nam je general Šerman dao dobar savet."

Kada su Navahi i njihove poglavice prvi put videli Velikog Ratnika Šermana, osetili su veliki strah; i njegovo je lice, kao lice Zvezdanog Zapovednika Karltona, bilo maljavo, i njegova su usta bila svirepa; ali, Šerman je imao druge oči, imao je oči čoveka koji je mnogo propatio i koji je umeo da razume i poštuje tuđe patnje.

„Obećali smo generalu Šermanu da nećemo zaboraviti ono što nam je on rekao", pričao je Manuelito. „A on je rekao: 'Želeo bih da me dobro pogledate'. I onda je ustao da bismo ga mi što bolje videli. Rekao je: 'Mi ćemo ljudima smeti da pogledamo u oči samo ako radimo ono što je pravo'. I dodao: 'Deco moja, ja ću vas vratiti u vaše domove'."

Pre nego što su napustili rezervat, poglavice su morale da potpišu novi ugovor (1. juna 1868.) koji je započinjao rečima: „Od danas se zauvek obustavlja rat dveju strana koje sklapaju ovaj sporazum." Sporazum je prvi potpisao Barbonsito, a za njim Armiho, Delgadito, Manuelito, Erere Grande i sedmorica ostalih vođa.

„Dani i noći bili su beskonačno dugi pre nego što je kucnuo čas našeg povratka", rekao je Manuelito. „Uoči polaska, često smo hodali u onom pravcu u kome leži naš zavičaj, teško je bilo sačekati to naređenje za pokret. I, eto, vratili smo se; Amerikanci su nam dali malo stoke i mi smo im zahvalni na tome. Dolazeći ovamo, molili smo kočijaše da bičuju mazge, toliko smo žurili. A kad smo iz Albukerkija ugledali planinske visove, pitali smo se da li je to naša planina; milovali smo voljenu zemlju i pričali joj, a starci i starice se plakali od radosti[17]."

Navaho Indijanci su se vratili kući. A kad su obeležene granice novog rezervata, oduzeti su im najbolji pašnjaci i dodeljeni belim naseljenicima. Život im nije bio nimalo lak i oni su se divovski borili za opstanak. Navahi će tek mnogo kasnije shvatiti da je od svih zapadnih Indijanaca njih sudbina najviše poštedela. Nad onim ostalima oblaci teških iskušenja su se tek nadvijali.

NA NAČIN SVETIH ŽIVIM

Dobijeno ljubaznošću Biroa američke etnološke kolekcije

Na način svetih
Živim.
Ka nebesima
gledam.
Na način svetih živim.
I mnoge konje
Imam.

TREĆE POGLAVLJE

Rat Male Vrane

1862 – 6. *april*: u bici kod Šajloa, general Grant nanosi težak
poraz trupama Konfederacije, 6. maj: američki pisac Henri
Dejvid Toro umire u četrdeset petoj godini; 20. maj: Kongres
SAD usvaja Houmstedski akt o raspodeli slobodne zemlje
na Zapadu, kojim naseljenici u tim oblastima dobijaju sto
šezdeset jutara po ceni od dolar i dvadeset pet centi po
jutru; 2. jul; Kongres izglasava Morilov zakon kojim se
naseljenicima dodeljuje sto šezdeset jutara zemlje da bi
na njoj podigli farme; 10. jul: počinje izgradnja Savezno-
pacifičke železničke pruge; 30. avgust: Savezna armija
doživljava poraz u drugoj bici kod Bikovog pustopaša; 17.
septembar: vojska Konfederacije poražena kod Antitema;
22. septembar: Abraham Linkoln ukida ropstvo i sve
robove proglašava slobodnim od 1. januara 1863. godine;
13. oktobar: u Nemačkoj, Bizmark drži svoj čuveni govor
o „ujedinjenju gvožđem i krvlju“; 13. decembar: Savezna
vojska uz teške gubitke potučena kod Frederiksburga; nacija
tone u mrak; na putu ka zimovnicima, mnoge vojne jedinice
spremne na pobunu; 29. decembar: general Šerman poražen
kod rečnog rukavca Čikaso; objavljene knjige: *Jadnici*
Viktora Igoa i *Očevi i deca* Ivana Sergejeviča Turgenjeva.

1863 – 2. *april*: u Ričmondu, Virdžinija, izbijaju nemiri zbog
nestašice hleba; 2-3. maj: pobeda vojske Konfederacije
kod Čanslorsvila; 1-3. jul: pobeda Savezne vojske kod

Getisburga; 4. jul: Viksburg pada u ruke Grantove armije; 11. jul: objavljena opšta vojna obaveza za Saveznu vojsku; 13-17. jul: njujorški nemiri, izazvani regrutacijom, odnose nekoliko stotina žrtava; nemiri se šire i po drugim gradovima; 15. jul: predsednik Dejvis donosi naredbu o regrutaciji vojnika Konfederacije; 5. septembar: u Mobilu izbijaju nemiri zbog nestašice hleba; vrednost konfederacijskog dolara pada na osam centi; 1. oktobar: pet ruskih ratnih brodova nailaze na oduševljen doček u njujorškoj luci; 24-25. novembar: armija Konfederacije poražena kod Čatanuge; 8. decembar: predsednik Linkoln nudi pomilovanje svim konfederacionistima koji su spremni da se Savezu zakunu na vernost.

Belci su od prvog dana Indijance terali da se odreknu svog načina života i prihvate običaje belih ljudi – da obrađuju zemlju, da se muče i rade sve što rade beli ljudi... A Indijanci to nisu znali da rade, a nisu ni hteli to da rade... Da su Indijanci terali bele ljude da žive kao što žive crveni ljudi, oni bi se pobunili i pružili im žestok otpor. Tako su postupili i Indijanci.

VAMDITANKA (VELIKI ORAO),
POGLAVICA SANTE SIJUA

UDALJENI OD ZEMLJE NAVAHA gotovo hiljadu milja na sever, Sante Sijui su u toku velikog građanskog rata belih ljudi postepeno ali zanavek gubili svoju postojbinu. To pleme sačinjavale su četiri grupe – Mdukantoni, Vopetoni, Vapeku-ti i Sisetoni – koje su živele u gorama i šumama. Gorštaci su održavali prisne veze sa svojim rođacima iz prerija – Janktonima i Tetonima – i delili sa njima snažno izražen plemenski ponos. Sante Indijanci bili su „narod sa suprotnog kraja", čuvari granica sijuske zemlje.

Tokom decenije koja je prethodila građanskom ratu, zemlju Santea preplavilo je više od sto pedeset hiljada belih naseljenika koji su prodirali preko levog krila nekadašnje „trajne indijanske granice". Čim su potpisali dva varljiva ugovora i belcima ustupili devet desetina svoje zemlje, Sante gorštaci su saterani u jedan uski pojas na teritoriji koja se prostirala duž reke Minesote. Tu su ih od prvog dana trgovci i zastupnici saletali kao što osice saleću lešine bizona, varali ih sistematski i lažima im iznuđivali veći deo obećanih anuiteta zbog kojih su zemlju i ustupili.

„Mnogi beli ljudi su Indijance često zloupotrebljavali i grubo se prema njima ophodili", rekao je Veliki Orao. „Oni su možda za to imali neko opravdanje, ali se nama činilo da opravdanja nema. Beli ljudi su Indijancima i pogledom govorili 'Bolji sam od tebe', a nama se taj njihov pogled nije dopadao. Možda su oni i za to imali neko opravdanje, ali smo mi čvrsto verovali da na svetu nema boljih ljudi od Dakota (Sijua). Pojedini belci obeščastili su nekoliko indijanskih žena, a za to sigurno nisu imali opravdanja. Zbog svega toga, mnogi Indijanci nisu voleli bele ljude[18]."

U leto 1862. godine sve je, čini se, pošlo naopako i zategnuti odnosi Santea i belaca pretvarali su se u otvoren sukob. U rezervatima je divljači bivalo sve manje a sukobi su bivali sve češći, jer su Indijanci ponovo zalazili u svoja stara lovišta za kojima su naseljenici sada žarko žudeli. Posle dvogodišnje retko slabe žetve svih useva, mnogi Indijanci bili su primorani da u trgovačkim ispostavama potraže hranu na kredit. A Sante Sijui su sistem kredita mrzeli iz dubine duše jer im je on onemogućavao uvid u obračun. Čim bi im, posle dugog čekanja, anuiteti konačno pristigli iz Vašingtona, trgovci bi zatražili izmirenje dugovanja, a vladini opunomoćenici isplaćivali od indijanskih para sve tražene iznose. Uzalud su Indijanci pokazivali kopije računa i pokušavali da dokažu kako su potraživanja trgovaca mnogo manja, zastupnici su hladno zanemarivali činjenice. Poglavica Ta-oja-te-duta (Mala Vrana) se tog leta 1862. godine žestoko naljutio na trgovce-varalice. Vođa Mdukantona, koji je položaj vođe plemena nasledio od oca i dede, imao je šezdeset godina; uvek je nosio odeću sa dugačkim rukavima koji su mu skrivali donji deo ruku i članke smežurane od posledica neisceljenih rana koje je zadobio u bici koju je vodio u ranoj mladosti. Poglavica Mala Vrana potpisao je oba ugovora na osnovu kojih je njegov narod na prevaru isteran iz svoje zemlje i na osnovu kojih mu je novac dobijen u naknadu za zemlju na prevaru oduzet. Poglavica je odlazio u Vašington, u posetu Velikom Belom Ocu, predsedniku Bjukenenu; indijansku odeću zamenio je pantalonama i žaketima sa mesinganim dugmetima, pristupio episkopskoj crkvi, sagradio kuću i počeo da obrađuje zemlju. Ali, u leto 1862. godine, iz duboko prikrivenog razočaranja izbio je gnev.

U julu mesecu, nekoliko hiljada Sante Sijua okupilo se u Gornjoj ispostavi na reci Žuta vradžbina gde je trebalo da prime anuitete zajamčene ugovorima i kupe potrebne količine hrane. Novac, međutim, nije stizao, nego su kolale samo priče o tome kako je Veliko Veće (kongres) u Vašingtonu sve zlatne zalihe potrošilo na građanski rat i kako za Indijance nije ostala ni prebijena para. Budući da je narod skapavao od gladi, Mala Vrana i druge poglavice otišli su kod svog opunomoćenika Tomasa Galbrajta i zatražili da im iz skladišta krcatih namirnicama izda manje količine hrane. Galbrajt je hladno odgovorio da im hranu ne može izdati sve dok ne stigne novac iz Vašingtona i odmah je u pomoć pozvao stotinak vojnika. Na to je, 4. avgusta, pet stotina Santea opkolilo vojnike, obilo magacine i iz njih počelo da izvlači džakove sa brašnom. Međutim, blagonakloni zapovednik vojnika Timoti Šien nije pucao u njih, nego je Galbrajta nagovorio da im brašno i svinjetinu izda na kredit koji će mu biti isplaćen čim novac stigne iz Vašingtona. Galbrajt je poslušao Šiena i Sante Sijui su mirno napustili ispostavu. Jedino se poglavica Mala Vrana nije pomerio sve dok mu zastupnik nije obećao da će im ubuduće manje količine namirnica izdavati u Donjoj ispostavi, koja se nalazila tridesetak milja nizvodno, u Crvenoj šumi.

Obećanje, naravno, zastupnik nije održao. Iako je selo Male Vrane bilo u neposrednoj blizini Donje ispostave, Galbrajt je Indijance pustio da čekaju i tek posle nekoliko dana zakazao većanje u Crvenoj šumi. Mala Vrana i nekoliko hiljada gladnih Mdukantona našli su se na licu mesta već u rano jutro 15. avgusta, ali im je ubrzo postalo jasno da Galbrajt i četiri trgovca iz Donje ispostave i ne pomišljaju na to da im iz dobro snabdevenih skladišta izdaju robu pre nego što anuiteti stignu iz Vašingtona.

Ogorčen još jednim neodržanim obećanjem, poglavica Mala Vrana se podigao, stao pred Galbrajta i u ime svog naroda rekao: „Mi smo strpljivo čekali. Mi para imamo, taj novac je naš, i nismo krivi zato što nam ga Vašington ne šalje. Mi smo ostali bez hrane, a ova su stovarišta ovde puna do vrha. Ti si kao naš zastupnik dužan da se staraš o nama. Ako nam ti ne izdaš hranu, mi ćemo do nje doći na drugi način. Kad su gladni, ljudi pomažu jedan drugome[19]."

Galbrajt se okrenuo trgovcima i upitao ih šta bi oni učinili, a na to mu jedan od njih, Endru Mirik, prezrivo odgovori: „Što se mene tiče, neka, ako su gladni, pasu travu ili jedu sopstvenu pogan[20]."

Indijanci u krugu onemeše; a onda se začuše besni uzvici i nekolicina ustade i napusti većanje.

Endru Mirik je svojim rečima povredio sve Indijance, ali je najdublje povredio Malu Vranu: poglavici se činilo da je preko njegovih usahlih emocija prešao vreli vetar i spržio ih.

Godinama se svim silama trudio da ne prekrši ugovore, da sledi savete belih ljudi i svoj narod vodi njihovim stazama i bogazama. Sada mu se činilo da je sve izgubio. Narod je gubio veru u vođu i krivio ga za sve nedaće, a sada su se zastupnici i trgovci okrenuli protiv njega. Mdukatoni iz Donje ispostave optuživali su ga za izdaju još od onog trenutka kada je potpisao sporazum i zemlju ustupio belim ljudima, pa su početkom leta odlučili da ih ubuduće predstavlja Gradonosna Oluja. Da je Maloj Vrani pošlo za rukom da Galbrajta

Slika 4. *Mala Vrana ili Četon Vakava Mani, Soko Koji Lovi U Hodu. Fotografija A. Z. Šindlera, dobijena ljubaznošću Smitsonovog zavoda za naučna istraživanja 1858. godine.*

i ostale trgovce nagovori da im izdaju hranu, poglavica bi ponovo zadobio poštovanje naroda. Njegov poraz je, dakle, bio težak i gorak.

Nekada bi, u ona dobra stara vremena, ugled povratio odlaskom u rat; sada su ga, međutim, ugovori obavezivali da živi u miru i sa belim ljudima i sa drugim protivničkim indijanskim plemenima. Zašto ti Amerikanci, pitao se poglavica, toliko pričaju o miru, o miru među sobom, o miru sa Indijancima i među njima, kad pri tom vode tako bespoštedan rat sa Sivim šinjelima, pa zato i ne isplaćuju beznačajne svote što ih duguju Sante Sijuima? Dobro je znao da momci iz njegove skupine otvoreno zagovaraju rat sa belcima, uvereni da će ih samo na taj način isterati iz doline Minesote. Kucnuo je čas za borbu, ponavljali su, jer Plavi šinjeli ratuju protiv Sivih šinjela negde daleko, vrlo daleko. Po mišljenju Male Vrane te priče bile su čista ludost; on, poglavica, obišao je Istok i uverio se u moć Amerikanaca. Nadirali su sa svih strana kao skakavci i svoje neprijatelje uništavali teškim, gromkogovorećim topovima. Rat protiv belih ljudi bio je nezamisliv.

U nedelju, 17. avgusta, poglavica Mala Vrana ušao je u episkopsku crkvu u Donjoj ispostavi i odslušao propoved prečasnog Semjuela Hinmena. Pošto se misa završila, rukovao se sa vernicima i vratio se kući.

Usred noći probudili su ga glasovi i bučan ulazak nekolikih Sante Indijanaca u njegovu spavaću sobu. Čim je prepoznao glas Šakopija, shvatio je da se dogodilo nešto vrlo značajno i veoma rđavo, neko veliko zlo. Svi su bili na okupu: Šakopi, Mankato, Vradžbena Boca i Veliki Orao; za većanje se čekalo još samo na dolazak Vabaše.

Četvorica gladnih mladića iz Šakopijeve grupe prešla su tog sunčanog dana reku i krenula u lov u Velike šume gde se zlo i dogodilo. Priču je ispričao Veliki Orao: „Došli su do ograde imanja jednog naseljenika i tu, u kokošjem gnezdu, pronašli nekoliko jaja. Jedan momak je uzeo jaja, a drugi mu rekao: 'Ostavi ta jaja, ona su na imanju belog čoveka, ne izazivaj nevolju.' Onaj prvi se razbesneo, bio je strašno gladan i hteo je da pojede jaja. Ali, bacio ih je i viknuo: 'Kukavice, ti se toliko bojiš belog čoveka da ne smeš da pojedeš jaje iako umireš od gladi. Da, ti si jedna bedna kukavica i to ću svima reći.' A onaj drugi mu odgovori: 'Ja nisam kukavica i ne bojim se belog čoveka. I da bih ti to doakzao, ući ću u njegovu kuću i ubiću ga. Jesi li dovoljno hrabar da pođeš sa mnom?' A onaj što ga je nazvao kukavicom reče: 'Da, ja ću poći s tobom, pa ćemo videti ko je hrabriji od nas dvojice.' A njihova dva druga rekoše: 'I mi ćemo s vama, i mi smo hrabri.' Ušli su u kuću i ubili tri bela čoveka i dve bele žene. Onda upregoše konje u kola drugog belca, vratiše se u Šakopijev logor i ispričaše nam šta su učinili[21]."

Pošto je propisno izbrusio krivce, poglavica je sarkastično upitao Šakopija zašto savet traže od njega a ne od Gradonosne Oluje za koga su se opredelili još pre nekoliko meseci. Prisutne starešine su mu odgovorile da je sada, posle ubistva petoro naseljenika, život svakog Santea u smrtnoj opasnosti i da je on, Mala Vrana, njihov ratni poglavica. Poznato je da beli čovek za svako nedelo kažnjava sve Indijance, a ne samo vinovnike, pa je zato bolje da Indijanci napadnu prvi i ne čekaju da ih vojnici poubijaju. Plave šinjele treba napasti sad kad se sa svojim sunarodnicima bore tamo daleko na jugu.

Poglavica Mala Vrana odlučno je odbio njihov predlog. Beli ljudi su suviše moćni, rekao je, premda je i sam znao da će im se naseljenici ljuto osvetiti zbog ubistva žena. Poglavičin sin, koji je prisustvovao većanju, rekao je kasnije da je pogled njegovog oca bio unezveren, a čelo orošeno krupnim graškama znoja.

Na kraju je jedan od mladih ratnika uzviknuo: „Ta-oja-te-duta je kukavica!"

„Kukavica" je bila reč koja je podstakla na zločin, reč izazova mladiću koji se, iako je umirao od gladi, bojao da pojede jaje što pripada belom čoveku. „Kukavica" je bila teška uvreda i za poglavicu Sante Sijua koji je već koračao belčevim stazama.

Prema sećanju njegovog sina, Mala Vrana je ovako odgovorio: „Ta-oja-te-duta nije kukavica, ali nije ni budala! Kad je on pobegao od neprijatelja? Kad je svoje ratnike ostavio na cedilu i sakrio se? I kad smo se povlačili pred neprijateljem, ostajao sam poslednji i štitio vas kao što mečka štiti svoje mečiće! Koliko skalpova ima Ta-oja-te-duta? Pogledajte, ratnici, njegova ratna pera! Pogledajte koliko skalpova vaših neprijatelja visi na kočićima u njegovom šatoru! I njega vi nazivate kukavicom? Ta-oja-te-duta nije kukavica, ali nije ni budala! Vi se, ratnici, ponašate kao mala deca i ne znate šta radite.

Vi ste se, ratnici, napili đavolske vodice belog čoveka, ličite na pse koji u Mesecu žege podivljaju i jure svoju senku. Mi smo mala, razbijena stada bizona; nas je nekada bilo mnogo, nas je danas malo; onih velikih krda koja su prekrivala preriju više nema. Gledajte! Beli ljudi su kao skakavci čiji su rojevi tako gusti da celo nebo pretvaraju u snežnu oluju. Vi možete da ubijete jednog, dvojicu, desetoricu, ali njih ima mnogo, mnogo više, ima ih koliko i listova u onoj tamo bujnoj šumi. Vi ćete ubiti jednog, dvojicu, desetoricu, a oni će, njih deset puta deset, doći da ubiju vas. Počnite da brojite prste na rukama: nećete stići da ih izbrojite, a belci će već biti ovde sa puškama u rukama.

Da, oni se bore među sobom, tamo daleko na jugu. Ali, čujete li vi grmljavinu njihovih topova? Ne čujete! Da biste stigli do njihovog bojišta, trebalo bi da bez predaha trčite dva meseca. A na celom tom putu bili biste okruženi drugim belim vojnicima čiji su rojevi isto toliko gusti koliko i rojevi komaraca u močvarama Odžibve. Da, oni se bore među sobom, ali će se, ako ih napadnete, svi ustremiti na vas, pa će i vas i vaše žene i vašu decu potamaniti kao što u neko doba godine skakavci potamane drveće i sve njegovo lišće prožderu za jedan dan.

Vi ste, ratnici, pobudalili. Vi ne vidite lice svoga poglavice jer su vam oči pune dima. I ne čujete njegov glas jer su vaše uši zaglušene hučanjem uzburkanih voda. Vi ste, ratnici, ili mala deca ili obične budale. I izginućete kao što ginu zečevi kad ih u Mesecu ljute zime napadnu gladni kurjaci.

Ta-oja-te-duta nije kukavica. I on će umreti sa vama[22].“

Kad je i Veliki Orao ustao u odbranu mira, brzo su ga ućutkali. Sante Indijancima su bile dozlogrdile desetogodišnje prevare, prekršeni ugovori, pogažena obećanja, izgubljena lovišta, neisplaćeni anuiteti, neutoljiva glad pored hranom krcatih stovarišta u ispostavama, pogane, uvredljive reči Endrua Mirika – oni su bili spremni da ubice belih naseljenika brane sopstvenim životima.

Poglavica Mala Vrana poslao je glasnike uz reku, pozivajući Vopetopne i Sisetone da im se pridruže u ratu, a njegovi ratnici se baciše na čišćenje i sklapanje oružja.

„Poglavica je naredio da ispostavu napadnemo u rano jutro i pobijemo sve trgovce", pričao je kasnije Veliki Orao. „Naši su tako i postupili. I ja sam pošao sa jednom grupom, ali je nisam predvodio i nisam učestovao u pokolju. Pošao sam da spasem dva dobra prijatelja, a i mnogi drugi su pošli iz istog razloga jer je gotovo svaki od nas imao u ispostavi nekoga do koga mu je bilo stalo. Ali, kasno sam stigao, sve je već bilo gotovo. Mala Vrana je predvodio narod... Gospodin Endru Mirik, trgovac oženjen Indijankom, odbio je da gladnim Indijancima izda hranu na zajam i rekao: 'idite i pasite travu!' Sad je ležao na zemlji mrtav, sa ustima punim trave, a naši su se rugali: 'Eno, sad Mirik pase travu'[23]."

Sante Indijanci su ubili dvadeset belaca, zarobili desetak žena i dece, ispraznili stovarišta i zapalili okolne zgrade. Četrdeset sedmoro naseljenika je uz pomoć svojih indijanskih prijatelja prebeglo u tvrđavu Ridžli, udaljenu trinaest milja nizvodno.

Na putu za Ridžli naišli su na odred od četrdeset pet vojnika koji su krenuli u pomoć napadnutoj ispostavi. Prečasni Semjuel Hinmen, koji je prethodnog dana držao propoved u episkop-skoj crkvi, poslednju propoved koju je poglavica Mala Vrana čuo u životu, upozorio je vojnike na opasnost i savetovao im da se vrate u utvrđenje. Njihov zapovednik Džon Marš nije ga, međutim, poslušao; nastavio je put sa četom i uleteo pravo u indijansku zasedu. Bitku su preživela i u utvrđenje su se vratila samo dvadeset četiri njegova vojnika.

Ohrabren prvim uspehom, poglavica Mala Vrana odlučio je da napadne i Kuću vojnika; tvrđavu Ridžli. U međuvremenu mu se pridružio Vobeša. Mankatova skupina bivala je sve brojnija, novi saveznici su, javljali se glasnici, pristizali sa svih strana, a ni Veliki Orao više nije mogao da se drži po strani i zatvara oči pred činjenicom da je njegov narod ušao u rat.

Predvođeni poglavicama ratnici su, a bilo ih je nekoliko stotina, sišli u toku noći u dolinu Minesote i u rano jutro 19. avgusta našli se na okupu u preriji zapadno od tvrđave. „Naši mladići goreli su od nestrpljenja i jedva čekali znak za napad", rekao je jedan od učesnika koji se zvao Munjevito Ćebe. „Stavili smo ratničke boje, obukli ratničke odore, a za široke pojase zadenuli hranu i municiju[24]."

Ali čim su se neiskusni mladi Indijanci našli pred neosvojivim kamenim zgradama Kuće vojnika i njenim do zuba naoružanim Plavim šinjelima, naglo su se predomislili i ustuknuli. Na putu iz Donje ispostave neumorno su pričali o tome kako bi lako zauzeli Novi Ulm, varošicu na drugoj obali reke koja je imala mnogo dućana i malo vojnika. Zašto, dakle, ne bi prvo napali Novi Ulm? Na to pitanje je poglavica odgovorio da su Sante Sijui u ratu i da, ako žele pobedu, moraju da potuku vojnike u plavim uniformama. Ako poubijaju nekolicinu belaca u varošici, ništa neće postići; ali ako iz doline proteraju Plave šinjele, za njima će otići i beli naseljenici.

Kako su, međutim, i pored svih upozorenja, molbi i grdnji, mladi ratnici krenuli prema reci, Mala Vrana je bio primoran da sazove većanje na kome je odlučeno da se napad na tvrđavu Ridžli odloži za sutradan.

Neposlušni momci su se iz Novog Ulma vratili još iste večeri. Varošanima su uterali strah u kosti, rekoše, ali je njihova odbrana suviše jaka; osim toga, sa neba su celog popodneva sevale zastrašujuće munje. Veliki Orao nazvao ih je „obezglavljenom pljačkaškom hodom", posle čega je odlučeno da svi ostanu na okupu i tvrđavu Ridžli napadnu u rano jutro.

„Sunce se rađalo kad smo krenuli", rekao je Indijanac Munjevito Ćebe. „Reku smo kod ispostave prešli splavom, a onda se popeli na brdo gde smo malo predahnuli. Tu nam je Mala Vrana izložio plan napada na tvrđavu...

Čim joj se približimo, ljudi Vradžbene boce će sa tri pucnja privući na sebe pažnju i vatru vojnika; u tom trenutku će ratnici sa istoka (Veliki Orao i njegova grupa) i oni sa zapada i juga (Mala Vrana, Šakopi i njihovi ljudi) krenuti u napad i zauzeti utvrđenje.

Pred samo podne, došli smo do Potoka od tri milje, skuvali ručak i posle ručka se razdvojili: ja sam sa pešacima otišao na severnu stranu i više nisam obraćao pažnju na ostale: Svaki vođa dejstvovao je po svom nahođenju. Bili smo sigurni da će pred tvrđavu sve grupe stići u isto vreme, jer smo videli kad su krenule. Mala Vrana je jahao na crnom poniju. Mi smo, prema dogovoru, dali znak – ispalili smo tri hica, jer su ljudi Vradžbene boce bili u našoj grupi. Međutim, ratnici sa istoka, juga i zapada bili su veoma spori. Mi smo zapucali i potrčali prema dvema kamenim zgradama gde je pored teškog topa stajao čovek koga smo svi poznavali. A on je video samo nas i čuo samo nas, pa je zato i pucao samo na nas. Da su ratnici Male Vrane krenuli u juriš na ugovoreni znak, pobili bi sve vojnike koji su pucali u nas. Dva naša ratnika poginula su već u prvom trenutku, a dvojica od trojice ranjenih umrla su kasnije. Mi smo se razbežali i povukli u podnožje brda, odakle nismo mogli da vidimo da li su i ostali napali tvrđavu. Oni je jesu napali, ali su ih dočekali teški topovi, pa su morali da se povuku i prebace na drugu stranu. Da smo mi to znali i pucali u isto vreme, pokosili bismo sve vojnike na čistini. Ali, mi se ne borimo onako kako se bore beli ljudi, nas ne predvodi jedan čovek; svako od nas se borio i pucao kako je najbolje umeo i znao, po svojoj volji. Odustali smo, dakle, od namere da upadnemo u kuće i zapucali smo u prozore najveće kamene zgrade, jer smo verovali da u njoj ima najviše vojnika.

Ali mi vojnike nismo videli, pa nismo znali da li ih ubijamo. Pokušavali smo da zgrade zapalimo plamenim strelama, ali one su bile od kamena i nisu gorele; uzalud smo trošili metke i barut. Sunce je sve više klizilo na zapad; zaobišli smo tvrđavu i odlučili da se vratimo u selo Male Vrane i da se u bitku uključimo sledećeg jutra...

U napadu na tvrđavu učestvovalo je oko četiri stotine Indijanaca; žene su, ostale u selu. Hranu su nam kuvali dečaci između deset i petnaest godina, suviše mladi da bi se borili[25]."

Te večeri su, u selu, Mala Vrana i Veliki Orao bili duboko potišteni činjenicom da nisu zauzeli Kuću vojnika. Veliki Orao se protivio novom napadu i tvrdio da Sante Sijui nemaju dovoljno ratnika za juriš na teške topove, da će broj žrtava biti suviše veliki. Napad je odložen, ali su se Indijanci, po naređenju Male Vrane, bacili na posao da bi od baruta koji im je preostao iz opljačkanih skladišta napravili što više metaka.

Ubrzo se, međutim, situacija izmenila: iz Gornje ispostave stiglo je četiri stotine ratnika Vopetona i Sisetona i ponudilo im pomoć u ratu protiv belih ljudi. Poglavica Mala Vrana bio je ushićen: ujedinjeni Sante Sijui mogli su da sa osam stotina snažnih ratnika zauzmu tvrđavu Ridžli. Sazvao je ratno veće i izdao stroga naređenja za bitku koja ih je očekivala i u kojoj nisu smeli da zakažu.

„I tog 22. avgusta smo iz sela izašli u rano jutro", nastavio je priču Indijanac Munjevito Ćebe, „ali nam je trava vlažna od rose usporavala hod, pa smo se tvrđavi približili tek u podne... Ovoga puta se nismo zaustavljali, ni da predahnemo, ni da jedemo; svako je poneo nešto hrane i prezalogajio kasnije, u toku bitke[26]."

Po rečima Velikog Orla, druga bitka za tvrđavu Ridžli bila je veliki poduhvat: „Sa brda smo sišli čvrsto rešeni da je zauzmemo po svaku cenu, jer ona je za nas bila od velikog značaja. Znali smo da ćemo, ako zauzmemo tvrđavu Ridžli, zavladati celom dolinom Minesote."

Ovog puta Sante ratnici nisu bezglavo krenuli u juriš. Okitili su glave prerijskom travom i prerijskim cvećem i tako se, prikriveni, uspuzali uz jaruge i nečujno se, kroz čestar, prišunjali dovoljno blizu utvrđenja da bi otvorili vatru na njegove branioce. Dok je kiša plamtećih strela palila krovove, Indijanci su jurnuli u štale. Ratnik Vakondajaman je rekao: „Bitka je već bila u punom jeku kad sam se ja, pokušavajući da se domognem konja, štalama prišunjao sa južne strane. Dok sam izvodio konja, u blizini je eksplodiralo topovsko đule; konj me je oborio na

Slika 5. *Veliki Orao. Fotografija koju su Sajmons i Šepard napravili u Logoru Mek Klelen i Devenportu, Ajova. Objavljena ljubaznošću Udruženja istoričara Minesote.*

tlo i pobegao. Ustao sam i video da za njim beži i jedna mazga. Toliko sam se razbesneo da sam je ubio[27].“ Borba prsa u prsa oko štala trajala je samo nekoliko minuta: žestoka artiljerijska paljba je Sante Sijue ponovo primorala na povlačenje.

Poglavica Mala Vrana bio je lakše ranjen, ali i iznuren gubitkom krvi. Kad se povukao sa bojišta da bi prikupio snagu, Indijance je u drugi napad poveo Mankato. Unakrsna vatra pokosila je njegove ratnike i osujetila juriš.

„Da nije bilo topova, mi bismo tvrđavu zauzeli“, rekao je Veliki Orao. „Vojnici su nam pružili tako žestok otpor da smo poverovali kako ih ima mnogo više nego što ih je uistinu bilo.“ (Toga 22. avgusta tvrđavu Ridžli branilo je sto pedeset vojnika i dvadeset pet naoružanih civila.) Veliki Orao je toga dana izgubio većinu svojih ratnika.

Vođe Sante Sijua obustavile su borbu u predvečerje. „Sunce je već bilo na zalasku", rekao je Indijanac Munjevito Ćebe. „Čim smo videli da se i na jugu i na zapadu naši povlače pred gromkogovorećim topovima i da se Mala Vrana sa svojim ratnicima uputio na severozapad, odlučili smo da i mi pođemo za njima i kasnije se dogovorimo šta ćemo dalje... Bili smo uvereni da se vraćamo po novu grupu ratnika... A kad nam je, u selu, poglavica rekao da novih ratnika nema, došlo je do svađe. Jedni su bili za to da se sledećeg jutra prvo zauzme tvrđava, a potom napadne Novi Ulm, a drugi za to da se prvo zauzme Novi Ulm, a potom napadne tvrđava. Svi smo se, međutim, bojali da nas ne preteknu vojnici[28]."

Vojnici od kojih su Indijanci toliko strepeli (a bilo ih je hiljadu četiri stotine) pripadali su Šestom minesotskom puku i približavali su se iz Sent Pola. Sante Sijui su dobro poznavali njihovog zapovednika – Dugonogog Trgovca, pukovnika Henrija H. Siblija. Od 475.000 dolara, iznosa koji je Sante Indijancima obećan prvim ugovorom, Dugonogi Trgovac Sibli uzeo je 145.000 koliko su, navodno, Indijanci dugovali njegovoj Američkoj kompaniji za trgovinu krznom. Sante Sijui su znali da su toj kompaniji svoja krzna prodavali u bescenje, ali im to, naravno, nije bilo ni od kakve koristi jer je njihov zastupnik Eligzander Remzi bespogovorno prihvatio Siblijev zahtev i potvrdio da su otkupljena krzna bila preplaćena. Pošto je usvojio i zahteve drugih trgovaca, ispalo je na kraju da Sante za ustupljenu zemlju i nemaju više šta da dobiju. (Remzi je u međuvremenu postao guverner Minesote i Dugonogog Trgovca Siblija postavio za zapovednika konjičkog puka, posle čega su Indijanci Siblija prozvali Orlovski Zapovednik.)

Sante Sijui su Novi Ulm napali 23. avgusta, u prepodnevnim časovima. Na blistavo sunce pokuljali su iz šuma kao skakavci, obrazovali luk preko prerije i stuštili se na naselje. Ali žitelji varošice spremno su ih dočekali jer su posle neuspešnog napada mladih ratnika 19. avgusta podigli barikade, snabdeli se novim oružjem i u pomoć pozvali miliciju iz doline. Prišavši njihovim odbrambenim linijama, Indijanci se raširiše kao lepeza i u nameri da prestrave protivnika ubrzaše ritam juriša, ispuštajući užasavajuće ratne pokliče. Toga dana, ratnike je predvodio Mankato (poglavica Mala Vrana ležao je ranjen u svom selu), a plan mu je bio da varoš opkoli sa svih strana.

Obostrana paljba bila je i brza i oštra, ali su varošani, služeći se prozorima i otvorima zgrada kao puškarnicama, uspeli da odbiju prvi napad u rano popodne. Sante Sijui su zapalili kuće okrenute vetru, u nadi da će pod dimnom zavesom lakše napredovati. Šezdesetak ratnika, pešaka i konjanika, krenuli u juriš na jednu od većih barikada, ali ih plotuni nateraše na povlačenje. Duga i ogorčena borba odvijala se na ulicama, u kućama, iza i ispred njih, u radnjama i skladištima. Čim je pao mrak, Sante Sijui su napustili poprište bez pobede, ali su ostavili za sobom tinjajuće ruševine sto devedeset zgrada i više od sto mrtvih i ranjenih tvrdoglavih branitelja Novog Ulma.

Kad je, tri dana kasnije, prethodnica Siblijevog puka stigla u tvrđavu Ridžli, Indijanci počeše da se povlače iz doline Minesote. Grupu od dve stotine zarobljenika sačinjavali su bele žene i bela deca, ali i poluindijanci poznati po svojoj privrženosti belcima. Poglavica Mala Vrana podigao je privremeni logor oko četrdeset milja iznad Gornje ispostave i, tražeći podršku, započeo pregovore sa drugim sijuskim vođama. Nije uspeo u svojoj misiji. Druge vođe su ostale ravnodušne iz više razloga; jedan je bio neuspeli pokušaj zauzimanja tvrđave Ridžli, a drugi – zločin što su ga razulareni mladi ratnici izvršili nad belim naseljenicima u toku opsade utvrđenja. Nekoliko stotina belaca, od kojih su mnogi bili napadnuti bez upozorenja i brutalno pobijeni, razbežalo se na sve strane i sakrilo po sijuskim selima čije je ratnike poglavica Mala Vrana sada nagovarao da mu se pridruže u ratu sa belim ljudima.

Iako je iz dna duše prezirao napadače bespomoćnih naseljenika, poglavica je znao da će odluka o ratu sa belcima podstaći osvetu mnogih njegovih saplemenika. Međutim, sada je za kajanje bilo suviše kasno. Rat protiv vojnika se morao nastaviti, i on će ga voditi do poslednjeg živog ratnika.

Odlučio je, dakle, da već 1. septembra proveri snage vojnih jedinica Dugonogog Trgovca Siblija. Sante Indijanci podelili su se u dve grupe: Mala Vrana je sa stotinu i deset ratnika izviđao severni deo doline Minesote, a Veliki Orao i Mankato su sa svojim ljudima pretraživali južne obale reke.

Poglavica Mala Vrana smerao je da izbegne čeoni sukob sa vojnicima i da se u Siblijeve redove ušunja iz pozadine kako bi zaplenio kola sa vojnim provijantom. Zato je naglo skrenuo na sever i svoje ratnike doveo do onih naselja koja su se u toku prethodne dve nedelje odupirala pljačkama razuzdanih mladih Indijanaca. Iskušenje i želja da se napadnu upravo ta mala naselja doveli su do razdora u skupini Male Vrane. A kad je sledećeg dana jedan od doglavnika sazvao ratno veće i predložio da se naseljenici napadnu i opljačkaju bez milosti, Mala Vrana se tom predlogu oštro usprotivio, ističući da su neprijatelji vojnici i da se Indijanci protiv njih moraju boriti. Većanje se završilo tako što je sedamdeset pet ratnika željnih pljačke glasalo za predlog doglavnika, dok je uz poglavicu ostalo samo trideset pet najvernijih sledbenika.

Ta poglavičina mala grupa je već sledećeg jutra neočekivano naišla na odred od sedamdeset pet belih vojnika. Usledila je ogorčena borba, da bi na paljbu musketa Maloj Vrani pohitali u pomoć i razuzdani „odmetnici“. Iako su se u krvavoj bici prsa u prsa vojnici služili bajonetima, Sante Sijui su, pre nego što su se povukli ka gradiću Hačinson, ubili šest i ranili petnaest svojih protivnika.

Sledeća dva dana pomno su osmatrali okolinu, ali na vidiku nisu ugledali nijednog vojnika. Glasnici-trkači doneli su, međutim, vest o tome da se dve-tri milje dalje, na jugozapadu, bije velika bitka: Veliki Orao i Mankato upali su, kod Brezove jaruge, u zamku Dugonogog Trgovca Siblija.

Uoči bitke, u mrklom mraku, Veliki Orao i Mankato opkolili su nečujno vojnički logor, opkolili ga tako da niko iz njega ne može da pobegne. „Bitka je počela u cik zore", rekao je Veliki Orao. „Trajala je celog dana i sledeću noć; sve do jutra. Protivnici su bili ravnopravni. Belci su se valjano borili, ali su zbog svog načina vojevanja izgubili mnogo ljudi. Indijanci su se valjano borili, ali su zbog svog načina vojevanja izgubili malo ljudi… A kad su sredinom popodneva naši ratnici počeli da gunđaju zbog sporosti kojom se bitka odvija i upornosti kojom se belci brane, Mankato je izdao naređenje za napad. Taj hrabri poglavica nameravao je da svoje ratnike povede u juriš odmah posle ponoći…

Pred sam juriš primismo vest da se sa istoka dugačka kolona konjanika približava tvrđavi Ridžli. Ta vest je izazvala veliko uzbuđenje i zaustavila naš juriš. Mankato je sa grupom ratnika krenuo u susret koloni… Dok su belci kopali grudobrane, on je jedan deo svojih ljudi ubacio u krater da bi sa njegovog dna podizali buku, a drugi deo, tridesetak ratnika, postavio oko te isušene vulkanske jaruge da motre protivnika. Onda se, sa šačicom ljudi, stuštio u bitku. Naši su se slatko smejali tome kako su prevarili bele ljude, a mi smo se svi radovali što se belci nisu probili i oterali nas…

Sledećeg jutra oterao nas je general Sibli koji je dobio veliko pojačanje. Morali smo da odemo, ali nismo žurili; naši ratnici otišli su tek onda kad su Siblijevi vojnici, rukujući se sa onima iz logora, pripucali u nas. Tada smo se i mi iz prerije povukli u rečnu dolinu… iako nas niko nije gonio. Topovi su gruvali dok smo napuštali bojno polje, ali nam nisu naneli nikakve gubitke; kao da su udarali u veliki doboš. Digli su veliku buku, ali to je bilo sve. Mi smo prešli reku i vratili se u svoje selo, a onda smo nastavili put uz reku sve do ušća Čipeve, gde nam se pridružio poglavica Mala Vrana... Tu smo čuli da je Dugonogi Trgovac sa svojom vojskom ponovo krenuo na nas... Ostavio je, u rascepljenom drvetu, pismo upućeno Maloj Vrani, a to su pismo naši ratnici pronašli i doneli ga ratnom poglavici[29]."

Poruka Dugonogog Trgovca bila je kratka i neobavezna:

Ukoliko poglavica Mala Vrana ima bilo kakav predlog, neka mi ga pošalje po jednom od poluindijanaca koji će, i u logoru i izvan njega, biti pod mojom sigurnom zaštitom.

Pukovnik H. H. Sibli, komandant konjičkog puka[30]

Poglavica Mala Vrana nije, naravno, imao poverenja u čoveka koji je bio dovoljno prepreden da Sante Indijancima otme toliki novac. Ali je, i pored toga, odlučio da mu odgovori. Pomislio je, da Dugonogi Trgovac možda, i ne zna zašto su Sante i ušli u rat, budući da je vrlo dugo živeo u Beloj steni, nedaleko od Sent Pola. Poglavici je, uostalom, bilo stalo i do toga da guverner Remzi sazna razloge koji su doveli do rata, jer su mnogi neopredeljeni Indijanci bili veoma zaplašeni rečima koje je uputio belim žiteljima Minesote: „Sijue treba istrebiti ili ih zauvek prognati preko granica ove države[31]."

Poruka koju je poglavica Mala Vrana uputio generalu Sibliju 7. septembra glasila je:

Ja ću vam reći zbog čega smo ušli u ovaj rat. Iako smo sa američkom vladom sklopili ugovor, primorani smo da moljakamo ono što nam po njemu s pravom pripada. Za sve je kriv major Galbrajt jer mi, iako naša deca skapavaju od gladi, ne dobijamo ono što nam po pravu pripada.

Rat nismo započeli mi, rat su započeli trgovci. Gospodin E. Dž. Mirik je Indijancima rekao: pasite travu ili jedite sopstvenu pogan, a na to je gospodin Forbs dodao da Sijui i nisu ljudi. A Roberts i njegovi prijatelji iznudili su nam na prevaru sve pare koje smo imali[32]. Naši mladi ratnici su bele ljude možda odgurnuli nesvesno, ali sam ih ja odgurnuo svesno, što podvlačim i molim da prenesete guverneru Remziju. Ja imam mnogo zarobljenika, i među njima je veliki broj žena i dece... Odgovor očekujem po donosiocu ovog pisma.

Odgovor generala Siblija glasio je:

MALA VRANO: Ti si kao poglavica mnoge naše ljude pobio bez razloga. Tek kad nam zarobljenike vratiš pod zastavom primirja moći ću sa tobom da razgovaram kao sa čovekom[33].

Ali poglavica Mala Vrana nije hteo da zarobljenike vrati pre nego što sazna šta sve smera taj Dugonogi Trgovac i da li namerava da izjavu guvernera Remzija o istrebljenju i progonstvu Sante Sijua sprovede u delo. Njegovi zarobljenici bili su osnova za pregovore. Na većanju svih skupina došlo je do nesuglasica oko pitanja kojim bi putem Sante Sijui trebalo da krenu pre nego što ih Siblijeve trupe sustignu kod reke Žuta vradžbina. Pol Mazakutemane, pripadnik sisetonskog plemena iz Gornje ispostave, optužio je Malu Vranu kao izazivača rata. „Zahtevam da mi predaš sve bele zarobljenike, ja ću ih vratiti njihovim prijateljima... Prekini borbu! Oni koji se bore protiv belih ljudi nikada se neće obogatiti i nikada se na jednom mestu neće zadržati duže od dva dana. Oni koji se bore protiv belih ljudi večito će bežati da bi na kraju skapali od gladi[34]."

Dok se Vabaša, jedan od aktivnih učesnika u bitkama za tvrđavu Ridžli i varošicu Novi Ulm, sa velikim žarom zalagao za mir i oslobađanje belih zarobljenika, njegov zet Rda-in-jan--ka podržao je Malu Vranu i većinu ratnika: „Glasam za to da se rat nastavi i protivim se predaji zarobljenika. Ne verujem da će beli ljudi, ako im čak i predamo zarobljenike, poštovati bilo koji sporazum sa nama. Otkako pregovaramo sa njima, njihovi zastupnici i trgovci varaju nas i pljačkaju, a naše ratnike ubijaju i vešaju bez milosti; neki se dave na plovećim santama, a neki umiru u tamnicama. Naš narod nije ubio ni jednog jedinog belog čoveka sve do onog časa kad su četvorica naših mladića učinila ono što su učinila i rekla nam šta su učinila. To je uzbudilo sve mlade, počeo je pokolj. Oni stariji bi ga sprečili da su mogli, a nisu mogli jer su posle svih pogaženih obećanja i prekršenih ugovora izgubili sav svoj uticaj. Mi možemo da žalimo zbog onoga što se dogodilo, ali se to više ne može popraviti. Mi moramo da umremo. A kad već moramo da umremo, onda ćemo pre smrti pobiti još mnogo belaca, pa ćemo u smrt povesti sa sobom i zarobljenike[35].“

Dvanaestog septembra, poglavica Mala Vrana pružio je Dugonogom Trgovcu poslednju priliku da rat okonča bez daljih krvoprolića. Poslao mu je poruku u kojoj ga uverava da se prema zarobljenicima lepo postupa i koju ovako završava: „Želeo bih da od vas kao prijatelja čujem na koji bih način zaključio mir za moj narod.“

Poglavica, naravno, nije znao da je toga istog dana tajnu poruku Sibliju poslao i Vabašu. On je za rat optuživao Malu Vranu i uveravao pukovnika u svoje iskreno prijateljstvo prema „dobrim belim ljudima“, ne pominjući, razume se, da se pre dve nedelje borio protiv njih kod tvrđave Ridžli i Novog Ulma. „Nemoćan sam da učinim bilo šta; kad bih pokušao da pomognem belcima, oni bi me ubili. Ali ako mi vi zakažete sastanak, mi ćemo, ja i nekoliko mojih prijatelja, povesti koliko god možemo zarobljenika i sa porodicama doći na mesto koje nam odredite."

Sibli je odmah odgovorio na obe poruke. Izgrdio je Malu Vranu što ne predaje zarobljenike i što time onemogućava svaki sporazum, ali nije odgovorio na pitanje ratnog vođe na koji bi se način borba okončala i sklopio mir. Izdajici Vabaši napisao je dugačko pismo i dao mu tačna uputstva kako da pri predaji zarobljenika upotrebi zastavu primirja. „Sa radošću ću prihvatiti sve iskrene prijatelje sa onoliko zarobljenika koliko mogu da povedu", obećao je Sibli, „a dovoljno sam moćan da neprijatelje smrvim i surovo kaznim one koji su svoju zemlju okupali krvlju nedužnih[36]."

Čim je pročitao hladan i osoran odgovor Dugonogog Trgovca, poglavica Mala Vrana shvatio je da nade za mir nema i da pukovnik traži bezuslovnu predaju. Ako ne pobede vojnike, Sante Sijue čeka smrt ili progonstvo.

A kad su mu 22. septembra izviđači javili da Siblijevi vojnici podižu logor kod Šumovitih jezera, poglavica je odlučio da se sa njima sukobi pre nego što stignu do ispostave Žuta vradžbina.

„Većanju su prisustvovali svi najbolji ratnici i sve naše vođe", rekao je Veliki Orao. „Osećali smo da će ta bitka biti presudna za nas." Sante Sijui su se nečujno prikrali vojnicima u logoru i postavili im zasedu. „Lepo smo čuli kako pevaju i kako se smeju. Kad smo obavili sve pripreme, ja, Mala Vrana i druge poglavice popeli smo se na obližnje brdo da odande nadgledamo bitku koja je trebala da započne u rano jutro…

Ali kad je svanulo, dogodilo se nešto što je poremetilo sve naše planove. Iz nama nepoznatih razloga, Sibli – Dugonogi Trgovac nije krenuo onako rano kako smo mi očekivali. Naši ljudi su ležali skriveni i strpljivo čekali. Neki ratnici bili su u neposrednoj blizini logora; ali belci nisu otkrili nijednog od njih: Siguran sam da oni našu zasedu ne bi otkrili da se nije zbilo ono što se zbilo. Bili smo spremni za juriš, ali su u tom trenutku iz logora izašli vojnici i sa četvoro ili petoro kola uputili se ka staroj ispostavi Žuta vradžbina. Tek kasnije smo saznali da im to nije bilo naređeno i da su u ispostavu, udaljenu pet milja, krenuli da kopaju krompir. Ali, izašli su u preriju i tamo naleteli pravo na naše ratnike. Na sreću, nisu sva kola išla drumom, jer da su nastavila put, prešli bi preko naših boraca koji su ležali skriveni u visokoj travi. Na kraju je, naravno, došlo do borbe, ali ne na onaj način na koji smo se mi pripremali. Poglavica Mala Vrana je sve to video i bio je duboko ojađen…

Oni Indijanci koji su ušli u borbu tukli su se hrabro i valjano, ali zato oni koji su bili suviše daleko nisu ispalili nijedan metak. Bitku su vodili ratnici u jarugama i ratnici koji su ove povezivali sa onima oko druma. Mi smo sa brda učinili sve što smo mogli, ali su nas belci brzo naterali na povlačenje. Tu je poginuo Mankato, tu smo izgubili dobrog i hrabrog poglavicu. Ubilo ga je topovsko tane, ispaljeno iz tolike blizine da se on nije mogao ni uplašiti od njega; ono ga je, dok je ležao na zemlji, pogodilo u leđa i ubilo ga. Belci su naše ljude iz jaruga isterali paljbom, a njihova paljba okončala je i samu bitku. Mi smo se povlačili u neredu, a vojnici se nisu ni potrudili da nas progone. Mi smo već bili prešli preriju, a konjanici nisu ni kretali u poteru za nama. Izgubili smo deset ili petnaest ljudi i nosili mnoge ranjenike. Koliko je njih umrlo kasnije; to ne znam. Tela mrtvih nismo poneli, ali smo pokupili sve ranjenike. Beli ljudi su svima mrtvim Indijancima skinuli skalpove, kako sam bar ja čuo." (Pošto su vojnici unakazili leševe Sante Sijua, pukovnik Sibli izdao je naređenje kojim je zabranjivao takav postupak: „Nijedan leš, pa ni leš divljaka, ne sme biti izložen nečoveštima civilizovanih hrišćana[37].")

Te večeri je u logoru Sante Sijua, dvadesetak milja iznad ispostave Žuta vradžbina, poglavica Mala Vrana održao poslednje većanje. Ratnici su, u većini, smatrali da je Dugonogi Trgovac suviše moćan i da gorštacima Sante plemena ne preostaje ništa drugo do da se predaju ili pobegnu i pridruže se svojim rođacima, prerijskim Sijuima u državi Dakota. Oni koji nisu učestvovali u borbi odlučili su da ostanu i predaju se belcima, uvereni da će isporukom belih zarobljenika uspostaviti večno prijateljstvo sa Dugonogim Trgovcem Siblijem. Njima se pridružio Vabaša, koji je i svog zeta Rda-in-jan-ku nagovorio da ostane. Tu odluku je u poslednjem trenutku doneo i Veliki Orao, koga su poluindijanci uspeli da ubede da će, ukoliko se preda, u zarobljeništvu ostati samo vrlo kratko vreme. Veliki Orao će ostati živ, ali samo zato da bi se do smrti kajao zbog te odluke.

Ogorčen porazom i odjednom beskrajno umoran od bremena svojih šezdeset godina, poglavica Mala Vrana održao je sledećeg jutra svoj poslednji govor: „Mene je stid da se nazovem Sijuom. Juče su belci potukli sedam stotina naših najboljih ratnika. A mi smo se po visoravnima razbežali kao bizoni i vukovi. Da, istina je: belci imaju topove i bolje oružje nas; da, istina je, njih je mnogo a nas malo. Ali to nije razlog da ih ne potučemo do nogu, jer mi smo hrabri Sijui, a oni su žene, obične kukavice. Ja ne mogu ni da objasnim, ni da opravdam naš sraman poraz. On može biti samo posledica delovanja izdajnika i verolomnika koji su među nama[38].“ Poglavice Mala Vrana, Šakopi i Vradžbena Boca naredile su svojim ljudima da sklope tipije*; na nekoliko kola koja su uzeli iz ispostave natovarili su hranu i svu imovinu, žene i decu, i krenuli na zapad. Mesec divljeg pirinča bližio se kraju, pred njima je bila duga i nemilosrdna zima.

Uz pomoć Vabaše i Pola Mazakutemanea, koji su razvili zastavu primirja, Sibli je 26. septembra umaršira u logor Sante Sijua, gde su mu Indijanci predali sto sedam belaca i sto šezdeset dva meleza. Na većanju je pukovnik saopštio da će sve Sante Sijue smatrati ratnim zarobljenicima sve dok ne otkrije i

---

* Vrsta indijanskog šatora koji se sastoji od motki postavljenih u kupu i pokrivenih kožama. (Prim. prev.)

ne poveša prave krivce. Na to su se vođe mira blago pobunile i dugo ga uveravale u svoje prijateljstvo. Pol Mazakutemane je rekao: „Ja sam odrastao kao vaše dete. I danas bih želeo da vas držim za ruku kao što dete za ruku drži svoga oca... Ja sam bele ljude oduvek smatrao prijateljima. Zašto nam oni sad šalju ovakav blagoslov[39]?"

Sibli je na pitanje odgovorio tako što je oko indijanskog logora postavio artiljerijski kordon, a svim Sante Sijuima u dolini Minesote po glasnicima naredio da najkraćim putem dođu u Logor oslobođenja (kako ga je sam nazvao): Oni koji ne prihvate dobrovoljnu predaju, biće neumorno progonjeni, zarobljeni ili pobijeni. I dok su se Sante Sijui okupljali i polagali oružje, vojnici su sekli drveće i gradili ogromnu baraku, čija je svrha ubrzo svima postala jasna: u nju su uterani i lancima okovani svi Indijanci plemena Sante Sijua – oko šest stotina onih koji su već bili u logoru i oko dve hiljade onih koji su došli iz doline.

U međuvremenu je pukovnik Sibli odabrao petoricu svojih oficira i imenovao ih za članove vojnog suda pred koji je trebalo da izađu svi Sante Sijui osumnjičeni za učešće u pobuni. Budući da Indijanci nisu imali nikakva zakonska prava, Dugonogi Trgovac nije smatrao za potrebno da im ponudi branioce.

Pred sud je prvi izašao mulat Godfri koji je, oženjen Indijankom iz Vabašine skupine, četiri godine živeo u Gornjoj ispostavi. Svedokinje su bile tri bele žene iz grupe tek oslobođenih zarobljenika. Nijedna ga nije optuživala za silovanje i nijedna nije videla da ubija ili pljačka; ali, čule su priču da je Godfri u Novom Ulmu ubio sedmoro belih ljudi. Sud je na osnovu tog iskaza Godfrija proglasio krivim i osudio ga na smrt vešanjem.

Čim je Godfri saznao da je sud spreman da mu ukine smrtnu kaznu ukoliko prijavi one Sante Indijance koji su učestvovali u napadima i borbama, postao je odani dostavljač i suđenje je nastavljeno bez teškoća: po četrdeset Indijanaca osuđivano je dnevno na robiju ili na smrt. Suđenje je završeno 5. novembra:

tri stotine tri Sante Sijua osuđeno je na smrt, a šesnaest na doživotnu robiju.

Dugonogi Trgovac Sibli nije, međutim, hteo da sam snosi odgovornost za uništenje tolikih ljudskih života iako su to bili životi „đavola u ljudskom obličju". Prebacio je breme na zapovednika Vojnog okruga za Severozapad, na generala Džona Poupa koji je, opet, konačnu odluku prepustio predsedniku Sjedinjenih Američkih Država Abrahamu Linkolnu. „Zarobljenici plemena Sijua biće neizostavno pogubljeni, osim ako Predsednik ne odluči drukčije; a on, siguran sam, to neće učiniti", poručio je general Poup guverneru Remziju.

Ali, Abraham Linkoln je bio čovek od savesti. Zahtevao je da mu se dostave originali zapisnika sa suđenja i svi iskazi svedoka. A kad su mu ti dokumenti dostavljeni, naložio je dvojici advokata da ih pažljivo prouče i ubice izdvoje od učesnika u borbama.

Linkolnovo odbijanje da po hitnom postupku odobri vešanje tri stotine trojice Sante Sijua razbesnelo je i generala Poupa i guvernera Remzija. Poup je energično protestovao: „Osuđene zločince treba pogubiti bez izuzetaka i bez odlaganja... Čovečanstvo zahteva najhitnije okončanje slučaja." Guverner Remzi je od predsednika ponovo zatražio saglasnost da se osuđenici pogube, jer će u suprotnom narod Minesote „uzeti pravdu u svoje ruke[40]".

Dok je predsednik Linkoln proučavao zapišnike i ostale izveštaje sa suđenja, Sibli je osuđene Indijance preselio u zarobljenički logor na reci Minesoti koji se zvao Južna okuka. I kad su oni u pratnji vojnika prolazili pored Novog Ulma, masa građana, u kojoj je bilo mnogo žena, prosula je na njih ključalu vodu i zasula ih kamenicama. Pre nego što su vojnici uspeli da ih izvedu iz varoši, povređeno je petnaest Indijanaca, a jednom je polomljena vilica. U noći 4. decembra, ti žitelji Novog Ulma ponovo su pokušali da linčuju Indijance i napadnu njihov logor.

Vojnicima je pošlo za rukom da odbiju razjarenu gomilu i da zatvorenike prebace u garnizon koji se nalazio nedaleko od varoši Mankato.

U međuvremenu je pukovnik Sibli odlučio da i grupu od hiljadu sedam stotina Sante Sijua, koju su uglavnom sačinjavali žene i deca, zadrži kao svoje zarobljenike, iako ti ljudi nisu bili okrivljeni ni za kakav zločin, sem za zločin što su se rodili kao Indijanci. Naredio je da se prebace u tvrđavu Sneling, a oni su uz put izloženi napadima razjarenih belih građana; podneli su kamenovanje i batinanje, a masa je jedno dete otela majci iz naručja i pretukla ga na smrt. Čim je povorka duga četiri milje stigla u tvrđavu Sneling, Indijanci su saterani u omeđeni prostor močvarnog zemljišta: Tu su, pod jakom vojničkom stražom, u trošnim zaklonima, izgladneli saplemenici nekada tako ponositih Sante Sijua–gorštaka očekivali svoju smrt.

Šestog decembra, predsednik Linkoln je obavestio Siblija da od tri stotine tri osuđenika na gubilište izvede trideset devet Sante Sijua. „Ostali osuđenici će sačekati dalje odluke, ali strogo vodite računa o tome da ne pobegnu i ne budu izloženi nezakonitom nasilju[41].“

Dan pogubljenja zakazan je za 26. decembar, za dvadeset šesti dan u Mesecu kad jeleni zbacuju rogovlje. Tog jutra su ulice gradića Mankato zakrčile gomile osvetoljubivih i mračno radoznalih građana, pa je red morao da održava čitav puk vojnika. U poslednjem trenutku, jednom Indijancu odloženo je izvršenje smrtne kazne. Oko deset sati, trideset osam osuđenika sprovedeno je iz zatvora do gubilišta. Indijanci su sijusku pesmu smrti pevali sve dok im vojnici u kapuljačama nisu stavili omču oko vrata. Oficir je dao znak, dželati su presekli konopac i tela trideset osam Sante Sijua zanjihala su se, beživotno, u vazduhu. Da Abraham Linkoln nije posredovao, u tom trenutku njihala bi se u vazduhu tela tri stotine Indijanaca. Međutim, jedan od očevidaca toga stravičnog prizora dugo se hvalio „najvećim masovnim pogubljenjem u Americi".

Nije prošlo ni nekoliko sati, a nadležni su ustanovili da dva obešena Indijanca nisu bila na Linkolnovom spisku; o tome se ćutalo punih devet godina. „Za žaljenje je što se potkrala jedna takva greška, ali sam siguran u to da ona nije namerno počinjena", izjavio je jedan od odgovornih ljudi. Jedan od dvojice „greškom obešenih" bio je Indijanac koji je prilikom indijanskog napada spasao život beloj ženi[42].

Među Indijancima pogubljenim toga dana, mnogi su do poslednjeg časa pokušavali da dokažu svoju nevinost. Jedan od njih bio je Rda-in-jan-ka, Vabašin zet, koji je bio protiv rata ali koji se, kad je on već izbio, kasnije priključio Maloj Vrani. I nije, po savetu Vabaše, krenuo sa poglavicom i njegovim sledbenicima u Dakotu.

Pred samo pogubljenje, Rda-in-jan-ka izdiktirao je tastu, poglavici Vabaši, svoje oproštajno pismo:

Ti si me prevario, Vabaša. Rekao si da će sve biti dobro ako poslušamo savet Dugonogog Trgovca Siblija i predamo se belim ljudima; ti si tvrdio da se nijednom nevinom čoveku neće desiti ništa rđavo. Ja nisam ubio, nisam ranio i nisam povredio nijednoga belog čoveka, nijednu belu ženu i nijedno belo dete; ja nisam učestvovao ni u jednoj pljački njihovog poseda. A mene su danas ipak izdvojili za pogubljenje: ja ću umreti prekosutra, a krivci će, živi, ostati u zatvoru. Moja žena je tvoja kći, moja deca su tvoji unuci. I ja ih prepuštam tvojoj brizi i tvojoj zaštiti. Ne dozvoli im da pate! A kad moja deca odrastu, kaži im da je njihov otac umro zato što je poslušao savet svog poglavice i da pred Velikim Duhom neće odgovarati za krv belih ljudi.

Ja volim svoju ženu i volim svoju decu. Ne dozvoli im da me oplakuju i da tuguju za mnom. Nauči ih da je hrabri ratnik uvek spreman da dočeka smrt. A ja ću smrt dočekati onako kako jednom Dakoti i priliči.

Tvoj zet, Rda-in-jan-ka[43]

Oni pošteđeni vešanja osuđeni su na robiju. Među njima je bio i Veliki Orao, koji je odmah priznao svoje učešće u bitkama. „Da sam znao da će me baciti u tamnicu, ne bih se predao. Ali kad su posle tri godine robijanja bili spremni da me puste na slobodu, rekao sam da me, ako žele, mogu zadržati još godinu dana, i to sam ozbiljno mislio. Ne, nije mi se dopalo kako su postupali sa mnom. Ja sam se njima predao sa punim poverenjem; mene su poznavali mnogi beli ljudi koji su znali da nisam ni zločinac, ni kradljivac, ni ubica, koji su znali da sam ubijao i ranjavao samo u časnoj i otvorenoj borbi[44].“ Indijanci su se u većini gorko kajali što sa ratnicima Male Vrane nisu pobegli iz Minesote.

U vreme pogubljenja, poglavica Mala Vrana i njegovi sledbenici logorovali su na Đavoljem jezeru, u zimovniku mnogih sijuskih plemena. Ratni vođa je u toku zime pokušavao da ujedini sve skupine i stvori veliki savez, upozoravajući saplemenike na to da će ih, ako ne budu spremni na borbu, beli zavojevači nemilice pregaziti. Pridobio je naklonost poglavica, ali je znao i to da malo Indijanaca sa Visoravni veruje u opasnost i da razmišljaju ovako: zemlja je dovoljno prostrana za sve ljude na svetu; a ako se beli ljudi presele u zemlju Dakota, oni će se mirno povući dalje na zapad.

Čim je granulo proleće, Mala Vrana, Šakopi i Vradžbena boca poveli su svoje Indijance na sever u Kanadu. Poglavica Mala Vrana uzdao se u pomoć britanskih vlasti i zakazao im je sastanak u tvrđavi Gari (Vinipeg). Za prvi susret obukao je svoju najbolju odeću – crnu kapu sa somotskim okovratnikom, dugački plavi sako i gležnjake od jelenske kože. Podsetio je sagovornike da je njegov deda bio veran saveznik Britanaca u njihovoj borbi protiv Amerikanca i da su u tom ratu 1812. godine Sante Sijui zaplenili jedan američki top i predali ga svojim saveznicima. Tada su, istakao je, Britanci svečano obećali da će Sante Sijuima, ako se ikada nađu u nevolji, vratiti i top i dati im ljude koji njime rukuju. Danas su Sante Sijui u velikoj nevolji, pa mole Britance da im vrate top i daju ljude koji njime rukuju.

Ali sve što je Mala Vrana uspeo da dobije od britanskih Kanađana bila je manja količina hrane; oni ne samo što nisu imali topove, nego nisu imali ni municije za oružje kojim su raspolagali.

U Mesecu jagoda, juna 1863. godine, poglavica Mala Vrana doneo je odluku: ako su on i njegovi Indijanci već primorani da žive na Visoravnima, onda moraju da nabave konje; a kako konje imaju beli ljudi koji su ga oterali iz zavičaja, on će im, u naknadu za izgubljenu zemlju, te konje oteti i otići po njih u Minesotu.

Njegov šesnaestogodišnji sin Vovinapa ovako je prepričao te događaje: „Moj otac je rekao da se mi protiv belih ljudi više ne možemo boriti, ali da on može da se vrati u zemlju i pokrade im konje da bi svojoj deci olakšao život. Kad to uradim, moći ću da umrem, dodao je.

Otac je priznao da je star i umoran i zamolio me da pođem s njim i ponesem bošče. Žene i decu nije poveo, sa nama je krenula grupa od šesnaest ratnika i jedne skvo. Nismo imali konje, išli smo pešice[45].“

Do Velikih šuma, oblasti koja je još pre dve godine pripadala Sante Sijuima i koja je sada bila naseljena farmerima, stigli su u Mesecu kad cvetaju crveni ljiljani. Trećeg jula posle podne, Mala Vrana i Vovinapa iskrali su se iz logora sa namerom da u blizini naselja Hačinson uberu masline. Tu su ih u suton, vraćajući se kući iz lova na jelene, opazila dva naseljenika. A budući da se u državi Minesoti za svaki sijuski skalp dobijala nagrada od dvadeset pet dolara, belci nisu oklevali, odmah su zapucali.

Poglavica Mala Vrana ranjen je iznad kuka. „Naše su puške ležale na zemlji", pričao je Vovinapa. „Otac je podigao moju pušku i prvo opalio iz nje, pa tek onda iz svoje. Sledeći kuršum se odbio o kundak, a onda mu se zario između vrata i ramena. Taj metak ga je ubio. Rekao mi je da je gotov i zatražio vode koju sam mu odmah dao. Umro je posle prvih gutljaja. Čim sam čuo prvi pucanj, bacio sam se na zemlju i beli ljudi me nisu opazili."

Vovinapa je mrtvom ocu navukao nove mokasine da bi ga valjano opremio za putovanje u Zemlju duhova. Pokrio je telo kaputom i pobegao u logor. Čim su čuli šta se dogodilo, ratnici su se razišli i svako je krenuo na svoju stranu. Vovinapa se sam uputio ka Đavoljem jezeru. „Putovao sam samo noću; nisam imao municije; nisam mogao da ubijam zverke, ništa nisam jeo, pa nisam imao ni snage da brzo hodam." U jednom napuštenom selu nedaleko od jezera Veliki kamen pronašao je jedan metak i uspeo da ubije vuka. „Jeo sam sirovo vučje meso i ono mi je dalo snagu da nastavim put ka jezeru; išao sam sve dok me belci nisu zarobili[46]."

Vovinapu su zarobili vojnici Dugonogog Trgovca Siblija koji su toga leta umarširali u zemlju Dakota da bi pobili Sijue. Šesnaestogodišnji sin Male Vrane vraćen je u Minesotu, gde ga je vojni sud osudio na smrt vešanjem. Tada je Vovinapa saznao da su beli ljudi preparirali skalp i lobanju njegovog oca i javno ih izložili u Sent Polu. Onima koji su ubili Malu Vranu država Minesota isplatila je uobičajenu nagradu, uz premiju od pet stotina dolara.

Kad je zapisnik sa suđenja Vovinapi prispeo u Vašington, vojne vlasti se nisu složile sa presudom i smrtnu kaznu preinačile u kaznu zatvora. (Nekoliko godina kasnije, Vovinapa je, po izlasku iz tamnice, promenio ime; kao Tomas Vejkmen postao je đakon i osnovao prvo udruženje mladih sijuskih hrišćana.)

Poglavice Šakopi i Vradžbena Boca ostale su u Kanadi, uverene da su u njoj izvan domašaja osvetoljubivih građana Minesote. Međutim, u decembru 1863. godine stigao je u Pembinu, mesto kod kanadske granice, major Edvin Heč sa svojim konjičkim odredom. A major Edvin Heč bio je oficir Dugonogog Trgovca Siblija.

Posle nekoliko dana, jedan Hečov poručnik prešao je granicu i u tvrđavi Gari se u tajnosti našao sa američkim građaninom Džonom Mekenzijem. Tu su poručnik, Mekenzi i još dvojica Kanađana skovali plan o hvatanju Šakopija i Vradžbene Boce: pozvali su poglavice Sante Sijua na prijateljsku sedeljku, počastili ih vinom u koje su sipali opijum, opili ih hloroformom, vezali im noge i ruke i tako uvezane kao vreće stavili ih na pseće saonice. Kršeći međunarodne propise, poručnik je zarobljenike prevezao preko granice i isporučio ih u Pembini majoru Heču. Nekoliko meseci kasnije, Sibli je organizovao drugo spektakularno suđenje na kome su poglavice Šakopi i Vradžbena Boca osuđene na smrt vešanjem. O toj presudi pisao je list *Pioneer*: „Iako ne verujemo da će sutrašnje pogubljenje biti neka velika nepravda, ono bi ipak bilo časnije da postoje opipljivi dokazi o njihovoj krivici… Ne, na osnovu takvih svedočenja, porota sastavljena od belih ljudi nikada ne bi osudila nijednog belca." Pošto su povešale poglavice Sante Indijanaca, vlasti u Minesoti odužile su se Džonu Mekenziju za usluge u Kanadi sumom od hiljadu dolara[47].

Povest Sante Sijua u Minesoti bila je završena. Njihove vođe i njihovi ratnici bili su mrtvi, zatočeni ili prognani a njihova pobuna pružila je belim naseljenicima izvanrednu priliku da se bez ikakve naknade domognu preostalih delova zemlje. Svi ugovori su poništeni; a preživeli Sante Indijanci obavešteni da će biti preseljeni u rezervat na teritoriji Dakota. Izuzetaka nije bilo: i one vođe koje su sarađivale sa belcima bile su primorane da napuste zemlju. „Istrebljenje ili progonstvo"! – odjekivali su preteći uzvici doseljenika gladnih zemlje. I kada je, 4. maja 1863. godine, grupa od sedam stotina sedamdeset Sante Sijua parobrodom napuštala Sent Pol, građani Minesote su ih sa obale ispratili pogrdama, porugama i kamenicama.

Mesto koje su Amerikanci izabrali za rezervat Sante Sijua, zvalo se Vranin potok. Zemlja je bila neplodna i pusta, a kiša isto toliko retka koliko i divljač. Okolna brda brzo su se prekrila grobovima; od hiljadu tri stotine Sante Sijua, koliko je u rezervat dovedeno 1863. godine, svoju prvu zimu u njemu preživelo je manje od hiljadu Indijanaca.

Među posetiocima koji su te godine obilazili rezervat Vranin potok bio je i jedan mladi ratnik tetonskih Sijua. Duboko je žalio svoje rođake Sante Sijue i pažljivo slušao njihova kazivanja o Amerikancima koji su im oduzeli zemlju i iz nje ih isterali. Taj narod belih ljudi, razmišljao je mladi Indijanac, uistinu liči na reku koja u proleće nezadrživo plavi svoje obale i uništava sve što joj se nađe na putu. I ta će bujica bez milosti preći preko zemlje bizona ako indijanska srca ne budu dovoljno jaka da je zadrže. Tog časa se zakleo da će se svim silama boriti da se zemlja bizona zaštiti i sačuva. Mladi Indijanac zvao se Tatanka Jotanka, Bik Koji Sedi.

ČETVRTO POGLAVLJE
Rat stiže i do Čajena

1864 – 13. *januar*: Stivn Foster, kompozitor pesama i balada, umire u trideset osmoj godini; 10. april: uz pomoć francuske vojske, nadvojvoda Maksimilijan postaje car Meksika; 17. april: nemiri zbog nestašice hleba u Savani, Džordžija; 19. maj: Natanijel Hotorn umire u šezdesetoj godini; 30. jun: ministar finansija Čejz podnosi ostavku; poreski špekulanti spletkare sa ciljem da, dobiti radi, produže rat; zakonodavac i istoričar Rober S. Vintrop kaže: „Tobožnji patriotizam često služi za pokriće grehova"; 2. septembar: Savezna vojska zauzima Atlantu u Džordžiji; 8. novembar: Abraham Linkoln ponovo izabran za predsednika SAD; 8. decembar: u Rimu, papa Pije XI prilaže svoju poslanicu *Sylabus Errorum*, osuđujući liberalizam, socijalizam i racionalizam; 21. decembar: Savana pada u ruke armiji generala Šermana; decembar: Edvin But igra Hamleta u njujorškom pozorištu Vinter Garden.

Meni je naneto veliko zlo, ali ja živim u nadi, jer nemam dva srca... Ponovo smo se okupili da bismo sklopili mir. Sramota koju osećam velika je i teška kao zemlja, ali ću ja učiniti ono što mi moji prijatelji savetuju da učinim. Možda sam jedino ja verovao belim ljudima; ali otkako su došli, ispraznili nam šatore, odveli konje i pokupili sve ostalo, ni ja im više ne verujem.

MOTAVATO (CRNI KOTAO), POGLAVICA JUŽNIH ČAJENA

ČAJENI, ARAPAHI, SIJUI, VRANE i druga plemena sastali su se sa predstavnicima Sjedinjenih Država 1851. godine u tvrđavi Larami i složili se da Amerikancima dozvole izgradnju drumova i garnizona na svojoj teritoriji. Obe ugovorne strane obavezale su se „da će u svim međusobnim odnosima istupati časno i prijateljski, a trajni mir i poštovati i očuvati". Od zaključenja ugovora nije prošla ni cela decenija, a beli ljudi su na Indijanskoj teritoriji, dolinom reke Plate, prokopali dugačak tunel. Prvo su se pojavili karavani i nikao je venac tvrđava; potom su došla poštanska kola i nikao drugi, čvršće povezan lanac utvrđenja; za njima su pristigli jahači poni-ekspresa, praćeni žicama koje govore – telegrafskim vodovima.

Ugovorom iz 1851. godine, Indijanci sa Visoravni nisu se odrekli prava na svoju zemlju, a ni „prava da u njoj slobodno love, pecaju i žive u svim predelima ovde opisane oblasti". Zaraženi zlatnom groznicom koja je 1858. godine izbila u Pajkovom vrhu, beli kopači su u hiljadama nezadrživo nadirali na tu teritoriju da bi iz indijanske zemlje izvukli što više žutog metala. Njihova seoca sa brvnarama nicala su na sve strane, a 1859. godine podigli su i jedno veliko selo koje su nazvali Denver Siti. Zainteresovan neobičnim belčevim delatnostima, jedan od poglavica Arapaha, Mali Gavran, otišao je u posetu Denveru i tamo naučio da puši cigare i meso jede viljuškom i nožem. Kopačima je rekao da se iskreno raduje što su pronašli zlato, ali ih je usput podsetio na to da zemlja pripada Indijancima i izrazio nadu da će oni iz nje otići čim iskopaju onoliko žutog metala koliko im je potrebno.

Kopači zlata nisu otišli, ali su za njima došle hiljade drugih. Nekada puna bizonskih stada, dolina reke Plate vrvela je sada od naseljenika koji su kočićima obeležavali međe svojih rančeva i neumorno tražili zemlju koja je ugovorom sklopljenim u Laramiju dodeljena Čajenima i Arapahima. Od potpisivanja sporazuma nije proteklo ni deset godina, a Veliko veće u

Vašingtonu osnovalo je Teritoriju Kolorado; Veliki Otac imenovao je guvernera oblasti, a političari su smišljali svakojake smicalice ne bi li Indijance naterali da im ustupe zemlju.

Za to vreme su Čajeni i Arapahi strogo poštovali trajni mir, a kad su ih američki zvaničnici pozvali u tvrđavu Vajz na nove pregovore, mnoge njihove vođe su se ovom pozivu rado odazvale. Iako je tom prilikom, sudeći po kasnijim iskazima poglavica oba plemena, Indijancima obećano da će ugovor sadržavati sve što je usmeno dogovoreno, obećanje je izneavereno jer je u tekstu sporazuma pisalo nešto sasvim drugo. Koliko su poglavice razumele, Čajeni i Arapahi zadržali su sva prava na zemlju i u lovu na bizone imali punu slobodu kretanja, s tim što su se saglasili da žive u okvirima teritorije omeđene Peskovitim potokom i rekom Arkanzas. Sloboda kretanja bila je za Indijance od životnog značaja: u rezervatu dodeljenom jednom i drugom plemenu divljači je bilo malo, a zemljište nepodesno za obrađivanje.

Pregovori u tvrđavi Vajz pretvorili su se u pravu svečanost. Koliki su im značaj pridavali beli ljudi dokazuje i činjenica da je na većanje došao i Komesar za indijanska pitanja, pukovnik A. B. Grinvud, koji je Čajenima i Arapahima podelio odlikovanja, ćebad, šećer i duvan. Interese Indijanaca zastupao je Mali Beli Čovek (Vilijem Bent), oženjen Indijankom iz plemena Čajen. Vođe Čajena upozorile su skup na to da pregovorima prisustvuju samo šest od četrdeset četiri poglavice, ali su im predstavnici Sjedinjenih Država odgovorili da ostali ugovor mogu da potpišu i kasnije. A kako to nijedan od njih nikada nije učinio, pitanje punovažnosti sporazuma ostalo je nerasvetljeno. Ugovor su u ime Čajena potpisali Crni Kotao, Bela Antilopa i Mršavi Medved, a u ime Arapaha Mali Gavran, Oluja i Brbljivko. Potpise su overila dva oficira američke konjice, Džon Sedžvik i Dž. B. Stjuart. (Nije proteklo ni nekoliko meseci, a Sedžvik i Stjuart, koji su Indijance tako usrdno uveravali da se sve mere preduzimaju isključivo u cilju očuvanja trajnog mira, našli su se u građanskom ratu na suprotnim stranama i ironijom sudbine i istorije poginuli u razmaku od samo nekoliko sati.)

U prvim godinama građanskog rata koji su belci vodili među sobom, Čajeni i Arapahi su u svojim lovačkim pohodima sve ređe i sve teže uspevali da izbegnu Plave šinjele koji su u poteri za Sivim šinjelima izviđali južne oblasti. Slušali su o nevoljama Navaha, a od prijatelja Sijua saznali za stravičnu sudbinu Sante Indijanaca koji su se usudili da se suprotstave moći belih vojnika u Minesoti. Zato su poglavice Čajena i Arapaha svoje mlade i neiskusne ratnike terale u lov na bizone i tako ih udaljavale od puteva i drumova. Ali, Plavi šinjeli su iz leta u leto postajali sve osioniji i sve brojniji. U proleće 1864. godine, vojnici su krstarili i po dalekim, zabitim lovištima između reke Zadimljeni breg i Republičke reke.

Čim je izrasla visoka trava, Rimski Nos i veći broj Čajena iz plemena Pseći Vojnici otišli na sever da bi u oblasti Barutne reke uživali u bogatom lovu i društvu rođaka – severnih Čajena. Na obalama Plate ostali su Crni Kotao, Bela Antilopa i Mršavi Medved sa svojim čajenskim skupinama, kao i Mali Gavran sa svojim Arapahima. Brižljivo su se klonili vojnika i belih lovaca i držali se daleko od tvrđava, puteva i naselja.

Tog proleća, Crni Kotao i Mršavi Medved siđoše, trgovine radi, u tvrđavu Larned (Kanzas). Kako od njihove posete Vašingtonu i Velikom Ocu Abrahamu Linkolnu nije bilo proteklo ni godinu dana, bili su sigurni da će ih njegovi vojnici u tvrđavi Larned lepo primiti. Predsednik Linkoln je poglavicama dodelio odlikovanja da bi ih uvek nosili na grudima, a pukovnik Grinvud je Crnom Kotlu darovao američku zastavu, veliku garnizonsku zastavu sa belim zvezdicama koje su predstavljale trideset četiri države i bile veće od blistavih zvezda na vedrom noćnom nebu. Pukovnik Grinvud mu je rekao da nijedan vojnik neće zapucati sve dok se ta zastava vije iznad njega. Crni Kotao se ponosio svojom zastavom koja je, istaknuta na visokom kocu, danonoćno vijorila nad njegovim tipijem u stalnom čajenskom logoru.

Čim su, sredinom maja, čuli da su na južnoj obali Plate vojnici napali grupu Čajena, Crni Kotao i Mršavi Medved odlučiše da se presele na sever i tamo se, bezbednosti radi, pridruže ostalim saplemenicima. Posle jednodnevnog hoda podigli su logor kod Pepeljavog potoka. Sledećeg jutra su, kako je to običaj i nalagao, rano krenuli u lov na divljač, ali su se trkom vratili: logoru su se približavali vojnici sa topovima.

Mršavi Medved je voleo uzbuđenja; rekao je Crnom Kotlu da će vojnicima poći u susret i ispitati šta žele. Na rever od kaputa prikačio je orden Velikog Oca Linkolna, u džep je strpao hartije koje je dobio u Vašingtonu i u kojima se potvrđivalo da je odani prijatelj Sjedinjenih Država i u pratnji ratnika poterao konja. Sa vrha obližnjeg brda lepo je video kako im se približavaju četiri konjička odreda, dva topa i nekoliko vagona.

Jedan od mladih ratnika iz pratnje Mršavog Medveda, Indijanac po imenu Vođa Vučjeg Čopora, pričao je kasnije da su se vojnici, čim su ugledali Čajene, postrojili u bojne redove: „Nama je Mršavi Medved naredio da stanemo i ne plašimo vojnike, a on je pojahao ka njima da se rukuje sa oficirom i pokaže mu dokumenta… Bio je od njih udaljen dvadesetak ili tridesetak metara kad je oficir viknuo i vojnici otvorili vatru i na poglavicu i na nas. Mršavi Medved je s konja pao pravo pred noge Plavih šinjela, a za njim se srušio i čajenski ratnik Zvezda. Vojnici su brzo dojahali do njih i ponovo pucali u Mršavog Medveda i Zvezdu, koji su bespomoćno ležali na zemlji. Ja sam se sa drugim mladim ratnicima nalazio malo dalje. Pred nama je bila grupa vojnika, ali svi su oni pucali u poglavicu i Čajene pored njega. Na nas nisu obraćali pažnju sve dok ih nismo zasuli strelama i mecima. Bili su tako blizu da ih strele nisu promašivale. Ubili smo više vojnika, a dvojica su sa konja pala na leđa. Nastala je strašna pometnja. Čajeni su jurišali u manjim grupama, a vojnici se zbijali, izgledali su smrtno uplašeni. I topovima su pucali u nas, karteč je rovao zemlju ali nije pogađao metu[48]."

Usred bitke pojavio se na konju Crni Kotao i jašući gore-dole vikao ratnicima: „Obustavite borbu! Ne započinjite rat!" Proteklo je, međutim, dosta vremena pre nego što su ga Čajeni poslušali. „Mi smo bili izvan sebe", pričao je Vođa Vučjeg Čopora, „ali je poglavica na kraju ipak prekinuo borbu. Vojnici su pobegli. Zarobili smo pedeset konja, zajedno sa sedlima, uzdama i bisagama. Nekoliko vojnika je poginulo, Mršavi Medved, Zvezda i još jedan Čajen su ubijeni, a mnogi od nas su bili ranjeni."

Čajeni su bili ubeđeni u to da bi pobili sve vojnike i zarobili njihove haubice, jer se u borbi protiv stotinak belaca našlo pet stotina ratnika. Razjareni hladnokrvnim ubistvom Mršavog Medveda, mnogi mladi Indijanci pošli su u poteru za vojnicima koji su se povlačili i napadali ih sve do tvrđave Larned.

Poglavica Crni Kotao bio je zbunjen tim neočekivanim napadom. Bolno je oplakivao smrt Mršavog Medveda, za koga ga je vezivalo prijateljstvo dugo gotovo pola veka, i sećao se koliko ga je puta puka radoznalost uvaljivala u nevolje. Tako je jednom prilikom, kad su Čajeni otišli u prijatejsku posetu zapovedniku tvrđave Atkinson na reci Arkanzas, Mršavi Medved uočio blistav prsten na ruci supruge nekog od oficira. Da bi izbliza osmotrio njegov sjaj, plaho je uhvatio ženu za ruku, našta je priskočio muž i ošinuo poglavicu velikim korbačem. Mršavi Medved se okrenuo, skočio na konja i vratio se u čajenski logor. Stavio je ratničke boje i jureći po logoru pozivao ratnike da mu se pridruže u napadu na tvrđavu. Belci su uvredili poglavicu Čajena, vikao je. Tog dana su Crni Kotao i njegovi saplemenici uložili velike napore da bi ga smirili. Sad je Mršavi Medved bio mrtav, a njegova smrt izazvala je i mnogo veći i mnogo opasniji gnev nego uvreda koju su mu naneli u tvrđavi Atkinson.

Crni Kotao nikako nije mogao da shvati zašto su vojnici miroljubive Čajene napali bez upozorenja. Na to pitanje mogao je, bar tako je pretpostavljao, da mu odgovori jedino njegov stari prijatelj Mali Beli Čovek, Vilijem Bent. Prošlo je više od trideset godina otkako su Mali Beli Čovek i njegova braća došli na reku Arkanzas i podigli Bentovu tvrđavu. Vilijem se oženio Čajenkom Sovom, a kad je ona umrla uzeo je za ženu njenu sestru, Žutu Ženu. U toku svih tih godina, članovi porodice Bent i Čajeni živeli su u prisnom prijateljstvu. Mali Beli Čovek imao je tri sina i dve kćeri i ta deca su uglavnom živela s narodom svoje majke. I toga leta su njegova dva sina, mestici Džordž i Čarli, zajedno sa Čajenima lovili bizone u oblasti reke Zadimljeni breg.

Pošto je dobro razmislio, Crni Kotao je poslao glasnika sa zadatkom da pronađe Malog Belog Čoveka. „Kaži mu da smo se borili i ubili nekoliko vojnika. Kaži mu da ne znamo zašto su nas oni napali. Želimo da ga vidimo i da razgovaramo sa njim[49]."

Na putu između tvrđava Larned i Lion, glasnik Crnog Kotla je pukim slučajem naišao na Vilijema Benta, koji je poglavici odmah poručio da ga čeka kod Rakunovog potoka. Prijatelji su se sreli nedelju dana kasnije, obojica duboko zabrinuta za budućnost Čajena. Bentu je laknulo na duši kad je čuo da su mu sinovi u lovu negde oko reke Zadimljeni breg, jer sa tih lovišta nisu stizale vesti o sukobima; bitke su se vodile na drugim mestima. U Frementovom voćnjaku, severno od Denvera, grupu Psećih Vojnika napala je patrola pukovnika Džona M. Čajvingtona, četa dobrovoljaca iz Kolorada koji su krenuli u poteru za ukradenim konjima. Pseći Vojnici su imali samo jednog konja i jednu mazgu na koje su uz put naišli, ali su Čajvingtonovi ljudi odmah otvorili vatru i Čajenima nisu pružili priliku da objasne odakle im te životinje. Odmah zatim, pukovnikove trupe napale su u Kedrovom predgorju jedan čajenski logor i ubile dve žene i dvoje dece. I vojnici-artiljerci, koji su 16. maja izvršili pokolj naroda Crnog Kotla, bili su Čajvingtonovi ljudi iz Denvera, a u Kanzasu su dejstvovali bez ovlašćenja zato što je njihov zapovednik, poručnik Džordž Iri, dobio od pukovnika Čajvingtona naređenje da „Čajene ubija kad god i gde god na njih naiđe[50]"

Vilijem Bent i poglavica Crni Kotao su se složili da će, ukoliko se sukobi nastave na Visoravnima izbiti opšti rat: „Mi nemamo ni nameru a ni želju da se borimo protiv belih ljudi", rekao je Crni Kotao. „Ja želim da i dalje budem njihov prijatelj i da sa njima živim u miru. Nisam spreman za borbu i hoću mir."

Mali Beli Čovek mu je savetovao da po svaku cenu spreči osvetničke pohode mladih ratnika i pošto je obećao da će vojne vlasti u Koloradu pokušati da ubedi u kobne posledice puta kojim su se uputile, krenuo ka tvrđavi Lion.

„Čim sam stigao", svedočio je kasnije pod zakletvom, „otišao sam kod pukovnika Čajvingtona i preneo mu razgovor koji sam vodio sa Indijancima; posebno sam istakao da čajenske poglavice žele mir i prijateljstvo. On mi je odgovorio da nije ovlašćen za mir i da su njegove trupe već u ratnom pohodu; to su, koliko se sećam, bile njegove reči. Na to sam mu ja rekao da se, nastavljajući rat, svi izlažemo velikoj opasnosti; karavani i vozovi često putuju u Novi Meksiko i u druga mesta, a puni su građana; bojim se, rekoh, da na tim putovanjima nisu dovoljno zaštićeni i da će, ako rat potraje, stradati mnogi nedužni ljudi. Ali kad mi je on hladno odgovorio da se građani moraju sami štititi, ućutao sam[51]."

Guverner Teritorije Kolorada Džon Evans razaslao je krajem juna „prijateljski nastrojenim Indijancima sa Visoravni" cirkularno pismo sa obaveštenjem da su pojedine grupe njihovih plemena ušle u rat sa belim ljudima. Guverner Evans je tvrdio „da su Indijanci na nekim mestima napali vojnike i poubijali ih". Nije, naravno, pomenuo vojnike koji su napali Indijance iako su napadom Plavih šinjela i započele sve tri bitke sa Čajenima. „Veliki Otac je veoma ljut zbog toga", pisao je guverner. „Odlučio je da progoni napadače i kazni krivce; ali ne želi da povredi odane prijatelje belih ljudi koje štiti i o kojima se brine. Zato nalažem svim prijateljski raspoloženim Indijancima da se klone onih koji su sa nama u ratu i da se povuku na bezbednija mesta." Evans je prijateljski nastrojenim Čajenima i Arapahima naredio da se jave u tvrđavu Lion, koja se nalazila na teritoriji njihovog rezervata, gde će im zastupnik Semjuel Dž. Koli izdati namirnice i ostalu robu i pokazati najbezbednija skrovišta. „Cilj ovog naređenja je želja da se prijateljski Indijanci zaštite i poštede mogućnosti da greškom budu ubijeni... Rat sa neprijateljskim Indijancima nastaviće se sve dok ne budu pokoreni[52]."

Čim je Vilijem Bent pročitao naredbu guvernera Evansa, javio je Čajenima i Arapahima da dođu u tvrđavu Lion. Ali kako su grupe njihovih lovaca bile raštrkane po zapadnom Kanzasu, proteklo je nekoliko nedelja pre nego što su glasnici-trkači uspeli da ih pronađu. Za to vreme se broj sukoba povećavao iz dana u dan. Duboko uznemireni kaznenim ekspedicijama generala Alfreda Salija 1863. godine i saterani u Dakotu već iduće godine, sa severa su nadirali sijuski ratnici, pljačkajući karavane, stanice poštanskih kola i naselja duž reke Plate. Međutim, za sve što se događalo bili su uglavnom optuživani južni Čajeni i Arapahi, pa su, samim tim, i vojnici Kolorada svu svoju pažnju usmerili na njih. Poluindijanac Džordž Bent, sin Vilijema Benta, koji se u julu sa većom grupom Čajena nalazio na lovištima oko reke Solomon, pričao je da su ih trupe napadale neprekidno i bezrazložno sve dok im Indijanci nisu uzvratili onako kako su jedino i znali – paleći stanice poštanskih kola, goneći kočije, jureći stada goveda i izazivajući belce na borbu.

Crni Kotao i starije poglavice pokušavali su da spreče napade i pljačku, ali su njihov uticaj potkopavale mnogo privlačnije mlađe vođe među kojima su bili Rimski Nos i predvodnici skupine Hotamintaneo, zajednice Psećih Vojnika. Čim je Crni Kotao otkrio da su njegovi Čajeni u logore oko reke Zadimljeni breg doveli sedmoro belih zarobljenika, dve žene i petoro dece, razmenio je četvoro za konje. Baš u to vreme primio je i poruku Vilijema Benta, koji ga je obaveštavao o naređenju guvernera Evansa da se javi u tvrđavu Lion.

Avgust se bližio kraju kad je Evans poslao i drugi proglas: „Ovim ovlašćujem sve građane Kolorada da, grupno i poje-dinačno, nemilosrdno progone neprijateljske Indijance na Visoravnima a savesno izbegavaju one koji su se mom pozivu odazvali i došli na označena mesta, kao što ih ovlašćujem da ubijaju i uništavaju sve neprijatelje zemlje kad god i gde god na njih naiđu[53].“ Tako je počeo lov na sve Indijance koji nisu bili zatočeni u nekom od naznačenih rezervata.

Crni Kotao je odmah zakazao većanje, na kome su sve poglavice prihvatile guvernerov zahtev. Zamolile su Džordža Benta, koji se školovao u koledžu Vebster u Sent Luisu, da napiše pismo zastupniku Semjuelu Koliju i obavesti ga da oni žele mir. „Čuli smo da u Denveru držite neke indijanske zarobljenike. I mi imamo sedmoro belih zarobljenika koje smo spremni da razmenimo. Tražimo da nas u odgovoru obavestite o svemu.“ Crni Kotao je od Kolija očekivao uputstva o tome kako da svoje Čajene prebaci preko Kolorada i pritom ne bude napadnut od vojnika ili bandi naoružanih građana guvernera Evansa. On u Kolija nije, naravno, imao mnogo poverenja, pa je čak sumnjao da njihov zastupnik deo robe namenjene Indijancima prodaje u svoju korist. (Crni Kotao tada još nije ni slutio koliko je Koli povezan sa Evansom i Čajvingtonom, koliko je upetljan u njihov plan da Indijance sa Visoravni proteraju iz Kolorada.) U pismu koje 26. jula upućuje Evansu, Koli tvrdi da se za mir neće založiti nijedan Indijanac i zaključuje: „Mislim da bi u ovom trenutku najbolja hrana za sve njih bila malo olova i malo baruta[54].“

Nepoverljiv i predostrožan, Crni Kotao je jednu kopiju svoje poruke Koliju poslao Vilijemu Bentu, a druge dve predao Oči-neju (Jednookom) i Orlovoj Glavi, ratnicima kojima je naredio da odu u tvrđavu Lion. Šest dana kasnije, oni su se, nedaleko od tvrđave, iznenada našli pred trojicom vojnika koji su bili spremni da pucaju; Jednooki im je hitro dao znak mira i pokazao pismo Crnog Kotla. Već posle nekoliko trenutaka zarobljeni Indijanci sprovedeni su u tvrđavu i predati zapovedniku, majoru Edvardu V. Vinkopu.

Visoki Zapovednik Vinkop je sumnjao u dobronamernost Indijanaca. Čim mu je Jednooki preneo poglavičinu molbu da sa vojnicima dođe u logor na reci Zadimljeni breg i Indijance sprovede do rezervata, upitao je koliko ljudi ima u logoru. Dve hiljade Čajena i Arapaha, odgovorio je Jednooki, i možda dve stotine njihovih prijatelja Sijua sa severa, koji su se umorili od progona Plavih šinjela. Vinkop je ćutao. Imao je stotinak konjanika i znao je da to Indijanci znaju. Podozrevajući da im Crni Kotao postavlja zamku, zatvorio je čajenske glasnike i zakazao sastanak oficira. Visoki Zapovednik je bio mlad, imao je dvadeset i nekoliko godina, a njegovo jedino iskustvo bila je bitka sa teksaskim konfederacionistima u Novom Meksiku. I sad je prvi put u svojoj karijeri trebalo da donese odluku koja je mogla da bude sudbonosna za sve.

Većao je ceo dan i na kraju ipak odlučio da ode na reku Zadimljeni breg; ne zato da bi zaštitio Indijance, nego zato da bi oslobodio bele zarobljenike. Poglavica Crni Kotao je bez sumnje namerno pomenuo zarobljenike u svom pismu; znao je da beli ljudi ne mogu da podnesu saznanje da njihove žene i njihova deca žive sa Indijancima.

Visoki Zapovednik Vinkop i njegovih sto dvadeset sedam konjanika bili su spremni za pokret 6. septembra. Izveo je iz zatvora Jednookog i Orlovu Glavu i rekao im da će mu služiti i kao vodiči i kao taoci. „Ubiću vas na prvi znak prevare", upozorio ih je mladi zapovednik.

„Čajeni svoju reč nikada nisu pogazili", odgovorio mu je Jednooki. „A ako je pogaze, onda više i ne želim da živim."

Vinkop je kasnije pričao da je posle razgovora koje je usput vodio sa dvojicom Čajena promenio mišljenje o Indijancima. „Činilo mi se da su moji sagovornici viša bića a bili su, eto, predstavnici rase koju sam do tada, bez izuzetka, smatrao rasom surovih, verolomnih i krvožednih stvorova, divljaka koji ne znaju ni za ljubav, ni za prijateljstvo[55].“

Kad su posle pet dana stigli do gornjeg sliva reke Zadimljeni breg, Vinkopovi izvidnici opazili su nekoliko stotina ratnika spremnih za bitku.

Džordž Bent, koji je još tada bio sa Crnim Kotlom, rekao je da su Pseći Vojnici i bili spremni za bitku. „U rukama su držali strele i lukove i samo čekali znak za juriš. Oni bi jurišali i bez njega, da ih poglavice nisu sprečile. Crni Kotao je zamolio majora Vinkopa da svoje konjanike zadrži na izvesnom odstojanju, on je predupredio borbu[56].“

Sa Visokim Zapovednikom i njegovim oficirima poglavice su se sastale sledećeg jutra. Crni Kotao je reč prepustio drugima. Jedan od vođa Psećih Vojnika, Medved, rekao je da su on i njegov brat Mršavi Medved pokušavali da sa belim ljudima žive u miru, ali da su vojnici bez ikakvog povoda ubili Mršavog Medveda. „Za borbe koje se vode nisu krivi Indijanci“, dodao je. „Beli ljudi su lisice i sa njima se mir ne može sklopiti. Indijancima ne preostaje drugo nego da se bore.“

Sa njim se složio i Mali Gavran, poglavica Arapaha: „Ja bih voleo da se rukujem sa belim ljudima, ali se bojim da oni ne žele mir sa nama.“ Onda se za reč javio Jednooki i rekao da se stidi izjava svojih saplemenika: „Ja sam svoj život stavio na kocku, otišao sam u tvrđavu Lion i dao reč Visokom Zapovedniku Vinkopu da će Čajeni i Arapahi mirno doći u rezervat. Ako moj narod ne pokaže sve svoje dobre namere, ja ću se pridružiti belcima i boriću se na njihovoj strani; a za mnom će poći i mnogi moji prijatelji“ – izjavio je Jednooki.

Vinkop je obećao da će učiniti sve što je u njegovoj moći da spreči borbu vojnika sa Indijancima. Rekao je da nije veliki zapovednik i da ne govori u ime svih vojnika, ali da će, ukoliko mu predaju bele zarobljenike, otići sa indijanskim poglavicama u Denver i pomoći im da sklope mir sa većim belim zapovednicima.

Onda je ustao Crni Kotao, koji je sve vreme ćutao i slušao („nepomičan, sa jedva primetnim osmehom na licu", sećao se Vinkop) i rekao da su ga obradovale reči Visokog Zapovednika Vinkopa. „Postoje rđavi belci, a postoje i rđavi Indijanci. I jedni i drugi rđavi ljudi su nam i doneli sve ove nevolje. Njima su se pridružili i neki moji mladi ratnici. Ja sam protiv ratovanja; učinio sam sve što sam mogao da ga sprečim. I pored svega što sam rekao, uveren sam da su najveći krivci za rat beli ljudi. Oni su ga započeli i Indijance primorali da se bore." Poglavica je obećao da će Vinkopu predati četvoro belih zarobljenika koje je otkupio za konje; troje njih nalaze se u drugom logoru, gore na severu, pa mu treba vremena da i njih otkupi.

Zarobljena bela deca bila su zdrava i čitava; a kad je jedan vojnik upitao osmogodišnjeg Embrouza Arčera kako su Indijanci postupali s njim, dečak mu je odgovorio da bi „sa Indijancima rado i dalje ostao[57]".

Pregovori su se nastavili; na kraju je dogovoreno da Indijanci ostanu u logoru na reci Zadimljeni breg, a da sedmorica poglavica odu sa Vinkopom u Denver i tamo pokušaju da sa guvernerom Evansom i pukovnikom Čajvingtonom zaključe mir. Crni Kotao, Bela Antilopa, Medved i Jednooki predstavljali su Čajene, a Neva, Grba, Mnogo Bizona i Notane-Arapahe. Mali Gavran i Levoruki, koji su duboko sumnjali u Evansova i Čajvingtonova obećanja, ostali su u logoru da budno motre na svoje mlade Arapahe; u logoru Čajena ostao je poglavica Ratna Kapa.

Karavan Visokog Zapovednika Vinkopa, koji se sastojao od belih konjanika, četvoro bele dece i sedmorice indijanskih poglavica, stigao je u Denver 28. septembra. Indijanci su u grad ušli kolima sa sedištima koja su vukle mazge. Crni Kotao je za tu priliku istakao svoju veliku garnizonsku zastavu, a kada su zašli u prašnjave gradske ulice, zvezdana zastava se zaštitnički vijorila nad glavama poglavica. Ceo Denver bio je na okupu i njegovi radoznali žitelji su budnim okom pratili neobičnu povorku.

Pre nego što je počelo većanje, Vinkop je otišao na razgovor sa guvernerom Evansom, koji nije bio voljan da se bakće s Indijancima. Rekao je da Čajene i Arapahe treba kazniti a ne sa njima većati o miru, a sa njim se složio i general Semjuel R. Kertis, koji je toga istog dana, iz tvrđave Levenvort, poslao pukovniku Čajvingtonu sledeći telegram: „Sa Indijancima ću mir sklopiti tek onda kada ga teškim ispaštanjem budu zaslužili[58].“

Na kraju je major Vinkop bio prinuđen da guvernera moli za sastanak sa Indijancima. „Ali šta ću da uradim sa Trećim pukom Kolorada ako sa tim poglavicama zaključim mir?“ – upitao je Evans. „Mi smo naše mladiće učili da ubijaju Indijance i oni moraju da ubijaju Indijance.“ Objasnio je Vinkopu da su mu zvaničnici u Vašingtonu odobrili stvaranje tog novog puka samo zato što se zakleo da mu je on potreban kao zaštita od neprijateljski nastrojenih Indijanaca i da će ga, ukoliko sada zaključi mir, političari optužiti za netačan prikaz stanja stvari. Politički pritisak na Evansa vršili su i građani Kolorada koji su, da bi izvrdali vojnu obavezu usvojenu Zakonom iz 1864. godine, radije navlačili uniformu da bi u njoj vojevali protiv bedno naoružanih Indijanaca na zapadu nego protiv dobro naoružanih konfederacionista na istoku. Na kraju je Evans popustio pred usrdnim molbama majora Vinkopa jer su Indijanci, istini za volju, prešli četiri stotine milja da bi se odazvali njegovom proglasu[59].

Većanje je održano u Kemp Veldu, nedaleko od Denvera; predstavnici SAD bili su Evans, Čajvington, Vinkop, nekoliko oficira i Simion Vajtli, čiji je zadatak, po izričitoj guvernerovoj naredbi, bio da beleži svaku reč učesnika. Kad je guverner Evans sastanak otvorio kratkim pitanjem šta poglavice imaju da kažu, Crni Kotao mu je odgovorio na jeziku Čajena, a njegove reči prevodio je stari prijatelj plemena, trgovac Džon S. Smit:

„Čim sam pročitao vaše cirkularno pismo od 27. juna 1864. godine, dobro sam razmislio o njegovoj sadržini i došao da razgovaram sa vama… Major Vinkop je predložio da dođemo ovamo. I mi smo došli, zatvorenih očiju, kao da idemo kroz vatru. Sve što tražimo je da sa belim ljudima živimo u miru. Mi želimo da vas držimo za ruku, vi ste naš otac. Otkako je počeo rat, idemo kroz oblake, a nebesa se crne. Moji ratnici ovde pored mene spremni su da učine ono što ja kažem, jer mi našem narodu želimo da odnesemo dobre vesti da bi on mogao spokojno da spava. Molim vas da prisutne bele zapovednike uverite u to da mi hoćemo mir, da smo mir i sklopili; oni u nama ne treba da gledaju neprijatelje. Ja nisam došao ovamo da bih kao vuk preteći zavijao, došao sam da otvoreno i iskreno razgovaram sa vama. Mi moramo da živimo pored bizona, jer ćemo bez njih umreti od gladi. Mi smo ovamo došli otvorena srca, ne strepeći. Želeo bih da, kad se vratim kući, kažem mom narodu da sam ovde u Denveru sve bele zapovednike držao za ruku; moj narod će se mnogo radovati, a radovaće se i druga indijanska plemena na Visoravnima kad sa njima budemo jeli i pili.“

Evans je odgovorio: „Žalim što se odmah niste odazvali mom pozivu. Sklopili ste savez sa Sijuima, a oni ratuju protiv nas.“

Crni Kotao se iznenadio: „Ne znam od koga ste to čuli“, rekao je.

„Nije važno od koga sam čuo“, nastavio je Evans, „jer ste vi svojim postupcima dokazali da je to tačno.“

Poglavice su tada povikale u glas: „Nije tačno! Mi savez nismo sklopili ni sa Sijuima, ni sa drugim plemenima."

Guverner je onda promenio temu i izjavio da on za zaključenje mirovnog ugovora nije raspoložen. „Ja sve znam, pa znam i šta smerate, kako razmišljate: sad kad beli ljudi ratuju jedni protiv drugih, moći ćemo da ih isteramo iz ove zemlje... A ja vam kažem da ste se grdno prevarili. Beli Otac u Vašingtonu ima dovoljno ljudi da sve Indijance protera sa Visoravni i istovremeno uništi pobunjenike... Zato vam savetujem da se priklonite našoj vladi i delima dokažete prijateljstvo u koje se ovde zaklinjete. Vi mir sa nama nećete sklopiti sve dok živite sa našim neprijateljima i sa njima održavate prijateljske odnose."

Tada je progovorio najstariji poglavica, Bela Antilopa: „Razumeo sam svaku vašu reč i nijednu neću zaboraviti... Čajeni, svi Čajeni, širom su otvorili oči, oni će čuti sve što ste rekli. Poglavica Bela Antilopa je ponosan što je video sve bele zapovednike u ovoj zemlji. I on će to reći i svom narodu. Ja sam bio u Vašingtonu, tamo sam dobio ovaj orden; i sve sam bele ljude nazivao braćom. I drugi su Indijanci bili u Vašingtonu i tamo dobili ordenje; ali sada se vojnici ne rukuju s nama, oni pokušavaju da me ubiju... I ja se bojim da ti novi vojnici ne ubiju moje ratnike dok ja ovde sa vama razgovaram."

A guverner Evans mu je odgovorio bez uvijanja: „Postoji velika opasnost da im se to i dogodi."

„Mi smo majoru Vinkopu poslali pismo i zamolili ga da dođe", nastavio je poglavica Bela Antilopa, „a za njegove ljude je put do našeg logora ličio na put kroz veliku vatru ili strašnu oluju; tako je izgledao i naš put do vas."

Na to je guverner Evans počeo da zapitkuje poglavice o pojedinačnim sukobima duž reke Plate, pokušavajući da nekog od njih uhvati u zamku i natera ga da prizna učešće u napadima. „Ko je oteo stoku iz Fremontovog voćnjaka i ovog proleća prvi započeo bitku sa vojnicima?"

Slika 6. *Poglavice Čajena i Arapaha na većanju u Logoru Veld 28. septembra 1864. godine. Treći s leva stoji: tumač Džon Smit; levo od njega, Belo Krilo i Grba. Sede s leva na desno: Neva, Medved, Crni Kotao, Jednooki i nepoznati Indijanac. U prvom redu, s leva na desno: major Edvard Vinkop i kapetan Sajles Sauli.*

„Pre nego što odgovorim na to pitanje", rekao je mirno i odvažno poglavica Bela Antilopa, „hoću da vam kažem da je rat i počeo u Fremontovom voćnjaku, pa bih zato i želeo da znam zašto je beli vojnik prvi zapucao."

„Indijanci su ukrali četrdeset konja", napao ga je Evans. „Vojnici su pošli u poteru za konjima, a Indijanci su pucali u njih."

„To nije istina", rekao je poglavica. „Indijanci su našli samo jednog konja i jednu mazgu. Na putu do tvrđave Gari konja su predali nekom čoveku, a mazgu zadržali da bi je predali u tvrđavi. Onda su čuli da je na obali Plate izbio sukob, uplašili su se i pobegli."

„Ko je pustošio po Kotonvudu?", pitao je Evans.

„Sijui. Koja grupa, to ne znamo."

„Šta Sijui sad smeraju?"

Na to pitanje odgovorio je Medved: „Njihov je plan da očiste celu zemlju. Sijui su mnogo ljuti i željni osvete. Ali ja sam spreman da se sa vašim trupama borim protiv svih onih koji nemaju uši da čuju šta vi kažete... Ja nikad nisam povredio nijednog belog čoveka, jer stremim ka dobrom; i uvek ću biti prijatelj belih ljudi, jer mi samo oni mogu doneti to dobro... Moj brat Mršavi Medved je i umro zato što je pokušavao da sačuva mir. I ja sam spreman da umrem na isti način, i ja želim da tako umrem."

Razgovor je, činilo se, bio završen. Onda je guverner upitao pukovnika Čajvingtona da li i on želi poglavicama nešto da kaže. Čajvington ustade; nekadašnji metodistički propovednik, koji je veliki deo života posvetio osnivanju nedeljnih škola u rudarskim logorima, bio je ogroman čovek debelog vrata i ličio je na bačvu. Indijance je podsećao na ogromnog bradatog bizona sa ludačkim sjajem u očima: „Ja nisam veliki ratni poglavica", rekao je Čajvington, „ali su svi vojnici u ovoj zemlji pod mojom komandom. Moje pravilo vojevanja je da se i protiv belih ljudi i protiv Indijanaca borim sve dok oni ne polože oružje i ne predaju se vojnim vlastima. Oni (Indijanci) su u neposrednoj blizini tvrđave majora Vinkopa i mogu mu se predati čim za to budu spremni[60]."

Većanje se završilo, a poglavice ipak nisu znale da li je mir sa belim ljudima zaključen. Jedno su, međutim, pouzdano znale – da je jedini prijatelj na koga se mogu osloniti Visoki Zapovednik Vinkop. A kako ih je sjajnooki Orlovski Zapovednik Čajvington uputio na njegovu tvrđavu Lion, odlučile su da tako i postupe.

„Sklopili smo šatore logora na reci Zadimljeni breg i sišli na Peskoviti potok, četrdeset milja severoistočno od tvrđave Lion", rekao je Džordž Bent. „Indijanci su često obilazili majora Vinkopa, a njegovi ljudi u tvrđavi dočekivali su ih tako prijateljski da su nas Arapahi ubrzo napustili i preselili se u utvrđenje, gde su ih vojnici smestili u logor i redovno ih hranili[61]."

Vinkop je Indijancima počeo da deli sledovanja čim je od Malog Gavrana i Levorukog čuo da Arapahi u rezervatu ne mogu da ulove ni bizona a ni divljač, a da svoje lovce ne smeju da šalju u Kanzas posle naređenja što ga je Čajvington izdao vojnicima: „Poubijajte sve Indijance na koje naiđete[62]."

Zbog prijateljskih postupaka prema Indijancima, major Vinkop pao je u nemilost vojnih vlasti i u Koloradu i u Kanzasu. Njegovi pretpostavljeni su ga strogo ukorili zbog toga što je bez ovlašćenja indijanske poglavice doveo u Denver i optužili ga „da Indijancima dopušta da upravljaju tvrđavom Lion". Petog novembra došao je u tvrđavu major Skor Dž. Entoni, jedan od oficira Čajvingtonovih dobrovoljaca u Koloradu, sa naređenjem da Vinkopa smeni sa položaja zapovednika garnizona.

Prvo što je Entoni učinio bilo je da Arapahima ukine sledovanja i zatraži da polože oružje. Oni su mu predali tri puške, jedan pištolj i šezdeset lukova sa strelama. Kad je posle nekoliko dana grupica nenaoružanih Apača prišla tvrđavi da bi bizonske kože razmenila za hranu, Entoni je stražarima naredio da pucaju u Indijance i slatko se smejao kad su se oni okrenuli i pobegli. Tom prilikom je jednom vojniku rekao „da mu je tih Indijanaca preko glave i da će ih se samo mecima otarasiti[63]".

Čajeni ulogoreni kod Peskovitog potoka čuli su od Arapaha da je jedan neprijateljski raspoložen, mali crvenooki beli zapovednik zauzeo mesto njihovog prijatelja Vinkopa. U Mesecu kad se jeleni pare, sredinom novembra, Crni Kotao je sa grupom Čajena otišao u tvrđavu Lion da bi se upoznao sa novim zapovednikom vojnika. Njegove, zapovednikove oči jesu bile crvene (od posledica skorbuta), ali se on ponašao kao da im je iskren prijatelj. Nekoliko oficira koji su prisustvovali sastanku Crnog Kotla i Entonija posvedočili su kasnije da je njihov zapovednik uveravao poglavicu u to da će, ako se vrate u logor kod Peskovitog potoka, Čajeni biti pod stalnom zaštitom garnizona. Rekao im, je i to da njihovi mladi ratnici slobodno mogu da idu na istok i oko reke Zadimljeni breg love bizone sve dok im on od vojske ne obezbedi zimska sledovanja.

Zadovoljan uviđavnošću novog zapovednika, Crni Kotao mu reče da on i ostale čajenske vođe pomno razmišljaju o tome da se presele dalje na jug i sklone se od vojnika; sada su ih, međutim, reči majora Entonija uverile da se bezbednim mogu osećati i na Peskovitom potoku, pa će u svom logoru ostati i preko zime.

Čim je delegacija Čajena otišla, Entoni je Levorukom i Malom gavranu naredio da rasture logor Arapaha u blizini tvrđave Lion. „Idite i lovite bizone da biste se nahranili“, rekao im je on. Uznemireni Entonijevom naglom odlukom, Arapahi su se spakovali i pošli na put. Čim su se udaljili od tvrđave, podeliše se u dve grupe. Levoruki je sa svojima krenuo ka Peskovitom potoku da bi se pridružio Čajenima, a Mali Gavran, koji nije imao poverenja u Crvenookog Zapovednika, poveo je svoju grupu na jug, preko reke Arkanzas.

Entoni je svoje starešine odmah obavestio o tome da se „četrdesetak milja od tvrđave nalazi grupa Indijanaca... Ja ću, naravno, pokušati da ih smirim, ali molim hitno pojačanje[64].“

A kad je 26. novembra trgovac Sivo Ćebe Džon Smit zatražio dozvolu da ode u logor kod Peskovitog potoka i sa Indijancima hranu razmeni za kože, major Entoni je pokazao izuzetnu predusretljivost. Dao je Smitu vojna ambulantna kola da bi u njih utovario robu, dao mu je čak i kočijaša, redova Dejvida Lauderbeka koji je pripadao konjici Kolorada.

A ako je Indijance nešto moglo da uljuljka, da u njima izazove osećanje sigurnosti i zadrži ih u logoru u kome se nalaze, onda je to svakako bilo prisustvo jednog trgovca i jednoga miroljubivog predstavnika Armije.

Dvadeset četiri časa kasnije, tvrđavi Lion približavale su se trupe koje je Entoni, da bi napao Indijance, pozvao kao pojačanje. One su se sastojale od šest stotina ljudi koji su pripadali takozvanom puku Kolorada, puku zapovednika Čajvingtona, i kojima su se pridružili pripadnici takozvanog Trećeg puka koji je guverner Džon Evans osnovao sa jednim jedinim ciljem – da se bori protiv Indijanaca. Čim je stigla do tvrđave, prethodnica je opkolila sve zgrade i pod pretnjom smrtne kazne zabranila da iz nje bilo ko

Slika 7. *Mali Gavran, poglavica Arapaha. Fotograf nepoznat, fotografija potiče iz perioda pre 1877. godine. Dobijena ljubaznošću Smitsonovog zavoda za naučna istraživanja, Vašington.*

izađe. U isto vreme, četa od dvadesetak konjanika stigla je na ranč Vilijema Benta, koji se nalazio nekoliko milja istočno od utvrđenja, opkolila mu kuću i zabranila da bilo ko u nju uđe ili iz nje izađe. U tom trenutku su se u logoru Čajena na Peskovitom potoku nalazila dva Bentova sina, mestici Džordž i Čarli, kao i njihov zet, takođe poluindijanac Edmon Gerije.

Kad je Čajvington ujahao u tvrđavu Lion, major Entoni ga je srdačno dočekao. Čajvington je pričao o „skupljanju skalpova" i o „Silovitom napadu", a Entoni mu je odgovorio da već odavno čeka priliku da raspali po njima i da ceo garnizon Lion izgara od nestrpljenja da se pridruži Čajvingtonovom pohodu na Indijance[65].

Ali, nisu baš svi Entonijevi oficiri izgarali od nestrpljenja i nisu baš svi bili voljni da se pridruže Čajvingtonovom vešto isplaniranom pokolju. Kapetan Sajles Sauli, poručnik Džouzef Krejmer i poručnik Džejms Konor oštro su protestovali, tvrdeći da će napadom na mirni logor Crnog Kotla prekršiti sva obećanja koja su Indijancima dali i Vinkop i Entoni, „da će to biti zločin u svakom smislu reči", i da će svaki oficir koji u toj operaciji učestvuje obeščastiti svoju uniformu.

Čajvington se na njih žestoko razbesneo i poručniku Krejmeru zapretio pesnicom. „Neka je proklet onaj koji je naklonjen Indijancima!" zaurlao je. „Ja sam došao ovamo da bih te Indijance pobio, i duboko verujem u to da su za njihovo ubijanje dozvoljena, pravična i časna sva sredstva pod ovim Božjim nebesima[66]."

Sauli, Krejmer i Konor bili su, dakle, primorani da se pridruže velikom pohodu, jer bi u suprotnom bili izvedeni pred preki sud; čvrsto su, međutim, odlučili da naređenje za paljbu izdaju samo u slučaju samoodbrane.

Kolona pukovnika Čajvingtona, u kojoj je sa Entonijevim trupama bilo više od sedam stotina ljudi, krenula je u pohod sa četiri topa – desetofuntovnjaka 28. novembra u osam sati uveče. Na vedrom nebu blistale su zvezde, a noć je osvajao oštar mraz.

Glavni vodič kolone bio je sedamdesetogodišnji Džejms Bekvurt, melez koji je sa Indijancima proživeo pola svog veka. Vradžbeno Tele Bekvurt odbio je u prvom trenutku Čajvingtonovo naređenje, ali mu je pukovnik zapretio vešanjem ukoliko vojnike ne odvede do logora Čajena i Arapaha.

Ali, ubrzo je svima bilo jasno da stari Bekvurt sa svojim oslabelim vidom i kostoboljom nije više onaj nekadašnji iskusni vodič. Čajvington se zaustavio na jednom ranču, digao njegovog vlasnika iz kreveta i naredio mu da preuzme Bekvurtovo mesto.

Rančer je bio Robert Bent, najstariji sin Vilijema Benta; tako će se, igrom slučaja, kod Peskovitog potoka naći sva tri brata Bent.

Logor Čajena ležao je u krivini koja se u obliku potkovice pružala na sever, oslonjena na jedno gotovo usahlo rečno korito. Tipi crnog Kotla nalazio se u samom središtu sela; na zapadnoj strani bili su smešteni ratnici Bele Antilope i Ratne Kape, dok se na onoj istočnoj, unekoliko izdvojen od Čajena, uzdizao logor Levorukog i njegovih Arapaha. U selu je sve u svemu bilo oko šest stotina Indijanaca, od kojih dve trećine žena i dece; većina ratnika nalazila se nekoliko milja dalje na istoku, u lovu na bizone, kako im je major Entoni i naložio.

Indijanci su bili toliko sigurni u bezbednost da noćnu stražu nisu ni postavljali; stražari su čuvali samo konje u ograđenom prostoru. Prvo upozorenje, tutanj potkovica po peščanom tlu, došlo im je sa rađanjem sunca. „Mirno sam spavao u šatoru", rekao je Edmon Gerije, „kad me je trglo glasno brbljanje žena; jedne su tvrdile da se logoru približava krdo bizona, a druga da mu se približava krdo vojnika." Gerije je odmah izašao i uputio se ka šatoru Sivog Ćebeta – trgovca Smita[67].

I Džordž Bent je još bio pod pokrivačem kad je začuo uzvike i trku ljudi po logoru. „Jedna grupa konjanika išla je u brzom kasu pravo na logor… a druga, veća, uputila se ka ograđenom prostoru u kome su bili indijanski konji. U logoru je zavladao opšti haos, neopisiva gužva i strašna buka; žene i deca su vrištali; a muškarci utrčavali u šatore po oružje… Bacio sam pogled na poglavičin šator i video da je Crni Kotao istakao svoju veliku američku zastavu i da ona leprša na sivoj svetlosti zimske zore. U trenutku kad je poglavica viknuo narodu da se ne plaši, da ih vojnici neće povrediti, trupe su otvorile vatru sa dve strane[68]."

Mladi Gerije je uspeo da pronađe trgovca Smita i redova Lauderbeka. „Lauderbek nam je predložio da pođemo trupama u susret; izlazeći iz šatora, video sam kako neki vojnici skaču s konja. Artiljerci, pomislih, a oni u istom trenutku otvoriše vatru iz pušaka i pištolja. Shvatio sam da od razgovora nema ništa; prepustio Smita Lauderbeku i zbrisao."

Lauderbek je zastao, a Smit nastavio put ka prvim redovima konjanika. „Pucajte u to prokleto kopile! Ništa taj kučkin sin nije bolji od Indijanaca!" – uzviknuo je jedan od vojnika. Smit i Lauderbek se okretoše i pobegoše u svoj šator gde zatekoše Smitovog sina Džeka i Čarlija Benta[69].

Dok su se stotine žena i dece okupljale oko zastave Crnog Kotla, preko isušenog rečnog korita pristizali su Indijanci iz logora Bele Antilope. Nije li pukovnik Grinvud rekao poglavici da nijedan vojnik neće pucati sve dok se nad njegovom glavom vije zastava Sjedinjenih Američkih Država? Bela Antilopa, starac od sedamdeset pet godina, nenaoružan, lica izboranog od sunca i vetra, uputio se ka vojnicima krupnim korakom; bio je siguran da će paljba prestati čim vojnici opaze zastavu sa zvezdicama i pored nje belu zastavu mira.

Vradžbeno Tele Bekvurt, koji je jahao iza pukovnika Čajvingtona, primetio je poglavicu. „Trčao je ka nama uzdignutih ruku", svedočio je kasnije Bekvurt, „i vikao iz sveg grla, na engleskom: stanite, prestanite! A onda je naglo stao i skrstio ruke; stajao je tako sve dok ga nisu ubili[70]." Preživeli Čajeni tvrdili su da je poglavica Bela Antilopa, pre nego što je umro, otpevao pesmu smrti:

> *Naš život je kratak.*
> *Večne su samo zemlja i planine.*

Do zastave Crnog Kotla pokušali su da stignu i Arapahi, Levoruki i njegovi ratnici. Čim je poglavica ugledao trupe, stao je, skrstio ruke i izjavio da se on protiv belih ljudi neće boriti jer su mu oni prijatelji. Pao je pokošen mecima svojih prijatelja.

Robert Bent, koga je pukovnik Čajvington primorao da im bude vodič, ispričao je sledeće: „Kad smo stigli do logora, video sam kako se nad ljudima vije američka zastava i čuo kako Crni Kotao naređuje Indijancima da se okupe oko nje; već posle nekoliko minuta, pod zastavom je stajala gomila žena, dece i muškaraca. Bili smo udaljeni nekih pedesetak jardi kad su Indijanci istakli i belu zastavu. Obe zastave bile su veoma upadljive, mogle su se uočiti sa svih strana. Čim su vojnici pripucali, Indijanci su se razbežali; ratnici su potrčali u svoje šatore po oružje. Mislim da je sve u svemu bilo oko šest stotina Indijanaca; u stvari, u samom logoru nalazilo se samo njih šezdesetak; starci, žene, deca i trideset pet ratnika... svi ostali bili su van logora, u lovu... Posle prvih rafala, ratnici su žene, decu i starce sabili u gomilu i tu gomilu štitili svojim telima. Video sam da se pod jednom klupom krije pet Indijanki. U jednom trenutku, izvukle su se iz skrovišta i pokazale se; preklinjale su za milost, ali vojnici su ih poubijali, svih pet. Na obali je ležala skvo čije je noge raznela granata; videvši da joj prilazi vojnik sa isukanom sabljom, podigla je ruku da se zaštiti, ali je on snažno zamahnuo i odsekao joj ruku; žena se prevrnula na drugu stranu i podigla drugu ruku; on je ponovo zamahnuo, odsekao joj i tu ruku, a onda je ostavio, ne ubivši je. U pokolju niko nije bio pošteđen, ni žene, ni deca. U jednu rupu zavuklo se tridesetak-četrdesetak Indijanki, koje su vojnicima u susret poslale šestogodišnju devojčicu sa belom zastavom; dete je napravilo samo nekoliko koraka: vojnici su pucali i ubili ga. Zatim su iz rupe izvukli sakrivene Indijanke i petoricu dečaka i sve ih pobili. Žene nisu pružale otpor. I sve su, mrtve, skalpirane. Jedna skvo ležala je na zemlji, rasporena; učinilo mi se da pored nje leži i njeno nerođeno dete. Kasnije mi je kapetan Sauli rekao da mi se to nije učinilo, da je tako i bilo. Video sam i leš Bele Antilope, leš sa odsečenim polnim organima, i čuo kako jedan vojnik kaže da će od njih napraviti lepu duvankesu. Video sam i jednu skvo sa odsečenim dojkama i izvađenom utrobom.. Video sam petogodišnju devojčicu, skrivenu u pesku, vojnici su pucali u te obrise u pesku i iz njega izvukli mrtvo dete. Video sam i odojčad u naručju majki: ubijena su zajedno sa majkama[71]."

(U govoru koji je održao pred sam pokolj, pukovnik Čajvington je otvoreno podsticao vojnike na ubijanje i skalpiranje *svih* Indijanaca, pa i odojčadi. „Gnjide se pretvaraju u vaši", rekao je tom prilikom.)

Bentov opis svireposti američkih vojnika potkrepio je i poručnik Džejms Konor: „Otišao sam sutradan na mesto krvoprolića i nisam video nijedan indijanski leš sa koga nije bio skinut skalp. Ali mrtvi Indijanci nisu bili samo skalpirani, bili su i unakaženi na najstravičniji način: polni organi odsečeni... i tako dalje. Jedan vojnik je dojke Indijanke i njen polni organ natakao na štap, a drugi se hvalio kako će od indijanskih prstiju praviti lepe narukvice. Koliko je meni poznato, sve te gnusobe izvršene su uz punu saglasnost Dž. M. Čajvingtona, koji nije ni pokušao da ih spreči. Čuo sam i priču o dvomesečnom detetu: vojnici su bebu uneli u kola, hranili je i ljuljuškali, a onda je bacili na zemlju i ostavili da umre. U mnogim slučajevima, vojnici su Indijankama odsecali polne organe i na šeširima ih nosili kao ukrase[72]."

Puk dobro obučenih i disciplinovanih vojnika mogao je bez sumnje da uništi celo selo bespomoćnih Indijanaca kod Peskovitog potoka. Međutim, nedisciplina, velike količine viskija ispijene u toku noći, kukavičluk i nevešti strelci kojima su trupe Kolorada obilovale, omogućili su bekstvo mnogim Indijancima. Neki Čajeni su ispod peščanih sprudova presahle rečice iskopali rovove i u njima ostali sve dok se nije spustila noć. Neki su, opet, u manjim grupama pobegli preko visoravni. Kad se paljba utišala, na poprištu su ostali mrtvi: sto pet Indijanki sa decom i dvadeset osam Indijanaca. U zvaničnom izveštaju, Čajvington je tvrdio da su njegove trupe pobile između četiri i pet stotina ratnika. Devet vojnika je poginulo, a trideset osam ranjeno; svi oni bili su žrtve nebrižljivosti i nevičnosti svojih saboraca. Među mrtvim poglavicama nalazili su se Bela Antilopa, Jednooki i Ratna Kapa. Crni Kotao je pobegao preko jedne jaruge i pravim čudom izbegao smrt, ali mu je žena bila teško ranjena. Pokolj je preživeo i Levoruki: njegovi beli prijatelji ostavili su mu za uspomenu nekoliko metaka u telu.

Posle „bitke", vojnici su zaključili da imaju samo sedmoro zarobljenika: ženu Džona Smita, Indijanku iz plemena Čajen, ženu jednog civila iz tvrđave Lion, takođe Indijanku, njeno troje dece i dvojicu mestika – Džeka Smita i Čarlija Benta. Mladići su nosili indijansku odeću i zato su bili u smrtnoj opasnosti; stari Bekvurt je Čarlija Benta sakrio u kola ranjenog oficira i kasnije ga predao njegovom bratu Robertu. Nije, međutim, uspeo da spase Džeka Smita: sina trgovca Džona Smita ubio je jedan vojnik kroz rupu na šatoru u kojem je mladić bio smešten kao zarobljenik.

Treći Bentov sin Džordž odvojio se od Čarlija čim su vojnici otvorili vatru i kasnije se pridružio Čajenima u rovovima ispod peščanih sprudova. „Baš u trenutku kad smo došli do spruda", rekao je, „oborio me je metak koji mi se zario u bedro; uspeo sam, međutim, da se otkotrljam do rova i tu ostao da ležim među ratnicama, ženama i decom." Čim je pao mrak, preživeli Čajeni su se iskrali iz rova. Iako im je mraz ledio krvave rane, nisu se usuđivali da zapale vatru. Njihova jedina misao bila je da pobegnu na istok, na reku Zadimljeni reg, i pronađu svoje ratnike. „Taj marš je bio strašan", sećao se Džordž Bent. „Jedva smo hodali, nismo imali ni trunke hrane, bili smo polugoli, sa bremenom žena i dece." Istrajali su; i pored ledenog vetra, gladi i bolnih rana prešli su pedeset milja i stigli do lovačkog logora. „Kad smo ušli u logor, dočekali su nas krici. Bio je to strašan prizor: svi smo plakali, plakali su i ratnici; žene i deca su vrištali i kukali na sav glas. Svako je izgubio ili rođaka ili prijatelja, pa su se mnogi od neizmerne tuge boli noževima, tako da je krv u potocima liptala na sve strane[73]."

Čim su mu rane zacelile, Džordž Bent se vratio na očev ranč. Tu je od brata Čarlija čuo pojedinosti o zverstvima kod Peskovitog potoka i saznao za skalpiranje i masakriranje leševa, klanje dece i odojčadi. Posle nekoliko dana, braća Bent, mestici, odlučili su da zauvek napuste civilizaciju belog čoveka; odrekli su se očeve krvi i bez žaljenja su otišli iz svog doma. Sa njima je pošla i Čarlijeva majka, Žuta Žena, koja se zaklela da nikada više neće živeti sa belim čovekom. Krenuli su na sever, sa namerom da se pridruže čajenskim ratnicima.

Bio je januar, Mesec ljute zime, doba kada su Indijanci sa Visoravni u svojim logorima palili tradicionalne, velike vatre, pričali priče do kasno u noć a ujutro dugo, dugo spavali. Sad se sve izmenilo, nastala su teška vremena. Čim su se vesti o pokolju kod Peskovitog potoka proširile po Visoravnima, Čajeni, Arapahi i Sijui poslali su glasnike-trkače na sve strane sa porukama o osvetničkom ratu protiv belih ubica.

Kad su Žuta Žena i braća Bent stigli do svojih rođaka kod Republičke reke, Čajeni su već imali podršku hiljade saveznika; pridružili su im se Oglale i njihov poglavica Ubica Poni Indijanaca, Ispečeni i njihov poglavica Šareni Rep, od sijuskih plemena, a i velika grupa severnih Arapaha. Sad su sa njima bili i Pseći Vojnici, koje je predvodio poglavica Medved, a i mladi ratnici na čelu sa vođom koji se zvao Rimski Nos. Dok su Čajeni oplakivali svoje mrtve, vođe plemena pušile su lulu rata i kovale strateške planove.

Za samo nekoliko sati ludila kod Peskovitog potoka, Čajvington i njegovi vojnici uništili su živote i moć svih poglavica Čajena i Arapaha koje su se zalagale za mir sa belcima. Posle duge svađe sa preživelim vođama, Čajeni i Arapahi napustili su Crnog

Kotla i Levorukog i prišli ratnim poglavicama, uvereni da ih samo oni mogu spasti istrebljenja.

Tih dana pokrenuta je u Vašingtonu istraga u vezi sa „slučajem" guvernera Evansa i pukovnika Čajvingtona. Iako su morali znati da je suviše kasno i da se rat sa Indijancima više ne može izbeći, zvaničnici su Crnom Kotlu poslali svog glasnika: Vradžbeno Tele Bekvurt dobio je zadatak da ispita postoji li ikakva mogućnost za mir.

Bekvurt je uspeo da pronađe Čajene, ali je od njih saznao da se Crni Kotao

Slika 8. Džordž Bent i njegova žena Svraka. Fotografija iz 1867. godine. Dobijena ljubaznošću Udruženja istoričara Kolorada.

povukao i sa šačicom rođaka i staraca nestao u nepoznatom pravcu. Glavni poglavica Čajena je sada Noga U Vodi.

„Ušao sam u njegov šator", pričao je kasnije Bekvurt. „Čim me je video, poglavica se digao i rekao: 'Zašto si došao ovamo, Vradžbeno Tele? Zar nam ponovo dovodiš bele ljude da nam pobiju porodice?' Objasnio sam mu da sam došao na razgovor i zamolio ga da zakaže većanje. Svi su se odmah okupili i zahtevali da im kažem zašto sam došao. Rekao sam da sam došao zato da bih ih ubedio da zaključe mir sa belim ljudima: Indijanaca je malo, a vojnika ima koliko i listova u šumi, rekoh. 'Znamo mi to' – odgovoriše svi u jedan glas. 'Ali nama više nije ni stalo do života. Zašto bismo živeli? Beli čovek nam je oduzeo zemlju i pobio svu divljač; ali ni to mu nije bilo dovoljno: Zato je pobio i našu decu i naše žene. Za mir je suviše kasno, mira neće biti.

Mi želimo da odemo u Zemlju duhova i da se tamo sastanemo sa našim porodicama. Mi smo bele ljude voleli sve dok nismo otkrili da nas oni lažu i pljačkaju, da su nam oteli sve što smo imali. Zato smo podigli ratnu sekiru i držaćemo je sve do smrti.'

Pitali su me zašto sam u logor kod Peskovitog potoka došao sa vojnicima i zašto sam im poslužio kao vodič. 'Da ga nisam poslušao, Beli Zapovednik bi me obesio'; rekoh. 'Idi i živi sa svojom belom braćom, a mi ćemo se boriti do smrti', rekoše oni. Tako su mi naredili, i ja sam ih poslušao. Vratio sam se i od svega digao ruke[74]."

U januaru 1865. godine, saveznici – Čajeni, Arapahi i Sijui – započeli su napade duž reke Plate. Napadali su karavane, stanice poštanskih kola i manja vojna uporišta. Spalili su gradić Džulsberg i, skidajući skalpove njegovim braniocima, vraćali milo za drago. Pokidali su milje i milje telegrafskih žica, pljačkali uzduž i popreko, iskakali na glavni put, prekidali sve veze i onemogućavali snabdevanje. U Denveru je zavladala panika jer je nestašica hrane bivala sve veća.

Čim su se vratili u svoj zimski logor na Republičkoj reci koji su zvali Visoka stabla, ratnici su priredili velike igre i njima proslavili prve uspehe svoje odmazde. Iako su Visoravni bile prekrivene snegom, poglavice su znale da će vojnici sa svojim gromkogovorećim topovima pohrliti sa svih strana. U toku plesnih svečanosti, vođe su održale većanje da bi odlučile kuda da krenu i kako da pobegnu od vojne potere. Većanju je prisustvovao i Crni Kotao: predložio je da pođu na jug, u podnožje Arkanzasa, gde su leta duga a bizoni česti. Ostale poglavice glasale su za to da se krene na sever, preko reke Plate, gde ih u oblasti Barutne reke očekuju rođaci. Ne, vojnici neće smeti da zađu u to veliko uporište tetonskih Sijua i severnih Čajena. Saveznici su, još u toku većanja, odlučili da u oblast Barutne reke pošalju glasnike-trkače i tamošnja plemena obaveste o svom dolasku.

Poglavica Crni Kotao odbio je da im se pridruži i sa oko četiri stotine Čajena – uglavnom staraca, žena i teško ranjenih ratnika – krenuo je na jug. Poslednjeg dana pred iseljenje, Džordž Bent se oprostio sa ostacima naroda svoje majke, južnim Čajenima. „Obišao sam sve šatore i rukovao se sa Crnim Kotlom i drugim mojim prijateljem. Oni su se, na čelu sa Crnim Kotlom, odselili na jug Arkanzasa i pridružili se južnim Arapahima, Kiovama i Komančima[75].“

Slika 9. *Tumač Edmon Gerije. Fotografija nepoznatog fotografa napravljena pre 1877. godine. Dobijena ljubaznošću Smitsonovog zavoda za naučna istraživanja, Vašington.*

Sa oko tri hiljade Sijua i Arapaha, Čajeni su se (Zajedno sa Žutom ženom i braćom Bent) selili na sever, u zemlju koju je malo ko od njih video. Uz put su imali nekoliko manjih okršaja sa vojnicima iz tvrđave Larami. Indijanci su bili suviše moćni i rasterali su te bele vojnike kao kojote koji uzaludno pokušavaju da napadnu moćno stado bizona.

Severni Čajeni iz oblasti Barutne reke srdačno su dočekali svoje rođake južne Čajene. Dobro snabdeveni mekim vunenim tkaninama i finim gležnjacima koje su razmenom robe dobijali od belih ljudi, starosedeoci su sa izvesnim čuđenjem posmatrali došljake divljeg izgleda u odeći od bizonske i sa gležnjacima od jelenske kože. Rođaci sa juga uplitali su u kosu crveno obojene kožne trake, kačili na glave vranima pera i upotrebljavali toliko sijuskih reči da su ih domaćini jedva razumevali. Te reči, međutim, nisu bile nepoznate njihovom vođi Jutarnjoj Zvezdi. dugo je živeo i lovio sa Sijuima, pa su ga gotovo svi i zvali po imenu koje su mu oni nadenuli – Tupi Nož.

U prvo vreme, južni Čajeni ulogorili su se na oko pola milje od sela severnih Čajena, ali kako su jedni druge često obilazili, odlučili su da podignu zajednički logor; svoje tipije postavili su na način na koji su čajenska plemena to odvajkada činila – u širokom luku, unutar koga se jasno razaznavala i svaka skupina i svaka porodica. Od tog doba se među Čajenima retko pominjala podela na južne i severne.

U proleće 1865. godine, prebacili su konje na travnate obale reke Jezik i ulogorili se nedaleko od sela Oglala Sijua, čiji je poglavica bio Crveni Oblak. Čajeni sa juga nikada do tada nisu videli toliko Indijanaca u jednom selu; više od osam hiljada Indijanaca provodilo je dane i noći u lovu, obredima, svetkovinama i igrama. Džordž Bent je kasnije pričao kako je u to vreme u jednu od čajenskih skupina, čiji su se pripadnici zvali Iskrivljena Koplja, uveo i jednog Sijua, Mladića Koji Se Boji Svojih Konja, što je još jedan dokaz više da su u to doba Sijui i Čajeni bili veoma bliski.

Iako se svako pleme držalo svoje zemlje i svojih običaja, Indijanci na okupu su postepeno došli do zaključka da predstavljaju jedan narod. Sigurni u svoju moć i u pravo da žive po svojoj volji, bili su spremni na izazove belih osvajača. „Veliki Duh stvorio je i belce i Indijance", rekao je Crveni Oblak. „Ali ja mislim da je prvo stvorio Indijance. Veliki Duh je stvorio i mene, u ovoj zemlji, i zato je ta zemlja moja. Beli čovek stvoren je s onu stranu velikih voda i njegova je zemlja tamo. Ali beli ljudi su prešli preko mora; ja sam im ustupio ova prostranstva i oni su danas svuda oko mene. Meni je za život ostalo još samo jedno malo parče zemlje, i Veliki Duh mi je rekao da ga sačuvam[76]."

U toku proleća, Indijanci su slali izviđače da osmatraju vojnike koji su čuvali drumove i telegrafske linije duž reke Plate.

Izvidnice su izveštavale o izuzetno velikom broju vojnika i javljale da neki od njih krstare i kroz oblast Barutne reke, oko Bouzmenovog puta. Zato su crveni Oblak i ostale poglavice odlučili da ih nauče pameti i napadnu na najsevernijoj tački, kod Mosta preko Plate.

Odmah su im se priključili i ratnici južnih Čajena, koji su žudeli da se osvete za pokolj kod Peskovitog potoka. Vođa im je bio Rimski Nos iz plemena Iskrivljena Koplja; jahao je rame uz rame sa Crvenim Oblakom, Tupim Nožem i Starcem Koji Se Boji Svojih Konja.

U rat je krenulo skoro tri hiljade ratnika među kojima su, premazani ratnim bojama, u boračkoj odori, bila i braća Bent. Do brda koje se uzdizalo iznad mosta na severnom delu reke Plate stigli su 24. jula. Na suprotnoj obali nalazili su se garnizon sa stotinak vojnika, stanica poštanskih kola i kancelarija telegrafa. Čim su dvogledima dobro osmotrili cilj napada, Indijanci su odlučili da prvo spale most i reku pređu kroz plićak, pa da potom opsednu utvrđenje. Pre toga je, međutim, trebalo izmamiti vojnike iz utvrđenja i što više njih poubijati.

Tog popodneva sišlo je sa brda oko desetak ratnika, ali se vojnici nisu pomolili iz svog uporišta. Sledećeg jutra je druga grupa ratnika uspela da vojnike izmami na most, ali ni koraka dalje. Trećeg jutra je, na veliko iznenađenje Indijanaca, iz garnizona izmarširao jedan konjički odred, prešao preko mosta i kasom se uputio na zapad. Već posle nekoliko sekundi, sa brda se na Plave šinjele sruštilo nekoliko stotina Čajena i Sijua. „U trenutku kad smo ih napali", pričao je Džordž Bent, „video sam kako jedan oficir na doratu proleće pored mene u gustom oblaku prašine i dima; strela ga je pogodila pravo u čelo i lice mu je bilo obliveno krvlju." (Smrtno ranjeni oficir bio je poručnik Kaspar Kolins.) Indijanski napad prekinula je topovska paljba iz tvrđave.

Dok je borba još trajala, grupa Indijanaca na brdu otkrila je zašto je konjički odred tako neočekivano izašao iz garnizona: vojnici su pošli u susret karavanu koji se približavao sa zapada. Već posle nekoliko minuta, Indijanci su opkolili karavan, ali im je njegova oružana pratnja pružila odlučan otpor. Čuvši da su mu prvi vojnički meci ubili brata, razjareni Rimski Nos poveo je Čajene u juriš. „Ispraznićemo im sve puške!" – vikao je. Imao je vradžbenu kapu i oklop i bio ubeđen da ga protivnički meci ne mogu ozlediti. Čajeni su napravili krug oko kola karavana i, šibajući konje bez milosti, mahnito jurišali. Krug se polako sužavao, a vojnici su praznili puške; a kad su ih ispraznili Čajeni su ih pobili. Čekalo ih je, međutim, veliko razočaranje; u kolima su pronašli samo posteljinu i gomilu praznih sanduka.

Te noći su Crveni Oblak i ostale poglavice zaključili da su vojnike naučili pameti i pokazali im svoju moć i svoju snagu. Vratili su se u oblast Barutne reke sa nadom da će beli ljudi odsad poštovati ugovor potpisan u Laramiju i prestati da bez odobrenja krstare kroz indijansku zemlju severno od reke Plate.

U međuvremenu se Crni Kotao sa svojom malom grupom južnih Čajena preselio na južni sliv reke Arkanzas i pridružio se Arapahima Malog Gavrana koji su, čuvši za pokolj kod Peskovitog potoka, oplakivali izgubljene rođake i prijatelje. Lovci su u toku leta 1865. godine ulovili samo nekoliko bizona, ali su se Arapahi bojali povratka na sever, iako su znali da bi na pasištima između reke Zadimljeni breg i Republičke reke zatekli velika stada bizona.

Krajem leta, počeli su sa svih strana da pristižu trkači i glasnici: poglavice Crni Kotao i Mali Gavran postale su odjednom veoma važne i tražene ličnosti. A poruka je glasila: iz Vašingtona dolazi grupa zvaničnika da Čajenima i Arapahima prenese saučešće Velikog Oca i njegovog Veća, koji su duboko potreseni nesrećom kod Peskovitog potoka; američka vlada želi novi ugovor sa njima.

Iako su Čajeni i Arapahi već bili proterani iz Kolorada i beli naseljenici su zauzeli njihovu zemlju, po svemu se činilo da pravo poseda nije do kraja razjašnjeno i da bi se po slovu postojećih ugovora lako moglo dokazati da je i sam grad Denver na tlu Čajena i Arapaha. Američkoj vladi je, dakle, bio cilj da se svi indijanski zahtevi na zemlju Kolorada i formalno skinu s dnevnog reda, a beli naseljenici konačno budu sigurni u to da im ona pripada i po zakonu.

Poglavice Crni Kotao i Mali Gavran nisu primili činovnike iz Vašingtona sve dok im se nije javio Mali Beli Čovek, Vilijem Bent, čija je poruka glasila: pokušao sam da vladu Sjedinjenih Država ubedim u to da Indijancima ustupi trajna prava na zemlju bizona između reke Zadimljeni breg i Republičke reke; vlada je moj predlog odbacila zato što će uskoro kroz tu oblast biti sprovedena linija poštanskih kola a nešto kasnije i železnička pruga kojom će doći još mnogo novih belih doseljenika; Čajeni i Arapahi moraju, dakle, da žive južno od reke Arkanzas.

Crni Kotao i Mali Gavran su se sa članovima komisije sastali na ušću reke Mali Arkanzas, u Mesecu kad trava vene. Indijanci su još ranije upoznali tvorce novog ugovora: Senborna – Crne Zaliska i Harnija – Bele Zaliske. I dok su u Senbornu videli prijatelja, Harni ih je podsećao na pokolj sijuskog plemena Ispečeni, izvršen kod Plavih voda u Nebraski 1855. godine. Sastanku su prisustvovali opunomoćenici Merfi i Levenvort, neposredni Džejms Stil i Bacač Lasa Karson, koji je Navahe prognao iz zavičaja. Tumač je bio Smit – Sivo Ćebe – koji je i sam preživeo pokolj kod Peskovitog potoka, a pored njega Mali Beli Čovek, koji je Indijancima svesrdno ponudio svoju pomoć.

„Ovde smo, udruženi, Arapahi i Čajeni", rekao je Crni Kotao. „Mi smo jedan narod, ali nas je malo… Mnogi moji prijatelji,

Indijanci, drže se po strani; oni se boje da dođu i budu prevareni kao što sam ja bio prevaren."

„Nama će biti veoma teško da napustimo zemlju koju nam je zaveštao Bog", rekao je Mali Gavran. „U njoj su sahranjeni svi naši rođaci i svi prijatelji, i nama je mrsko da napustimo ovo tlo... Ali znajte jedno: mi nikada nećemo zaboraviti onu suludu bandu vojnika koji su nam uništili logor i poubijali žene i decu. To je naš večiti bol. Tamo, kod Peskovitog potoka, leže Bela Antilopa i druge naše poglavice, leže naše žene i leže naša deca. Tamo su nam uništeni šatori i oduzeti konji, i ja nisam kadar da odem u novu zemlju i sve njih ostavim ovde."

Odgovorio mu je Džejms Stil: „Mi dobro znamo da je svakom narodu teško da napusti svoje domove i grobove svojih predaka, ali na vašu nesreću i u vašoj zemlji otkriveno je zlato i zato se u nju sjatila gomila belih ljudi; mnogi belci ogorčeni su neprijatelji Indijanaca i neće se ustezati od zločina da bi se obogatili. Ti ljudi su, danas, u vašoj zemlji, u svim njenim oblastima; i u njoj ne postoji ni delić na kome biste vi mogli da živite a da sa njima ne dođete u sukob. I vi ste, ugroženi njihovim neprekidnim napadima, primorani da se latite oružja. U takvim uslovima, po mišljenju komisije, nema u ovoj zemlji dovoljno prostranstva da bi se u njima živelo u miru."

Poglavica Crni Kotao je rekao: „U ovoj zemlji živeli su i naši preci; i nisu znali šta znači nanositi zlo; ali oni su umrli i otišli neznano kud... A mi smo zalutali... Naš Veliki Otac vas je poslao ovamo da biste nam preneli njegove reči, i mi ih slušamo. Vaši vojnici su nas napali i uništili, ali mi pokušavamo da zaboravimo i da vas sa radošću, miroljubivo i prijateljski, dočekamo. Ja se ne protivim onome zbog čega ste došli ovamo i zbog čega vas je predsednik i poslao, ja na to pristajem... Beli ljudi mogu da idu kuda hoće, mi ih nećemo uznemiravati... Ali, ja vas molim da im kažete... Mi jesmo različiti narodi, a ipak, čini mi se, svi smo jedan narod, i oni beli i svi mi... Ja vas opet držim za ruku i – srećan sam. Naši se ljudi raduju što će ponovo živeti u miru, spokojno spavati i spokojno živeti[77]."

I tako su se Indijanci saglasili da žive južno od reke Arkanzas i dele zemlju koja je pripadala Kiovama. Četrnaestog oktobra 1865. godine, poglavice ostataka južnih Čajena i Arapaha potpisale su novi ugovor o „trajnom miru". Član 2. sporazuma glasio je: „Ovim se, u daljem tekstu, ugovorna indijanska strana… od dana potpisivanja ovog ugovora… odriče svih zahteva i prava… na zemlju koja se graniči kako sledi: na jednoj strani, međom koja povezuje severnu i južnu račvu reke Plate i pruža se na sever sve do vrhova venca Stenovitih planina ili do Crvenih brežuljaka, a na drugoj strani, međom niz reku Arkanzas do reke Simeron i gaza preko nje – čime se krug završava. Ovim se, dakle, indijanska ugovorna strana odriče svih prava na zemlju koju su im, kako tvrde, zaveštali njihovi preci[78]."

Tako su se Čajeni i Arapahi odrekli svih svojih prava na Teritoriju Kolorada. A to je, naravno, i bio pravi smisao pokolja kod Peskovitog potoka.

DOLAZE I PROPINJU SE

Dobijeno ljubaznošću Biroa američke etnološke kolekcije

Evo, dolaze
I propinju se.
Dolaze
S besnom njiskom
Dolazi
Narod konja.
Evo, dolaze
I propinju se.
Dolaze s besnom njiskom
Dolaze.

Osvajanje oblasti Barutna reka

1865 – 2. *april*: vojska Konfederacije napušta Ričmond; 9. april: kod Apomateksa, grada u centralnoj Virdžiniji, general Li se predaje generalu Grantu; građanski rat je okončan; 14. april: Džon Vilks But ubija predsednika Linkolna; novi predsednik SAD postaje Endru Džonson; 13. jun: predsednik Džonson izdaje proglas o obnovi bivših država Konfederacije; oktobar: Sjedinjene Američke Države zahtevaju da Francuska povuče svoje trupe iz Meksika; 18. decembar: Trinaestim amandmanom na Ustav SAD ukida se ropstvo; objavljena dela: *Alisa u zemlji čuda* Luisa Kerola i *Rat i mir* Lava Nikolajeviča Tolstoja.

Čiji je glas prvi odjeknuo na ovoj zemlji? Prvi je glas bio glas crvenokožaca, naroda koji ima samo lukove i strele... Ono što ste vi u mojoj zemlji uradili, ja nisam ni tražio; narod belog čoveka hoda po mojoj zemlji... A on, kad uđe u zemlju, ostavlja za sobom krvave tragove... Ja u ovoj zemlji imam dve planine – Crna brda i Veliki rog. I tražim od Velikog Oca da svoje puteve ne pravi kroz njih. Rekao sam to tri puta, a danas sam došao ovamo da to kažem i četvrti put.

MAHPIJUA LUTA (CRVENI OBLAK),
POGLAVICA OGLALA SIJUA

ČIM SU SE POSLE BITKE na mostu preko Plate vratili u oblast Barutne reke, Indijanci sa Visoravni započeli su pripreme za svoje tradicionalne letnje svečanosti. Sabijena jedno uz drugo, plemena su podigla logore na mestu gde se rečica Luda žena uliva u Barutnu reku. Malo severnije, uz Barutnu reku i reku Mala Misuri, živela je skupina tetonskih Sijua koji su se te godine, bežeći iz Dakote od generala Salija, preselili na zapad. Tu se, sa svojim Hunkpapama, našao i poglavica Bik Koji Sedi, pa su rođaci Oglala poslali glasnike pozivajući Indijance na velike igre u slavu sunca, na tradicionalne tetonske obrede pročišćenja i obnavljanja. I dok su Oglale izvodile sevoj Ples sunca, Čajeni su održavali četvorodnevnu svečanost vradžbenih strela. A ritual se sastojao u tome da Čuvar strela odreši kesu skrojenu od kože kojota i iz nje izvadi četiri magične strele, a da Čajeni u dugačkom redu prolaze pored njih, mole im se i prinose im žrtve.

Crni Medved, jedan od vodećih poglavica severnih Arapaha, odlučio je da svoj narod povede na reku Jezik; pozvao je, naravno, i južne Arapahe koji su posle pokolja kod Peskovitog potoka prešli na sever. Podići će selo na reci Jezik, rekao je poglavica, i uživati u lovu i igrama sve dok ne dođu hladni meseci.

Krajem avgusta 1865. godine, plemena iz oblasti Barutne reke raštrkala su se po prostranstvima između Velikih rogova na zapadu i Crnih brda na istoku. Indijanci su toliko bili sigurni u sebe i u neosvojivost svoje zemlje da ni za trenutak nisu poverovali glasovima o vojnicima koji im se približavaju sa sve četiri strane.

Tri vojne kolone predvodio je general Petrik E. Konor, koji je u maju iz Jute prebačen u oblast reke Plate da bi se borio protiv Indijanaca. Zvezdani Zapovednik Konor je 1863. godine na Medveđoj reci opkolio logor Pijuta i poklao dve stotine sedamdeset šest Indijanca. Zbog tog svog podviga uživao je slavu hrabrog branitelja zemlje od „crvenog neprijatelja.“

Čim je, jula 1865. godine, izdao proglas da će sve Indijance severno od reke Plate „loviti kao gladne kurjake", Konor je obrazovao tri kolone vojnika za invaziju oblasti Barutne reke. A plan mu je bio da jedna kolona, na čelu sa pukovnikom Nelsonom Kolom, krene iz Nebraske ka Crnim brdima, da druga kolona, na čelu sa pukovnikom Semjuelom Vokerom, krene iz tvrđave Larami na sever i u Crnim brdima se nađe sa Kolom, a da se treća kolona, pod njegovim vođstvom, uputi Bouzmenovim putem ka Montani. General Konor je u stvari smerao da Indijance uhvati u zamku koju će im s jedne strane postaviti njegova kolona, a sa druge Kolove i Vokerove trupe. Vojnicima je naložio da odbiju svaki pokušaj Indijanaca da sklope mir i naređenje završio ovim grubim rečima: „Napadajte i ubijajte sve Indijance preko dvadeset godina[79]."

Sve tri kolone krenule su početkom avgusta da bi se, po planu, oko 1. septembra, sastale u samom srcu neprijateljske zemlje, na reci Ružin pupoljak.

U to vreme se oblasti Barutne reke sa istoka približavala i četvrta kolona, koja se Konorovim pohodom nije imala nikakve veze. Ovu kolonu predvodio je civil Džejms Sojers sa jednim jedinim ciljem: da što pre stigne do zlatonosnih polja Montane. Znajući da ga put vodi preko zabranjene teritorije i očekujući otpor Indijanaca, zatražio je da karavan od sedamdeset tri kopača zlata i osamdesetoro kola se provijantom prate dva pešadijska odreda.

Prve vesti o dolasku Sojersovog karavana stigle su do Sijua i Čajena ulogorenih oko Barutne reke 14. ili 15. avgusta. „Jednog jutra, vrlo uzbuđeni, dojahaše u logor naši lovci vičući da uz reku ide kolona vojnika", sećao se Džordž Bent. „Seoski vikač obišao je na konju ceo logor i sve obavestio da se približavaju beli vojnici. I dok je Crveni Oblak odjahao da o tome obavesti Sijue, mi smo potrčali po konje. U to vreme svako je uzimao konja koga bi poželeo; ako bi, nekim slučajem, konj nestao u borbi, jahač bi njegovom vlasniku štetu nadoknađivao tako što bi mu predavao sav plen osvojen u bici. Pojahali smo u pravcu Barutne reke, prešli smo oko petnaest milja i tad naišli na Sojersovu 'grupu koja gradi drumove', na dugačak karavan doseljenika u pratnji vojnika koji su marširali i sa jedne i sa druge strane[80]."

U bici za most preko Plate Indijanci su zaplenili nekoliko uniformi i vojničkih truba. Napuštajući logor, Džordž Bent je navukao plavu oficirsku bluzu, a njegov brat Čarli poneo trubu sa namerom da vojnike zbuni i iznenadi. Grupu ratnika, sastavljenu od oko pet stotina Sijua i Čajena, predvodili su Crveni Oblak i Tupi Nož, veoma ljuti što vojnici bez saglasnosti i odobrenja prolaze kroz njihovu zemlju.

Čim su opazili karavan koji se sa krdom od tri stotine grla provlačio između dva brda, Indijanci se razdvojiše i raštrkaše po okolnim grebenima da bi na ugovoreni znak otvorili vatru na vojničku pratnju. Međutim, vojnicima i kopačima trebalo je samo nekoliko minuta do kola postave u krug, stoku sateraju u ograđen prostor i „iza barikada" zauzmu odbrambene položaje.

Indijanski ratnici zabavljali su se dva-tri sata: nečujno su se prikradali a onda, izbliza, neočekivano otvarali vatru na protivnika. Najhrabriji jahači jurišali su u galopu, opkoljavali kola, a potom nestajali sa nišana. A kad su zagrmele dve haubice, Indijanci se povukoše na brežuljke ispuštajući ratne pokliče i vređajući bele vojnike. Čarli Bent je nekoliko puta dunuo u svoju trubu i prosuo bujicu anglosaksonskih psovki koje je naučio u trgovačkoj ispostavi svoga oca. „Oni su nas ružili i vređali na najpogrdniji način", rekao je jedan od kopača zlata. „Znali su malo engleskih reči, ali dovoljno da nas izvređaju kao pse[81]."

Karavan nije mogao da nastavi put, ali ni Indijanci nisu mogli da mu priđu. Oko podneva, poglavice su naredile da se istakne bela zastava. Posle nekoliko minuta, iz prostora ograđenog kolima izjahao je čovek u odelu od jelenske kože a braća

Bent mu pođoše u susret. Huan Suse, Meksikanac dobroćudnog lica, bio je veoma iznenađen koliko tečnim engleskim jezikom braće Bent, toliko i Džordžovom plavom uniformom. Suse, koji je engleski jedva natucao, poslužio se znacima i tako im preneo poruku; zapovednik karavana spreman je na pregovore sa indijanskim poglavicama.

Čim je sastanak ugovoren, Crveni Oblak i Tupi Nož su za svoje tumače odredili braću Bent. Iz ograđenog prostora pojavili su se „pukovnik" Sojers i kapetan Džordž Viliford. Sojers, naravno, nije bio vojno lice i nije imao čin pukovnika, ali je sebe smatrao zapovednikom karavana. Viliford je bio vojno lice i imao čin kapetana, a njegova dva pešadijska odreda sačinjavali su „Galvanizovani severnjaci", nekadašnji ratni zarobljenici. Iskidanih nerava, nesiguran i u svoje ljude i u svoju vlast, Viliford je zabezeknuto buljio u plavi šinjel poluindijanca i tumača Džordža Benta.

Kad je Crveni Oblak zatražio objašnjenje za prisustvo vojnika na indijanskoj teritoriji, kapetan Viliford je uzvratio pitanjem zašto su Indijanci napali miroljubive bele ljude. Još ogorčen sećanjem na pokolj kod Peskovitog potoka, Čarli Bent je rekao da će se Čajeni boriti protiv svih belaca sve dok vlada ne obesi pukovnika Čajvingtona. Sojers je protestovao: on nije došao da bi se borio sa Indijancima nego, tražeći kraći put ka zlatnim poljima Montane, samo prolazi kroz njihovu zemlju.

„Preveo sam poglavicama njegove reči", pričao je Džordž Bent. „Crveni Oblak je odgovorio da će sve biti u najboljem redu ukoliko belci odu iz njegove zemlje i ne grade drumove u njoj. To isto ponovio je, u ime Čajena, i Tupi Nož; poglavice su tom oficiru (Vilifordu) objasnile da sa karavanom pođe na zapad, skrene na sever, pređe preko planine Veliki rog i onda izađe iz indijanske zemlje[82]."

Sojers je ponovo protestovao. Ukoliko krene tim putem, izgubiće mnogo vremena, rekao je; on želi da krene na sever i da preko doline Barutne reke što pre stigne do tvrđave koju gradi general Konor.

Crveni Oblak i Tupi Nož, koji su tada prvi put čuli za generala Konora i njegovu invaziju, izrazili su iznenađenje i gnev što se vojnici usuđuju da tvrđave grade u srcu indijanskih lovišta. Videvši da su se poglavice ozbiljno razgnevile, Sojers im je brže--bolje ponudio tovar robe – brašno, šećer, kafu i duvan. Kad je Crveni Oblak zatražio da se u spisak uvrste barut i municija, naišao je na žestok otpor kapetana Viliforda koji se protivio svakom ustupku.

Na kraju su poglavice pristale da u zamenu za tovar brašna, šećera, kafe i duvana dozvole karavanu da nastavi put ka Barutnoj reci. „Tada mi oficir naredi da Indijance udaljim od karavana dok on istovaruje robu", rekao je Džordž Bent. „U podne je otišao na reku i tamo se ulogorio, postavivši opet sva kola u krug. U tom trenutku pojavila se iz sela jedna velika grupa Sijua koji su, čuvši da je roba podeljena, zatražili svoj deo. Beli oficir ih je hladno odbio, a oni su onda otvorili vatru na ograđen prostor[83]."

Ta grupa Sijua kinjila je Sojersa i Viliforda čarkama i prepadima nekoliko dana, ali Crveni Oblak, Tupi Nož i njihovi ratnici u tome nisu učestvovali. Sa brda iznad doline budno su osmatrali predeo, pokušavajući da utvrde koliko je tačna izjava da vojnici na Barutnoj reci grade novo utvrđenje.

Zvezdani Zapovednik Konor je uporište podizao na oko šezdeset milja južno od Barutne reke, kod račve Luda žena, i sebi u čast nazvao ga Konorova tvrđava. U njegovoj koloni nalazio se i odred Poni Indijanaca-izviđača, na čelu sa kapetanom Frenkom Nortom. Davnašnji plemenski neprijatelji Sijua, Čajena i Arapaha, Poni Indijanci su se dobrovoljno prijavili za pohod i za to su, kao i ostali, primali platu. Dok su vojnici sekli stabla za Konorovu tvrđavu, oni su izviđali oblast tragajući za svojim neprijateljima. Šesnaestog avgusta primetili su manju grupu Čajena koja im se približavala sa juga i u kojoj se nalazila Žuta Žena, majka Čarlija Benta.

Pošto se sa četvoricom saplemenika prilično udaljila od svoje skupine, Žuta Žena je, ugledavši Indijance na vrhu brdašca, pomislila da su ili Čajeni ili Sijui; a kad su im oni znacima saopštili da su prijatelji i da ih čekaju, petoro Čajena pošlo im je u susret ne sluteći opasnost. Čim su stigli na vrh brda, Poni Indijanci su ih napali bez upozorenja. Žutu Ženu, koja je Vilijema Benta napustila zato što pripada beloj rasi, ubili su crvenokošci,

Slika 10. *Crveni Oblak ili Mahpijualuta, poglavica Oglala Dakota. Fotografija Čarla M. Bela, Vašington 1880. godine. Dobijena ljubaznošću Smitsonovog zavoda.*

pripadnici crvene rase. U tom trenutku, Čarli Bent bio je udaljen samo nekoliko milja od mesta nesreće; nalazio se u grupi ratnika Tupog Noža koji su se vraćali sa opsade Sojersovog karavana.

Dvadeset drugog avgusta, general Konor je došao do zaključka da je njegova tvrđava na Barutnoj reci dovoljno jaka i da joj je za odbranu dovoljan jedan konjički odred. Ostavio je u njoj gotovo sav provijant i sa drugim delom kolone krenuo prema dolini reke Jezik, u poteru za većim indijanskim grupama koje su otkrivale njegove izvidnice. Da je pošao na sever, uz Barutnu reku, naišao bi na hiljade Indijanaca, koji su žudeli za borbom, naišao bi na ratnike Crvenog Oblaka i Tupog Noža.

Nije proteklo ni sedam dana otkako je Konorova kolona napustila Barutnu reku, a čajenski ratnik po imenu Mali Konj krenuo je sa ženom i sinčićem u posetu tazbini, skupini Arapaha koji su, predvođeni Crnim Medvedom logorovali na reci Jezik. Kad je u jednom trenutku sjahala da bi čvršće privezala bisage, njegova žena je na obližnjem grebenu slučajno opazila kolonu konjanika.

„Pogledaj!", viknula je mužu.

„Vojnici? Požuri!", odgovorio je Mali Konj.

Čim su prešli preko prvog uzvišenja i nestali s vidika, skrenuli su s puta. U galopu su ujahali u logor Crnog Medveda i uzbunili mirno selo sa dve stotine pedeset šatora podignutih na zaravni iznad reke. Arapahi su te godine bili bogati: u ograđenom prostoru pored reke paslo je tri hiljade konja.

Arapahi nisu poverovali u vest da su vojnici udaljeni samo stotinak milja; a kad je skvo Malog Konja zatražila da glasnik narod upozori na opasnost, njihov poglavica je rekao: „Malom Konju se pričinilo da vidi bele vojnike; oni koje je on video bili su Indijanci". Uvereni da im se vojnici nisu pričinili, Mali Konj i njegova žena pohitaše do rodbine. Njen brat Panter odmarao se u hladu svog tipija, a oni mu rekoše: „Dolaze vojnici! Spakuj najpotrebnije i kreni večeras sa nama!"

Panter se slatko smejao zetu Čajenu: „Ti, brate, živiš u neprekidnom strahu, pa zato neprekidno i grešiš. Ono što si ti video bilo je, bez sumnje, stado bizona."

„U redu", odgovorio mu je Mali Konj. „Ti ostani ovde ako već tako želiš, a mi ćemo pobeći još večeras." Njegovoj ženi je ipak pošlo za rukom da nekoliko rođaka nagovori da pođu sa njima; selo su napustili pre mraka i brzo pohitali niz reku Jezik[84].

Vojnici Zvezdanog Zapovednika Konora napali su logor Arapaha u rano jutro. Jedan indijanski ratnik, koji je iz pukog zadovoljstva izjahao iz logora da bi dočekao zoru, ugledao je, sasvim slučajno, na obližnjem proplanku kolonu vojnika. Sjurio se u logor i tako nekim svojim saplemenicima pružio priliku da se u poslednjem času spasu iz logora.

Već posle nekoliko minuta, uz zvuke truba i paljbu haubica, selo je sa dve strane napalo osamdeset Poni izviđača i dve stotine pedeset belih konjanika. Poni Indijanci su jurnuli na tri hiljade konja koje su Arapahi bezuspešno pokušavali da raštrkaju po rečnoj dolini. Tiho i spokojno selo zahvatio je strašan metež; konji su se propinjali i njištali, psi su lajali, žene vrištale, deca cvilela, a ratnici urlali i kleli.

Arapahi su pokušali da obrazuju odbrambene redove i neborcima omoguće bekstvo, ali je već prvi rafal pokosio žene i decu koji su se zatekli između ratnika i vojnika „Naši meci pogodili su jednog ratnika i on je u padu s konja povukao i dvoje dece koje je držao u sedlu. Indijanci su se povlačili i nisu mogli da se vrate po njih. Pucali smo u decu i ubili ih[85]", rekao je jedan Konorov oficir.

„Tukli smo se prsa u prsa i sa ratnicima i sa Indijankama", rekao je drugi oficir. „Te žene iz sela borile su se isto toliko hrabro kao i njihove divlje vođe. Nažalost, naši vojnici nisu imali vremena da pažljivije nišane… pa su, zajedno sa ratnicima, na gomile mrtvih i ranjenih padali i žene i deca[86]."

Arapahi koji su se domogli konja uzmicali su niz Vučji potok. Sa vojnicima je jahao i izviđač u odelu od jelenske kože u kome su stariji Arapahi prepoznali starog poznanika Džima Bridžera. On im je, iako oženjen Indijankom, pre nekoliko godina postavio zasedu između Barutne reke i reke Jezik. Nekada davno, Čajeni su ga smatrali prijateljem i prozvali ga Ćebence. Sada je i Ćebence Džim Bridžer, kao Poni Indijanac, bio vojnik-najamnik.

Arapahi su se tog dana povlačili desetak milja, a kad su i vojnike i njihove konje valjano zamorili, prešli su iznenada u napad i Plave šinjele zasuli strelama i mecima iz starih pušaka. U rano popodne, Crni Medved i njegovi ratnici saterali su

Konorove konjanike u selo, ali je to bilo sve što su uspeli da urade: zaustavili su ih „gromkogovoreći" topovi.

Arapahi su sa brda gledali kako im vojnici uništavaju selo, cepaju šatore, ruše kožne krovove tipija, pale bizonske kože, krzna i tridesetak tona pemikana. Sve što su Arapahi posedovali, nestalo je u vatri i dimu. Kad su uništili selo, vojnici i Poni Indijanci uzjahali su zaplenjene konje i poveli još hiljadu grla, jednu trećinu plemenskog krda.

Grmljavinu topova čuo je i Mali Konj, Čajen koji je uzalud Arapahe upozoravao na dolazak vojnika. Čim su vojnici napustili logor, on, njegova žena i rođaci koji su pošli sa njima vratili su se u spaljeno selo gde su zatekli više od pedeset mrtvih Indijanaca. Panter, pašenog Malog Konja, ležao je pored kruga požutele trave na kojoj je još tog jutra stajao njegov šator. Mnogi drugi, pa i sin Crnog Medveda, bili su teško ranjeni, na samrti. Arapahi su spasli nešto konja, nekoliko starih pušaka, lukove, strele i odeću koju su imali na sebi u trenutku napada. To je bila bitka kod reke Jezik, a zbila se u Mesecu kad se guske mitare.

Sledećeg jutra, trupa ratnika pošla je u poteru za Konorovim konjanicima koji su se uputili ka reci Ružin pupoljak. Tog istog dana, kroz zemlju Arapaha prolazio je i Sojersov karavan koji su dve nedelje ranije opsedali Čajeni. Van sebe od gneva zbog tolikih uljeza, Indijanci su vojnim izvidnicama postavili zasedu, poterali su goveda u pozadinu i zarobili jednog od slučajnih pratilaca karavana. Ali kako su u borbi sa Konorovim konjanicima potrošili mnogo municije, nisu se usudili da napadnu Sojersove vagone; kinjili su, međutim, kopače zlata i njihovu pratnju sve dok ovi iz oblasti Velikog Roga nisu prešli u Montanu.

Zvezdani Zapovednik Konor je u međuvremenu marširao ka reci Ružin pupoljak, žudeći za uništenjem drugih indijanskih sela. Čim se približio mestu sastanka na reci Ružin pupoljak, poslao je izvidnike na sve četiri strane da potraže druge dve kolone njegove ekspedicije, one koje su predvodili Orlovski

Zapovednici Kol i Voker. Kad je ustanovio da od njih nema ni traga ni glasa i da kasne nedelju dana, Konor je 9. septembra naredio kapetanu Nortu da svoje Poni Indijance u brzom maršu povede na Barutnu reku, uveren da su se trupe tamo zadržale. Sledećeg dana, Poni najamnici uleteše u žestoku, zasleplјujuću oluju sa gradom, a dva dana kasnije su pronašli još sveže tragove Kolovog i Vokerovog logora. Tlo je bilo prekriveno lešinama, gomilom od devet stotina mrtvih konja. „Poni Indijanci su bili zaprepašćeni tim prizorom i nikako nisu mogli da shvate zašto su konji pobijeni i mnogi prostreljeni kroz glavu[87]." U blizini su pronašli ugljenisane ostatke metalnih prečica, uzengija, sedala i amova. Ne znajući kako da protumači ovaj pokolj, kapetan Nort se odmah vratio na Ružin pupoljak i podneo izveštaj generalu Konoru.

Kolone pod Kolovim i Vokerovim vođstvom srele su se u Crnim brdima 18. avgusta. Moral dve hiljade vojnika bio je ozbiljno poljuljan; oni su se dobrovoljno prijavili za građanski rat i s pravom su očekivali da će se u aprilu, čim se on završio, vratiti kućama. Pre nego što su napustili tvrđavu Larami, pripadnici Vokerovog kanzaškog puka digli su pobunu i odbijali da krenu u nov pohod sve dok ih na pokret nije primorala artiljerijska paljba. Kad im je krajem avgusta ponestalo hrane, vojnici su bili prinuđeni da pobiju mazge i hrane se njihovim mesom. Ljudi su naglo oboleli od skorbuta, a konji, lišeni vode i trave, bivali sve slabiji. Kako su im i ljudi i konji bili u jadnom stanju, ni Kolu ni Vokeru nije bilo stalo do borbe sa Indijancima. Imali su pred sobom samo jedan cilj: da na vreme stignu na sastanak koji im je general Konor zakazao na reci Ružin pupoljak.

Na svetilištima širom Paha-Sapa, Crnih brda, vrvele su hiljade i hiljade Indijanaca. Bilo je leto, doba kada se obraćaju Velikom Duhu i mole ga za milost i vizije. Sva plemena našla su se u tom svetom središtu sveta i posvećivala se verskim obredima. Zato su Indijanci sa ogorčenjem osmatrali oblake prašine koje je dizala kolona od dve hiljade vojnika, konja i kola, i mrzeli te belce koji su im skrnavili Paha-Sapa, njihova Crna brda iz čijeg se središta svet račvao u četiri pravca. Indijanci nisu, međutim, obrazovali ratničke grupe i držali su se daleko od bučnih, prašnjavih kolona.

Kad su 28. avgusta Kol i Voker stigli do Barutne reke, poslali su izvidnike na reke Jezik i Ružin pupoljak da pronađu generala Konora. On se u tom trenutku još nalazio na putu i upravo se spremao da uništi selo Arapaha Crnog Medveda. Čim su od izvidnika čuli da generala još nema, zapovednici ove dve kolone podelili su svojim ljudima deo sledovanja i odlučili da krenu na jug pre nego što im vojnici skapaju od gladi.

U toku tih nekoliko dana koliko su vojnici logorovali na Barutnoj reci, koja je upravo tu skretala na sever ka Jeloustonu, stigla ih je grupa Hunkpapa i Minekonžu Sijua. Indijanci su ih pratili još od Crnih brda, pa se već 1. septembra na okupu našlo oko četiri stotine ratnika. Sa njima je bio i poglavica Hunkpapa, Bik Koji Sedi, onaj isti koji se dve godine ranije, u rezervatu prognanih Sante Indijanaca iz Minesote, zakleo da će se, ako to bude potrebno, ogorčeno boriti da oblast bizona spase od belih ljudi i njihove gladi za zemljom.

Kad su u šumi pored Barutne reke otkrili vojnički logor, mladi sijuski ratnici poželeli su da sa belom zastavom uđu u njega i nagovore Plave šinjele da im u znak pomirenja daruju duvan i šećer. Iako Bik Koji Sedi nije imao poverenja u bele ljude, iako se protivio svakom kontaktu sa njima, ovoga puta se držao po strani i pustio momke da sa belom zastavom odu u vojnički logor.

Vojnici su mirno sačekali da im Sijui sa zastavom primirja priđu sasvim blizu, a onda su jednim rafalom ubili i ranili nekoliko mladih Indijanaca; ostali su se razbežali i uz put oteli pet-šest konja.

Bik Koji Sedi nije bio iznenađen načinom na koji su vojnici dočekali miroljubive posetioce. Pažljivo je pogledao otete konje i zaključio da će četiri stotine Sijua na brzonogim mustanzima moći da se ponesu sa dve hiljade vojnika na izgladnelim, iznurenim armijskim konjima. Sa njim su se složile i ostale vođe: Crni Mesec, Hitri Medved, Crveni List i Čovek Koji Stoji i Osvrće se, poglavica koji je jedva čekao da sablju otetu jednom od oficira generala Salija isproba na vojnicima.

U jednom od piktografa koje je kasnije nacrtao za svoju autobiografiju, poglavica Bik Koji Sedi dao je o sebi sledeću sliku: na glavi je, toga dana, imao krznenu kapu navučenu na uši, a na nogama gležnjake ukrašene perlama; bio je naoružan lukom, tobolcem i puškom sa jednim jedinim metkom, i nosio je štit Olujne ptice[88].

Dojahavši do logora u jednoj koloni, Sijui su opkolili čuvare konja; vojnici su padali jedan za drugim sve dok na obalu Barutne reke nije odjurila četa konjanika. Indijanci na brzim ponijima se onda hitro povukoše, mameći u poteru Plave šinjele na iznurenim konjima, a posle izvesnog vremena se okretoše i baciše na protivnika. Čovek Koji Stoji i Osvrće se vitlao je sabljom levo-desno sve dok jednog vojnika nije oborio s konja, posle čega se udaljio munjevitom brzinom, kličući od radosti.

Vojnici su se prestrojili i uz zvuke truba ponovo pojurili za Sijuima, ali ovi za tili čas nestadoše sa vidika. Zbunjeni i bespomoćni, vojnici u plavim uniformama su stali, a Indijanci ih u istom trenutku napadoše sa svih strana, probijajući njihove redove i rušeći ih sa konja. Bik Koji Sedi je u bici zaplenio lepog crnog pastuva i kasnije piktografom opisao taj događaj.

Zbunjeni napadom Indijanaca, Kol i Voker su, idući niz Barutnu reku, ubrzali marš na jug. Sijui su ih pratili nekoliko dana i plašili tako što bi iznenada iskrsavali čas na grebenima s leve a čas na grebenima s desne strane i povremeno ih napadali iz pozadine. Bik Koji Sedi i druge vođe slatko su se smejali užasnutim Plavim šinjelima koji su se sve vreme osvrtali i žurili da što pre pobegnu od neumornih progonitelja.

Utom se i na jedne i na druge stuštila žestoka oluja sa gradom; pošto su dva dana proveli u skloništu, Indijanci su trećeg jutra iz smera u kome su se uputili vojnici začuli neobičnu pucnjavu. Već sledećeg dana naišli su na napušteni logor oko kojeg je ležala nepregledna gomila mrtvih konja, pokrivenih debelim slojem leda: vojnici su pobili iznemogle životinje koje više nisu mogle da se kreću.

Te Plave šinjele bez konja treba, dakle pratiti i dalje, zaključiše Sijui, i uterati im takav strah u kosti da im više nikada ne padne ni na pamet da se vrate u Crna brda. Hunkpape i Minekonžui su usput sve češće sretali manje izvidnice Oglala i Čajena koji su tragali za trupama Zvezdanog Zapovednika Konora. Ti susreti su uzbudili Indijance koji su odmah poslali glasnike u veliko čajensko selo koje se nalazilo samo nekoliko milja dalje na jugu. Trkači su povezali vođe skupina i one su počele da kuju planove za veliku zasedu.

U toku tog leta, ratni vođa Rimski Nos se, da bi stekao odbrambenu moć, podvrgao vradžbenim postovima. I on je, kao Crveni Oblak i Bik Koji Sedi, bio spreman da se bori za svoju zemlju i čvrsto je rešio da iz velike bitke izađe kao pobednik. Beli Bik, stari vidar iz plemena Čajen, savetovao mu je da ode na obližnje lekovito jezero i tamo izvesno vreme živi sam sa vodenim duhovima. Četiri dana i četiri noći ležao je Rimski Nos na splavu posred jezera bez hrane i bez vode; danju ga je pržilo nemilosrdno, užareno sunce, a noću ga ledile isto toliko nemilostive oluje, ali se on mirno i usrdno molio Velikom Vraču i vodenim duhovima. A kad se vratio u logor, Beli Bik skrojio mu je zaštitnu kapu koja je bila toliko puna orlovih pera da se, i kad bi uzjahao konja, vukla za njim po zemlji.

Kad je u septembru do čajenskog logora stigla prva vest o vojnicima koji uz Barutnu reku beže na jug, i Rimski Nos je zatražio dozvolu da svoje Indijance povede u napad na Plave šinjele. Vojnici su se ulogorili na okuci reke koja je bila oivičena visokim strmim liticama i debelim stablima. Pošto su zaključile i ocenile da je mesto bogomdano za napad, poglavice su naredile da se nekoliko stotina ratnika zavuče u gusto drveće a u juriš poslaše manje grupe boraca sa zadatkom da vojnike izmame iz odbrambenog prostora okruženog barikadom od kola i vagona.

Poglavica Rimski Nos jahao je na belom poniju; ratna kapa sa orlovim perima vukla mu se po zemlji, a lice bilo išarano ratničkim bojama. Svojim ratnicima je naredio da se ovoga puta ne bore pojedinačno kako su to uvek činili, nego da jurišaju u grupama kako to čine beli vojnici. Bojne redove obrazovao je na čistini između reke i njenih litica i sučelio ih sa protivnicima koji su stajali pred barikadama. Pošto je obišao ratnike i rekao im da u juriš ne kreću sve dok neprijatelj svoje puške ne isprazni na njega, poleteo je kao strela ka levom krilu postrojenih vojnika. Čim je prišao dovoljno blizu da im jasno razazna lica, okrenuo se i jurnuo na desno krilo, praćen paljbom iz svih pušaka. Ponovo je okrenuo belog konja i istim putem vratio se na drugi kraj.

„Taj prostor između jednog i drugog kraja postrojenih vojnika prešao je tri ili četiri puta", pričao je Džordž Bent. „A onda su vojnici konačno pogodili belog ponija i poglavica je pao. U tom trenutku, uz razne poklike, ratnici su jurnuli na neprijatelja. Napali su ga frontalno, ali im nije pošlo za rukom da se probiju kroz njegove redove[89]."

Rimski Nos je izgubio konja, ali su mu vradžbine spasle život. Tog dana su indijanske vođe, Rimski Nos, Crveni Oblak, Bik Koji Sedi, Tupi Nož i mnoge druge, došle do novih saznanja;

shvatile su da neustrašivost, mnoštvo i grupni juriši nisu ni od kakve koristi onima koji su naoružani lukovima, kopljima i starim puškama iz doba trapera. („Indijanci su nas napadali sa svih strana, i sa čela i sa boka i iz pozadine, ali šta im je sve to vredelo kad nisu imali vatreno oružje", napisao je u izveštaju pukovnik Voker[90].) Vojnici su bili naoružani modernim puškama iz građanskog rata, a i haubice su im pružale sigurnu zaštitu.

Danima su posle bitke, koja će biti zapamćena kao Bitka Rimskog Nosa, Čajeni i Sijui plašili i kinjili kolonu vojnika. Plavi šinjeli bili su bosi, u prnjama; hranili su se mršavim konjima i konjsko meso proždirali presno jer za paljenje vatre nisu imali vremena. Poražene Kolove i Vokerove vojnike spasla je krajem septembra, u Mesecu kad trava vene, kolona Zvezdanog Zapovednika Konora. Svi su se ulogorili kod Konorove tvrđave i tu ostali sve dok glasnici iz Laramija nisu stigli sa naređenjem da se trupe povuku iz tvrđave i u njoj ostanu samo dva odreda.

Vojnici kojima je naređeno da prezime u Konorovoj tvrđavi, a ona će ubrzo dobiti novo ime – tvrđava Reno, bili su oni isti Galvanizovani severnjaci koji su na putu ka zlatonosnim poljima pratili Sojersov karavan. General Konor je nekadašnjim konfederacionistima ostavio šest haubica, a njegovu tvrđavu su iz daljine pomno osmatrali i proučavali Crveni Oblak i druge vođe. Oni su znali da su njihovi ratnici kadri da je zauzmu, ali znali su i to da bi mnogi od njih izginuli u vatri velikih topova. Zato su na kraju odlučili da se posluže najprostijim taktikom: da na tvrđavu i put kojim saobraćaju kola iz Laramija motre danonoćno, onemoguće snabdevanje tvrđave i vojnike u njoj drže zatočene preko cele zime.

Pred kraj zime, zlosrećni Galvanizovani severnjaci bili su prepolovljeni; oni koji nisu pomrli od gladi umirali su od skorbuta i zapaljenja pluća. Čamotinja zatočeništva naterala je mnoge od njih da pobegnu iz tvrđave, dezertiraju i napolju okušaju sreću sa Indijancima.

A Indijanci su, svi izuzev nekolikih manjih grupa ratnika koji su ostali da čuvaju tvrđavu, prešli u Crna brda, gde su uživali u toplim šatorima i vidno se gojili zahvaljujući brojnim stadima bizona i antilopa. U te duge zimske večeri, poglavice su prepričavale događaje vezane za invaziju Zvezdanog Zapovednika Konora. Arapahi su zbog preteranog samopouzdanja i neobazrivosti izgubili jedno selo, više ljudskih života i deo dragocenog krda konja. Ostala plemena su izgubila nekoliko ratnika, ali su sačuvala sve konje i sve šatore. Indijanci su zarobili mnogo konja i mazgi sa žigom Sjedinjenih Država i zaplenili gomilu karabina, sedala i drugih delova opreme. I, što je najvažnije, stekli uverenje da Plave šinjele mogu proterati iz svoje zemlje.

„Ako beli ljudi ponovo uđu u moju zemlju, ja ću ih ponovo kazniti", rekao je Crveni Oblak. Znao je, međutim, da ih neće još dugo kažnjavati ukoliko ne stekne mnoge nove puške, onakve kakve imaju vojnici, i ne dobavi veliku količinu municije.

ŠESTO POGLAVLJE

Rat Crvenog Oblaka

1866 – 27. *mart*: Predsednik Džonson stavlja veto na zakonski predlog o građanskim pravima; 1. april: Kongres odbija veto i usvaja zakon po kome sva lica rođena u Sjedinjenim Američkim Državama (izuzev Indijanaca) imaju ista građanska prava; predsednik dobija ovlašćenje da u primeni zakona upotrebi vojnu silu; 13. jun: tekst Četrnaestog amandmana ustava SAD, po kome i Crnci dobijaju sva građanska prava, poslat američkim državama na ratifikaciju: 21. jul: nekoliko stotina ljudi umire od epidemije kolere koja izbija u Londonu; 30. jul: rasistički nemiri u Nju Orleansu; Verner fon Simens pronalazi dinamo-mašinu; objavljene knjige: *Zločin i kazna* Fjodora Mihailoviča Dostojevskog i *Zavejani* Džona Grinlifa Vitijera.

1867 – 9. *februar*: Nebraska primljena u Savez kao trideset sedma država; 17. februar: kroz Suecki kanal prolazi prvi brod; 12. mart: i poslednje francuske trupe napuštaju Meksiko; 30. mart: Sjedinjene Države otkupljuju Aljasku od Rusije sa 7.200.000 dolara; 20. maj: u Londonu, britanski Parlament odbacuje predlog Džona Stjuarta Mila, po kome bi i žene dobile pravo glasa; 19. jun: Meksikanci izvode na gubilište cara Maksimilijana; 1. jul: Kanada proglašena za dominion: 27. oktobar: Garibaldi maršira na Rim; 25. novembar: Kongresna komisija predlaže da se protiv predsednika Džonsona „podigne optužba za teške prestupe"; Alfred Nobel pronalazi dinamit; Kristofer L. Šouls konstruiše prvu pisaću mašinu za širu upotrebu; Johan Štraus komponuje *Na lepom plavom Dunavu*; Karl Marks objavljuje prvi deo *Kapitala*.

Ovaj rat nije izbio ovde, u ovoj zemlji; ovaj rat donela su nam deca Velikog Oca koja su došla da nam zemlju oduzmu u bescenje i koja u našoj zemlji čine mnoga zla. Za sve ove nedaće krivi su Veliki Otac i njegova deca... Mi smo želeli da ovde, u svojoj zemlji, živimo u miru i činimo samo ono što će našem narodu služiti na čast i dobrobit, ali Veliki Otac je ovu našu zemlju ispunio vojnicima koji misle samo na našu smrt. Indijance koji su odavde otišli na jug željni promene napali su jedni vojnici, a Indijance koji su odavde otišli na sever željni lova napali su drugi vojnici; oni sada žele da se vrate kući, a ne mogu da se vrate kući jer su im vojnici preprečili put. A ja mislim da postoje i druga, bolja rešenja. Kad se jedan narod nađe u nevolji i suprotstavi se drugome, onda je najbolje rešenje da se protivnici sastanu bez oružja, da o svemu mirno porazgovaraju i zajednički dođu do rešenja kako da se sukob okonča na neki miroljubivi način.

SINTE-GALEŠKA (ŠARENI REP),
POGLAVICA SIJUSKOG PLEMENA ISPEČENI

DOK SU KRAJEM LETA i početkom jeseni 1865. godine Indijanci u oblasti Barutne reke pokazivali belcima svoju vojnu moć, jedna komisija Sjedinjenih Država putovala je uz reku Misuri sa zadatkom da po svaku cenu zaključi ugovor o miru. Članovi komisije zaustavljali su se u svakom sijuskom selu na obali reke i pregovarali sa vođama koje bi u njima zatekli. Čovek koji je obrazovao tu komisiju zvao se Njutn Edmonds, nedavno imenovan za guvernera Teritorije Dakota, a jedan od članova bio je Dugonogi Trgovac, Henri Sibli, koji je tri godine ranije Sante Sijute proterao iz Minesote. Edmonds i Sibli su prilikom svojih poseta Indijancima darivali ćebad, melasu, biskvite i druge razne sitnice i bez velikih napora uspevali da ih nagovore na potpisivanje novog mirovnog ugovora. U međuvremenu su glasnici-trkači obilazili oblast Crnih brda i Barutne reke pozivajući poglavice da stave svoj potpis na ugovor, ali su one bile suviše obuzete borbom protiv zavojevača generala Konora da bi se tom pozivu odazvale.

Kako se građanski rat belih okončao u proleće te godine, nova najezda doseljenika na Zapad ličila je na pravu poplavu. Zbog toga su se članovi komisije za pregovore sa Indijancima iz petnih žila trudili da što pre obezbede prava na osnovu kojih bi na Indijanskoj teritoriji započela izgradnja drumova i železničkih pruga.

Krajem jeseni, članovi komisije imali su u rukama devet ugovora koje su sklopili sa onim sijuskim plemenima – među njima bila su i plemena Hunkpapa, Ispečeni, Oglala i Minekonžu – čije su poglavice uspeli da pronađu u selima na reci Misuri. Vlasti u Vašingtonu bile su očarane uspehom i te ugovore pozdravile kao okončanje neprijateljstva sa Indijancima. „Indijanci sa Visoravni su se najzad primirili“, govorili su zadovoljni vladini činovnici; „skupi pohodi, kakav je bio Konorov pohod na oblast Barutne reke, nisu nam više potrebni“. Ispostavilo se da je svaka ekspedicija, a one su sve organizovane samo zato da vojnici pobiju što više Indijanaca, „stajala više od milion dolara, da i ne govorimo o tome koliko je naših vojnika izgubilo živote, koliko je naših naseljenika iskasapljeno i koliko njihovih poseda uništeno[91]“.

Međutim, guverner Edmonds i ostali članovi komisije dobro su znali da su ti ugovori nepunovažni i bezvredni, jer ih nije potpisao nijedan ratni poglavica. Dok su na jednoj strani slali kopije dokumenta u Vašington Kongresu na ratifikaciju, na drugoj su strani i dalje ulagali ogromne napore da Crvenog Oblaka i druge moćne indijanske vođe sazovu na većanje i nagovore ih da potpišu sporazum. Budući da je jedan od najvažnijih punktova bio Bouzmenov put koji je iz tvrđave Larami vodio u Montanu, na zapovednike tvrđave izvršen je veliki pritisak; a naređenje je glasilo: poglavice obrlatiti po svaku cenu, privoleti ih da odustanu od dalje blokade druma i što pre ih dovesti u Larami.

Pukovnik Anri Menadije, zapovednik jednog od pukova Galvanizovanih severnjaka u tvrđavi Larami, pokušao je da posredstvom iskusnih graničara kakvi su bili Bridžer i Bekvurt stupi u vezu sa Crvenim Oblakom, ali su oni odbili da odu na Barutnu reku, u oblast Indijanaca razjarenih invazijom generala Konora. Na kraju je Menadije odlučio da kao glasnike pošalje petoricu Sijua koji su živeli u neposrednoj blizini tvrđave i koji su se zvali: Brbljivko, Veliko Rebro, Orlova Noga, Vihor i Mala Vrana. Ti Indijanci, koje su belci iz prezira zvali „Dangube iz Laramija", bili su u stvari vrlo dovitljivi i preduzimljivi trgovci; njihovim posredstvom, beli čovek bi lako nabavio prvorazredni ogrtač od bizonske kože, a Indijanac sa reke Jezik se bez po muke snabdeo namirnicama iz utvrđenja. U ratu Crvenog Oblaka, Dangube iz Laramija odigrale su značajnu ulogu jer su Indijanci preko njih dobavljali municiju.

Brbljivko i njegova družina su dva meseca širili glasine o tome kako sve ratne poglavice koje dođu u tvrđavu Larami i potpišu novi ugovor očekuju lepi i bogati darovi. Šesnaestog januara 1866. godine, glasnici se vratiše sa dve šačice Indijanaca iz plemena Ispečeni, koje su predvodile poglavice Los Koji Stoji i Hitri Medved. Los Koji Stoji reče da je njegov narod izgubio u mećavi mnogo konja i da se divljač na Republičkoj reci jako proredila; i veliki poglavica plemena Ispečeni, Šareni rep, doći će u Tvrđavu čim njegova ćerka, koju je spopala kašljuća bolest, malo ojača; on, Los Koji Stoji, i Hitri Medved spremni su da ugovor odmah potpišu i za svoj narod dobiju namirnice i odeću.

„Ali šta je sa Crvenim Oblakom?", želeo je da zna pukovnik Menadije. „Gde su Crveni Oblak, Čovek Koji Se Boji Svojih Konja, Tupi Nož, gde su sve te vođe koje su se borile protiv Konorovih vojnika?" Dangube iz Laramija su ga uveravale da se poglavice mogu očekivati svakog časa, a da ih u Mesecu ljute zime i ne treba požurivati.

Proteklo je nekoliko nedelja, a onda je početkom marta glasnik Šarenog Repa obavestio pukovnika Menadijea da poglavica plemena Ispečeni dolazi na pregovore. Njegova ćerka Brzonoga teško je bolesna, pa se poglavica nada da će joj beli doktori pomoći da ozdravi. Čim je posle nekoliko dana saznao da je mlada Indijanka umrla na putu ka tvrđavi Larami, pukovnik je sa četom vojnika i ambulantnim kolima pojahao u susret pogrebnoj povorci. Dan je bio hladan i snežan, a vajominški predeo beskrajno sumoran; potoci su se ledili, a mrka brda se opirala snegu. Mrtva devojka bila je prekrivena čvrsto zategnutom, uštavljenom jelenskom kožom i taj grubi mrtvački pokrov razapet između njena dva najdraža konja, dva bela mustanga.

Čim je telo Brzonoge preneto u ambulantna kola i beli konji privezani, povorka je nastavila put ka tvrđavi Larami: Po dolasku u utvrđenje, pukovnik Menadije je iz garnizona izveo sve vojnike koji su, postrojeni, odali počast mrtvoj devojci i na taj način izrazili svoje saučešće ojađenim Indijancima.

Zatim je poglavicu pozvao u svoj štab i lično mu izrazio saučešće zbog gubitka deteta. Šareni Rep mu je odgovorio da je u vreme kad su beli ljudi i Indijanci živeli u miru često dovodio ćerku u Larami, da je ona Tvrđavu mnogo volela i da bi zato želeo da Brzonoga bude sahranjena na vojničkom groblju. Pukovnik je to odmah odobrio i bio iskreno iznenađen kad je u očima čuvenog poglavice ugledao suze; nikada ni pomislio nije da je i Indijanac kadar da zaplače. Potpuno zbunjen, Menadije je prilično nespretno promenio temu; rekao je da će Veliki Otac na proleće poslati iz Vašingtona novu mirovnu komisiju, pa se nada da će poglavica Šareni Rep ostati u blizini i sačekati je, budući da Bouzmenov put treba što pre osposobiti za saobraćaj. „Koliko sam obavešten, tim putem bi uskoro trebalo da putuje veliki broj ljudi, naročito oni koji idu u Ajdaho i Montanu", dodao je na kraju.

„Mi mislimo da nam je naneta velika šteta i velika nepravda", odgovorio je poglavica Šareni Rep, „i da nam to daje sva prava na obeštećenje; vi ste nam, gradeći tolike drumove kroz našu zemlju, uništavajući bizone i divljač u njoj i proterujući ih iz nje, naneli veliku štetu i doneli bedu. Moje je srce puno tuge i ja zato ne mogu da vodim poslovne razgovore; sačekaću savetnike koje šalje Veliki Otac i sastaću se sa njima[92]."

Sutradan je pukovnik Anri Menadije naredio da se Brzo-noga sahrani uz sve vojne počasti; pogrebna povorka uputila se u suton ka zvaničnom vojničkom groblju, prateći lafet sa kovčegom prekrivenim crvenim pokrovom. Prema običajima plemena Ispečeni, žene su kovčeg prenele na postolje, pokrile ga bizonskom kožom i povezale remenima. Nebo je bilo čelično sivo, olujno, a sa sutonom je počela da pada i susnežica. Vojnici su, na komandu, podigli puške i ispalili tri plotuna zaredom, a onda se sa Indijancima vratili u tvrđavu. Pored kovčega bdela je cele te noći četa artiljeraca; vojnici su od borovine napravili veliku vatru i do zore, svakih pola sata, ispaljivali svoje haubice.

Četiri dana kasnije, pojavili su se u blizini, sasvim neočeki-vano, pripadnici plemena Oglala na čelu sa Crvenim Oblakom, koji je odmah svratio u logor poglavice plemena Ispečeni. Dvo-jica vođa tetonskih Sijua, Crveni Oblak i Šareni Rep, doživela su tu počast i zadovoljstvo da ih pukovnik Menadije, koji im je pošao u susret, u svoj štab doprati uz veliku pompu, praćenu bubnjevima i vojničkim trubama.

Ali kada je pukovnik Crvenom Oblaku rekao da će članovi nove mirovne komisije stići u tvrđavu Larami tek za nekoliko nedelja, poglavica Oglala se ozbiljno naljutio. Brbljivko i drugi glasnici izvestili su ga da će, ukoliko dođe u tvrđavu i potpiše ugovor, dobiti bogate darove. A njemu su i te kako bile potrebne puške, namirnice i barut. Da bi ga smirio, pukovnik je izjavio da bi prisutnim Oglalama mogao da podeli namirnice iz svog vojnog skladišta, ali da nije ovlašćen za isporuku pušaka i baruta. Na to je Crveni Oblak hteo da čuje šta njegov narod dobija potpisivanjem ugovora o miru; Oglale su potpisale mnoge sporazume, a na kraju je ispalo da po njima Indijanci daruju belce, a ne belci Indijance, pa će ovoga puta morati da bude obrnuto.

Prisetivši se da se predsednik nove komisije E. B. Tejlor nalazi u Omahi, Menadije je Crvenom Oblaku predložio da mu poruku pošalju telegrafskim putem. Iako je duboko sumnjao u magiju pričajućih žica, poglavica je, posle izvesnog oklevanja, ipak pristao da sa pukovnikom ode u kancelariju telegrafa i preko tumača izdiktira savetniku Velikog Oca u Omahi poruku mira i prijateljstva.

Ali to čudno kuckanje odmah je prenelo odgovor predsednika komisije Tejlora: Veliki Otac u Vašingtonu želi… da svi vi budete njegovi prijatelji i prijatelji belih ljudi. Ako zaključite ugovor o miru, voljan je da vama i vašem narodu uruči bogate darove u znak prijateljstva. Kako se, međutim, može dogoditi da karavan koji sa robom i darovima kreće sa reke Misuri ne stigne u tvrđavu Larami pre prvog juna, on vas moli da u međuvremenu odredite dan većanja sa članovima komisije na kome biste potpisali ugovor[93].

Brzina kojom su se poruke razmenjivale i otvorenost pukovnika Menadijea ostavile su na Crvenog Oblaka dubok utisak. Da, on je bio spreman da sačeka Mesec kad raste zelena trava i potpiše ugovor. U međuvremenu, vratiće se u oblast Barutne reke i odande slati glasnike-trkače svim razbijenim grupama Sijua, Čajena i Arapaha kako bi Indijanci, pre nego što dođu u tvrđavu Larami, sakupili dovoljno bizonskih koža i dabrovog krzna za razmenu sa belim ljudima.

U znak dobre volje, Menadije je Oglalama isporučio manje količine baruta i olova, i oni su, u dobrom raspoloženju, odjahali iz tvrđave. Pukovnik Menadije nijednom rečju nije pomenuo otvaranje Bouzmenovog puta za saobraćaj, a Crveni Oblak nijednom rečju nije pomenuo tvrđavu Reno koja je u oblasti Barutne reke i dalje bila pod indijanskom opsadom. Obojica su smatrala da se ta pitanja mogu odložiti i da ih treba preneti na veće koje će potpisati ugovor o miru.

Crveni Oblak nije čekao da zelena trava poraste. U tvrđavu Larami vratio se u maju, u Mesecu kad i konji

Slika 11. *Šareni Rep ili Sinte Galeška, poglavica sijuskog plemena Ispečeni. Prema slici Henrija Julkija iz 1877. godine. Slika se danas nalazi u Nacionalnoj galeriji portreta Smitsonovog zavoda za naučna istraživanja, Vašington.*

menjaju dlaku, i poveo sa sobom više od hiljadu Oglala i doglavnika, Čoveka Koji Se Boji Svojih Konja. Tupi Nož došao je sa mnogo čajenskih šatora, a Crveni List sa četom iz plemena Ispečeni. Svi oni su, sa poglavicom Šareni Rep i drugim pripadnicima plemena Ispečeni, duž reke Plate podigli ogroman logor, pa su se ubrzo sve obližnje trgovačke ispostave, garnizoni i krčme pretvorili u prave pravcate košnice. Dangube iz Laramija nikada nisu imale toliko posla.

Čim je, već posle nekoliko dana, stigla komisija, započelo je 5. juna i formalno, proceduralno većanje na kome su opširnim i dugačkim govorima istupali i članovi komisije i indijanske poglavice. Savetovanje je gotovo dostiglo vrhunac kad je, potpuno neočekivano, Crveni Oblak zatražio da se pregovori odlože za nekoliko dana, kako bi se sačekao dolazak i drugih tetonskih vođa koje bi želele da sudeluju u njima. Predsednik komisije Tejlor saglasio se sa predlogom i većanje odložio za 13. jun.

Igrom sudbine, tog 13. juna pojavio se u blizini tvrđave Larami pukovnik Henri B. Kerington sa sedam stotina oficira i vojnika 18. pešadijskog puka. A taj puk je iz Kernijeve tvrđave u Nebraski došao sa naređenjem da duž Bouzmenovog puta obrazuje lanac utvrđenja, iz kojih bi se u toku leta nadzirala brojna putovanja belih naseljenika u Montanu. Iako su već nedeljama ostvarivani planovi za tu ekspediciju, Indijancima koji su prisustvovali pregovorima vojna okupacija oblasti Barutne reke nije pomenuta ni jednom jedinom rečju.

Da bi izbegao sukob sa dve hiljade Indijanca koji su se ulogorili oko Laramija, Kerington je svoj puk zaustavio na četiri milje istočno od tvrđave. Ali Los Koji Stoji, jedan od poglavica plemena Ispečeni, video je iz svog šatora kako vojnici svoj karavan postavljaju u četvorougaonik. Pošto je sve dobro osmotrio, uzjahao je konja i otišao u logor gde ga je stražar sproveo do pukovnika Keringtona. Čim su jednog od vodiča proizveli u tumača i popušili lulu mira, Los Koji Stoji upitao je iznenada, sasvim otvoreno, pukovnika: „Kuda idete?"

Na to mu je Kerington iskreno odgovorio da svoje trupe vodi u oblast Barutne reke da bi one tamo čuvale i nadzirale put ka Montani.

„U tvrđavi Larami se upravo zaključuje ugovor sa Sijuima koji žive u zemlji u koju idete", rekao mu je Los Koji Stoji. „I ako odete tamo, moraćete da se borite sa sijuskim ratnicima."

Kerington mu je odgovorio da on u tu zemlju ne ide zato da bi ratovao sa Sijuima, nego zato da bi čuvao drum za Montanu.

„Oni svoja lovišta neće razmeniti za taj drum", tvrdio je uporno Los Koji Stoji. „Oni vam taj drum neće ustupiti sve dok ne budu proterani iz zemlje." A onda je hitro dodao da su njegovo pleme Ispečeni i njihov poglavica Šareni Rep prijatelji belih ljudi, ali da će Oglala Indijanci Crvenog Oblaka i Minekonžui ratovati protiv svakog belca koji se pomoli severno od reke Plate[94].

Sutradan su, pre nego što je većanje i započelo, svi Indijanci u tvrđavi Larami bili obavešteni o prisustvu Plavih šinjela i njihovim dobrim namerama. Čim je pukovnik Kerington ujahao u utvrđenje, predsednik komisije Tejlor predstavio ga je indijanskim poglavicama i mirno ih izvestio o onome što su one već i same znale – da američka vlada, bez obzira na ugovor, namerava da otvori novi put kroz oblast Barutne reke.

Keringtona su na samom početku izlaganja ućutkali uzvici Indijanaca koji su u horu izražavali svoje neslaganje sa onim što čuju. A kad je konačno uspeo da progovori, Indijanci su nastavili da se međusobno glasno dogovaraju i vrpolje na klupama od borovog drveta. U tom trenutku je Keringtonu njegov prevodilac šapatom predložio da se reč da indijanskim poglavicama.

Prvi je na govornicu izašao Čovek Koji Se Boji Svojih Konja. Bujicom reči stavio je svima jasno na znanje da će se njegov narod suprotstaviti svim vojnicima koji umarširaju u zemlju Sijua. „Za dva meseca neće od njih ostati nijedna jedina potkovica", rekao je[95].

Na red je došao Crveni Oblak. Mršav i savitljiv, ogrnut lakim ćebetom i sa mokasinama na nogama, hitro se probio do govornice na podijumu... Ravna crna kosa, razdeljena po sredini, padala mu je preko ramena sve do pasa. Orlovski nos mu se ponosno nadvijao nad čvrsto stisnuta široka usta, a oči sevale dok je članove komisije grdio zato što sa Indijancima postupaju kao sa decom. Otvoreno ih je optuživao da na jednoj strani pregovaraju o zemlji i miru, a da se na drugoj uveliko pripremaju za osvajanje te zemlje. „Iz godine u godinu, beli ljudi sateruju Indijance u sve uži prostor", rekao je Crveni Oblak. „Iako danas živimo u vrlo uskom pojasu severno od Plate, vi, eto, pokušavate da nam oduzmete i ta poslednja lovišta, dom našeg naroda. Naše žene i naša deca će skapati od gladi, a ja više volim da umrem u borbi nego da skapam od gladi... Veliki Otac nam šalje darove i poručuje da želi novi drum, a Beli Zapovednik kreće sa vojnicima da bi taj drum ukrao od nas i ne čeka da Indijanci kažu 'da ili ne'." Dok je tumač uz velike napore reči Sijua prevodio na engleski, Indijanci su bili toliko uzbuđeni i nemirni da je predsednik Tejlor prekinuo većanje. Crveni Oblak je dugim korakom prošao pored Keringtona kao da ovaj i ne postoji, i mirno se uputio ka svom logoru. Oglala Sijui nestali su iz tvrđave Larami još pre svanuća[96].

U toku nekoliko sledećih nedelja, dok se Keringtonov karavan kretao na sever duž Bouzmenovog puta, Indijancima se pružila prilika da procene i njegov obim i njegovu snagu. Dve stotine kola bilo je do vrha puno kosilicama, mašinama za pravljenje šindre i opeke, drvenim vratima i prozorskim okvirima, bravama, ekserima, muzičkim instrumentima za orkestar od dvadeset pet članova, stolicama za ljuljanje, bućkalicama za maslo, konzervama, semenjem, ali i velikim količinama municije, baruta i drugih zaliha. Plavi šinjeli su očigledno nameravali da se dugo, vrlo dugo, zadrže u oblasti Barutne reke; mnogi od njih vodili su žene i decu, domaće životinje i poslugu. Bili su, u većini, naoružani starim puškama, onim što se pune spreda, a bilo je i nekoliko karabina sa zatvaračem; ali, štitila ih je artiljerija sa svojim topovima. Kao vodiči služili su im Džim Bridžer zvani Ćebence i Džejms Bekvurt zvani Vradžbeno Tele, koji su dobro znali da ih na Bouzmenovom putu ka Barutnoj reci Indijanci prate budnim okom.

Čim je 28. juna puk prispeo u tvrđavu Reno, vojnici su smenili Galvanizovane severnjake koji su u toku te zime i tog proleća, zatočeni u tvrđavi, živeli u danonoćnom strahu od Indijanaca. Pošto je u Renou ostavio četvrtinu puka, Kerington je krenuo na sever tražeći pogodno mesto za svoj štab. Za to vreme su se oko Barutne reke i reke Jezik okupljale stotine i stotine indijanskih ratnika.

Kolona se 13. jula zaustavila između Malog i Velikog rukavca Borovog potoka. I tu su, u samom srcu bujnih pašnjaka, na borovima obraslim padinama Velikog roga, na najboljim lovištima Indijanaca sa Visoravni, Plavi šinjeli podigli logore i počeli da grade tvrđavu Fila Kernija.

Tri dana kasnije, logoru se približila veća grupa Čajena. Njihove vođe bile su Dva Meseca, Crni Konj i Tupi Nož koji se, izložen preziru, držao u pozadini; a prezren je bio zato što je ostao u Laramiju i potpisao dokument kojim je belim vojnicima omogućeno da grade utvrđenja i otvore put kroz oblast Barutne reke. Iako je Tupi Nož uporno tvrdio da je u Laramiju „pero dodirnuo" samo zato da bi dobio ćebad i municiju i da ni pojma nije imao šta na toj hartiji piše, ratnici mu nisu oprostili što je ugovor potpisao u trenutku kad je Crveni Oblak belcima okrenuo leđa, sa najdubljim prezirom odbio njihove darove i pozvao narod na otpor.

Noseći belu zastavu, Čajeni su zatražili razgovor sa Belim Zapovednikom Keringtonom. Četrdesetak poglavica i ratnika dobilo je dozvolu za ulazak u vojni logor. Kerington ih je dočekao sa počasnom četom koju je doveo iz Kernijeve tvrđave u Nebraski, a posle ih je zabavljao vojnom muzikom i duhovnim pesmama. „Svečanostima" je prisustvovao i Džim Bridžer zvani Ćebence; njega Indijanci nisu, naravno, uspeli da obmanu, ali je zato u njihovu misiju dobre volje poverovao Mali Beli Zapovednik. Indijanske poglavice pušile su lulu mira, vodile preliminarne razgovore i pritom pomno proučavale snagu utvrđenih vojnika.

Pred odlazak gostiju, Mali Beli Zapovednik je naredio da se jedna haubica postavi na brdo i iz nje ispale dva okrugla razorna zrna. „Vaš top puca dvaput uzastopce", rekao je, tobože prepadnut, Crni Konj. „Prvo tane ispalio je Beli Zapovednik, a ono drugo Veliki Duh u čast svoje bele dece[97]."

Razorna snaga „gromkogovorećeg" topa ostavila je na Indijance dubok utisak... Kerington je uživao, ali nije osetio koliko mu se Crni Konj ruga kad kaže „da je drugo topovsko tane ispalio Veliki Duh u čast svoje bele dece". Pošto im je Mali Beli Zapovednik predao hrpu hartija i rekao da su se oni, Indijanci, obavezali na trajni mir „sa belcima i onima koji putuju drumovima", Čajeni su napustili utvrđenje. Već posle nekoliko sati, sva sela oko Barutne reke i reke Jezik znala su da je tvrđava suviše jaka i da je Indijanci bez većih gubitaka ne mogu zauzeti na juriš. Vojnike treba na neki način izmamiti iz utvrđenja i napasti ih na čistini, glasila je čajenska poruka.

Sledećeg jutra, u cik zore, grupa Oglala Crvenog Oblaka poterala je konje i mazge iz Keringtonovog stada. A kad su se konjanici iz tvrđave dali u poteru za njima, Indijanci su tu poteru dugu petnaest milja napali sa dve strane i tako Plavim šinjelima, osvajačima oblasti Barutna reka, naneli prve gubitke.

Od toga dana je celog leta 1866. godine Mali Beli Zapovednik bio suočen sa neumornim gerilskim ratom i nijedan od mnogobrojnih civilnih i vojnih karavana na Bouzmenovom putu nije bio pošteđen iznenadnih i munjevitih indijanskih prepada.

Krajem leta, Indijanci su svoju bazu za snabdevanje prebacili na gornji tok Barutne reke i tim potezom još jednom pokazali koliko je mudra strategija kojom se služe; sada su još više ugrožavali saobraćaj na drumu: onemogućavajući karavanima svaku vezu sa Keringtonovim trupama, lišavali su Plave šinjele snabdevanja, a onda i putnike i vojnike, tako izdvojene, nemilice napadali.

Crveni Oblak nalazio se svuda i na svakom mestu, a njegovih saveznika bivalo je iz dana u dan sve više. Crni Medved, poglavica Arapaha čije je selo prethodnog leta uništio general

Konor, poručivao mu je da su on i njegovi ratnici spremni da mu se pridruže, a u savez je sa svojim Arapahima ušao i drugi poglavica – Riđan. Iako se Šareni Rep, koji je još verovao u mir, povukao na obale Republičke reke i posvetio se lovu na bizone, mnogi ratnici plemena Ispečeni otišli su na sever i pridružili se Crvenom Oblaku. U toku celog leta na licu mesta bio je i Bik Koji Sedi; poglavica je piktogramom zabeležio trenutak u kojem jednom od putnika na drumu za oblast Barutne reke preotima konja rascepljenih ušiju. Grupa koju su sačinjavali mladi ratnik Hunkpapa Čemer, Minekonžu Grbavko i Oglala Ludi Konj izmislila je niz trikova kojima je izazivala vojnike ili naseljenike a onda ih, razjarene, mamila u vešto postavljene zamke.

Uveren u neosvojivost tvrđave Fil Kerni, Kerington je početkom avgusta ponovo podelio svoje vojnike. Sledeći uputstva dobijena od Ministarstva rata, grupu od sto pedeset ljudi poslao je devedeset milja dalje na sever da tamo, na Bouzmanovom putu, podignu i treće utvrđenje – Smitovu tvrđavu, a izvidnicima Bridžeru i Bekvurtu naredio da uspostave vezu sa Crvenim Oblakom. Zadatak je bio težak, ali su dvojica starih i iskusnih graničara rado krenula na put, spremni da se pokažu kao dobri posrednici.

Na severnoj padini planina Veliki rog, u jednom od sela plemena Vrane, Džim Bridžer je prikupio zanimljive podatke. Iako su Sijui bili davnašnji neprijatelji Vrana i oterali ih sa svojih bogatih lovišta, Crveni Oblak im je u poslednje vreme često dolazio u posete izmirenja ne bi li ih privoleo da uđu u indijanski savez. „Pomozite nam da uništimo bele ljude", bile su njegove reči prenete Bridžeru. Vođa Sijua se navodno hvalio kako će, čim padnu snegovi, vojnike odseći od utvrđenja, lišiti ih hrane a potom, kad počnu da umiru od gladi, sve pobiti[98].

Bridžer je saznao i to da je vrlo mali broj Indijanaca iz plemena Vrane pristao na savez sa Crvenim Oblakom, a kad se kasnije pridružio Bekvurtu u drugom selu, ovaj mu se pohvalio da već popisuje ratnike Vrana koji su spremni da se u borbi protiv Sijua priključe Keringtonovim Plavim šinjelima. Vradžbeno Tele Bekvurt se nije vratio u Kernijevu tvrđavu. Umro je iznenada u selu Vrana, možda od otrova koji mu je podmetnuo neki ljubomorni muž, a najverovatnije prirodnom smrću.

Crveni Oblak je krajem leta imao tri hiljade ratnika koji su, zahvaljujući prijateljskim vezama sa Dangubama iz Laramija, uspeli da dobave mali arsenal pušaka i municije, iako su uglavnom bili naoružani lukovima i strelama. Početkom jeseni, ratne poglavice odlučile su da sve snage usredsrede na borbu protiv Malog Belog Zapovednika i njegovih omraženih tvrđava. I zato su se, ne čekajući hladne mesece, Indijanci uputili prema planinama Veliki rog i ulogorili na reci Jezik, odakle su tvrđavu Fila Kernija mogli da ugrožavaju i napadaju sa velikom lakoćom.

U letnjim okršajima proslavila su se dva ratnika Oglala, Nesavitljiva Kičma i Žuti Orao. Proslavili su se koliko brižljivo planiranim strateškim potezima i nadmudrivanjem vojnika, toliko i sjajnim jahačkim veštinama i neustrašivim napadima na Plave šinjele koji su kao zečevi upadali u njihove vešto postavljene zamke. Nesavitljiva Kičma i Žuti Orao uključivali su s vremena na vreme u svoje opasne igre i mladog Ludog Konja. Već početkom Meseca kad drveće umire, njih trojica zadavala su drvosečama u borovim šumama i vojnicima koji su kola sa posečenim stablima sprovodili do tvrđave Fil Kerni teške jade.

Šesti decembar te godine bio je izuzetno hladan dan i na padinama Velikog roga zavijao je ledeni vetar. Dok su se Nesavitljiva Kičma i Žuti Orao sa oko stotinak ratnika zavlačili u borovu šumu pokraj puta, Crveni Oblak je drugu grupu ratnika rasporedio po obližnjim brdima i grebenima, odakle su Nesavitljivoj Kičmi ogledalcima i zastavicama javljali podatke o kretanju trupa na drumu. Kad su pred sumrak Indijanci Plave šinjele naterali u bekstvo u svim pravcima, pojavio se Mali Beli Zapovednik i bacio se u poteru za napadačima, među kojima se nalazio i Ludi Konj. Pošto je sačekao najpogodniji trenutak, Ludi Konj je iznenada stao, sjahao i protrčao jednom od ustreptalih mladih konjičkih oficira ispred nosa; a ovaj je, razume se, sa celom četom jurnuo za drznikom. Čim su se vojnici našli na uskoj stazi kojom je bežao mladi Oglala, iz svojih skrovišta iskočili su Žuti Orao i njegovi ratnici i za samo nekoliko sekundi razneli četu. (U toj bici poginuli su poručnik Horešio Bingem i narednik Dž. R. Bauers, a mnogi vojnici su teško ranjeni.)

I te noći i sledećih dana poglavice i ratnici naširoko su i nadugačko raspredali priču o nepojamnoj gluposti Plavih šinjela. Crveni Oblak je bio ubeđen da će, ako im samo pođe za rukom da trupe izmame iz utvrđenja, hiljadu Indijanaca naoružanih lukovima i strelama pobiti sve bele vojnike. Poglavice su odlučile da Malom Belom Zapovedniku i njegovim ljudima postave veliku zamku.

U trećoj nedelji decembra, oko dve hiljade ratnika krenulo je niz reku Jezik na jug. Zima je bila oštra, pa su svi bili ogrnuti prevrnutom bizonskom kožom; imali su vunene dokolenice i visoke krznene mokasine, a za sedla su privezali toplu crvenu ćebad. Mnogi su pored tovarnih konja vodili na lasu i brzonoge ratničke ponije i bili su uglavnom naoružani lukovima, strelama, noževima i kopljima. Imali su i dovoljne količine pemikana, dovoljne bar za nekoliko dana, a kad bi im se ukazala prilika, skretali su s puta, ubijali jelene i sa njih skidali onoliko mesa koliko su u sedlima mogli da ponesu.

Na oko desetak milja od tvrđave Fil Kerni podigli su privremeni logor u tri kruga koja su ih činili Sijui, Čajeni i Arapahi. Između logora i tvrđave nalazilo se mesto odabrano za zasedu – mala dolina rečice Peno.

U rano jutro 21. decembra, poglavice i vrači zaključili su da je dan povoljan za pobedu. I dok se u sumorno praskozorje jedna grupa ratnika približavala drumu da bi prepadom na karavan kola sa drvenom građom neprijatelja zavarala i privukla mu pažnju na sebe, drugoj grupi od deset momaka poveren je opasan zadatak – da posluže kao mamac. U toj grupi bila su dvojica Čajena, dvojica Arapaha i šestorica sijua, po dva pripadnika sijuskih plemena Oglala, Minekonžu i Ispečeni, a predvodili su je Ludi Konj, Grbavko i Mali Vuk. Dok su ratnici-mamci jahali ka Grebenu na stazi bivaka, glavnina indijanskih snaga uputila se Bouzmenovim putem. Padine u senci bile su pokrivene snegom i ledom, ali je dan bio vedar a vazduh hladan i suv. Na oko tri milje od tvrđave Fil Kerni, na mestu gde se staza spuštala sa Grebena ka potoku Peno, Indijanci su započeli pripeme za veliku zasedu. Čajeni i Arapahi zauzeli zapadnu padinu, neki Sijui su se posakrivali na istočnoj travnatoj ravni, a ostali su se, na konjima, zaklonili iza dva stenovita grebena. Već sredinom prepodneva, oko dve hiljade ratnika čekalo je da Plavi šinjeli upadnu u vešto postavljenu zamku.

Kad je prva grupa napala karavan sa drvenom građom; Ludi Konj i njegovi ratnici-mamci sjahaše i posakrivaše se na padini prema tvrđavi iz koje je, na prve pucnje, izleteo odred vojnika i u galopu pojurio drvosečama u pomoć. Čim su Plavi šinjeli nestali sa vidika, ratnici na padini su izašli iz zaklona i krenuli nadole ka tvrđavi. Mašući crvenim ćebetom, Ludi Konj je čas iskrsavao iz šibljaka na obali zamrznutog Borovog potoka, a čas nestajao u njemu. Posle nekoliko minuta, zagrmeo je dvaput uzastopce top Malog Belog Zapovednika. Ratnici-mamci se razbežaše po padini; skakali su i drali se na sav glas, nastojeći na sve načine da vojnicima pokažu koliko ih je uplašio „gromkogovoreći" top. Za to vreme su se napadači na karavan već bili povukli sa druma i galopirali ka Grebenu na stazi bivaka. Kao što se i pretpostavljalo, Plavi šinjeli, konjanici i pešaci, odmah su se bacili u poteru za njima. (Predvodio ih je kapetan Vilijem Dž. Fetermen, kome je izričito naređeno da ne prelazi na drugu stranu Grebena.)

Ludi Konj i njegovi ratnici ponovo su poskakali na konje i, jureći tamo-amo po padini, izazivali i ljutili vojnike koji su sumanuto praznili puške ne pogađajući cilj. I dok su se njihovi meci zarivali u stenje, Indijanci su se polako povlačili sa padine. Čim bi vojnici zastali i usporili poteru, Ludi Konj bi sjahao da tobože pričvrsti uzde ili poniju pogleda u kopita; zasut kišom metaka, vešto je vojnike vodio ka vrhu Grebena. Čim su došli do vrha, uvereni da pred sobom imaju desetak begunaca, gonioci obodoše konje i niz suprotnu padinu jurnuše za njima ka potoku.

Onog trenutka kad su ratnici-mamci pregazili potok Peno, odred od osamdeset jednog vojnika našao se u klopci. Mladi ratnici se podeliše u dve grupe i svaka se u galopu uputi svojom stazom. A to je bio znak za napad.

Malom Konju, Čajenu koji je godinu dana ranije Arapahe upozorio na dolazak generala Konora, pripala je čast da taj znak prenese čajenskim borcima sakrivenim u jarugama na zapadnoj strani. Podigao je koplje, a Čajeni i Arapahi, uz zaglušujući topot, kretoše u juriš.

Sa suprotne, istočne strane doleteli su Sijui. Opšti metež u kome su se Indijanci i vojnici borili prsa u prsa vladao je samo nekoliko minuta. Pešaci su, svi, brzo pobijeni, dok su se konjanici povukli na uzvišenje sa druge strane grebena, gde su rasterali konje i zaklon potražili iza zaleđenog stenja.

Tog dana proslavio se Mali Konj; skakao je sa stene na stenu sve dok se nije našao na četrdesetak stopa od utvrđenih konjanika. U krvavoj borbi na padini istakao se i Beli Bik iz plemena Minekonžu; naoružan samo lukom i kopljem, hrabro je napao vojnika koji je na njega pucao iz karabina. Iz piktograma koji je kasnije nacrtao u spomen na ovaj događaj, vidi se kako u crvenom ratničkom ogrtaču odapinje strelu i kako, istovremeno, protivnika strelom pogađa pravo u srce, a kopljem pravo u glavu.

Pred kraj bitke, Čajeni i Arapahi sa jedne i Sijui sa druge strane toliko su se približili da su jedni druge zasuli kišom strela. Ali, borba je bila završena, nijedan vojnik nije ostao živ. Jedan sijuski ratnik je među leševima opazio psa; ali kad je pošao ka njemu sa namerom da ga uhvati i povede kući, drugi čajenski ratnik je povikao: „Ni pas ne sme živ odavde", na šta je neko strelom ubio životinju. Taj boj su belci nazvali Fetermenovim pokoljem, a Indijanci Bitkom stotinu ubijenih[99].

I Indijanci su pretrpeli teške gubitke – oko dve stotine mrtvih i ranjenih. Da bi ranjenike sklonili sa oštrog mraza, preneli su ih u privremeni logor, gde ih je sutradan iznenadila snežna oluja, tako da su se u sela na reci Jezik vratili tek kad se mećava stišala.

Bio je Mesec ljute zime, pa su Indijanci odlučili da borbu obustave za izvesno vreme. Živim vojnicima u tvrđavi morao je u ustima ostati gorak ukus poraza, a ako ih ni on nije naučio pameti, rat će se nastaviti kad trava ozeleni.

Fetermenov pokolj duboko je uzbudio pukovnika Keringtona, koji je bio užasnut rasporenim utrobama, raskomadanim telima, iseckanim udovima i činjenicom „da su njegovim vojnicima odsecani čak i polni organi". Dugo se mučio pokušavajući da otkrije uzroke jednog takvog divljaštva i na kraju je napisao ogled sa filozofskom tezom da su Indijanci ta stravična nedela, koja nikad neće izbrisati iz sećanja, izvršili iz nekog svog neznabožačkog uverenja. Da je pukovnik Kerington nekim slučajem video prizor koji je pružao pokolj kod Peskovitog potoka, onaj koji se odigrao dve godine pre Fetermenovog pokolja, uverio bi se da su vojnici pukovnika Čajvingtona indijanske leševe izmasakrirali na istovetan način. Indijanci koji su Vilijemu Dž. Fetermenu i njegovom odredu postavili zasedu samo su, dakle, podražavali svoje neprijatelje; a svako je podražavanje, kažu, i ono u ratu i ono u miru, najčistiji oblik laskanja.

Fetermenov pokolj duboko je uzbudio i vladu Sjedinjenih Država. Bio je to najteži poraz koji je u ratu sa Indijancima pretrpela američka armija i druga bitka u američkoj istoriji koju nije preživeo nijedan vojnik-učesnik. Kerington je smenjen sa položaja zapovednika, sve tvrđave u oblasti Barutne reke dobile su pojačanje, a iz Vašingtona se u Larami uputila nova mirovna komisija.

Komisiju je predvodio Džon Senbron-Crni Zalisci, koji je 1865. godine Crnog Kotla i južne Čajene nagovorio da se odreknu lovišta u Kanzasu i presele se u oblast južno od reke Arkanzas. Džon Senborn i general Alfred Sali su u tvrđavu Larami stigli u aprilu 1867. godine, ovoga puta sa zadatkom da Crvenog Oblaka i Sijue nateraju da se odreknu lovišta oko Barutne reke i presele se u rezervat. Na njihov poziv prvi su se, kao i prethodne godine, odazvali pripadnici plemena Ispečeni – Šareni Rep, Hitri Medved, Los Koji Stoji i Gvozdeni Oklop.

Poglavice Mala Rana i Ubica Ponija, koje su svoje Oglale dovele na Platu u nadi da će na njenim obalama pronaći stada bizona, otišle su u tvrđavu da vide koje će darove članovi komisije ponuditi Indijancima. Predstavnik Crvenog Oblaka bio je Čovek Koji Se Boji Svojih Konja, koji je na pitanje da li će na pregovore doći i njegov poglavica odgovorio da će vođa Oglala o miru pregovarati tek kad se vojnici povuku iz oblasti Barutna reka.

U toku razgovora, Senborn je zatražio da se i Šareni Rep obrati indijanskom skupu. Poglavica je svojim slušaocima savetovao da se odreknu ratovanja sa belim ljudima i da sa njima žive u sreći i miru. Za te mile reči, Šareni Rep i njegovi saplemenici dobili su i dovoljno baruta i dovoljno olova da bi spokojno krenuli na obale Republičke reke, u lov na bizone. Neprijateljski raspoložene Oglale ostale su, naravno, praznih ruku. Čovek Koji Se Boji Svojih Konja vratio se Crvenom Oblaku, koji je u međuvremenu već bio odlučio da pođe u pljačkaške pohode duž Bouzmenovog puta. Poglavice Mala rana i Ubica Ponija sledile su Ispečene do oblasti bizona i tu se pridružile starom prijatelju, Čajenu koji se zvao Ćuranova Noga. Ni komisija Džona Senbrona-Crnih Zalizaka ništa nije postigla.

Pred kraj leta, Ubica Ponija i Ćuranova Noga povezali su se sa zapovednikom vojnika koga su prozvali Tvrdi Guzovi zato što ih je po čitave sate neumorno proganjao, ne skidajući se sa sedla, i kome će kasnije nadenuti novo ime – Dugokosi Kaster. Čim su na Kasterov poziv došli u tvrđavu Mekferson, general ih je poslužio kafom i šećerom. Ubica Ponija i Ćuranova Noga rekoše Kasteru zvanom Tvrdi Guzovi da prema belim ljudima gaje iskreno prijateljstvo, ali da nimalo ne mare za njihovog Gvozdenog konja koji trči po gvozdenim šinama, pišti, izbacuje dim i proteruje divljač iz doline reke Plate. (Šine Savezno-pacifičke železničke pruge položene su u zapadnoj Nebraski 1867. godine.)

Tragajući za bizonom i antilopom, Oglale i Čajeni su u toku tog leta više puta prelazili prugu i tako uočili da Gvozdeni konji velikom brzinom vuku neke drvene kuće na točkovima. Pošto su bezuspešno pokušavali da odgonetnu šta se u tim kućicama nalazi, jedan ljubopitljivi čajenski ratnik pokušao je da sa šina lasom skine vagon Gvozdenog konja, ali ga je voz zajedno sa omčom odvukao u smrt.

Onda je Sanjivi Zec ponudio drugo rešenje: „Ako te šine iskrivimo i raširimo, Gvozdeni konj će se možda i sam otkačiti, pa ćemo videti šta se krije u njegovim drvenim kućama." Indijanci su postupili po savetu i sačekali voz koji se odmah prevrnuo na bok; poubijali su gotovo sve putnike, obili drvene kućice na točkovima i iz njih povadili džakove sa brašnom, šećerom i kafom, kutije sa cipelama i burad sa viskijem. Pošto su užarenim ugljem iz pokvarene lokomotive zapalili vagone, odjahali su brzinom munje, ne čekajući da ih vojnici uhvate i kazne[100].

Ti nemili događaji i neumorno vojevanje Crvenog Oblaka obustavili su putovanje kroz oblast Barutne reke i izazvali veliko uznemirenje američke vlade i vrhovne komande. Iako je vlada bila čvrsto rešena da saobraćaj na Savezno-pacifičkoj železničkoj pruzi štiti svim svojim silama, mnogi vojni zapovednici, među kojima su bili i tako prekaljeni ratnici kao general Šerman, s pravom su se pitali ne bi li bilo mudrije ono drugo rešenje: da se u zamenu za mir u dolini Plate oblast Barutne reke prepusti ratobornim Indijancima.

Pošto su krajem jula održali svoj Ples sunca, igre u slavu sunca i vradžbenih strela, Sijui i Čajeni odlučiše da unište jednu od tvrđava na Bouzmenovom putu. Crveni Oblak hteo je da napadne tvrđavu Fil Kerni, a poglavice Tupi Nož i Dva Meseca su opet smatrali da će lakše osvojiti tvrđavu C. F. Smit, budući da su čajenski ratnici već bili pobili ili zaplenili gotovo sve konje iz tog garnizona. Svako je ostao pri svome, pa su Sijui krenuli u napad na Kernijevu, a Čajeni u napad na Smitovu tvrđavu.

Prvog avgusta, skupina od pet-šest stotina Čajena opkolila je na pokošenoj livadi nedaleko od Smitove tvrđave grupu od tridesetak vojnika i civila. Indijanci nisu znali da su im protivnici opremljeni novim brzometnim puškama; krenuli su u juriš na livadu ograđenu zidom od naslaganih trupaca, ali ih je dočekala tako ubistvena paljba da je samo jedan ratnik uspeo da se probije u uporište, gde je odmah i poginuo. Onda Čajeni oko ograđene livade zapališe visoku suvu travu. („Vatra je pokuljala u talasima koji su ličili na talase okeana", rekao je kasnije jedan od vojnika, „ali se na dvadesetak stopa od barikada, kao da je zaustavlja neka natprirodna sila, naglo ugasila. Jedan za drugim, plameni talasi dostizali bi visinu od četrdeset stopa, zalelujali se dva-tri puta i onda se naglo gasili, uz neki čudan zvuk koji je podsećao na onaj što se čuje kad jak vetar povija teško šatorsko krilo; i toga je dana duvao jak vetar, pa je dim nosio... pravo u lice indijanskih napadača, kojima nije preostalo ništa drugo nego da, zaklonjeni dimnom zavesom, pokupe svoje mrtve i ranjene i iščeznu[101].")

Za Čajene je taj dan bio nepovoljan. Izgubili su dvadeset ratnika i imali mnogo ranjenika. Zato se vratiše na jug da vide jesu li Sijui kod Kernijeve tvrđave imali više sreće.

Sijui nisu imali više sreće. Pošto je izveo nekoliko lažnih prepada, Crveni Oblak je odlučio da se i ovoga puta posluži trikom mamca na koji se uhvatio kapetan Fetermen: Ludi Konj će napasti logor drvoseča, a kad im vojnici iz tvrđave pohitaju u pomoć, Nesavitljiva Kičma će jurnuti na njih sa osam stotina ratnika. Ludi Konj i njegovi ratnici-mamci obavili su svoj deo posla besprekorno, ali je zato skupina od nekoliko stotina Indijanaca, poteravši krdo konja, prerano izašla iz skrovišta i vojnike u tvrđavi upozorila na svoje prisustvo.

Da bi iz već započete bitke izvukao kakvu-takvu korist, Crveni Oblak je napao drvoseče koje su se zabarikadirale u prostoru ograđenom sa četrnaestoro zaprežnih kola i gomilom trupaca. Nekoliko stotina indijanskih konjanika napadalo je logor u uzastopnim, sve užim krugovima, ali su i ovde, kao kod Smitove tvrđave, branioci bili naoružani novim brzometnim puškama marke Springfild, pa je njihova ubistvena paljba i Sijue naterala na povlačenje. „Konje smo posakrivali po obližnjim jarugama i pešice krenuli u novi juriš", pričao je ratnik Vatreni Grom. „Ali sve je bilo uzalud. Oni su nas uništavali kao što vatra uništava zelenu travu. Pokupili smo ranjenike i otišli. Ne znam koliko smo ratnika izgubili, a izginuli su mnogi. Bio je to za nas rđav dan[102]."

(Belci su ta dva sukoba nazvali Bitkom na pokošenoj livadi i Bitkom zaprežnih kola i oko njih ispreli bezbroj legendi. Jedan maštoviti hroničar zabeležio je da su kola od kojih su drvoseče napravile zid uporišta bila načičkana indijanskim leševima, a drugi objavio podatak o hiljadu sto trideset sedam indijanskih žrtava, iako je, sve u svemu, Indijanaca u tom okršaju bio manje od hiljadu.)

Za Indijance ta dva sukoba nisu bila ni bitke, ni porazi. Uostalom, čak ni američka vlada nije delila mišljenje onih koji su ih slavili kao pobede. Već posle nekoliko nedelja, na zapad se uputio Veliki Ratnik Šerman na čelu nove mirovne komisije. Rat Crvenog Oblaka trebalo je okončati po svaku cenu i na bilo koji način – osim predajom.

Krajem leta 1867. godine, poglavica Šareni Rep primio je poruku od novog Komesara za indijanska pitanja, Netenijela Tejlora. Kako su pripadnici plemena Ispečeni nesputano tumarali po prostranstvima južno od reke Plate, Tejlor je molio da indijanskim vođama na Visoravni prenesu sledeće: poglavice se obaveštavaju da će u Mesecu kad trava vene svim prijateljski raspoloženim Indijancima biti isporučena municija za lov; poglavice se pozivaju na većanje koje će se održati u poslednjoj stanici Savezno-pacifičke železničke pruge (a poslednja stanica bila je u to vreme u zapadnoj Nebraski), gde će na Gvozdenom konju doputovati i Veliki Ratnik Šerman sa još šest članova komisije da bi sa Indijancima pregovarao o okončanju rata Crvenog Oblaka.

Šareni rep je odmah pozvao Crvenog Oblaka, ali se poglavica Oglala i ovoga puta oglušio o poziv i poslao samo Čoveka Koji Se Boji Svojih Konja. Na većanje su došli Ubica Ponija, Ćuranova Noga, Brbljivko, Dangube iz Laramija, Hitri Medved, Los Koji Stoji i druge poglavice plemena Ispečeni.

Kad se 19. septembra u stanici Plata Siti zaustavio blistavi voz, iz njega su sišli Veliki Ratnik Šerman i članovi komisije: Tejlor, Harni-Beli Zalisci, Senbron-Crni Zalisci, Džon Henderson, Semjuel Tepen i general Alfred Teri. Indijanci su poznavali sve te bele ljude, sve osim dugonogog, setnookog generala Terija. Neki od njih će se, devet godina kasnije, sa Alfredom Terijem – a on će se onda zvati Zapovednik Sa Jednom Zvezdicom – sresti pod drugim okolnostima na Malom Velikom rogu.

Većanje je otvorio Netenijel Tejlor: „Došli smo ovamo da ispitamo i utvrdimo uzroke nemira. Želimo da iz vaših usta čujemo šta vas muči i na šta se žalite. Kažite nam sve, prijatelji moji, govorite slobodno i otvoreno, kažite nam celu istinu... Rat je rđav, a mir dobar, i mi se moramo opredeliti za dobro, a ne za rđavo... Slušam vas.“

Komesaru Tejloru odgovorio je Šareni Rep: „Beli Otac izgradio je drumove koji se pružaju i na istok i na zapad, i ti drumovi su uzrok svih naših nedaća... Beli ljudi su preplavili zemlju u kojoj živimo i rasterali svu divljač. To je uzrok velike nevolje. Ja sam belim ljudima oduvek bio prijatelj, pa sam njihov prijatelj i danas... Ako obustavite putovanje drumovima, nama će se divljač vratiti. Oblast Barutne reke pripada Sijuima... Pomozite nam prijatelji, sažalite se na nas.“

Tog prvog dana većanja izlaganja ostalih poglavica bila su uglavnom odjek reči Šarenog Repa. Iako je mali broj prisutnih Indijanaca oblast Barutne reke smatrao svojim domom (više su voleli visoravni Nebraske i Kanzasa), svi su podržali rešenost Crvenog Oblaka da po svaku cenu spreči skrnavljenje poslednjih velikih lovišta. „Ti vaši drumovi zaplašili su i rasterali svu divljač“, rekao je jedan od poglavica. „Obustavite putovanje kroz oblast Barutne reke!“ A drugi je dodao: „Ostavite našu divljač na miru, ne plašite je više, i imaćete miran život.“ „Ko ja naš Veliki Otac?“ pitao se Ubica Ponija. „Šta je on? Da li je tačno to da vas je on poslao ovamo da nas spasete bede? Uzrok svih naših nevolja je put Barutna reka... Ako se Veliki Otac odrekne tog puta, vaš narod će spokojno i bezbedno moći da putuje gvozdenim šinama.“

Sutradan se poglavicama obratio Veliki Ratnik Šerman: rekao je tiho i blago da je cele noći razmišljao o svemu što je čuo i da je sada spreman na odgovor: „Put Barutna reka izgrađen je zato da bi se naši ljudi snabdevali namirnicama i drugom robom. Veliki Otac je bio uveren da ste se vi sa izgradnjom tog puta saglasili prošlog proleća u tvrđavi Larami, ali se čini da neki Indijanci tom većanju nisu prisustvovali i da su krenuli u rat." Prigušen smeh iz indijanskih redova možda je Šermana i iznenadio, ali on izlaganje nije prekinuo nego ga je, nešto oštrijim tonom mirno nastavio: „Mi se puta nećemo odreći sve dok na njemu i oko njega Indijanci ratuju protiv nas. Ali ako na sledećem većanju, koje će se u novembru održati u tvrđavi Larami, utvrdimo da je taj put stvarni uzrok vaših muka i nevolja, mi ćemo ga se odreći ili vam za njega dobro platiti. Molim da nam svoje zahteve, ako ih imate, podnesete u Laramiju."

Pošto je, sasvim neočekivano, promenio temu i rekao da Indijanci moraju imati svoju zemlju u kojoj više neće zavisiti od divljači i koju će obrađivati kao što beli ljudi obrađuju svoju, izrekao je ono što je odjeknulo kao grom iz vedra neba: „Zbog toga predlažemo da zemlja sijuskog naroda bude ono područje uz Misuri koje obuhvataju reke Bela zemlja i Čajen; ta zemlja će Indijancima pripasti zanavek, a mi vam obećavamo da u nju neće kročiti nijedan beli čovek osim opunomoćenika i trgovaca koje vi odaberete."

Čim je tumač preveo njegove reči, iznenađeni Indijanci počeše da gunđaju i da se došaptavaju. To su, dakle, članovi nove komisije hteli od njih! Da se spakuju i presele tamo daleko, na reku Misuri? Godinama su tetonski Sijui pratili divljač koja je bežala iz tog područja; zašto bi se, dakle, oni sada uputili u zemlju bez divljači i u njoj poumirali od gladi? Zašto ih ne puste da žive u miru tamo gde se divljač još može naći? Zar su beli ljudi svojim pohlepnim očima i tu indijansku zemlju odvojili za sebe?

Indijanci su sa zebnjom pratili nastavak pregovora. Hitri Medved i Ubica Ponija održali su pomirljive govore tražeći barut i olovo, ali kad je Veliki Ratnik Šerman predložio da municiju dobiju samo pripadnici plemena Ispečeni, nastao je pravi urnebes. Komesar Tejlor i Harni-Beli Zalisci su onda brže-bolje izjavili da je municija za lov obećana svim poglavi-cama koje se odazovu pozivu na većanje, pa je Veliki Ratnik povukao predlog. Svim prisutnim Indijancima podeljene su manje količine baruta i olova[103].

Čovek Koji Se Boji Svojih Konja nije gubio vreme i vrlo se brzo vratio u logor Crvenog Oblaka na Barutnoj reci. Ukoliko je vođa Oglala i nameravao da se u Mesecu kad lišće opada sastane u Laramiju sa članovima nove mirovne komisije, promenio je mišljenje čim je od svog predstavnika čuo kako se Veliki Ratnik Šerman osiono ponašao i kako je predložio da se narod Sijua preseli na reku Misuri.

Kada su 9. novembra članovi komisije stigli u Larami, zatekli su u tvrđavi samo nekoliko poglavica plemena Vrane. Iako su Vrane prema belcima bile prijateljski raspoložene, jedan od njihovih vođa, Medvedov Zub, održao je govor kojim je iznena-dio mali skup i u kome je sve bele ljude optužio da bez milosti uništavaju životinjski svet i sve što je priroda darovala čoveku: „Očevi, očevi, očevi, slušajte me pažljivo. Povucite svoje mladiće iz planina ovaca sa velikim rogom. Oni su zapalili našu zemlju, uništili drvo koje raste i travu koja se zeleni. Vaši mladići su, očevi moji, opustošili moju zemlju i pobili moje životinje, loso-ve, jelene, antilope i moje bizone. A oni te životinje ne ubijaju zato da bi ih pojeli; oni ih ustrele, a onda ostave da istrule tamo gde su ih ustreljene. *Kada bih ja, očevi moji, otišao u vašu zemlju i tamo pobio vaše životinje i zverke, šta biste mi vi rekli? Zar ja za vas ne bih bio kriv, zar vi protiv mene ne biste ratovali[104]?*"

Nekoliko dana posle sastanka koji je komisija održala sa predstavnicima plemena Vrane stigli su glasnici Crvenog Obla-ka. Poglavica je poručivao da će na pregovore u Larami doći čim se iz tvrđava na putu Barutna reka povuku svi vojnici, jer se, ponovio je, rat i vodi samo zato da se dolina Barutne reke, poslednje lovište koje je njegovom narodu preostalo, poštedi najezde belih uljeza. „Veliki Otac je svoje vojnike poslao ovamo da prolivaju krv. Krvoproliće nisam započeo ja... Da Veliki Otac bele ljude nije pustio u moju zemlju, mir bi trajao večno. Ali ako me oni uznemiravaju i dalje, mira neće biti... Veliki Duh je mene odgajio u ovoj zemlji, a vas u nekoj drugoj. Kako sam rekao, tako i mislim. A rekao sam da ću zemlju i sačuvati i zadržati[105]."

Tako je mirovna komisija i po treći put za dve godine doživela neuspeh. Njeni članovi su, pred odlazak u Vašington, poslali Crvenom Oblaku pošiljku duvana, zamolivši ga još jednom da u Larami dođe čim prolećno sunce otopi zimske snegove. Crveni Oblak im je učtivo odgovorio da je duvan primio, da će popušiti lulu mira i u tvrđavu Larami doći čim vojnici odu iz njegove zemlje.

Veliki Ratnik Šerman vratio se u Larami u proleće 1868. godine, zajedno sa komisijom u istom sastavu. Kako su od nestrpljive vlade dobili strogo naređenje da mirovni ugovor sa Crvenim Oblakom zaključe po svaku cenu, pa i po cenu napuštanja svih utvrđenja na putu Barutna reka, poslali su poglavici Oglala specijalnog opunomoćenika Biroa za indijanska pitanja sa zadatkom da ga i lično pozove na potpisivanje ugovora. Crveni Oblak je posredniku rekao da mu je za savetovanje sa saveznicima potrebno najmanje desetak dana i da će u tvrđavu Larami najverovatnije doći u maju, u Mesecu kad i konji menjaju dlaku.

Opunomoćenik se vratio u Larami, a nekoliko dana kasnije prispela je nova poruka Crvenog Oblaka: „Mi smo se popeli na planine i sa njihovih visova posmatramo i vojnike i utvrđenja. Kad vidimo da su se vojnici odselili i da su tvrđave prazne, ja ću sići sa planina i doći na pregovore[106]."

Veliki Ratnik Šerman i ostali članovi njegove komisije doživeli su to kao teško poniženje. Iako su sa nekim manje važnim poglavicama, koje su u tvrđavu došle po darove, zaključili ugovor i „dodirom pera" dobili njihove potpise, brzo su se razišli i otputovali na istok. Proleće je već zalazilo u leto, a u tvrđavi Larami ostali su samo Senborn-Crni Zalisci i Harni-Beli Zalisci. Crveni Oblak i njegovi saveznici su to celo leto proveli na planinskim vrhovima i sa njih budno motrili na tvrđave i put što vodi u Montanu.

Onda je, dovedeno u škripac, Ministarstvo vojske izdalo naređenje da vojska napusti oblast Barutne reke. Vojnici iz tvrđave C. F. Smit spakovali su opremu i 29. jula uputili se na jug. Sutradan je, slaveći pobedu, Crveni Oblak poveo grupu ratnika u napušteno utvrđenje i zapalio sve zgrade. Mesec dana kasnije napuštena je i tvrđava Fil Kerni, a čast da je spale pripala je Čajenima koje je predvodio Mali Vuk. Kada je i tvrđava Reno napustio poslednji vojnik, put Barutna reka bio je i zvanično zatvoren.

Posle dvogodišnjeg otpora, poglavica Crveni Oblak je dobio rat. Pošto je saugovorače pustio da ga čekaju još nekoliko nedelja, vođa Oglala je u pratnji ratnika pobedonosno ujahao 6. novembra u tvrđavu Larami. Sada je kao junak-pobednik bio spreman da potpiše ugovor. „Od današnjeg dana, potpisnici ovog ugovora obustavljaju međusobni rat i zaključuju trajni mir. Vlada Sjedinjenih Američkih Država želi mir i svojom se čašću obavezuje da će taj mir poštovati. Indijanci žele mir i svojom se čašću obavezuju da će taj mir poštovati.“

Vlada Sjedinjenih Američkih Država i Indijanci će se, međutim, punih dvadeset godina sporiti oko sadržine ostalih šesnaest klauzula ugovora iz 1868. godine. Ono što je ugovor sadržavao po dubokom uverenju indijanskih poglavica i ono što je u njemu stvarno pisalo pošto ga je ratifikovao američki Kongres bile su dve potpuno različite stvari.

Poglavica Šareni Rep je devet godina kasnije rekao: „Obećanja nisu ispunjena… Pokazalo se da su reči belih ljudi bile sve same laži… Za nas je postojao ugovor koji su sastavili general Šerman, general Senborn i general Harni. General nam je tada rekao da ćemo na osnovu tog ugovora dobijati anuitete i robu trideset pet godina. On je to nama rekao, ali nije govorio istinu[107]."

PESMA U SLAVU SUNCA

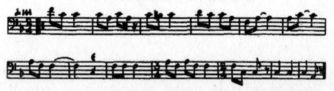

Dobijeno ljubaznošću Biroa američke etnološke kolekcije

Pogledaj mladića onog.
Sav blažen je on,
Jer dragana ga, eto,
Okom budnim prati.

„Samo je mrtav Indijanac dobar Indijanac“

1868 – 24. *februar*: Predstavnički dom SAD optužuje predsednika Džonsona za veleizdaju; 5. mart: Senat izvodi predsednika Džonsona pred svoj sud; 22. maj: prva pljačka voza u Indijani; 26. maj: senatu ne polazi za rukom da osudi predsednika Džonsona; 28. jul: Četrnaesti amandman (kojim svi, sem Indijanaca, dobijaju ista građanska prava) postaje sastavni deo ustava Sjedinjenih Američkih Država; 25. jul: po odluci Kongresa, od delova Dakote, Jute i Ajdaha osnovana Teritorija Vajoming; 11. oktobar: Tomas Edison patentira svoj prvi pronalazak, električni brojač glasova na izborima; 3. novembar: Julisis Grant izabran za predsednika SAD; 1. decembar: Džon D. Rokfeler objavljuje bespoštedan rat svojim suparnicima – petrolejskim kompanijama.

Mi belom čoveku nismo nanosili štete i ne želimo mu zlo... Spremni smo da belom čoveku budemo prijatelji. Ali naši bizoni brzo nestaju, a iščezavaju i antilope, kojih je još pre nekoliko godina bilo mnogo. Mi ćemo, kad sve životinje poumiru, biti gladni; želećemo da jedemo i to će nas naterati da dođemo u tvrđavu. Vaši mladići ne bi smeli da pucaju u nas; a pucaju čim nas ugledaju, pa mi onda pucamo u njih.

TONKAHASKA (VISOKI BIK) –
GENERALU VINFILDU SKOTU HENKOKU

Nisu li žene i deca plašljiviji od muškaraca? Čajenski ratnici se ne boje, ali zar nikada niste čuli za Peskoviti potok? Vaši vojnici mnogo liče na one koji su kod Peskovitog potoka poklali naše žene i našu decu.

VOKINI (RIMSKI NOS) –
GENERALU VINFILDU SKOTU HENKOKU

Mi i belci smo nekada bili prijatelji, ali ste nas vi svojim spletkama razdvojili. Pa i sada, dok većamo, huškate jedne protiv drugih. Zašto otvoreno ne kažete ono što mislite, zašto nećete da svima bude dobro?

MOTAVATO (CRNI KOTAO) – INDIJANCIMA
OKUPLJENIM U BIVAKU NA VRAĐBENOM POTOKU

DOK SE U PROLEĆE 1866. godine Crveni Oblak pripremao za borbu, čvrsto rešen da spase oblast Barutne reke, južni Čajeni koji su se nalazili u njegovom taboru, obuzeti čežnjom za zavičajem, odlučili su da leto provedu na jugu.

Uželeli su se lova na bizone, voljene reke Zadimljeni breg, starih prijatelja i rođaka koji su se sa Crnim Kotlom preselili u predele južno od reke Arkanzas. Sa njima su pošli Visoki Bik, Beli Konj, Seda Brada, Medved i druge poglavice Psećih Vojnika, vođa ratnika Rimski Nos i mestici braća Bent.

U dolini reke Zadimljeni breg naišli su na nekoliko grupa mladih Čajena i Arapaha koji su se iskrali iz logora Crnog Kotla i Malog Gavrana i lova radi prešli u Kanzas bez odobrenja svojih poglavica, koje su se potpisivanjem ugovora iz 1865. godine odrekle prava na stara lovišta. Rimski Nos i poglavice Psećih Vojnika rugali su se tom ugovoru koji nikako od njih nije ni potpisao ni prihvatio. Osveženi osećanjem slobode i nezavisnosti sa kojim su otišli iz oblasti Barutne reke, nisu marili za poglavice koje su se ugovorom odrekle plemenske zemlje.

U posetu narodu Crnog Kotla krenula je samo grupica povratnika u kojoj je bio i Džordž Bent. Vukla ga je čežnja za sinovicom Crnog Kotla, mladom Indijankom koja se zvala Svraka i kojom se odmah po dolasku i oženio. U to vreme je zastupnik južnih Čajena bio njihov stari prijatelj Edvard Vinkop. „Za nas su to bili srećni dani", rekao je Džordž Bent. „Crni Kotao je bio divan čovek i svi koji su ga dobro poznavali duboko su ga poštovali[108]."

Čim je saznao da Pseći Vojnici love na obalama reke Zadimljeni breg, Vinkop je posetio njihove vođe i nagovarao ih da potpišu ugovor i pridruže se Crnom Kotlu, što su oni odlučno odbile. „Mi svoju zemlju više nikada nećemo napustiti", izjavili su. A kad ih je Vinkop upozorio na to da će ih, ako ostanu u Kanzasu, vojnici nemilice napadati, odgovorili su da će „tu ili živeti ili umreti". Svom zastupniku dali su samo jedno obećanje: da će budno paziti na mlade ratnike.

Na izmaku leta, i do Psećih Vojnika doprli su glasovi o velikim uspesima koje Crveni Oblak postiže u borbi sa Plavim šinjelima. Pa ako Sijui i severni Čajeni mogu da ratuju za spas svoje zemlje oko Barutne reke, zašto južni Čajeni i Arapahi ne bi ratovali za spas svoje zemlje između reke Zadimljeni breg i Republičke reke?

Čim su se, na čelu sa Rimskim Nosem, skupine udružile, njihove ratne vođe odlučile su da onemoguće putovanje drumom koji je vodio uz reku Zadimljeni breg. Dok su Čajeni boravili na severu, u samom srcu njihovih najboljih lovišta uspostavljena je nova linija poštanskih kola i uz put Zadimljeni breg nikao je niz stanica. Te stanice, dakle, treba uništiti i saobraćaj poštanskih kola i karavana obustaviti.

Tih dana razdvojila su se i braća Bent. Džordž je ostao u logoru Crnog Kotla, a Čarli se kao vatreni pobornik Rimskog Nosa pridružio vođi ratnika. U oktobru je, na većanju sa belim ocima u tvrđavi Zara, Čarli u nastupu besa i brata i oca optužio za izdaju Čajena, a kad je zapretio da će ih pobiti kao pse, vojnici su dobili naređenje da ga razoružaju. (Kasnije se Čarli pridružio Psećim Vojnicima i istakao se u napadima na stanice poštanskih kola; teško ranjen 1868. godine, oboleo je od malarije i umro u jednom od čajenskih logora.)

U poznu jesen 1866. godine, Rimski Nos je sa grupom ratnika otišao u tvrđavu Volas i zastupniku Kompanije poštanskih kola rekao da će, ukoliko u roku od petnaest dana saobraćaj kroz njihovu zemlju ne bude obustavljen, Indijanci krenuti u napad. Saobraćaj su, međutim, obustavile snežne mećave a ne Rimski Nos. Pseći Vojnici su se zadovoljili s nekoliko napada na korale sa stokom i onda su, suočeni sa dugom zimom, podigli logor na Republičkoj reci, da bi tu, u Velikim šumama, sačekali da ograne proleće 1867. godine.

Te zime je Džordžu Bentu bio potreban novac, pa je nekoliko nedelja proveo sa Kiovama trgujući odećom od bizonske kože. A kad se u proleće vratio u selo Crnog Kotla, zatekao ga je u velikom uzbuđenju: sa svih strana stizale su vesti o dugačkim kolonama Plavih šinjela koji preko kanzaških visoravni maršíraju na zapad ka tvrđavi Larned. Crni Kotao je sazvao veće, rekao narodu da im beli vojnici donose nove nevolje i naredio svima da se spakuju i krenu ka Kanadskoj reci. Glasnici opunomoćenika Vinkopa nisu u selu zatekli ni Crnog Kotla, ni njegov narod, a stigli su ih tek kad su sukobi, koje je poglavica predskazao, već bili izbili.

Vinkopovi trkači pronašli su, međutim, gotovo sve vođe Psećih Vojnika, od kojih su četrnaestorica pristala da odu u tvrđavu Larned i čuju šta general Vinfild Skot Henkok ima da im kaže. Visoki Bik, Beli Konj, Seda Brada i Medved stigli su na Ponijski potok sa pet stotina šatora i na trideset pet milja od utvrđenja podigli veliki logor. Ometeni mećavom, ujahali su u tvrđavu tek posle nekoliko dana, i to u plavim šinjelima koje su zaplenili na severu – što se, uočili su odmah, generalu Henkoku nimalo nije dopalo. Beli Zapovednik imao je isti šinjel, ali je taj njegov šinjel, ukrašen na ramenima i okićen sjajnim ordenjem, bio lep i gizdav. Henkok se ponašao oholo i često je praskao dok je Indijancima pokazivao svoje moćne trupe od hiljadu četiri stotine vojnika kojima je bio obuhvaćen i novi Sedmi konjički puk na čelu sa Kasterom – Tvrdim Guzovima. A kad je artiljercima naredio da gostima u čast ispale sve topove, Indijanci su ga prozvali – Stari Gromovnik.

Iako im je prisustvo Visokog Zapovednika Vinkopa ulivalo izvesnu sigurnost, Indijanci su prema Starom Gromovniku bili veoma podozrivi. A kad ih je Henkok još iste noći pozvao na većanje, oni su taj njegov noćni poziv shvatili kao rđav znak.

„Ovom skupu, koliko vidim, ne prisustvuju sve poglavice", požalio se Henkok. „Zašto ostali nisu došli? Ja Indijancima imam da kažem mnogo stvari, ali ću to reći kad se svi nađete na okupu… Sutra idem u vaš logor." Čajenima se to nije dopalo; logor je bio pun žena i dece, od kojih su mnogi preživeli užase pokolja kod Peskovitog potoka. Hoće li i Henkok hiljadu četiri stotine vojnika povesti u juriš i svoje „gromkogovoreće" topove uperiti u njih? Neme i nepomične, poglavice su sedele pored logorske vatre koja im je obasjavala ozbiljna lica i čekale da Henkok nastavi priču. „Čuo sam da mnogi Indijanci žude za borbom. U redu, i mi smo spremni za rat, zato smo i došli ovamo. Ako ste, dakle, za rat, čuvajte se posledica. A ako ste za mir, onda svakako znate i uslove pod kojima ga možete ostvariti." Naglo je promenio temu i počeo da govori o železničkoj pruzi za koju su Indijanci već čuli i znali da te gvozdene šine prolaze pored tvrđave Rajli i idu pravo u oblast reke Zadimljeni breg.

„Beli čovek stiže ovamo takvom brzinom da ga ništa ne može zaustaviti", zaurlao je Henkok. „On dolazi sa Istoka, on dolazi sa Zapada, i ništa ga ne može zaustaviti kao što ništa ne može zaustaviti ni vatru koja se, zahvaćena jakim vetrom, širi prerijom. Narod belih ljudi tako je mnogobrojan da se mora širiti. Njemu je potreban prostor i on će taj prostor dobiti! Oni koji žive na Zapadnom moru žele da budu u stalnoj vezi sa onima koji žive na Istočnom moru, i zato grade puteve i železničke pruge, zato postavljaju telegrafske žice… Zabranite mladim ratnicima da ih napadaju i klonite se drumova… Ja više nemam šta da kažem. Sačekaću kraj većanja da bih video da li želite rat ili mir[109]."

Henkok je seo i sa napetim izrazom lica čekao reakciju Indijanaca kojima je tumač upravo prevodio njegove poslednje reči. Ali Čajeni su i dalje ćutali i preko vatre zurili u generala i njegove oficire. Na kraju je Visoki Bik zapalio lulu, duboko uvukao dim i lulu preneo, u krug, ostalima. Zatim se digao, presavio crveno-belo ćebe, oslobodio desnu ruku i pružio je Starom Gromovniku.

„Vi ste nas pozvali i mi smo došli", rekao je Visoki Bik. „Mi belom čoveku nismo nanosili štete i ne želimo mu zlo. Naš zastupnik, pukovnik Vinkop, rekao nam je da dođemo ovamo i sastanemo se sa vama. Vi na reku Zadimljeni breg možete da odete kad zaželite i kojim putem hoćete. Ali kad mi izađemo na taj put, vaši mladići ne smeju da pucaju u nas. Spremni smo da belom čoveku budemo prijatelji… Kažete da ćete sutra otići u naše selo, ali ja vam ni tamo neću reći više od onoga što sam rekao ovde. Ja više nemam šta da kažem[110]."

Na to stari Gromovnik skoči i na svoj poznati nadmen način upita: „Zašto Rimski Nos nije došao?" Poglavice mu odgovoriše da je Rimski Nos veliki i moćan ratnik, ali da on nije poglavica. I dodaše da su na većanje pozvane samo poglavice.

„Ako Rimski Nos neće da dođe k meni, ja ću otići k njemu", inatio se Henkok. „I sutra ću sa trupama ući u vaše selo."

Većanje je bilo završeno. Visoki Bik je odmah otišao kod Vinkopa i preklinjao ga da spreči dolazak Starog Gromovnika i njegovih trupa u čajenski logor; poglavica je s pravom strahovao od sukoba koji bi prgavi mladi Pseći Vojnici mogli da izazovu kad u blizini ugledaju Plave šinjele.

Pukovnik Vinkop je delio njegov strah. „Iz istih stopa otišao sam kod generala Henkoka", pričao je kasnije, „i otvoreno mu rekao da se bojim posledica koje bi ulazak trupa u indijansko selo mogao da izazove; nisam, međutim, uspeo da ga pokolebam; postupio je onako kako je i naumio." Henkokovu kolonu sačinjavali su konjanici, pešaci i artiljerci, i ona je „delovala kao svaka moćna i zastrašujuća vojna sila koja ide u susret neprijatelju."

U toku marša ka Ponijskoj rači, jedne poglavice odjahale su za zastupnikom Vinkopom, a druge pohitale da čajenske ratnike obaveste o dolasku vojnika. Pukovnik Edvard Vinkop je rekao da su Indijanci usput „na razne načine izražavali strah od posledica jednoga ovakvog pohoda… Oni se nisu bojali smrti… oni su se bojali panike koja će žene i decu u logoru obuzeti kad ugledaju Plave šinjele[111]."

U međuvremenu je ceo čajenski logor bio obavešten da dolaze vojnici. Glasnici su javljali da je Stari Gromovnik ljut zbog toga što i Rimski Nos nije došao na većanje u tvrđavu Larned. Rimski Nos je bio veoma polaskan, ali su on i Ubica

Ponija (čiji su se Sijui ulogorili u neposrednoj blizini) čvrsto odlučili da Starom Gromovniku ne dozvole pristup u nezaštićeno selo. Okupili su tri stotine ratnika, zapalili oko sela prerijsku travu i pošli u susret koloni.

Do Henkoka je prvi stigao Ubica Ponija i rekao generalu da će se, ukoliko njegovi vojnici ne priđu čajenskom selu, on i Rimski Nos sastati sa njim već sledećeg jutra. Vojnici su se zaustavili u suton i podigli logor na mestu koje je od šatora i koliba na Ponijskoj račvi bilo udaljeno nekoliko milja. Bio je trinaesti dan aprila, Meseca kad niče crvena trava.

Slika 12. *Rimski Nos, vođa ratnika južnih Čajena. Fotografija A. Z. ŠIndlera, Vašington iz 1868. godine. Dobijena ljubaznošću Smitsonovog zavoda.*

U toku noći, Ubica Ponija i druge poglavice vratili su se u svoja sela da bi u veću odlučili šta da rade. Ali mišljenja su bila toliko podeljena da na većanju nije doneta nikakva odluka. Rimski Nos je predlagao da se spakuju i pođu na sever, razbijeni u manje grupe da ih vojnici ne pohvataju, ali su se tom predlogu suprotstavile poglavice koje su videle kakvim sve moćima raspolažu Henkokovi vojnici i koje nisu htele da se izlože njihovoj nemilosrdnoj poteri.

Sledećeg jutra, poglavice su bezuspešno nagovarale vođu ratnika da sa njima krene na sastanak sa Henkokom, a Rimski Nos je uporno tvrdio da mu general postavlja zamku. Zar se, uostalom, i same poglavice nisu uverile u to da ga Stari Gromovnik večito izdvaja i da je preko visoravni poveo čitavu vojsku u poteru za njim? Jutro je odmicalo, pa je Medved odlučio da sam odjaše u vojnički logor. Generala Henkoka zatekao je u rđavom raspoloženju: uporno je zahtevao da čuje gde se nalazi Rimski Nos. Medved se poslužio svim diplomatskim veštinama i rekao da su se Rimski Nos i ostale poglavice zadržale u lovu na bizone. To je Henkoka samo još više razbesnelo, pa je Medvedu kratko saopštio da će sa svojim trupama uputiti pravo u selo i tamo se ulogoriti sve dok se Rimski Nos ne pojavi. Poglavica zvani Medved mu na to ništa nije odgovorio; uzjahao je konja i krenuo laganim kasom da bi se potom u punom galopu stuštio u selo.

Vest o tome da dolaze vojnici podigla je na noge ceo indijanski logor. „Izjahaću sam samcijat i ubiću tog Henkoka!" – urlao je Rimski Nos. Ali Indijanci više nisu imali vremena ni da se spakuju, ni da sklope svoje šatore; žene i decu potrpali su na konje i poslali ih na sever. Pošto su se ratnici naoružali lukovima, strelama, kopljima, puškama, noževima i toljagama, poglavice su za ratnog vođu izabrale Rimskog Nosa, uz jedan uslov; da uz njega stalno jaše Medved i spreči ga da u nastupu besa pravi ludosti.

Rimski Nos je navukao oficirsku bluzu sa zlatnim epoletama koje su blistale baš kao i one Henkokove. Karabin je uvukao u korice a za pojas zadenuo dva pištolja; budući da je imao malo municije, uzeo je za svaki slučaj luk i tobolac sa strelama, a u poslednjem trenutku poneo je i belu zastavu. Pošto je na prostoru od oko jedne milje postrojio tri stotine ratnika, poveo ih je sa zapetim lukovima, podignutim kopljima, puškama i pištoljima na gotovs, u susret ogromnoj masi od hiljadu četiri stotine vojnika i njihovim ubistvenim topovima.

„Taj oficir koga zovu Henkok prosto vapi za borbom", rekao je Medvedu Rimski Nos. „Ja ću ga ubiti pred njegovim ljudima i pružiti im valjan povod za borbu[112]."

Medved mu je oprezno i blago odgovorio da su vojnici pet puta brojniji, da su naoružani brzometnim puškama i topovima, da su im konji lepi i debeli i da će Indijanci, ako dođe do bitke; izvući deblji kraj.

Indijanci i vojnici su jedni druge opazili u istom trenutku. Kaster-Tvrdi Guzovi razvio je svoje konjanike u bojne redove i poveo ih sa spuštenim sabljama galopom u juriš.

Rimski Nos je mirno dao ratnicima znak da stanu i podigao belu zastavu. Vojnici su usporili hod i zaustavili se. U oba tabora lepršale su na vetru zastave i zastavice. Već u sledećem trenutku izdvojio se iz vojničkih redova jedan usamljeni konjanik i pojahao ka Indijancima, koji su u njemu prepoznali Visokog Zapovednika Vinkopa. „Opkolili su me sa svih strana", pričao je kasnije Vinkop, „i na taj način izrazili oduševljenje što me vide; svi su uglas tvrdili da je moj dolazak znak da je sve u redu i da im niko ništa nažao neće učiniti... Poveo sam indijanske vođe generalu Henkoku; sa njim i njegovim oficirima sreli smo se na pola puta između dveju neprijateljskih linija[113]."

Rimski Nos je konja zaustavio tačno pred Starim Gromovnikom i pogledao ga pravo u oči.

„Hoćeš li rat ili mir?" – upitao ga je oštro Henkok.

„Mi nećemo rat" – odgovorio je Rimski Nos, „jer se ne bismo, da ga hoćemo, toliko približili vašim velikim topovima."

„Zašto nisi došao na većanje u tvrđavu Larned?", nastavio je Henkok sa pitanjima.

„Moji su konji iznureni zimom i glađu, a osim toga svako mi priča drugu priču o vašim namerama", odgovorio je Rimski Nos.

Mirnoća njihovog ratnog vođe duboko je zabrinula poglavice koje su stajale pored njega, pa se generalu brzo obratio Medved i zamolio ga da se ne približava indijanskom logoru. „Naše žene i naša deca su se vaših vojnika toliko uplašili da su pobegli glavom bez obzira. Nismo mogli da ih zaustavimo i oni se neće vratiti", rekao je.

„Oni se moraju vratiti", oštro je naredio Henkok, „i ja od vas očekujem da ih odmah dovedete."

Kad se Medved bespomoćno okrenuo, Rimski Nos mu je tiho i blago rekao da se sa ostalim poglavicama vrati u indijanske redove i dodao: „Ubiću Henkoka." Na to ga je Medved naglo povukao u stranu, ubeđujući ga da bi to celom plemenu donelo neminovnu smrt.

Vetar je duvao sve jače, zasipao ljude peskom i otežavao razgovor. Pošto je poglavicama naredio da žene i decu smesta vrate u logor, Henkok je izjavio da je većanje završeno[114].

Poglavice i ratnici su poslušno krenuli putem kojim su pobegli žene i deca, ali nisu otišli po njih nego su i sami iščezli. Henkok je čekao; prošao je jedan dan, prošla su dva dana, a on je bivao sve bešnji. Trećeg dana naredio je Kasteru da sa konjicom pođe u poteru za Indijancima, a pešadiju poslao u napušteni logor. Vojnici su veoma uredno popisali sve što su zatekli u selu a onda sve to mirno spalili: 251 tipi, 962 dela odeće od bizonske kože, 436 sedala, na stotine sirovih koža, lasa, asura i predmeta koji služe za jelo, spravljanje hrane ili, jednom rečju, za život. Vojnici su uništili sve što su ti Indijanci posedovali, sve osim konja na kojima su odjahali i odeće koju su imali na sebi.

Na vest da su im sela spaljena, Pseći Vojnici i njihovi sijuski saveznici iskalili su na visoravnima svu svoju jarost. Pomahnitali, napadali su stanice poštanskih kola, kidali telegrafske žice, pljačkali logore železničkih radnika i obustavili sav saobraćaj na putu Zadimljeni breg. Kompanija *Overland Express* izdala je svojim zastupnicima sledeće naređenje: „U Indijance pucajte čim vam se nađu na nišanu. Nemojte imati milosti prema njima, jer ni oni neće imati milosti prema vama. Vas i našu imovinu štiti general Henkok[115]." I tako je svojom nepromišljenošću general Henkok ubrzao rat koji je trebalo da predupredi. Kaster je načelu Sedmog konjičkog puka išao od tvrđave do tvrđave, ali Indijance nije našao.

„Žalim što to moram da kažem, ali pohod generala Henkoka nije doneo ništa dobro nego je, naprotiv, izazvao mnoga zla", pisao je Komesaru Tejloru u Vašington glavni opunomoćenik za indijanska pitanja Tomas Merfi.

A Senborn-Crni Zalisci uputio je ministru unutrašnjih poslova sledeće pismo: „Operacije generala Henkoka toliko su nam poljuljale ugled u javnosti i toliko su, po mom mišljenju, nečovečne da smatram za potrebno da vam se i lično obratim i iznesem svoje gledište o njima... Činjenica da jedna tako moćna nacija kao što je naša na takav način vodi rat protiv šačice nomada-lutalica pruža krajnje ponižavajući prizor i predstavlja besprimernu nepravdu, najgnusniji zločin zbog koga će nas ili naše potomke kad-tad stići kazna božja."

Veliki Ratnik Šerman je u svom izveštaju upućenom ministru rata Stentonu izrazio suprotno mišljenje: „Ako i pedesetorici Indijanaca dozvolimo da ostanu na području između reka Arkanzas i Plata, bićemo primorani da branimo svaku poštansku stanicu, svaki voz i sve logore železničkih radnika. Drugim rečima, tih pedesetak ratobornih Indijanca će poraziti tri hiljade vojnika. Važno je, dakle, da oni nestanu što pre, a nevažno da li će nestati tako što će ih obrlatiti članovi neke mirovne komisije ili što će ih poubijati vojnici[116]."

Pošto su ga viši vladini činovnici ipak nagovorili da Indijance obrlati i potera mirnim putem, Šerman je u leto 1867. godine obrazovao komisiju koju su sačinjavali Tejlor, Henderson, Tepen, Senborn, Harni i Teri – dakle oni isti ljudi koji su u jesen prethodne godine pokušali da u Laramiju sklope mir sa Crvenim Oblakom. (Videti prethodno poglavlje.) Henkok je povučen sa visoravni, a njegovi vojnici raspoređeni po utvrđenjima duž železničke pruge.

Cilj novog mirovnog ugovora bile su južne visoravni, što je značilo da su, pored Čajena i Arapaha, planom obuhvaćena i plemena Kiove, Komanči i Prerijski Apači. A taj plan je bio da se svih pet plemena smeste u jedan veliki rezervat južno od reke Arkanzas, gde će ih vlada snabdeti stokom i naučiti da obrađuju zemlju i gaje useve.

Većanje je zakazano za početak oktobra, na mestu koje se zvalo Bivak na Vradžbenom potoku i koje se nalazilo šezdeset milja južno od tvrđave Larned. Da bi osigurali dolazak svih velikih poglavica, činovnici Biroa za indijanska pitanja nakrcali su tvrđavu darovima i na sve strane poslali brižljivo odabrane glasnike. Jedan od njih bio je i Džordž Bent, koji je u tom trenutku radio kod Visokog Zapovednika Vinkopa kao tumač. Bentu je, naravno, lako pošlo za rukom da za većanje pridobije Crnog Kotla, a i Mali Gavran, poglavica Arapaha, i Deset Medveda, poglavica Komanča, bili su voljni da se odazovu pozivu. Kada je, međutim, Džordž Bent stigao u logor Psećih Vojnika, njihove vođe odbile su da ga slušaju i odmah izjavile da im je posle Starog Gromovnika zauvek dosta sastanaka sa belim zapovednicima. A Rimski Nos mu je otvoreno rekao da on u Bivak na Vradžbenom potoku neće doći ukoliko većanju prisustvuje i Veliki Ratnik Šerman.

Međutim, i Bent i članovi komisije znali su da mir sa Čajenima zavisi isključivo od njega, vođe ratnika, jer je Rimski Nos već imao nekoliko stotina boraca iz svih čajenskih zajednica. Ukoliko, dakle, ugovor ne potpiše i Rimski Nos, u Kanzasu neće zavladati mir. Po Bentovom savetu, zadatak da ga poseti i nagovori na dolazak u Bivak poveren je Edmonu Gerijeu. Gerije, koji je preživeo pokolj kod Peskovitog potoka, bio je oženjen Bentovom sestrom, a Rimski Nos Gerijeovom rođakom. Rodbinske veze bile su, dakle, jemstvo za uspeh tog diplomatskog pokušaja.

Gerije je sa Rimskim Nosom i Sedom Bradom stigao 27. septembra u Bivak na Vradžbenom potoku. Rimski Nos je uporno zahtevao da kao tumač sa njim pođe i Seda Brada, jer je poglavica znao nekoliko engleskih reči, pa ga prevodioci nisu mogli lako prevariti. Glavni opunomoćenik Tomas Merfi, koji je do dolaska članova komisije bio zadužen za pripreme savetovanja, toplo je pozdravio vođe Čajena; rekao im je da će ovo većanje za njih biti od velikog značaja i obećao da će im članovi komisije zajamčiti snabdevanje hranom i „za ruku ih povesti stazama mira".

„Samo će pas pojuriti za tom hranom", odgovorio mu je poglavica Seda Brada. „Nama je zlo od te vaše hrane. Mi živimo od bizona... A ono što nam je potrebno, barut i olovo, to ovde ne vidimo. Tek kad nam to donesete, poverovaćemo u vašu dobru volju."

Merfi je onda rekao da Sjedinjene Američke Države municiju daruju samo prijateljima i upitao zašto su neki Čajeni tako neprijateljski raspoloženi prema belim ljudima i zašto ih neprekidno napadaju. „Zato što nam je Henkok spalio selo", odgovorili su uglas Rimski Nos i Seda Brada. „Mi im se samo za to svetimo[117]."

Merfi ih je uveravao da sela nisu spaljena po ovlašćenju Velikog Oca i da je Veliki Otac zbog toga sa visoravni povukao i Henkoka i Velikog Ratnika Šermana, na čije se prisustvo žali Rimski Nos. Vođa ratnika je na kraju predložio kompromis: on i njegovi pratioci ulogoriće se šezdeset milja dalje, na reci Simeron i iz daljine pratiti većanje, pa će mu se, ako im se dopadne, možda čak i priključiti.

Većanje kod Vradžbenog potoka počelo je, u lepom šumarku sa visokim drvećem, 16. oktobra, u Mesecu kad jesen prelazi u zimu. Dok su se Arapahi, Komanči, Kiove i Prerijski Apači ulogorili na obali većališta, Crni Kotao je izabrao onu suprotnu da bi ga, ako nekim slučajem dođe do gužve, bar taj potok delio od dve stotine konjanika koji čuvaju članove komisije. Rimski Nos i poglavice Psećih Vojnika su preko glasnika-trkača bili u stalnoj vezi sa logorom Crnog Kotla, koji je želeo da bude u toku pregovora. A ti glasnici su budnim okom motrili koliko na članove komisije toliko i na Crnog Kotla: starom poglavici se nije smelo dozvoliti da u ime čajenskog naroda potpiše za njega nepovoljan ugovor.

Iako se u Bivaku na Vradžbenom potoku okupilo više od četiri hiljade Indijanaca, Čajeni su bili zastupljeni u tako malom broju da se sastanak već od početka pretvorio u većanje sa Kiovima, Komančima i Arapahima. Ta je činjenica zabrinjavala članove komisije, kojima je glavni cilj bio da mir sklope sa ratobornim Psećim Vojnicima i nagovore ih na seobu u rezervat južno od reke Arkanzas. Crni Kotao, Mala Haljina i Džordž Bent uspeli su da pridobiju neke od poglavica koje su pružale otpor, što je ostale toliko razbesnelo da su Crnom Kotlu otvoreno zapretili da će mu, ako se ne povuče sa većanja, pobiti sve konje.

Predstavnici Kiova i Komanča su ugovor potpisali 21. oktobra i u njemu obećali: da će rezervat deliti sa Čajenima i Arapahima; da će svoja lovišta ograničiti na prostranstva južno od reke Arkanzas; da se više neće opirati izgradnji železničke pruge uz put Zadimljeni breg. Crni Kotao je rekao da ugovor neće potpisati sve dok u Bivak ne dođu i druge čajenske vođe, a Mali Gavran i Arapahi su izjavili da će ga oni potpisati tek posle Čajena. Osujećeni članovi komisije su na kraju pristali da sačekaju još nedelju dana, pod uslovom da Crni Kotao i Mala Haljina za to vreme odu u logor Psećih Vojnika i valjano obave svoju diplomatsku misiju. Prošlo je pet dana a onda se, u predvečerje 26. oktobra, iz logora Psećih Vojnika vratio poglavica Mala Haljina.

Vođe Čajena su odlučile da dođu na većanje i povedu oko pet stotina ratnika, rekao je članovima komisije. Ratnici će biti naoružani i najverovatnije će paljbom iz pušaka izraziti potrebu za municijom koja im je neophodna za jesenji lov na bizone. Oni nikoga neće povrediti, a njihove vođe će, ako na dar dobiju municiju, potpisati ugovor.

Čajeni su se, obasjani toplim jesenjim suncem, pojavili na vidiku sutradan u podne. Čim su izbili na vrh grebena južno od većališta, obrazovali su kolonu po četiri kao što to čine konjanici Zapovednika Kastera – Tvrdih Guzova. Dok su jedni imali zaplenjene plave šinjele, drugi su bili ogrnuti crvenom ćebadi, a njihova koplja i srebrni ukrasi blistali su na podnevnom suncu. Čim se kolona našla sučelice sa većalištem, ratnici se munjevitom brzinom prestrojiše, a konji na zvuk trube jurnuše praćeni pokličima iz pet stotina grla: Hija! Hija! Vitlajući kopljima, zatežući tobolce sa strelama i ispaljujući puške u vazduh, Indijanci pregaziše potok i poteraše konje ka skupu. I dok su ostali članovi komisije pokušavali da pronađu zaklon, Harni-Beli Zalisci je ratnike dočekao stojeći, skrštenih ruku. Čajeni su naglo stali, poskakali sa konja i opkolili zaprepašćene članove komisije; smejući se, rukovali su se sa njima, zadovoljni što su svoju neustrašivost, munjevitost i borbenost prikazali sa tolikim uspehom.

Posle uvodnih ceremonija, usledili su govori. Jedan za drugim, govorili su Visoki Bik, Beli Konj, Medved i Poglavica Bizona. I svi su rekli da ne žele rat, ali da će ratovati ako ne obezbede častan mir.

Poglavica Bizona je zatražio dozvolu da i dalje love na lovištima reke Zadimljeni breg. Čajeni neće napadati železničku prugu – obećao je – i zaključio: „Zemlja će biti i vaša i naša, a Čajeni će i dalje loviti u njoj." Ali beli ljudi u veću nisu verovali da se zemlja severno od reke Arkanzas može deliti. Sledećeg jutra, pošto su poslužene kafom, vođe Čajena i Arapaha su sa najvećom pažnjom saslušale Džordža Benta koji im je prevodio tekst ugovora. U prvom trenutku, Medved i Beli Konj odbili su da potpišu takav ugovor, ali ih je Bent odveo u stranu i ubedio da će jedino svojim potpisom sačuvati vlast u plemenima. Poglavice su na kraju ugovor potpisale, a članovi komisije su im predali darove, pa i municiju za lov. Većanje u Bivaku na Vradžbenom potoku bilo je završeno. Čajeni i Arapahi su u većini bili spremni da, kako su i obećali, krenu na jug, ali bilo je i onih koji to nisu učinili. Skupina od tri do četiri stotine ratnika uputila se na sever i svoju rodbinu i živote poverila vođi koji je odbio da se preda: među potpisnicima ugovora o miru nije stajalo ime – Rimski Nos[118].

Čajeni i Arapahi ulogoreni južno od reke Arkanzas, u blizini tvrđave Larned, preživeli su zimu 1867–68. godine zahvaljujući jesenjem ulovu, ali ih je već u rano proleće glad ozbiljno ugrožavala. Visoki Zapovednik Vinkop izlazio je s vremena na vreme iz tvrđave i delio im ono malo namirnica koje je uspevao da dobije od Biroa za indijanska pitanja. Poglavicama je objasnio da Veliko Veće u Vašingtonu još raspravlja o ugovoru i da mu zato vlada nije poslala novac za kupovinu hrane i odeće koje su Indijancima obećane, a one su odgovarale da bi sa nešto oružja i malo municije na Crvenoj reci ubili dovoljno bizona da nahrane svoj narod. Ali, Vinkop nije imao ni oružje ni municiju, pa su Indijanci gladovali i dalje.

Što su prolećni dani bivali topliji i duži, to su mladi Indijanci postajali nemirniji; mučeni glađu, proklinjali su bele ljude i njihova pogažena obećanja i u manjim grupama selili se na sever ka dobroj staroj reci Zadimljeni breg i voljenim lovištima. Zahtevima svojih ponosnih Psećih Vojnika nisu odolele ni poglavice Visoki Bik, Beli Konj i Medved, pa su i one prešle reku Arkanzas. Usput su ogorčeni mladi Indijanci napadali usamljena naselja tražeći u njima hranu i puške.

Opunomoćenik Vinkop odjurio je u selo Crnog Kotla; molio je poglavice da se strpe i da, iako Veliki Otac nije održao svoja obećanja, ne dozvole mladim ratnicima da pođu ratnom stazom.

„Bela braća povlače ruku koju su nam pružila u Bivaku na Vradžbenom potoku", rekao je Crni Kotao, „ali ćemo mi nastojati da je zadržimo. Iskreno se nadamo da će se Veliki Otac sažaliti na nas i da će nam poslati puške i municiju koje nam je obećao da bismo lovom na bizone naše porodice spasli smrti od gladi[119]."

Kad je čuo da je Veliki Otac imenovao novog komandanta svih utvrđenja u Kanzasu i da je Zvezdani Zapovednik – general Fili Henri Šeridan već stigao, Vinkop se ponadao da će stvari krenuti nabolje i pozvao u tvrđavu Larned, na sastanak sa Šeridanom, nekolicinu poglavica među kojima su bili Crni Kotao i Okamenjeno Tele.

Čim su ugledali Šeridana, Indijanci su zaključili da novi zapovednik sa svojim kratkim nogama, debelim vratom i dugačkim rukama u večitom pokretu liči na mrzovoljnog medveda. U toku većanja, Vinkop je upitao generala da li Indijancima sme da isporuči oružje. „Da, dajte im oružje", zabrundao je Šeridan, „da bi ih, ako sa njim krenu u rat, moji vojnici poubijali kao ljude."

A poglavica Okamenjeno Tele mu je na to odgovorio: „Ne šišajte te vaše vojnike, neka im kosa dobro poraste da bismo i mi *njih* mogli da ubijamo kao ljude."

Većanje, dakle, nije proteklo u duhu prijateljstva, pa su, iako im je Vinkop udelio nekoliko starih pušaka, predstavnici Čajena i Arapaha, koji su održali obećanje i prešli na lovišta južno od reke Arkanzas, otišli iz tvrđave Larned sa zebnjom u srcu. Na severnom delu reke su u velikom broju ostali njihovi mladi ratnici da zajedno sa Psećim Vojnicima napadaju i ubijaju bele ljude gde god i kad god na njih naiđu.

Krajem avgusta, većina Čajena na severu okupila se oko račve Arikari na Republičkoj reci. Tu su bili Visoki Bik, Beli Konj, Rimski Nos i oko tri stotine ratnika sa porodicama. U blizini su se ulogorili Arapahi i Sijui poglavice Ubica Ponija. Iako su od Medveda, koji je svoj logor podigao na reci Salomon, čuli da je general Šeridan za hajku na Indijance obrazovao specijalni odred izvidnika, bili su suviše zaokupljeni lovom i pripremanjem zaliha za zimu da bi se bavili još i nekim belim izviđačima.

A onda je jednog dana, 16. septembra, u Mesecu kad jelen kopitom udara o zemlju, grupa sijuskih lovaca iz logora Ubice

Ponija na putu ka reci opazila grupu od pedesetak belaca u gruboj odeći graničara (plavu uniformu imali su samo njih četvorica). Tako je izgledao specijalni odred generala Šeridana koji je bio poznat pod imenom Forsajtovi izvidnici i imao je zadatak da otkriva indijanske logore.

Čim su sijuski lovci dali znak za uzbunu, Ubica Ponija poslao je glasnike Čajenima pozivajući ih da sa Sijuima napadnu bele izvidnike koji im skrnave lovišta. Visoki Bik i Beli Konj su istog časa naložili vikačima da svim ratnicima u logoru prenesu naređenje da se opreme za borbu i stave ratničke boje. Glasnici su pronašli i vođu, Rimskog Nosa, koji se u svom tipiju posvetio obredu pročišćenja. Nekoliko dana ranije, Čajeni su otišli na gozbu kod Sijua; jedna od sijuskih žena se prilikom pečenja hleba poslužila gvozdenom viljuškom, što je Rimski Nos otkrio tek kad je pojeo hleb. A u „terapiji" koju mu je „prepisao" plemenski vrač bilo je najstrože zabranjeno hranu dodirivati metalnim predmetom, jer je svaki metal poništavao dejstvo vradžbina koje su ga štitile od metaka belih ljudi. Rimski Nos je znao da će mu se magična moć vratiti samo ako obred pročišćenja bude po svim propisima obavljen do kraja.

Iako su čajenske poglavice ovo verovanje prihvatale kao nešto što se samo po sebi razume, Visoki Bik je ratnom vođi rekao da skrati vradžbeni obred koji mu vraća moć zaštite. Čajeni i Sijui će udruženim snagama uništiti pedeset belih izvidnika, dodao je, ali će im, u slučaju da se u blizini nađu i čete Plavih šinjela, dragocena pomoć vođe ratnika brzo zatrebati. Rimski Nos je poglavicama rekao da krenu u napad i da će im se on pridružiti čim za to bude spreman.

Logor izvidnika bio je prilično udaljen, pa su poglavice odlučile da napad odlože za jedan dan. Skupina od šest stotina ratnika krenula je ka dolini Arikari sledećeg jutra. Svi ratnici jahali su najbolje konje i bili naoružani najboljim oružjem – kopljima, lukovima i puškama – a dva plemena razlikovala su se samo po tome što su Sijui na glavi imali kape ukrašene orlovim, a Čajeni kape ukrašene vraninim perima. Kad su se zaustavili u neposrednoj blizini logora, poglavice su ratnicima izdale strogo naređenje da neprijatelja ne smeju napadati ni pojedinačno, ni u grupicama; u napad će krenuti svi zajedno, onako kako ih je učio Rimski Nos, jer samo tako mogu da unište bele izvidnike.

I pored strogih naređenja, šest sijua i dva Čajena – svi vrlo mladi ljudi – išunjali su se pre sunčevog izlaska i pokušali da zarobe krdo konja. Napali su ga u cik zore, a da bi konje poterali, urlali su i mahali ogrtačima. Mladi odvažnici zarobili su samo nekoliko konja, ali su zato na noge digli ceo logor Forsajtovih izvidnika, omogućili im da na vreme pređu na ostrvce posred suvog korita reke Arikari i tu se posakrivaju u vrbovinu i visoku travu.

Indijanci su kroz dolinu obavijenu maglom jurišali u širokom luku, a zemlja je podrhtavala od topota njihovih konja. Ali kad su prišli logoru i videli kako izvidnici prelaze na ostrvo i kako se zavlače u gusto šipražje, jedan čajenski ratnik je iz sve snage zatrubio i dao im znak da stanu. Trebalo je menjati taktiku; umesto da jednim jurišom pregaze logor izvidnika, bili su primorani da skrenu u suvo rečno korito i napadnu ih skrivene u gustišu. Paljba iz brzometnih pušaka brzo je proredila prve indijanske redove i ratnici su se podelili sa namerom da ostrvo opkole sa dve strane; jedni su pošli levo, a drugi desno.

Kružili su oko ostrva gotovo celo jutro. Jedina vidljiva meta bili su konji izvidnika, a kad su Indijanci te konje pobili, izvidnici su od njihovih lešina napravili grudobrane. Onda su ratnici pokušali da ostrvo zauzmu pojedinačnim akcijama i da se, puzeći kroz šiprag, približe neprijatelju, ali ih je dočekala smrtonosna vatra. Jednom Čajenu koji se zvao Vučja Utroba pošlo je za rukom da se na konju dvaput probije kroz odbrambeni krug. Magična moć panterove kože kojom je bio obavijen bila je tako velika da ga nije okrznuo nijedan neprijateljski metak.

Rimski Nos stigao je na bojište u rano popodne i odmah se popeo na uzvišenje iznad ostrva. Ratnici su obustavili borbe i čekali zapovest svoga ratnog vođe. Na razgovor sa njim otišli su Visoki Bik i Beli Konj, ali ga nisu molili da ih povede u juriš. A onda je tuda prošao jedan starac i rekao: „Gle, gle, stigao je i Rimski Nos! Čovek od koga svi zavisimo sakrio se iza brda."

Rimski Nos se nasmejao. Nasmejao se starčevim rečima, iako je znao da će tog dana umreti.

A starac je nastavio: „Svi naši borci su dušom i telom uz tebe i spremni su da učine sve što im narediš. A ti se, vođo, kriješ iza brda."

Na to se Rimski Nos povukao na padinu i pripremio za bitku. Čelo je premazao žutom, nos crvenom a bradu crnom bojom i na glavu stavio ratnu kapu u čijem je repu bilo četrdeset pera. Uzjahao je konja i uputio se ka suvom rečnom koritu gde su ga čekali ratnici da ih povede u pobedonosni juriš.

Krenuli su sporim kasom, pa prešli u galop a onda tako nemilosrdno ošinuli konje da su se pretvorili u pravi vihor. Ništa ih, verovali su, neće sprečiti da pregaze ostrvo. Ali smrtonosna paljba Forsajtovih izvidnika pokosila je njihove prve redove i ovoga puta, pa se indijanski juriš sveo na očajničke pojedinačne napade. U trenutku kad je stigao na ivicu vrbaka, Rimski Nos se našao u unakrsnoj vatri; jedan metak pogodio ga je iznad kuka, a drugi mu se zario u kičmu. Pao je u grmlje i u njemu ležao do sumraka kad mu je nekako pošlo za rukom da dopuzi do obale po kojoj su ga tražili njegovi mladi ratnici. Oni su ga izneli na brdo, a tamo ga prihvatile sijuske i čajenske žene koje su došle da neguju ranjenike. Vođa ratnika Rimski Nos umro je u toku noći.

Smrt velikog vođe bila je za mlade čajenske ratnike isto što i pomračenje velike nebeske svetlosti. Njima je Rimski Nos ulio veru da će ako se za svoju zemlju budu borili onako kao što se Crveni Oblak bori za svoju, pobediti kad-tad.

Iako ni Čajenima ni Sijuima više nije bilo do borbe, držali su pod opsadom Forsajtove izvidnike u peskovitom čestaru punih osam dana. Opsednuti belci jeli su mrtve konje i danonoćno kopali rupe u pesku da bi došli do vode. A kad su im devetog dana u pomoć došli vojnici, Indijanci su sa olakšanjem napustili ostrvo i oslobodili se njegovog smrada.

Beli ljudi su tu bitku bučno proslavili; nazvali su je Bitkom na Bičerovom ostrvu po mladom poručniku Frederiku Bičeru koji je na ostrvu i poginuo. I dok su se beli izvidnici hvalisali time što su „pobili stotine i stotine crvenokožaca", Indijanci su prebrojali jedva tridesetak žrtava. Bili su, međutim, duboko svesni da su pretrpeli nenadoknadiv gubitak. Izgubili su velikog vođu ratnika koji se zvao Rimski Nos, pa je zato i ta bitka u njihovom sećanju ostala urezana kao Bitka u kojoj je poginuo Rimski Nos.

Čajeni su u većini krenuli na jug. A budući da su ih vojnici sad već lovili kao zečeve, jedina nada bili su im rođaci koji žive južno od reke Arkanzas. Stari Kotao jeste star i poražen, ali je još živ i još poglavica južnih Čajena, govorili su.

Nisu, naravno, znali da je Šeridan, taj Beli Zapovednik koji ih je toliko podsećao na mrzovoljnog medveda, organizovao zimski pohod na oblast koja se pružala južno od reke Arkanzas. Čim su pali prvi snegovi, Šeridan je Kastera i njegove Poni-vojnike poslao u napad na sela „divljih" Indijanaca, onih istih koji su poštovali svoje ugovorne obaveze. Za generala Filipa Henrija Šeridana je svaki Indijanac koji pruža otpor onima koji pucaju u njega bio „divlji Indijanac".

Te jeseni je Crni Kotao logorovao na reci Vašita, četrdeset milja istočno od Antilopinih brda. I kad su se mladi ratnici po drugi put vratili iz Kanzasa, poglavica ih je žestoko izgrdio što tako bezglavo lutaju iz zemlje u zemlju, a onda ih kao svaki otac-koji-prašta primio u svoje selo. Čim je u novembru čuo da dolaze vojnici, krenuo je sa Malom Haljinom i dvojicom vođa Arapaha na put kroz dolinu Vašite i prešao gotovo stotinu milja da bi došao do tvrđave Kob, središta njihove nove ispostave. Zapovednik tvrđave bio je Vilijem B. Hejzen, koga su, prilikom jedne njegove posete u toku leta, i Čajeni i Arapahi ocenili kao simpatičnog čoveka naklonjenog Indijancima.

Ali u ovom kritičnom trenutku general Hejzen nije bio ni simpatičan, ni srdačan, ni naklonjen Indijancima. I kad je Crni Kotao zatražio odobrenje da se sa sto osamdeset šatora, bezbednosti radi, ulogori pored tvrđave Kob, hladno je odbio poglavičinu molbu i pritom još i Čajenima i Arapahima zabranio da se pridruže Kiovama i Komančima. Uveravao je Crnog Kotla da ih, ako se vrate u svoja sela i smire mlade ratnike, vojnici neće ni napadati ni ugrožavati. Pošto im je na rastanku darovao malo šećera, kafe i duvana, Hejzen je ispratio goste, duboko uveren da nikada više neće videti nijednog od njih; planovi generala Šeridana bili su mu dobro poznati.

Praćene vejavicom i oštrim severcem, razočarane poglavice uputile su se ka svojim selima i u njih stigle 26. novembra u noć. Iako iscrpljen od dugog puta, Crni Kotao je odmah sazvao većanje plemenskih vođa. (Tom sastanku nije prisustvovao Džordž Bent, jer je svoju ženu, rođaku Crnog Kotla, odveo u Kolorado u posetu Vilijemu Bentu.)

Ovoga puta je stari poglavica svom narodu rekao da ih neprijatelj više ne sme iznenaditi i poklati kao što je to učinio kod Peskovitog potoka. On, Crni Kotao, neće čekati da vojnici dođu k njemu, nego će u pratnji ratnika izaći pred njih i ubediti ih da je njihovo čajensko selo miroljubivo selo. Snežni pokrivač jeste debeo i sneg veje i dalje, ali će on i pored toga poći vojnicima u susret čim se oblaci raziđu.

Iako je te noći kasno legao, Crni Kotao se kao i uvek probudio u zoru. Izašao je iz šatora i obradovao se videći da se nebo razvedrilo. Dolina reke Vašite bila je obavijena gustom maglom, ali je poglavica ipak nazirao snegom pokrivene planinske vrhove na drugoj obali.

Odjednom se začuo krik žene; žena je prilazila sve bliže, a krik bivao sve razgovetniji: „Vojnici! Vojnici!" – vrištala je Indijanka. Crni Kotao reagovao je potpuno nesvesno: uleteo je pravo u šator po pušku. A za ono nekoliko sekundi koliko mu je trebalo da u šator uđe i iz njega izađe shvatio šta je treba da uradi – da ceo logor digne na noge i pripremi ga za borbu. Peskovit potok se ne sme ponoviti! Pripremiće, dakle, ratnike i onda će sam krenuti ka Vašiti u susret vojnicima i započeti pregovore. Uperio je pušku u nebo, povukao oroz i ceo logor digao na noge. I dok je on izdavao naređenja, njegova žena mu je privela konja.

Upravo se spremao da vojnicima pođe u susret, kad se iz magle začuo reski zvuk vojničke trube, praćen zapovestima i vikom Plavih šinjela u napadu. Debeli snežni prekrivač prigušio je topot konja, ali su zato odasvud dopirali zveket oružja i amova, njištanje konja i prodorni zvuci truba. (Kaster je kroz smetove sproveo i svoj novi pukovski orkestar i naredio mu da svira melodiju „Geri Oven".)

Crni Kotao je očekivao da će vojnici naići sa reke, odande gde je Vašita najplića, a oni su iz magle izleteli sa sve četiri strane. Zar je poglavica mogao da zaustavi četiri kolone u jurišu i sa nekim pregovara o miru? Novi Peskoviti potok bio je neminovan. Crni Kotao je uhvatio ženu za ruku, podigao je u sedlo i ošinuo konja. I on i ona preživeli su pokolj kod Peskovitog potoka, a sada su, kao u najstrašnijoj noćnoj mori; ponovo bežali od kiše metaka Plavih šinjela.

Bili su gotovo na samoj ivici rečnog plićaka kad je poglavica pred sobom ugledao konjanike u teškim plavim šinjelima i krznenim kapama. Crni Kotao je zaustavio konja i u znak mira podigao ruku. Istog trenutka zario mu se u stomak jedan metak, a kad se uplašeni konj naglo okrenuo, drugi metak pogodio ga je u leđa i poglavica je lagano skliznuo sa ponija u sneg na ivici reke. Za njim je, izrešetana mecima, pala i njegova žena a konj je pobegao neznano kud. Vojnici su u galopu pregazili plićak i onda, zasipajući ih blatom, pregazili Crnog Kotla i njegovu skvo.

General Šeridan je Kasteru izričito naredio „da krene na jug prema Antilopinim brdima i onda skrene ka reci Vašita gde su se, kako je pretpostavljao, ulogorila ratoborna plemena; da im uništi sva sela i sve konje, ratnike pobije ili poveša, a žene i decu zarobi[120].“

Kasterovi vojnici su to naređenje izvršili. Za nekoliko minuta uništili su selo Crnog Kotla i u krvavom pokolju pobili nekoliko stotina konja u ograđenom prostoru. Malu nedoumicu izazvao je onaj deo zapovesti koji se odnosio na ratnike; da bi ih sve povešali ili pobili, vojnici su morali da ih odvoje od staraca, žena i dece, a to je unekoliko usporavalo njihovu munjevitu akciju i moglo da bude opasno. Kaster se, dakle, opredelio za brže i bezbednije mere i naredio da se Indijanci pokolju redom, na gomili. U toj gomili od sto tri pripadnika plemena Čajena bilo je samo jedanaest ratnika. A na kraju se ispostavilo da Kaster ima samo pedeset tri zarobljenika – žena i dece.

Na paljbu u dolini dojurili su iz obližnjeg sela Arapahi i u pozadini opkolili vod od devetnaest vojnika koje je predvodio major Džoel Eliot; sve su ih pobili. Oko podneva, pristigli su iz svojih logora Kiove i Komanči. Čim je video da su okolna brda nanizana indijanskim ratnicima, Kaster se i sa vojnicima i sa zarobljenicima brzim maršom uputio na sever, ka privremenoj bazi koja se nalazila na Kanadskoj reci i koja se zvala Logor Opskrba. Nije, naravno, nijednog trenutka pokušao da pronađe nestali vod, majora Džoela Eliota i njegove ljude.

General Šeridan je u logoru koji se zvao Opskrba sa velikim nestrpljenjem očekivao vesti o Kasterovoj pobedi. A kad su ga obavestili da mu se vraća Sedmi konjički puk, naredio je da ga ceo garnizon dočeka u svečanom stroju. Pobednici su u bazu umarširali uz trijumfalnu muzičku pratnju i veselo mahali skalpovima Crnog Kotla i drugih mrtvih „divljaka". General Šeridan je pred svima Kasteru čestitao i zahvalio mu „za sve zasluge koje je učinio američkom narodu".

U zvaničnom izveštaju o pobedi nad „divljim koljačima" i „raspuštenim hordama surovih pljačkaša", general Šeridan se hvalio kako je „uništio Crnog Kotla... tu izmoždenu, staru ragu". Na kraju je dodao da je poglavici obećao utočište ukoliko pre početka vojnih operacija dođe u tvrđavu Kob. „Poglavica južnih Čajena Crni Kotao odbio je da se preda i potom je poginuo u borbi[121]", smelo je lagao Šeridan.

Visoki Zapovednik Vinkop, koji je u znak protesta protiv Šeridanove politike podneo ostavku na položaj opunomoćenika za indijanska pitanja, nalazio se daleko u Filadelfiji kad je primio vest o smrti Crnog Kotla. Odmah je generala Šeridana optužio za izdaju, duboko ubeđen da je njegov stari prijatelj, poglavica južnih Čajena, nasamaren i da mu je smrt „zadala ruka belih ljudi u koje je imao suviše poverenja i koji sad pobedonosno tvrde da poseduju čak i njegov skalp". I mnogi drugi belci koji su poznavali i voleli Crnog Kotla napali su Šeridanovu ratnu politiku, ali ih je general brzo ućutkao tvrdnjom da ti „dobri i milosrdni dušebrižnici pomažu i podstiču divljake da bez milosti ubijaju naše ljude, naše žene i našu decu[122]".

U tom trenutku je Šeridanu punu podršku dao i Veliki Ratnik Šerman; on mu je savetovao da nastavi sa klanjem ratobornih Indijanaca i njihovih konja. Ali mu je, istovremeno, savetovao i to da prijateljski raspoložene Indijance satera u logore u kojima će beli ljudi moći da ih hrane i uliju im bar malo civilizacije i kulture.

Šeridan i Kaster su prešli u tvrđavu Kob i iz nje glasnike-trkače poslali svim plemenima u oblasti (bilo ih je ukupno četiri); njihova poruka nalagala je poglavicama da dođu u tvrđavu i sklope mir, jer će ih, ako tako ne postupe, Plavi šinjeli goniti i pobiti. U traganje za prijateljski raspoloženim Indijancima pošao je i sam Kaster, koji je kao tumača poveo i najprivlačniju mladu Čajenku-zarobljenicu iako nedužna Indijanka nije znala nijednu jedinu englesku reč.

Već krajem decembra u tvrđavu Kob počeli su da pristižu preživeli saplemenici Crnog Kotla, a došli su pešice zato što su Kasterovi vojnici pobili sve njihove konje. Zvanični vođa plemena bio je sada poglavica Mala Haljina koji je Šeridanu, tom Belom Zapovedniku što liči na mrzovoljnog medveda, rekao sledeće: njegov narod umire od gladi; Kaster im je spalio sve meso i sve zalihe hrane koje su pripremili za zimu; oko reke Vašite bizona više nema, a i oni su, Čajeni, pojeli sve svoje pse.

Šeridan je odgovorio da će nahraniti one Čajene koji dođu u tvrđavu i pristanu na bezuslovnu predaju, i dodao: „Znam ja šta biste vi hteli: da pred zimu sklopite mir, a u proleće nastavite rat. Ukoliko niste voljni da zaključite trajni mir, možete se odmah vratiti da bismo nastavili borbu protiv vas."

Poglavica Mala Haljina znao je da postoji samo jedan odgovor: „Na vama je da nam kažete šta treba da radimo", rekao je[123].

I Žuti Medved, poglavica Arapaha, doveo je svoj narod u tvrđavu Kob, a posle nekoliko dana belcima se predao i Tosavi sa prvom grupom Komanča. Kad su ga predstavili generalu Šeridanu, oči su mu zasvetlele. Izgovorio je ime i dodao na nemuštom engleskom jeziku još dve reči: „Tosavi, dobar Indijanac".

Na to je general Šeridan izvalio onu besmrtnu rečenicu: „Jedini dobri Indijanci koje sam ja video bili su mrtvi Indijanci[124]."

Poručnik Čarls Nordstrom, koji je prisustvovao pregovorima, zapamtio je ove reči i preneo ih drugima. A te reči su se s vremenom pretopile u sledeći američki aforizam:

Samo je mrtav Indijanac dobar Indijanac.

* * *

Čajeni, Arapahi i grupa Kiova i Komanča živeli su te zime u tvrđavi Kob od milostinje belog čoveka. U proleće 1869. godine, američka vlada odlučila je da Komanče i Kiove preseli u tvrđavu Sil, a Čajene i Arapahe smesti u rezervat kod Logora Opskrba. Jedne grupe Psećih Vojnika ostale su daleko na severu u logorima na Republičkoj reci, a druge, na čelu sa Visokim Bikom, pošle na jug da tamo nađu i hranu i zaštitu.

Slika 13. *Tosavi ili Srebrni Nož, poglavica Komanča. Fotografija Elizandera Gardnera, Vašington, iz 1872. godine. Dobijena ljubaznošću Smitsonovog zavoda za naučna istraživanja.*

Na putu koji je duž reke Vašite Čajene vodio u utvrđenje Opskrba, poglavica Mala Haljina žestoko se svađao sa Visokim Bikom, optužujući ga da sa svojim mladim ratnicima izaziva bele vojnike. Poglavica Psećih Vojnika je opet Maloj Haljini zamerao što je neodlučan i mek kao Stari Kotao i što se belcima ponizno klanja. Visoki Bik je odlučno tvrdio da se on neće preseliti u taj zatvoren prostor na neplodnoj zemlji rezervata južno od reke Arkanzas koji je Čajenima silom nametnut. Čajeni su oduvek bili slobodan narod, rekao je. Ko je belom čoveku dao pravo da im naređuje gde će i kako da žive? Čajeni imaju samo dva puta: da sačuvaju slobodu ili da odu u smrt.

Poglavica Mala haljina je pobesneo; naredio je Visokom Biku da sa svojim Psećim Vojnicima napusti čajenski rezervat i nikada se više u njega ne vrati; a ukoliko to ne uradi, on će u pomoć pozvati vojnike i isterati ih na silu. Visoki Bik je ponosno odgovorio da će svoj narod povesti na sever i da će se tamo pridružiti severnim Čajenima, onima koji su sa Sijuima Crvenog Oblaka bele ljude proterali iz oblasti Barutne reke.

I tako se, kao i posle pokolja kod Peskovitog potoka, južni Čajeni ponovo razdvojiše. Dve stotine ratnika iz plemena Pseći Vojnici krenuše sa Visokim Bikom i porodicama na sever i u maju, Mesecu kad i konji menjaju dlaku, pridružiše se grupama koje su i tu zimu provele na Republičkoj reci. U toku priprema za dugačak i opasan pohod na oblast Barutna reka Šeridan je u poteru za tim Indijancima poslao konjički puk na čelu sa generalom Judžinom Karom i naredio mu da ih uništi po svaku cenu. Karovi vojnici otkrili su logor Psećih Vojnika i napali na isti način na koji je Kaster napao selo Crnog Kotla. Ovoga puta je, međutim, grupa ratnika napadačima pružila žestok otpor i žrtvujući svoje živote omogućila bekstvo ostalima.

Kad su, razbijeni u manje grupe, Pseći Vojnici izbegli Karovu poteru, Visoki Bik je ponovo okupio ratnike i poveo ih u osvetnički napad na Zadimljeni breg. Birajući staze udaljene oko dve milje od omražene železničke pruge, Pseći Vojnici napadali su manja naselja i belce ubijali na onaj isti okrutan način na koji vojnici ubijaju Indijance. Prisetivši se da je Kaster vodio sa sobom zarobljene čajenske žene, Visoki Bik je posle pokolja na jednom ranču poveo dve belkinje. Obe su bile nemačkog porekla, (Marija Vajhel i Suzana Alerdis) i govorile jezikom koji Čajeni nisu razumevali. Prisustvo belih žena izazivalo je nelagodnost, ali je Visoki Bik uporno zahtevao da se one povedu kao zarobljenice i da se prema njima postupa onako kako su Plavi šinjeli postupali prema ženama Čajena.

Da bi umakli poteri vojnika koji su ih sad opkoljavali sa svih strana, Visoki Bik i njegovi ratnici selili su se iz logora u logor i bili su u stalnom pokretu, povlačeći se preko Nebraske na zapad ka Koloradu. U julu je Visoki Bik sve svoje ljude okupio kod Najviših vrela sa namerom da na tom mestu pređe preko Plate. Reka je, međutim, naglo nadošla, pa su Indijanci bili primorani da na obali podignu privremeni logor. Taj dan u Mesecu zrelih trešanja bio je izuzetno sparan i Čajeni su se odmarali u hladu ispred svojih šatora.

Tog sparnog julskog dana sreća se osmehnula majoru Frenku Nortu, odnosno njegovim izvidnicima iz plemena Poni koji su otkrili tragove čajenskih begunaca. (Ti Poni Indijanci bili su oni isti najamnici koji su četiri godine ranije sa generalom Konorom došli u oblast Barutne reke i koje su iz nje proterali ratnici Crvenog Oblaka.) Poni Indijanci i Plavi šinjeli napali su logor Visokog bika i sa istoka i sa zapada, pa je Čajenima jedini izlaz bilo bekstvo na jug. Bežali su i ljudi i konji, ali mnogi nisu pobegli.

Visoki Bik se uvukao u jedan prokop sa grupom u kojoj se nalazilo dvadesetak ratnika, njegova žena i sin i dve mlade Nemice. A kad su Poni Indijanci i vojnici napali njihovo skrovište, dvanaest ratnika je izgubilo živote braneći prilaz prokopu.

Visoki Bik je tomahavkom izbušio rupe u zidu jaruge i uzverao se na vrh. Nanišanio je, opalio, pognuo glavu i kad se ponovo uspravio, jedan metak mu je razneo lobanju.

Poni Indijanci i vojnici pregazili su jarugu za svega nekoliko minuta. Živi su ostali samo žena i dete poglavice Psećih Vojnika. Jedna Nemica je još disala, ali je i ona ubrzo izdahnula. Beli ljudi su pričali da je Visoki Bik pobio bele zarobljenice, a Indijanci su znali da on svoje metke nikad ne bi protraćio na tako besmislen način.

Poglavica Crni Kotao bio je mrtav; vođa ratnika Rimski Nos bio je mrtav; poglavica Visoki Bik bio je mrtav. Oni su, dakle, sad bili dobri Indijanci. Gordi Čajeni nestajali su isto tako brzo kao antilope i bizoni; njihovo istrebljenje bilo je neminovno.

Uspon i pad Donehogave

1869 – 4. *mart*: za predsednika SAD proglašen Julisis Grant; 10. maj: spajanjem Savezno-pacifičke i Centralno-pacifičke pruge kod Promontori Pointa puštena u promet prva transkontinentalna železnička pruga; 13. septembar: naglim otkupom zlata, Džej Guld i Džejms Fisk pokušavaju da mu podignu cenu na tržištu; 24. septembar: da bi održala ravnotežu, vlada izbacuje na tržište velike količine zlata; „Crni petak" donosi malim špekulantima finansijski krah; 24. novembar: organizovao udruženje američkih sifražetkinja; 10. decembar: u Vajomingu izglasan zakon po kome i žene dobijaju pravo glasa; 30. decembar u Filadelfiji osnovan sindikalni pokret Vitezovi rada; objavljena knjiga Marka Tvena *Nevinašca u inostranstvu*.

1870 – 10. *januar*: da bi monopolizovao petrolejsku industriju, Džon D. Rokfeler osniva kompaniju *Standard Oil*; 15. februar: U Minesoti počinje izgradnja Severno-pacifičke železničke pruge; jun: broj stanovnika u Sjedinjenim Američkim Državama – 38,558.371; jul: u Rimu, vatikanski sabor papsku nepogrešivost proglašava načelom Katoličke crkve; 19. jul; Francuska objavljuje rat Pruskoj; 2. septembar: Napoleon Treći kapitulira pred Prusima; 19. septembar: opsada Pariza; 20. septembar: Vilijem M. Tvid, vođa moćne demokratske političke organizacije grada Njujorka–Temeni, optužen za pljačku državne blagajne; 29. novembar: u Engleskoj uvedeno obavezno školovanje; a Nova Engleska počinje sa proizvodnjom hartije od celuloze – kaše od drveta.

Nekada je cela ova zemlja bila naseljena Indijancima, ali su ta moćna plemena što su živela u oblastima koje danas obuhvataju države istočno od reke Misisipi jedna za drugim istrebljivana zato što su bezuspešno pokušavala da zaustave najezdu civilizacije sa Zapada... I čim bi se neko pleme usprotivilo nasilju i kršenju svojih prava, i onih prirodnih i onih ugovornih, beli ljudi ubijali bi njihove pripadnike bez milosti i prema njima postupali kao prema psima... Mi kao čistu istinu prihvatamo pretpostavku da su se zagovarači politike preseljenja Indijanaca na zapad rukovodili isključivo dobrim namerama i željom da ih po svaku cenu spasu istrebljenja... Ali danas kad američko stanovništvo raste iz časa u čas i kad se beli naseljenici šire po čitavom zapadu, zauzimajući svaki pedalj obeju padina Stenovitih planina, indijanskoj rasi, više nego ikad u njenoj istoriji, preti brzo i neminovno istrebljenje.

DONEHOGAVA (ELI PARKER), PRVI INDIJANAC –
KOMESAR ZA INDIJANSKA PITANJA

KAD SU ONI ČAJENI koji su preživeli bitku kod Najviših vrela konačno došli u oblast Barutne reke, zaključili su da se u njoj, za tri zime koliko su boravili na jugu, mnogo štošta izmenilo: Crveni Oblak je dobio rat, tvrđave su bile napuštene, a severno od reke Plate na vidiku nije bilo nijednog Plavog šinjela. Uprkos tome, kroz logore Sijua i severnih Čajena širile su se glasine da Veliki Otac u Vašingtonu želi da se oni presele daleko na istok, u oblast reke Misuri gde je divljač bila veoma retka, a i njihovi beli prijatelji trgovci tvrdili su da u Ugovoru zaključenom 1868. godine piše da će se ispostava tetonskih Sijua nalaziti na reci Misuri. Crveni Oblak je sve te priče odbacivao sa najdubljim prezirom. On je, potpisujući ugovor u tvrđavi Larami oficirima u plavim šinjelima, svedocima njegovog „dodira pera", otvoreno rekao da trgovačka stanica tetonskih Sijua mora biti tvrđava Larami, jer u suprotnom ugovor neće ni potpisati, a oficiri su taj njegov zahtev svesrdno prihvatili.

U proleće 1869. godine, Crveni Oblak poveo je u tvrđavu Larami hiljadu Oglala da razmene robu i podignu ugovorom obećana sledovanja. Zapovednik garnizona mu je tom prilikom saopštio da Sijui mogu trgovati i podizati robu jedino u tvrđavi Rendel na reci Misuri. Kako je tvrđave Rendel bila udaljena tri stotine milja, Crveni Oblak se nasmejao i zatražio da sve poslove obavlja u Laramiju. Imajući u vidu činjenicu da poglavicu pred tvrđavom čeka hiljada naoružanih ratnika, zapovednik se prećutno složio sa zahtevom, ali je sijuskog poglavicu upozorio na to da se sa svojim narodom do idućeg proleća što više približi tvrđavi Rendel.

Svima je ubrzo bilo jasno da vojne vlasti u Laramiju reči sprovode u delo. One Šarenom Repu i njegovome miroljubivom plemenu Ispečeni nisu dozvolile čak ni to da se ulogore u blizini tvrđave Larami, pa je poglavica poveo svoje Indijance preko visoravni i smestio ih pored utvrđenja Rendel. I bezbrižnom životu Danguba iz Laramija došao je kraj; i njima je naređeno da se spakuju i presele u Rendel, gde ih je nepoznata sredina naterala da se bave drugim poslovima.

Ali Crveni Oblak je bio tvrd kamen. Dugim i krvavim ratom uspeo je da sačuva zemlju Barutne reke i nije nameravao da najbližu trgovačku stanicu Larami menja za onu na reci Misuri i da za namirnice prelazi rastojanje od tri stotine milja.

Indijanci sa Visoravni su jesen 1869. godine proživeli u miru, a kroz njihove logore kolale su vesti o velikim promenama. Pričalo se da je u Vašingtonu izabran novi Veliki Otac, predsednik Grant. A pričalo se i to da je novi Veliki Otac na položaj Komesara Biroa postavio jednog Indijanca. U vest da je sada Indijanac Indijancima Mali Otac bilo je teško poverovati. Komesar Biroa za indijanska pitanja uvek je bio beli čovek koji ume i da čita i da piše. Da li je moguće da je Veliki Duh najzad i jednog crvenokošca naučio da čita i piše kako bi mogao da postane Mali Otac?

U Mesecu zavejanih tipija (januara 1870.) stigla je iz zemlje plemena Crna Noga poražavajuća vest. Vojnici su u Montani opkolili jedan logor Crnih Nogu i poklali ih kao zečeve u rupi. Ti brđani bili su stari neprijatelji plemena sa Visoravni, ali kako se sad sve menjalo, i njih je duboko potresla vest o novom zločinu vojnika. Armija je pokušala da pokolj zataška i objavila kratku vest da je major Judžin M. Bejker na čelu konjičkog odreda krenuo iz tvrđave Elis u Montani sa zadatkom da kazni kradljivce konja iz plemena Crna Noga. Ali Indijanci sa Visoravni saznali su pravu istinu i pre nego što je izveštaj o pokolju stigao u Biro za indijanska pitanja.

U toku tih nedelja u gornjem toku reke Plate dešavale su se neobične stvari. Indijanci su u ispostavama svoj gnev ispoljavali tako što su na skupovima otvoreno optuživali Plave šinjele, a Velikog Oca nazivali „ludakom i psom koji nema ni ušiju ni mozga". U dvema ispostavama, Indijanci su se toliko uzbudili da su zapalili nekoliko zgrada, zarobili opunomoćenike, a neke činovnike isterali iz rezervata[125].

Budući da je pokolj izvršen 23. januara bio obavijen velom tajne, Komesar za indijanska pitanja saznao je za nemili događaj tek posle tri meseca. Jedan mlad oficir, poručnik Vilijem B. Piz, opunomoćenik plemena Crna Noga, stavio je na kocku svoju karijeru i Komesaru predočio činjenice. Pod izgovorom da je iz nekoga teretnog vagona ukradeno nekoliko mazgi, major Bejker je krenuo u zimski pohod i napao prvi logor koji mu se našao na putu. Logor je bio nezaštićen i u njemu su se uglavnom nalazili starci, žene i deca, od kojih su mnogi bolovali od boginja. Od dve stotine devetnaest Indijanaca, iz logora je pobeglo samo četrdeset šest, i to zato da bi drugima ispričali istinu o zverskom pokolju: trideset tri muškarca, devedeset žena i pedesetoro dece pobijeni su na pragu svojih koliba i šatora.

Čim je primio izveštaj, Komesar je zatražio da vlasti povedu najhitniju istragu.

Komesar se zvao Eli Semjuel Parker, ali mu je pravo ime bilo Donehogava, Čuvar Zapadne Kapije Dugačke Kuće Irokvoja. Detinjstvo je proveo u njujorškom rezervatu Tonavanda, gde je kao pripadnik plemena Seneka Irokvoj dobio nadimak Hasanoanda. Brzo je, međutim, naučio da u svetu belih ljudi čoveka sa indijanskim imenom niko ne shvata ozbiljno i ime Donehogava promenio je u Parker; bio je veoma ambiciozan i želeo da ga svet shvata ozbiljno, kao čoveka.

Eli Parker se gotovo pola veka borio protiv rasnih predrasuda; vodio je mnoge bitke, neke dobijao, a neke i gubio. Sa nepunih deset godina, radio je kao štalski momak u jednom garnizonu, gde su mu se oficiri često podsmevali zbog nemuštog engleskog jezika. Zato se gordi mladi Seneka odmah upisao u misionarsku školu, čvrsto rešen da taj engleski jezik savlada, nauči da čita i piše tako besprekorno da nikada više nijednom belom čoveku ne služi za podsmeh. Završio je školu i zaključio da će svom narodu najviše pomoći ako postane advokat. A da bi postao advokat, morao je izvesno vreme da radi u advokatskoj kancelariji i potom položi državni ispit. Eli Parker je tri godine radio u jednoj firmi u Elikotvilu, u Njujorku, položio ispit, ali kad je zatražio da ga prime u advokatsku komoru, rečeno mu je da se u Njujorku samo beli građani mogu baviti advokaturom i da je Indijancima to pravo uskraćeno. Usvajanje engleskog imena nije izmenilo bronzanu boju njegove kože.

Ali Parker se nije predavao. Pošto je pažljivo proučio kojim se pozivima belog čoveka može baviti i Indijanac, upisao se na Politehnički institut Renseler, položio sve ispite i izašao sa diplomom građevinskog inženjera. Prvo zaposlenje našao je na Kanalu Iri. Nije imao ni trideset godina, a vlada Sjedinjenih država poslala ga je da nadzire izgradnju vojnih postrojenja. Godine 1860. službeno je otputovao u Gelinu, Ilinoj, i tu se sprijateljio sa jednim činovnikom koji je radio u stovarištu konjske opreme. Taj činovnik bio je nekadašnji armijski kapetan i zvao se Julisis Grant.

Kad je počeo građanski rat, Parker se u Njujork vratio sa velikim planovima: da obrazuje puk Irokvoja koji će se boriti za Savez. Guverner je, međutim, odlučno odbio njegov predlog i otvoreno mu rekao da Indijancima nije mesto među njujorškim dobrovoljcima. Parker je prešao preko ove drskosti i otputovao u Vašington da svoje usluge građevinskog inženjera ponudi Ministarstvu vojske. Savezna vojska imala je ogromnu potrebu za iskusnim inženjerima, ali ne i za iskusnim *indijanskim* inženjerima. „Građanski rat je rat belog čoveka", govorili su Parkeru svi odreda. „Vrati se kući, obrađuj zemlju, a mi ćemo naše nevolje sređivati sami, bez indijanske pomoći[126]."

Parker se vratio u rezervat Tonavanda, ali je usput i svog prijatelja Julisisa Granta obavestio sa kakvim se sve teškoćama suočava u pokušaju da se priključi Saveznoj armiji. Grantu su inženjeri bili preko potrebni; zasipao je pismima armijske birokrate sve dok svom indijanskom prijatelju nije izdejstvovao odobrenje da mu se pridruži u Viksburgu. U pohodu su, od Viksburga do Ričmonda, Grant i Parker išli rame uz rame. A kad se general Li predao kod Apomatoksa, tom činu prisustvovao je i potpukovnik Eli Parker, pa ga je Grant, znajući koliko je vešt u pisanju, zamolio da napiše uslove predaje.

Po završetku rata, general-major Parker sudelovao je pune četiri godine u pregovorima sa indijanskim plemenima. Posle bitke kod tvrđave Fil Kerni, 1867. godine, uputio se uz reku Misuri sa zadatkom da ispita uzroke koji su doveli do pobune

Indijanaca na Severnim visoravnima. U Vašington se vratio sa nizom ideja za reformu politike prema Indijancima, ali je na njihovo ostvarivanje morao da čeka godinu dana. Čim je izabran za Predsednika Sjedinjenih Američkih Država, Grant je na položaj novog Komesara za indijanska pitanja postavio Elija Parkera, uveren da će on biti i inteligentniji i mudriji posrednik od svojih prethodnika.

Parker je novu dužnost prihvatio sa velikim oduševljenjem, ali je vrlo brzo ustanovio da u Indijanskom birou vlada mnogo veća korupcija nego što je očekivao. Smenio je, dakle, dugogodišnje podmitljive birokrate i uz Grantovu podršku imenovao nove opunomoćenike. U izboru se rukovodio preporukama raznih verskih udruženja, pa se za indijanske zastupnike prijavio veliki broj kvekera. Tu novinu su Indijanci nazvali „Grantovom kvekerskom politikom" i „politikom mira".

Pored toga, osnovan je i Odbor komesara, sastavljen od rodoljubivih građana, čiji je zadatak bio da nadziru delatnost Biroa za indijanska pitanja. Parker je predložio da taj odbor bude jedna mešovita komisija belaca i Indijanaca, ali je njegov predlog naišao na veliki otpor političara; a kako Indijanci nisu imali politički uticaj, u komisiju nije ušao nijedan njihov predstavnik.

U toku zime 1869/70. godine, Komesar Parker (ili Donehogava iz plemena Irokvoj, kako je o sebi mislio sve više i sve češće) bio je veoma zadovoljan mirom koji je vladao na zapadnoj granici. Ali već u proleće 1870. godine duboko su ga uznemirili izveštaji o nemirima koji su pristizali iz mnogih indijanskih ispostava na Visoravnima. Prvi nagoveštaj o uzrocima nemira bio je poražavajući izveštaj poručnika Piza o pokolju Crnih Nogu. Parkeru je bilo jasno da će, ukoliko vlada ne preduzme ozbiljne mere i ne pronađe način da Indijance uveri u svoje dobre namere, opšti rat izbiti već u toku leta.

Komesar je znao da je Crveni Oblak nezadovoljan i čvrsto rešen da sačuva zemlju za koju se krvavo izborio i koja mu je na osnovu ugovora sa američkom vladom konačno i pripala; znao je i za njegovu želju da sijuska trgovačka ispostava ostane u Laramiju. Iako je poglavica Šareni Rep prešao u tvrđavu Rendel na reci Misuri, njegovi ratnici su se već bili pridružili pobunjenim Indijancima sa Visoravni. Mir je, dakle, zavisio od Crvenog Oblaka i Šarenog Repa. Ali da li je poglavica Irokvoja kadar da zadobije poverenje poglavica Sijua? Donehogava nije

Slika 14. *Eli Parker ili Donehogava, poglavica Seneka, vojni sekretar Predsednika Granta i Komesar za indijanska pitanja. Fotografija iz 1867. godine, dobijena ljubaznošću Smitsonovog zavoda.*

znao odgovor na to pitanje, ali je ipak odlučio da sve svoje napore usmeri u tom pravcu.

Poslao je Šarenom Repu poruku i učtivo ga zamolio da dođe u Vašington, ali je kao Indijanac bio suviše pronicljiv da bi se na isti način obratio i Crvenom Oblaku. Ponosni sijuski vođa bi jedan takav poziv najverovatnije shvatio kao naređenje i odbio bi ga s prezirom. Zato je Crvenom Oblaku poslao posrednika sa porukom da će, ukoliko to želi, u kući Velikog Oca u Vašingtonu biti dobrodošao i drag gost.

Ideja o jednom takvom putovanju kopkala je Crvenog Oblaka; ono mu je pružalo priliku da razgovara sa Velikim Ocem i kaže mu da se Sijui neće preseliti u rezervat na reci Misuri, a pružalo mu je i priliku da se lično uveri da li je taj Mali Otac, taj Komesar po imenu Parker, pravi Indijanac i da li stvarno ume da piše kao beli čovek.

Čim je Komesar čuo da je Crveni Oblak voljan da dođe u Vašington, poslao je u tvrđavu Larami pukovnika Džona E. Smita da se poglavici nađe pri ruci. U pratnji petnaest ratnika Oglala, Crveni Oblak je 26. maja ušao u poseban vagon voza Severno-pacifičke železnice i krenuo na svoj daleki put na istok.

Za Indijance je putovanje vozom, tim starim neprijateljem Gvozdenim Konjem, bio veoma uzbudljiv doživljaj. Omaha (grad kome su oni nadenuli ime) ličio im je na pravu košnicu, dok ih je Čikago (još jedan grad sa indijanskim imenom) doslovno užasnuo svojom nesnosnom bukom, opštom pometnjom i zgradama koje su, čini se, dodirivale nebo. Rojevi belih ljudi u njemu bili su gusti kao rojevi skakavaca; svi su uvek nekud žurili, a nikad, činilo se, nisu stizali tamo kuda su hitali. Posle petodnevnog kloparanja i pištanja, Gvozdeni Konj je Indijance doveo u Vašington. Izuzev Crvenog Oblaka, svi članovi delegacije bili su potpuno ošamućeni i vrlo su se nelagodno osećali. Komesar Parker – a on je odista bio pravi Indijanac – dočekao ih je toplo i srdačno: „Veoma sam srećan što vas danas ovde vidim. Znam da ste izdaleka došli zato da biste se sastali sa Velikim Ocem, predsednikom Sjedinjenih Američkih Država. Srećan sam što vam se usput ništa neprijatno nije dogodilo i što ste stigli živi i zdravi. Jedva čekam da čujem šta Crveni Oblak ima da kaže u svoje ime i u ime svog naroda.“

„Ja želim da kažem samo nekoliko reči“, odgovorio je Crveni Oblak. „Obradovao sam se kad sam čuo da me moj Veliki Otac poziva u posetu i odmah sam pošao na put. Telegrafišite mom narodu i kažite mu da sam dobro, da sam zdrav i čitav. To je sve što danas želim da kažem[127].“

Ulazeći u hotel „Vašington“ u aveniji Pensilvenija, gde su im bili rezervisani apartmani, Crveni Oblak i njegove Oglale doživeli su veliko iznenađenje kad su im u susret došli Šareni Rep i delegacija Ispečenih. Budući da je Šareni Rep poslušao vladu i svoj narod preselio u ispostavu na reci Misuri, Komesar Parker se plašio sukoba dvojice tetonskih poglavica-suparnika. Oni su se, međutim, srdačno rukovali čim je Šareni Rep rekao da on i njegovi Ispečeni iz dubine duše mrze rezervat u Dakoti i žele da se vrate u svoju Nebrasku, na lovišta istočno od tvrđave Larami. Oglale su Ispečene prihvatile kao saveznike-povratnike.

Sutradan je Donehogava iz plemena Irokvoj poveo sijuske goste u obilazak glavnog grada: posetili su Senat u punom zasedanju, Pomorski zavod i Arsenal. Sijui su na put krenuli u odeći belog čoveka i krajnje su se nelagodno osećali u uskim crnim sakoima i u cipelama na zakopčavanje. Kad im je Donehogava rekao da ih je Metju Bredi pozvao u svoj studio na fotografisanje, Crveni Oblak mu je odgovorio da on za takvu posetu nije spreman. „Ja nisam belac, ja sam Siju; i nisam odeven za tu priliku[128]“, objasnio je.

Donehogava ga je dobro razumeo. Rekao je gostima da se, ako im to više odgovara, presvuku i na večeru koju predsednik Grant priređuje u njihovu čast u Beloj kući dođu u indijanskoj nošnji: u odeći od jelenske kože, ogrnuti ćebadima, sa mokasinama na nogama.

Na prijemu u Beloj kući, na Sijue su dublji utisak ostavile stotine blistavih sveća u sjajnim svećnjacima nego Veliki Otac i njegovi ministri, diplomate i članovi Kongresa koji su netremice piljili u divljake usred Vašingtona. Šarenom Repu, koji je umeo da uživa u dobroj hrani, naročito su se dopale jagode sa sladoledom. „Beli ljudi jedu neku mnogo dobru hranu, a ne ono što šalju Indijancima“, primetio je usput.

Donehogava se sledećih nekoliko dana posvetio pripremama za pregovore sa Crvenim Oblakom i Šarenim Repom. Da bi postigao trajni mir, morao je da zna šta poglavice žele, jer je između njihovih zahteva i pritisaka političara koji predstavljaju

bele ljude i traže indijansku zemlju trebalo uspostaviti kakvu-
-takvu ravnotežu. Indijanac naklonjen Indijancima našao se
u nezavidnom položaju. Sastanak je zakazao u Ministarstvu
unutrašnjih poslova i zamolio predstavnike svih grana američke
vlade da se sretnu sa sijuskim gostima.

Zasedanje je otvorio ministar unutrašnjih poslova Džekob
Koks i održao onu vrstu govora koji su Indijanci čuli nebrojeno
puta. Vlada je voljna da Indijancima isporuči oružje i municiju
za lov, rekao je Koks, ali to neće moći da učini sve dok ne bude
sigurna u mir sa njima. „Ako poštujete mir, mi ćemo vam dati
ono što zaslužujete", zaključio je, ali nijednom reči nije pome-
nuo sijuski rezervat na reci Misuri.

Crveni Oblak se prvo rukovao sa ministrom Koksom i dru-
gim zvaničnicima, a onda je rekao: „Pogledajte me! Ja sam
odrastao na ovoj zemlji gde sunce izlazi; a odlazim iz zemlje
gde sunce zalazi. Čiji je glas prvi odjeknuo na ovoj zemlji? Glas
crvenog naroda koji je imao samo lukove i strele. Veliki Otac
kaže da je dobar i milostiv prema nama. Ja ne mislim tako.
Mislim da sam ja dobar prema njegovim belim ljudima. Čim
sam dobio poruku Velikog Oca, pohitao sam iz dalekih krajeva
ovamo, u njegovu kuću. Moje lice je crveno, vaše lice je belo.
Veliki Otac se starao o vama, svi ste naučili da čitate i pišete,
ali se o meni nije starao – ja nisam naučio da čitam i pišem.
Došao sam ovamo da Velikom Ocu kažem šta u mojoj zemlji
ne valja. Svi ste vi bliski Velikom Ocu i svi ste velike poglavice.
A ljudi koje Veliki Otac šalje nama ništa ne znaju i nemaju srca.
Ja ne želim da moj rezervat bude na reci Misuri, i to po
četvrti put ponavljam." Zastao je za trenutak i rukom pokazao
poglavicu Ispečenih i njegove pratioce. „Ovi ljudi dolaze odan-
de. Njihova deca umiru tamo kao ovčice jer im ta zemlja ne
odgovara. Ja sam rođen na račvi reke Plate i rečeno mi je da je
ta zemlja moja i na severu i na jugu, i na istoku i na zapadu…
vi mi šaljete robu, ali tu robu kradu celim putem i do mene

stižu samo mrvice. Onda mi vaši ljudi podmetnu hartiju i traže da je potpišem, i to je sve što dobijem od moje zemlje. Dobro znam da su oni koje mi šaljete obični lažovi. Pogledajte me! Ja jesam siromašan i jesam go, ali ne želim rat sa mojom vladom... Molim da to prenesete Velikom Ocu."

Odgovorio mu je Donehogava iz plemena Irokvoj, Komesar Parker: „Mi ćemo preneti predsedniku ono što je Crveni Oblak danas rekao. A predsednik poručuje da će vrlo skoro razgovarati sa Crvenim Oblakom."

Crveni Oblak se onda zagledao u crvenokošca koji je naučio da čita i da piše i koji je sad Indijancima bio Mali Otac. „Podelite nam barut koji tražimo", rekao je. „Nas je malo, vrlo malo, a vi ste veliki i moćan narod. Vi imate svu municiju, a ja tražim samo toliko koliko nam je potrebno da ubijemo divljač. Veliki Duh je hteo da u mojoj zemlji sve bude divlje. I životinje su u njoj divlje, pa moram da ih lovim. A vi samo izađete iz kuće i tu pred kućom nađete sve što zaželite i sve što vam je potrebno. Ja imam oči i vidim bele ljude; gledam šta radite, kako gajite stoku i tako dalje. I znam da ću za nekoliko godina i ja doći na to; i to je dobro. Nemam više šta da kažem[129]."

Komesar Parker bio je okružen Indijancima. Svi su oni hteli da razgovaraju sa crvenokošcem koji im je postao Mali Otac.

Sastanak sa predsednikom Grantom održan je 9. juna u Beloj kući. Crveni Oblak je tom prilikom uglavnom ponovio ono što je rekao u Ministarstvu unutrašnjih poslova i nekoliko puta naglasio da njegov narod ne želi da živi na reci Misuri. Uostalom, dodao je, Ugovor iz 1868. godine dao im je puno pravo da trguju u Laramiju i zadrže ispostavu na reci Plata. Grant je izbegao direktan odgovor, ali je obećao da će Sijuima pomoći da odbrane svoja prava. Znao je, naravno, da se u tekstu ugovora koji je ratifikovao Kongres nijednom rečju ne pominju ni tvrđava Larami, ni ispostava na reci Plata, nego da u njemu izričito stoji da će se sijuska ispostava nalaziti „negde na reci Misuri". Zato je lično zamolio Koksa i Parkera da sledećeg dana okupe Indijance i protumače im ugovorne odredbe.

Donehagava je proveo besanu noć. Sijui su bili obmanuti i kad im štampani tekst ugovora bude pročitan i protumačen, nimalo im se neće dopasti ono što čuju.

Sledećeg jutra, u Ministarstvu unutrašnjih poslova, Koks je polako čitao član po član ugovora iz 1868. godine, a Crveni Oblak pažljivo slušao usporeni prevod sa engleskog. A kad se tumačenje teksta završilo, odlučno je izjavio: „Ja sad prvi put čujem za ovakav ugovor i ne nameravam da ga poštujem."

Ministar Koks mu je odgovorio: „Ne verujem da su vas članovi mirovne komisije u Laramiju slagali."

„Ja ne tvrdim da su lagali članovi komisije", rekao je Crveni Oblak, „ali su onda pogrešili tumači. Kad su vojnici napustili tvrđave, ja jesam potpisao ugovor, ali ne ovaj ugovor. Ta stvar se mora raščistiti." Ustao je i krenuo prema vratima. Koks mu je ponudio kopiju ugovora i predložio da mu prevodilac koga sam izabere još jednom protumači tekst. „Neću da ponesem tu hartiju, jer su na njoj sve same laži", rekao je Crveni Oblak.

Te noći su, sedeći u svom hotelu, Sijui odlučili da se odmah vrate kući, iako su neki od njih govorili da je bolje umreti u Vašingtonu nego vratiti se kući i narodu ispričati kako su ih beli ljudi lažima naterali da zaključe Ugovor iz 1868. godine. Da odu na još jedan sastanak privoleo ih je Donehogava, njihov Mali Otac. Obećao je da će im pomoći da ugovor protumače na pravi način i rekao da se i predsednik Grant zalaže za najpovoljnije rešenje problema.

Sledećeg jutra dočekao je Sijue u Ministarstvu unutrašnjih poslova i saopštio im da će ministar Koks izneti novo tumačenje ugovora. Koksovo izlaganje bilo je kratko: izražavao je duboko žaljenje zbog toga što su Crveni Oblak i njegovi ljudi tekst ugovora pogrešno razumeli. Iako je oblast Barutne reke izvan rezervata, ona je i unutar lovišta koja su im dodeljena. Pa ako neki Sijui više vole da žive na tim lovištima nego u rezervatu, neka to slobodno i urade, utoliko pre što će i van rezervata moći da trguju i podižu sledovanja.

Tako je Crveni Oblak ponovo pobedio vladu Sjedinjenih Država, ovoga puta uz pomoć jednog Irokvoja. Poglavica je to odmah i priznao; prišao je Komesaru Parkeru i čvrsto mu stegao ruku: „Kad sam juče video taj ugovor i čuo sve laži koje on sadrži, pobesneo sam, a mislim da ste se i vi naljutili… Sad sam zadovoljan… I mi, kao vi, imamo trideset dva naroda i Veliko veće. Pre nego što smo došli ovamo, održali smo većanje, pa zato želim da vam kažem da zahteve koje sam ovde izneo podržavaju sve poglavice, i one koje nisu pošle sa mnom. Mi smo jednodušni."

Sastanak je okončan u duhu prijateljstva. Crveni Oblak zamolio je Donehogavu da Velikom Ocu prenese sledeće: poslovni razgovori su završeni, a on je spreman da se Gvozdenim Konjem vrati kući.

Topeći se od ljubaznosti, ministar Koks predložio je Crvenom Oblaku da u povratku poseti Njujork.

„Ne želim da idem zaobilaznim putem", odgovorio je poglavica, „želim da se vratim najkraćom prugom. Vaše sam gradove video… a u Njujorku nemam nikakva posla. Hoću da se vratim putem kojim sam i došao. Belci su svuda isti, i ja ih viđam svaki dan[130]."

Čim je, međutim, čuo da bi u Njujorku trebalo da govori narodu, poglavica je promenio mišljenje. Otišao je u Njujork i bio veoma iznenađen bučnim ovacijama koje mu je priredila publika u Kuperovom institutu. Prvi put mu se pružila prilika da razgovara sa američkim narodom, a ne samo sa vladinim činovnicima.

„Mi želimo mir", rekao je okupljenoj masi. „Pomozite nam da tu želju ostvarimo. Godine 1868. došli su vladini ljudi i doneli hartije. Mi te hartije nismo mogli da pročitamo, a oni nam nisu rekli šta tačno u njima piše. Mi smo mislili da u ugovoru piše ovako: američka vlada će svoje vojnike povući iz tvrđava, a Indijanci će prekinuti borbe. A pisalo je drugo: da se moramo preseliti na reku Misuri i da samo tamo možemo trgovati. A mi nećemo da idemo na reku Misuri, hoćemo da trgujemo tamo gde živimo. Kad sam došao u Vašington, Veliki Otac mi je protumačio ugovor koji smo potpisali i objasnio mi da su me tumači prevarili. Jedino što tražimo je pravedan i častan sporazum. Pokušao sam da od Velikog Oca dobijem ono što nam po pravu pripada, ali nisam uspeo da dobijem sve[131]."

Crveni Oblak nije uspeo da postigne pravedan i častan sporazum i dobije ono što mu po pravu pripada. U tvrđavu Larami vratio se sa osećanjem da je na Istoku stekao mnoge bele prijatelje, ali su ga zato na Zapadu dočekali mnogi beli neprijatelji. Naseljenici koji su žudeli za zemljom, rančeri, prevoznici i drugi žestoko su se protivili svakoj sijuskoj ispostavi u bogatoj dolini reke Plate i njihov se uticaj u Vašingtonu brzo osetio.

U toku leta i jeseni 1870. godine, Crveni Oblak i njegov doglavnik Čovek Koji Se Boji Svojih Konja neumorno su se borili za mir. Na molbu Komesara Donehogave, okupili su dvanaestak najmoćnijih poglavica i doveli ih u tvrđavu Larami na većanje na kome je trebalo utvrditi mesto sijuske ispostave. Njihovom zaslugom, na sastanak su došli Tupi Nož i Mali Vuk, vođe severnih Čajena; Bogati Medved, vođa severnih Arapaha; Poglavica Trava, vođa Crnih Nogu; Velika Noga, vođa Minekonžua, koji je oduvek bio nepoverljiv prema belim ljudima i Bik Koji Sedi, vođa Hunkpapa, koji nikad nije hteo ni da čuje za rezervate i mirovne ugovore. „Beli ljudi su omađijali oči Crvenom Oblaku, da bi on video samo ono što se njima dopada", rekao je poglavica Hunkpapa.

Bik Koji Sedi je potcenio oštroumnost i upornost Crvenog Oblaka. Čim su vladini predstavnici predložili da sijuska ispostava bude na oko četrdeset milja severno od reke Plate, kod Usamljenog brega, Neštavljena Koža, poglavica Oglala odbio je da sa njima pregovara. „Kad se vratite kući, kažite Velikom Ocu da Crveni Oblak neće otići na Usamljene bregove[132].“ Tako je rekao poglavica i otišao da zimu provede u oblasti Barutne reke, uveren da će Irokvoj Donehogava srediti i to pitanje.

Ali Komesar Eli Parker gubio je moć polako ali sigurno i beli neprijatelji iz Vašingtona opkoljavali su ga polako ali sigurno.

Iako je zahvaljujući upornosti i odlučnosti Crvenog Oblaka Sijuima otvorena privremena ispostava trideset dve milje istočno od tvrđave Larami, na reci Plati, rečeno im je da je mogu koristiti najviše dve godine. A za to vreme je Donehogava bio primoran da ode iz Vašingtona. Ispostava se 1873. godine pred poplavom belih naseljenika preselila na Belu reku koja je tekla kroz severozapadnu Nebrasku. Šarenom Repu i njegovim Ispečenim odobreno je da se iz Dakote prebace u isto područje. Za nepunu godinu dana podignut je u neposrednoj blizini ispostave Logor Robinson; iz tog utvrđenja, vojska će upravljati ispostavama Crvenog Oblaka i Šarenog Repa u svim onim teškim godinama koje su Indijancima tek predstojale.

Ozbiljne nevolje Irokvoja Donehogave počele su u stvari još 1870. godine, neposredno po odlasku Crvenog Oblaka iz Vašingtona. Komesar Parker je svojim reformama izazvao neprijateljstvo nekih političkih moćnika (vođa takozvanog Pokreta protiv Indijanaca), kojima je biro za indijanska pitanja već dugo vremena služio kao sredstvo za ostvarivanje vrlo unosnih ciljeva: podržavali su svoju političku stranku i njen Pokret da bi, kad ona dođe na vlast, otišli na više položaje. Eli Parker je sebi stvorio i gomilu neprijatelja na Zapadu kad je osujetio pohod kopača na Veliki rog, koji je organizovala grupa belih graničara sa namerom da osvoje zemlju koja je i zvanično pripadala Sijuima.

(Udruženje Veliki rog osnovano je u Čajenu, a njegovi članovi verovali su u Očitu sudbinu: „Bogate i lepe doline Vajominga predodređene su za anglosaksonsku rasu i zato njeni pripadnici treba da je osvoje jednom zauvek. Bogatstvo koje vekovima leži skriveno pod snežnim vrhovima visokih planina ostavilo nam je Proviđenje kao nagradu za neustrašivost onih kojima je sudbina odredila da budu prethodnica civilizacije. Indijanci moraju da se sklone, a ako to ne učine, podaviće se u sve jačoj i sve većoj bujici naseljenika. Sudbina starosedelaca unapred je zapisana i neminovna. Nedokučivi Sudija koji je odlučio o padu Rima odlučio je i o istrebljenju američkih crvenokožaca[133].")

U leto 1870. godine, manja grupa Donehogavinih neprijatelja u Kongresu pokušala je da mu oteža već ionako težak posao: predložila je da se za izvesno vreme odloži odluka o izdvajanju sredstava za kupovinu namirnica i ostale robe namenjene indijanskim rezervatima. Sredinom leta, u Parkerovu kancelariju počele su da stižu hrpe telegrama u kojima su očajni opunomoćenici preklinjali da im se namirnice najhitnije isporuče, jer će u suprotnom izgladneli Indijanci u poteri za divljači bežati iz rezervata.

Komesar je odgovorio tako što je, ne čekajući da Kongres odobri sredstva, robu kupio na kredit i naložio da se ona najhitnije, uz nešto veće troškove, isporuči ispostavama. Iako je to bio jedini način da Indijanci iz rezervata dobiju svoja sledovanja i ne skapaju od gladi, Donehogava je prekršio propis, a prekršaj je njegovim neprijateljima pružio onu dugo očekivanu priliku za osvetu.

Sasvim neočekivano, prvi ga je javno napao Vilijem Velš, trgovac i povremeni misionar Indijanaca. Velš je bio jedan od članova Odbora Komisije za indijanska pitanja, ali je neposredno po imenovanju podneo ostavku. Razlozi te ostavke postali su jasni u decembru 1870. godine kad je njegovo pismo objavljeno gotovo u svim vašingtonskim listovima. Velš je u pismu Komesara optužio za „utaju i lakomisleno rasipanje sredstava kojima raspolaže Indijanski biro", a predsedniku Grantu zamerio što je na čelo Biroa postavio čoveka „koji se tek ispilio iz varvarstva". Po Velšovom mišljenju, Indijanci su ratnom stazom krenuli samo zato što nisu hrišćani, pa je i rešenje problema ležalo u njihovom preobraćanju u hrišćanstvo. Čim je, dakle, otkrio da Eli Parker (u stvari Donehogava) podržava primitivne indijanske religije, taj „neznabožac" mu se toliko ogadio da je odmah podneo ostavku.

Donehogavini politički neprijatelji su shvatili da im Velšovo otvoreno pismo pruža izvanrednu priliku da se otarase Komesara. Nije proteklo ni nedelju dana, a Komitet za izdvajanje sredstava Predstavničkog doma poveo je istragu i Komesara za indijanska pitanja podvrgao mučenju koje je trajalo danima i noćima. Velš je Komitetu podneo optužnicu sa trinaest tačaka i Donehogava je morao da dokazuje da su sve one neosnovane. Ali kad je istražni postupak završen, Komesar je oslobođen optužbe, pa čak i pohvaljen: ubedio je indijanska plemena „da je američka vlada dostojna njihovog poverenja" i sprečivši rat na Visoravnima uštedeo državnoj blagajni milione dolara[134].

Jedino su njegovi najprisniji prijatelji znali kako je teško Komesar podneo celu tu aferu. On je Velšov napad smatrao čistom izdajom, a najviše ga je pogodila izjava da kao Indijanac „koji se tek ispilio iz varvarstva" ne može da bude na položaju Komesara za indijanska pitanja.

Nekoliko meseci razmišljao je o tome šta bi trebalo da uradi. Iznad svega želeo je da pomogne svojoj rasi, ali se bojao da će indijanskom narodu naneti više zla nego dobra ako ostane na tom odgovornom položaju, okružen političkim neprijateljima koji će ga večno optuživati zato što je Indijanac. Pitao se isto tako neće li, ako se ne povuče, doneti političke nevolje i svom starom prijatelju, predsedniku Julisisu Grantu.

Ostavku je podneo krajem leta 1871. godine. Prijateljima je poverio da odlazi zato što se pretvorio „u kamen spoticanja", a javno je saopštio da se posvećuje drugim poslovima koji će mu omogućiti da porodicu materijalno obezbedi. Kao što je i predviđao, štampa ga je žestoko napala nazivajući ga Judom indijanskog naroda i pobornikom Pokreta protiv Indijanaca.

Donehogava se na te optužbe nije obazirao; imao je pedesetogodišnje iskustvo i navikao se na predrasude belog čoveka. Otišao je u grad Njujork, obogatio se i do smrti živeo kao Donehogava, Čuvar Zapadne Kapije Dugačke Kuće Irokvoja.

Kočiz i gerilski rat Apača

1871 – 28. *januar*: Pariz kapitulira; pruska armija ulazi u grad; 18. mart: u Parizu izbija ustanak komunara – Pariska komuna; 10. maj: u Frankfurtu potpisan Francusko-pruski ugovor o miru; Francuska gubi Alzas i Lorenu; 28. maj: ugušen pariski ustanak; 8. oktobar: Veliki čikaški požar; 12. oktobar: predsednik Grant izdaje proglas protiv Kju Kluks Klana; 10. novembar: Henri M. Stenli pronalazi u Africi doktora Livingstona; prva izložba impresionista u Parizu; objavljena knjiga *Poreklo čoveka* Čarlsa Roberta Darvina.

1872 – 1. *mart*: Nacionalni park Jeloustoun otvoren za građanstvo; razobličena „Grupa Iri", grupa špekulanata na čelu sa Džejmsom Fiskom i Džejom Guldon; jun: Kongres SAD ukida federalni porez na dohodak; oktobar: vođe Republikanske stranke optužene su za primanje mita, jer su za usluge učinjene Savezno-pacifičkoj železničkoj kompaniji nagrađene deonicama društva *Crédit Mobilier*; 5. novembar: u Ročesteru, država Njujork, policija hapsi Suzen B. Entoni i druge sifražetkinje koje su pokušale da glasaju; 6. novembar: Grant ponovo izabran za Predsednika SAD.

Kad sam bio mlad, prolazio sam ovom zemljom uzduž i popreko, od istoka do zapada, i u njoj video samo Apače. Posle mnogo leta ponovo sam kroz nju prošao i video da je neka druga rasa došla da je zaposedne. Šta se to događa? Zašto Apači danas priželjkuju smrt, zašto život ističe iz njih? Oni tumaraju po brdima i dolinama i mole nebesa da se sažale i sruče se na njih. Apači su nekad bili veliki narod, a danas su šaka jada. Zato oni priželjkuju smrt i zato život ističe iz njih.

KOČIZ, POGLAVICA PLEMENA ČIRIKAUA APAČI

Ja više neću da bežim preko planina, hoću da sklopim veliki ugovor... I reč neću pogaziti sve dok se kamen ne istopi... Bog je stvorio belog čoveka, Bog je stvorio Apača; i Apač na zemlji ima ista prava kao beli čovek. Želim da sklopim mir koji će trajati večno, kako bi i Apač i beli čovek sasvim spokojno i slobodno putovali kroz ovu zemlju.

DELŠEJ, POGLAVICA PLEMENA TONTO APAČI

Da nije bilo pokolja, danas bi ovde bilo mnogo, mnogo više ljudi; ali taj pokolj nisu mogli da prežive ni oni koji su ga preživeli. Kad sam sa poručnikom Vajtmenom sklopio mir, srce mi je bilo puno i blaženo. Ti ljudi u Tusonu i San Ksavijeru mora da su poludeli. Oni se ponašaju kao da nemaju ni srca ni glave... i žedni su naše krvi... Ti Tusonci pišu po novinama i svašta pričaju. A Apači svoju priču nemaju kome da ispričaju.

ESKIMINSIN, POGLAVICA PLEMENA ARAVAIPA APAČI

ČIM JE U LETO 1871. godine Crveni Oblak otišao iz Vašingtona, Eli Parker i drugi vladini činovnici predložili su da se u posetu pozove i veliki poglavica Apača, Kočiz. Iako je posle građanskog rata i odlaska Zvezdanog Zapovednika Karltona u zemlji Apača zavladalo zatišje, grupice Indijanaca-lutalica često su dolazile u sukob sa belim naseljenicima, kopačima zlata i prevoznicima koji su nadirali sa svih strana. Vlada je raznim apačkim skupinama namenila četiri rezervata u Novom Meksiku i Arizoni, ali je mali broj tih Indijanca pristao da živi u njima. Uveren da bi Kočiz u zemlji Apača mogao da zavede trajni mir, Komesar Parker je svojim opunomoćenicima u toj oblasti naložio da poglavicu pozovu u Vašington.

Belci su za Kočizom tragali sve do proleća, a kad su sa njim konačno uspostavili vezu, poglavica je odbio vladin poziv, rekavši jednostavno da nema poverenja ni u vojne ni u civilne predstavnike Sjedinjenih Američkih Država.

Kočiz je poticao iz plemena Čirikaua Apači. Bio je izuzetno visok; imao je široka ramena, uvučen grudni koš, inteligentno lice, crne oči, veliki šiljat nos, visoko čelo i gustu crnu kosu. Belci koji su ga poznavali pričali su da je uvek bio uredan i čist, neobično blag u ophođenju.

Kad su Amerikanci prvi put došli u Arizonu, Kočiz ih je srdačno dočekao. Prilikom susreta sa majorom Enohom Stinom, zapovednikom Prvog puka dragona, tek osnovanog konjičkog odreda pešadije, dozvolio je Amerikancima da kroz zemlju Čirikaua južnim putem pređu u Kaliforniju i nije se protivio izgradnji stanice poštanskih kola kod Apačkog klanca. Posle izvesnog vremena, Čirikaua Indijanci, koji su živeli u blizini, sekli su drveće i u stanici ga razmenjivali za namirnice.

A onda je jednoga februarskog dana 1861. godine Kočizu stigla poruka da dođe u stanicu kod Apačkog klanca na sastanak sa američkim oficirom. Uveren da je reč o nekom dogovoru, poglavica je poveo i pet članova porodice – brata, dva sinovca i jednu rođaku sa detetom. Američki oficir zvao se Džordž M. Beskam; bio je poručnik Sedmog pešadijskog puka i sa odredom vojnika došao da pronađe stoku i dečaka-meleza koji su nestali sa ranča Džona Vorda. A tu krađu su, po Vordovim rečima, izvršile Čirikaue. Čim je Kočiz sa pratnjom ušao u Beskamov šator, vojnici su ih opkolili, a poručnik zatražio da mu smesta izruče stoku i malog meleza.

Budući da je čuo priču o otetom dečaku, Kočiz je rekao da je Vordov ranč opljačkala grupa Kojotera, koji se sad najverovatnije nalaze negde u Crnim brdima, i da će on pokušati da stupi u vezu sa njima i pregovara o otkupu. A kad je poručnik ponovio da su otmicu izvršile Čirikaue, poglavica je pomislio da se mladi oficir šali. Beskam je, međutim, bio prek čovek; naredio je da se Kočiz i članovi njegove porodice pohapse i zadrže kao taoci sve dok njegovi Indijanci ne vrate stoku i dečaka.

U trenutku kad su vojnici krenuli ka njemu, Kočiz je nožem rasporio šatorsko krilo i pobegao praćen kišom metaka. Iako ranjen, uspeo je da umakne poteri, ali su zato njegovi rođaci ostali u Beskamovom logoru kao taoci. Poglavica i njegovi ratnici zarobili su na putu Baterfild tri belca i pokušali da ih razmene za zarobljene Indijance. Beskam je odbio razmenu i uporno zahtevao da vrate Vordovu stoku i malog meleza.

Ogorčeni Kočiz zaposeo je Apački klanac i opkolio odred u stanici poštanskih kola. Pošto je poručniku Beskamu još jednom ponudio razmenu i još jednom bio odbijen, Kočiz je svoje zarobljenike pobio i iskasapio ih kopljima: taj surovi običaj Apači su primili od Španaca. Nekoliko dana kasnije, i Beskam je izvršio odmazdu: povešao je brata i dva sinovca apačkog poglavice.

U tom istorijskom trenutku, Indijanci plemena Čirikaua su svu svoju mržnju prema Špancima preneli na Amerikance; i od tog trenutka će sa ostalim Apačima voditi sa njima gerilski rat koji će odneti i više ljudskih života i više blaga nego ijedan drugi indijanski rat.

U to vreme (1861. godine), veliki ratni vođa Apača bio je sedamdesetogodišnji Mimbrenjo Mangas Kolorado ili Crveni Rukavi. Pravi gorostas, viši čak i od ogromnog Kočiza, poglavica je uživao veliki ugled u mnogim skupinama koje su živele u jugoistočnoj Arizoni i jugozapadnom Novom Meksiku. Budući da je Kočiz bio oženjen njegovom ćerkom, njih dvojica su se, posle „afere Beskam", udružila sa namerom da Amerikance isteraju iz svoje domovine. Napadali su karavane, presretali poštanska

Slika 15. *Kočiz. Reprodukcija slike iz Biblioteke Udruženja istoričara, Arizona.*

kola i nekoliko stotina belih kopača iz planina Čirikaua proterali su u Mogolonska brda. A kad su Plavi i Sivi šinjeli ušli u građanski rat, Mangas i Kočiz su konfederacioniste primorali da se povuku na istok.

Godine 1862. Zvezdani Zapovednik Karlton je sa nekoliko hiljada vojnika u plavim uniformama krenuo iz Kalifornije starim putem, onim koji prolazi kroz srce zemlje Čirikaua. Njihovi prvi manji odredi zaustavljali su se najčešće kod bistrih izvora pored napuštene poštanske stanice u Apačkom klancu. U Mesecu konja, 15. jula, Mangas i Kočiz razvili su pet stotina ratnika u vrstu i porazmeštali ih po stenovitim visovima iznad klanca i izvora. Sa zapada su se, u pratnji eksadrona Poni-vojnika i dva vagona na točkovima, približavala tri pešadijska odreda Plavih šinjela. Pošto se kolonu od tri stotine vojnika opkolili na samom ulazu u klanac, Apači su ih zasuli mecima i strelama. Vojnici su im odgovorili kraćom paljbom i onda se hitro povukli iz klanca.

Indijanci nisu pošli u poteru za njima; znali su da će se brzo vratiti. Pešaci su se prestrojili i ponovo krenuli ka Apačkom klancu, ovoga puta u pratnji vagona na točkovima; zaustavili su se na čistini, nekoliko stotina jardi od izvora koje su sa visokih grebena nadgledali Indijanci i sačekali da iz vagona na točkovima grunu teški topovi. Uvis su sunuli oblaci crnog dima, zemlja se zatresla od paklene grmljavine koja se razlegla visokim stenjem, a kroz vazduh su zapištali parčići granata. Apači su imali prilike da čuju male španske topove, ali ne i ove američke na točkovima koji su sejali užas i smrt. Sad su indijanski ratnici morali da se povuku, a Plavi šinjeli su zauzeli položaj oko milozvučnih vrela.

Mangas i Kočiz nisu, međutim, odustali od borbe, uvereni da će vojnike uspeti da poraze ako ih razbiju i odvoje od topova na točkovima. I kad se sledećeg jutra jedan vod Poni-vojnika uputio ka zapadu da one što otuda dolaze upozori na opasnost, Mangas Kolorado se sa pedesetak ratnika stuštio sa brda da bi im preprečio put. Usred žestokog boja, poglavica se, ranjen u grudi, bez svesti srušio sa konja. Ojađeni ratnici su se povukli iz borbe i krvlju oblivenog Mangasa izneli na vrh grebena.

Kočiz je čvrsto odlučio da Mangasu spase život. I nije ga poverio pesmama i čegrtaljkama vračeva-vidara, nego ga je položio na nosila i u pratnji ratnika pojahao pravo na jug. Apači su prešli sto milja da bi stigli do meksičke varošice Hanos u kojoj je živeo jedan nadaleko čuven hirurg. Predajući mu Mangasovo beživotno telo u ruke, Kočiz je lekaru postavio kratak i jasan ultimatum: *Učini da ozdravi. Ako on umre, umreće sa njim i ova varoš.*

Mangas Kolorado se u planine Mimbres vratio posle nekoliko meseci: na glavi je imao slamni-šešir sa širokim obodom a na nogama kožne gležnjake i kineske sandale koje je nabavio u Meksiku. Mnogo je oslabio i mnogo se izborao, ali je i dalje jahao i pucao bolje od mnogih i pedeset godina mlađih ratnika. Dok se odmarao u svojim planinama, čuo je da je Zvezdani Zapovednik Karlton opkolio Meskalere i da ih zatočene drži u Boske Redondu. Čuo je i to da Plavi šinjeli progone sve Apače i ubijaju ih topovima, onako kako su poubijali i šezdeset tri njegova i Kočizova ratnika u Apačkom klancu.

U Mesecu letećih mrava (januara 1863.) logor Mangasa Kolorada nalazio se na reci Mimbres. Poglavica je pomno razmišljao o tome kako da, pre nego što umre, svim Apačima osigura mir i rado se sećao ugovora koji je 1852. godine sklopio u Santa Feu. Tada je narod Apača sa narodom Sjedinjenih Američkih Država sklopio trajni mir i veliko prijateljstvo koji su potrajali nekoliko godina. Potom je ponovo došlo doba mržnje i neprijateljstva, a on je želeo da pred smrt vidi kako njegov narod opet živi u miru. Znao je da ni njegovi najhrabriji i najlukaviji ratnici kao što su Viktorio i Džeronimo ne mogu da se suprotstave ogromnoj i moćnoj vojsci Sjedinjenih Država i zaključio da je kucnuo čas za novi sporazum sa Plavim šinjelima kojih ima koliko i letećih mrava.

A kada je jednog od tih dana u njegov logor ujahao Meksikanac sa belom zastavom i rekao da vojnici ulogoreni u blizini žele sa njim da pregovaraju o miru, Mangas Kolorado je to primio kao glas proviđenja. Odgovorio je da bi više voleo da razgovara sa nekim od Zvezdanih Zapovednika, ali da će ipak doći na sastanak sa malim *capitánom*, Edmondom Šerlendom iz Odreda kalifornijskih dobrovoljaca. Njegovi Mimbrenjo ratnici su ga preklinjali da ne ide na pregovore i podsećali ga na ono što se dogodilo Kočizu kad je otišao na sastanak u poštansku stanicu kod Apačkog klanca. Mangas nije delio njihovu strepnju. „Ja sam star čovek", rekao je. „Kakvo to zlo vojnici mogu da nanesu starcu koji pregovara o miru?" Na kraj je ipak pristao da povede petnaest ratnika i uputio se sa njima ka vojnom logoru.

Čim su stigli nadomak logora, Mangas je zaustavio pratnju očekujući da im *capitán* pođe u susret. Ali kako po poglavicu nije došao *capitán* nego jedan od kopača koji je govorio španski, Apači svom vođi nisu dozvolili da krene pre nego što kapetan Šerlend ne istakne zastavu primirja. Bela zastava se zalepršala a Mangas je, čvrsto rešen da u logor uđe sam, ratnicima naredio da se vrate. Štiti ga zastava primirja, rekao je, i ništa mu se rđavo ne može desiti. Mangas je pojahao prema logoru, ali tek što su njegovi ratnici nestali sa vidika, iz šipražja su iskočili vojnici i opkolili ga sa zapetim puškama. Mangas Kolorado bio je zarobljen.

„Mangasa smo sproveli u logor koji se nalazio pored stare tvrđave Meklin", pričao je Denijel Koner, jedan od kopača koji je putovao sa Kalifornijskim dobrovoljcima, „a za nama je stigao i general Vest sa svojim oficirima. General je odmah prišao Mangasu; bio je pravi kepec u poređenju sa starim poglavicom koji nas je sve posmatrao sa velikih visina i, veoma utučen, odbio da razgovara; verovatno se gorko kajao što je ovom prilikom poverovao bledolikom[135]."

Pored Mangasa su, na straži, ostala dva vojnika koja su, kad je pala noć i stegao mraz, zapalila vatru od panjeva da se ne bi posmrzavali. Jedan od Kalifornijskih dobrovoljaca, redov Klark Stoking, naveo je u izveštaju da je general Džouzef Vest vojnicima izdao sledeće naređenje: „Želim da osvane živ ili mrtav, shvatate; *želim da osvane mrtav*[136]."

Budući da su Mangasovi Apači ostali u blizini, oko logora je, čim se spustio mrak, pojačana straža, a jedan od tih stražara bio je i Denijel Koner. Kada je pred ponoć krenuo na stražarsko mesto, Koner je zaključio da vojnici na neki način muče starog poglavicu jer se ovaj pod ćebetom stalno grčio i trzao. Ljubopitljiv, zadržao se pored vatre i ispod oka posmatrao šta vojnici rade. A oni su u toj vatri žarili svoje bajonete i njihovim usijanim vršcima boli poglavici stopala i noge. Pošto je dugo trpeo muke,

Mangas se podigao i „vojnicima oštro na španskom rekao da on nije dete sa kojim se mogu igrati. Ali vojnici su ga brzo ućutkali; obojica su u siti mah uperila u njega svoje muskete i opalila."

Čim je Mangas pao, vojnici su ga izrešetali mecima iz pištolja. Jedan mu je skinuo skalp, a drugi odrubio glavu i skuvao je da bi tu lobanju na istoku prodao nekom frenologu; obezglavljen trup bacili su u jarak. U zvaničnom izveštaju stajalo je da je Mangas ubijen prilikom pokušaja bekstva.

Posle toga su – kako je to formulisao Denijel Koner – „Indijanci krenuli u ozbiljan rat… čvrsto rešeni da se za smrt vođe osvete svim svojim silama[137]."

Kočiz i tri stotine apačkih ratnika krenuli su u pohod od zemlje Čirikaua u Arizoni do planina Mimbres u Novom Meksiku sa čvrstom odlukom da verolomne bele ljude proteraju iz svoje postojbine ili da u tom pokušaju svoje živote izgube po visoku cenu. Viktorio je okupio svoju grupu Indijanaca i u nju uključio i Meskalere koji su pobegli iz Boske Redonda; i oni su, od Hornada del Muerto do El Pasa napadali i sva naselja i sve drumove uz reku Rio Grande. I ti mali apački odredi sejali su paniku na Jugozapadu pune dve godine. Indijanci su u većini bili naoružani samo lukovima i strelama, a te strele su im bile trošne trske dugačke tri stope, sa tri pera i trougaonom glavom od kvarca oštro istesanih vrškova. Budući da su ih za osovinu vezivali izdubljeni žljebovi a ne remeni ili sargije, te strele su tražile izuzetno pažljivo i vešto rukovanje da bi se vrhovima zabadale u metu, u kojem bi slučaju njihova ubitačnost bila ravna ubitačnosti Minije-kuršuma[138].

Onim čime su se borili, Apači su se sjajno borili. Ali neprijatelj je bio daleko nadmoćniji i njegove snage bile su u razmeri sto prema jedan. Apači su, dakle, od budućnosti očekivali samo smrt ili zatočeništvo.

Pošto je građanski rat okončan i nakon što je general Karlton napustio oblast, vlada Sjedinjenih Američkih Država pokušala je da sa Apačima pregovara o miru. U Mesecu bujnih listova (21. aprila 1865. godine), Viktorio i Nana sreli su se sa predstavnikom Sjedinjenih Država u santa Riti. „Ja i moj narod želimo mir", rekao je Viktorio. „Umorni smo od rata i siromašni; nemamo ni šta da jedemo, ni šta da obučemo. Želimo da sklopimo mir, večiti mir, mir koji će se održati... Ja sam i usta i ruke oprao svežom izvorskom vodom i govorim istinu."

„Možete nam verovati", dodao je Nana.

Odgovor opunomoćenika Indijanskog biroa bio je kratak: „Nisam došao ovamo da bih vam rekao da sklopite mir. Došao sam da vam kažem da ćete mir imati samo ako se povučete u rezervat Boske Redondo."

Indijanci su mnogo slušali o Boske Redondu i sve što su čuli bilo je rđavo. „Nemam džepove da bih u njih stavio sve što kažeš", suvo je rekao Nana, „ali su se tvoje reči duboko urezale u moje srce. I neće biti zaboravljene[139]."

Viktorio je tražio da se njihov odlazak u rezervat odloži za dva dana; hteo je da skupi i svoje ljude i svoje konje. I obećao je opunomoćeniku da će se sa njim ponovo sastati kod mesta Pinos Altos 23. aprila.

Opunomoćenik ih je čekao četiri dana, ali se Apači nisu pojavili. Više su voleli da se suoče sa glađu, nemaštinom i smrću nego da odu u omraženi Boske Redondo. Jedni su krenuli na jug, u Meksiko, a drugi se u Dragonskim brdima pridružili Kočizu. Posle svega što je doživeo u stanici kod Apačkog klanca i posle ubistva Mangasa Kolorada, Kočiz se nije odazvao ni na jedan poziv belih ljudi. U toku sledećih pet godina, apački ratnici su se uglavnom klonili američkih tvrđava i naselja. Ali čim bi budnost rančera i kopača popustila, grupa jahača sjurila bi se sa brda i oterala im konje i stoku. Apači su i dalje vodili svoj gerilski rat. I kad su 1870. godine ti indijanski napadi učestali, Kočiz je kao najpoznatiji poglavica optuživan za sva nedela, bez obzira na to ko ih je i gde počinio.

Zato je u proleće 1871. godine Komesar Biroa za indijanska pitanja Kočiza tako uporno i pozivao u Vašington. Poglavica Čirikaua nije, međutim, verovao da se bilo šta izmenilo i nije imao poverenja ni u jednog predstavnika vlade Sjedinjenih Država. A kad je nekoliko nedelja kasnije saznao šta se Eskiminsinu i njegovim Aravaipama desilo u Logoru Grant, bio je više nego ikada uveren u to da Apač svoj život ne sme da poveri verolomnim Amerikancima.

Eskiminsin je sa svojom malom skupinom od sto pedeset Apača živeo pored potoka Aravaipa, po kome je pleme i dobilo ime. To područje nalazilo se severno od Kočizovog uporišta, između reke San Pedro i planina Galiuro. Eskiminsin je bio zdepast, krivonog Apač lepog lica i promenljive ćudi. Jednog februarskog dana 1871. godine ušao je u Logor Grant, mali garnizon na ušću Aravaipe i San Pedra. Čuo je da je *capitán*, poručnik Rojal Vajtmen, naklonjen Indijancima i zatražio da sa njim razgovara.

Eskiminsin je Vajtmenu rekao da su njegovi saplemenici izgubili dom i da ne mogu da nađu drugi zbog toga što ih Plavi šinjeli nemilosrdno proganjaju i u njih pucaju samo zato što su Apači. Želeo je, dakle, da sklopi mir, da se skrasi i gaji useve na obalama Aravaipe.

Vajtmen je upitao poglavicu zašto ne ode u Bele planine gde im je vlada izdvojila rezervat. „To nije naša zemlja", odgovorio mu je Eskiminsin. „Oni (Kojoteri) nisu naš narod; mi sa njima živimo u miru, ali se sa njima nismo nikad mešali. Naši očevi i očevi naših očeva živeli su u ovim planinama i kukuruz gajili u ovoj dolini. Oni su nas naučili da pravimo meskal[140], i mi zato ovde i leti i zimi imamo dovoljno hrane.

A agave u Belim planinama nema, pa bismo se brzo svi porazboljevali. Oni koji su tamo proveli izvesno vreme nisu bili zadovoljni i kažu: 'Vratili smo se na Aravaipu da sklopimo trajni mir i spokojno živimo'[141]."

Poručnik Vajtmen je onda Eskiminsinu rekao da nije ovlašćen za sklapanje mirovnog ugovora, ali da će im, ako polože sve vatreno oružje dozvoliti da kao ratni zarobljenici ostanu u blizini garnizona sve dok od svojih pretpostavljenih ne dobije dalja uputstva. Poglavica je prihvatio predlog; ratnici plemena Aravaipa položili su sve puške, a neki od njih čak i svoje lukove i strele. Zatim su, nekoliko milja dalje, podigli selo, posejali kukuruz i počeli da kuvaju meskal. Poručniku Vajtmenu su se dopali i oni i njihova „industrija", pa im je dao još jedan posao: da skupljaju seno za konje i zarađenim novcem kupuju potrebne namirnice. Ubrzo su i rančeri koji su živeli u blizini garnizona vredne Indijance zaposlili na svojim imanjima. Opit je bio toliko uspešan da se sredinom marta Eskiminsinu i njegovim Aravaipama pridružilo više od stotinu drugih Apača. Indijanaca je iz dana u dan bivalo sve više.

U međuvremenu je Vajtmen pretpostavljenim poslao pismeni izveštaj, opisao situaciju i zatražio dalja uputstva. Oni su mu, krajem aprila, kratko odgovorili da se strogo pridržava naređenja što ih je vlada izdala i njemu i svim ostalim zapovednicima. Svestan toga da sam snosi svu odgovornost za postupke Eskiminsina i njegovih Apača, poručnik Vajtmen je udvostručio nadzor nad njima.

Jedna grupa od deset Apača napala je 10. aprila San Ksavijer južno od Tusona i rančerima otela konje i stoku. Tri dana kasnije, 13. aprila, prilikom indijanskog napada na San Pedro istočno od Tusona poginula su četiri Amerikanca.

Te 1871. godine Tuson je bio oaza za tri hiljade kockara, vlasnika saluna, trgovaca, prevoznika, kopača i preduzimača koji su se obogatili u građanskom ratu i koji su od rata sa Indijancima očekivali nove koristi. Da bi se zaštitio od Apača, taj šljam od građana organizovao je Odbor za javnu bezbednost, ali kako se nijedan Indijanac nikad nije približio Tusonu, članovi Odbora su često kretali u poteru za napadačima drugih naselja, pa su posle aprilskih napada počeli da tvrde kako su njihovi izvršioci Aravaipe iz Logora Grant. Iako je bilo malo verovatno da bi Aravaipe prevaljivale put od pedeset pet milja, tusonski građani su te glasine spremno prihvatili jer su listom bili protiv ispostava u kojima Apači miruju, rade i zarađuju; njima je za bogaćenje bio, dakle, potreban rat a ne mir.

Slika 16. *Eskiminsin, vrhovni poglavica Aravaipa Apača. Fotografija Čarlsa M. Bela, Vašington, iz 1876. godine. Dobijena ljubaznošću Smitsonovog zavoda za naučna istraživanja.*

Krajem aprila, jedan od starih boraca protiv Indijanaca, Vilijem S. Uri, pokušao je da organizuje pohod na nenaoružane Aravaipe kod garnizona Grant. Njegovom pozivu odazvalo se šest Amerikanaca i četrdeset dva Meksikanca. Zaključivši da je taj broj nedovoljan za uspešnu akciju, Uri je još devedeset dva najamnika pronašao među Papago Indijancima koje su pre mnogo godina pokorili Španci i preobratili ih u hrišćanstvo. Kolona od sto četrdeset dobro naoružanih ljudi bila je spremna za pokret 28. aprila.

U Logoru Grant, poručnik Vajtmen je prvo upozorenje primio od malog vojnog garnizona u Tusonu; on ga je obaveštavao da je 28. iz Tusona krenula dobro naoružana grupa sa namerom da pobije sve Indijance oko Logora Grant. Vajtmen je tu poruku po glasniku primio 30. aprila u 7.30 časova.

„Odmah sam u indijanski logor poslao dva tumača na konjima", izvestio je kasnije Vajtmen, „sa naređenjem da poglavicama objasne nastalu situaciju i sve Indijance dovedu u garnizon... Nije prošao ni nepunih sat vremena, a moji su se glasnici vratili sa vešću da nisu pronašli nijednoga živog Indijanca[142]."

Tri sata pre nego što je Vajtmen primio poruku, Tusonci su zaposeli sve prilaze selu Aravaipa. Oni u podnožju otvorili su vatru na njihove kolibe i šatore, a kada su Apači istrčali na čistinu, pokosila ih je vatra onih sa strmog predgorja. Za nepunih pola sata, selo Aravaipa je opustošeno; jedni Apači su se spasli bekstvom, drugi su zarobljeni, a najveći broj je izginuo. Zarobljenici su uglavnom bila deca, njih dvadeset sedmoro, koje su pokršteni Papago Indijanci poveli sobom i u Meksiku ih prodali kao robove.

Kad je Vajtmen stigao u selo, ono je još gorelo, a tlo bilo pokriveno unakaženim leševima žena i dece. „Mnoge žene pobijene su pored plastova sena koje su sakupljale da bi ga tog jutra donele u garnizon. Tusonci su ranjenike dokrajčili tako što su im glave smrskali močugama i kamenicama ili tela izboli strelama. Svi leševi su bili obnaženi."

Doktor S. B. Brizli, koji se nalazio u Vajtmenovoj pratnji, rekao je u svom izveštaju da su „dve žene silovane pa ubijene... a jednoj mecima izrešetanoj desetomesečnoj bebi otkinuta je noga[143]."

Vajtmen je bio očajan i ubeđen da će Apači izbegli u planine svu krivicu za pokolj svaliti na njega. „Pobrinuo sam se za njihove mrtve i na taj način pokušao da im pokažem koliko sam i sam ojađen; i dobro sam postupio: dok smo sahranjivali mrtve, došli su mnogi Apači i svoj bol izražavali na tako strašan način da je to nemoguće opisati... Među onima koje smo sahranili (a sahranili smo njih stotinak), bili su samo jedan starac i jedan mladić – a sve ostalo žene i deca." A kada su Apači zbrojili i one koji su umrli od zadobijenih rana i one čija tela nikad nisu pronađena, ukupan broj mrtvih popeo se na sto četrdeset četiri. Poglavica Eskiminsin se nije vratio, pa su mnogi verovali da je pošao ratnom stazom ne bi li se osvetio za pokolj.

„Gledao sam kako mi ubijaju žene i decu, a nisam mogao da ih odbranim", rekao je Vajtmenu jedan Apač. „I znam da bi mnogi, da su bili na mom mestu, izvadili nož i zaklali se." Poručnik im je dao časnu reč da se neće smiriti dok njihovi mrtvi ne budu osvećeni, a Aravaipe su onda pristale da sa njegovim vojnicima ponovo podignu selo i u njemu uspostave novi život.

Napori i upornost poručnika Vajtmena su na kraju ipak urodili plodom: ubice iz Tusona izvedene su na sud. Odbrana je tvrdila da su građani Tusona samo sledili tragove apačkih zločinaca i da su ih oni doveli do sela Aravaipa. Oskar Haton, vodič u Logoru Grant, bio je svedok optužbe: „Tvrdim da nijedan napad nije potekao od Indijanaca iz našeg garnizona". Istovetne izjave dali su Majls L. Vud, trgovac u toj ispostavi, i Vilijem Nis, čovek koji je prenosio poštu između Tusona i Logora Grant. Suđenje je trajalo pet dana; porota je većala devetnaest minuta; presuda je glasila: svi optuženi se oslobađaju optužbe.

Braneći Apače, poručnik Vajtmen uništio je svoju vojničku karijeru. Pod smešnim optužbama, izlazio je tri puta pred preki sud i na kraju je, pošto je nekoliko godina ostao bez unapređenja, podneo ostavku.

Pokolj kod Logora Grant skrenuo je pažnju Vašingtona na Apače. Predsednik Grant ga je nazvao „zločinom", a Armiji i Indijanskom birou naredio da preduzmu hitne mere i na Jugozapadu uspostave mir.

Juna 1871. godine stigao je u Tuson novi vojni zapovednik Arizone, general Džordž Kruk, a nekoliko nedelja kasnije prispeo je u Logor Grant specijalni izaslanik Biroa za indijanska pitanja, Vinsent Kojler. I jedan i drugi bili su veoma zaintere-sovani za susret sa vodećim apačkim poglavicama, naročito sa Kočizom.

Sa nadom da će ga vratiti na put mira, Kojler je prvo stupio u vezu sa Eskiminsinom. Poglavica je prihvatio poziv, sišao sa planina i sastao se sa njim. „Očekivali ste, verovatno, moćnog *capitána*, a vidite pred sobom jednog veoma siromašnog čoveka koji nimalo ne liči na *capitána*", rekao mu je mirno Eskiminsin. „Da ste me sreli pre tri meseca, videli biste pravog *capitána*. U to vreme imao sam mnogo ljudi, ali su mnogi od njih nestali u pokolju. Ja danas imam malo ljudi. Iako sam napustio Logor, ostao sam u blizini. Znao sam da ovde imam prijatelja, ali sam se plašio povratka. Nikad nisam mnogo govorio, ali jedno hoću da kažem: ja volim ovo mesto. Eto, rekao sam sve, jer govorim u ime malog broja ljudi. Da nije bilo pokolja, danas bi ovde bilo mnogo, mnogo više ljudi; ali taj pokolj nisu mogli da prežive ni oni koji su ga preživeli. Kad sam sa poručnikom Vajtmenom sklopio mir, srce mi je bilo puno i blaženo. Ti ljudi u Tusonu i San Ksavijeru mora da su poludeli. Oni se ponašaju kao da nemaju ni srca ni glave… i žedni su naše krvi… Ti Tusonci pišu po novinama i svašta pričaju. A Apači svoju priču nemaju kome da ispričaju."

Kojler je obećao da će priču Apača ispričati Velikom Ocu, i Velikom Ocu i njegovom belom narodu.

„Vi imate dobro srce jer ste zbog nas došli ovamo; tu dobrotu su vam možda podarili otac i majka."

„Bog je to učinio", rekao je Kojler.

„Bog, kažete", rekao je Eskaminsin, a beli ljudi oko njih nisu znali da li poglavica veruje ili sumnja u tu božju moć[144].

Sledeći vođa u Kojlerovom podsetniku bio je Delšej, poglavica Tonto Apača. Delšej je bio dežmekast čovek širokih ramena i imao je trideset pet godina. Srebrni ukras nosio je samo u jednom uvetu, a u izrazu lica imao nešto divlje, jarosno; pokreti su mu bili žustri, pa se činilo da je u večitoj žurbi. Poglavica Delšej je mir sklopio još 1868. godine i za ispostavu Tonto Apača izabrao Logor Mekdauel na zapadnoj obali reke Rio Verde. Brzo je, međutim, otkrio koliko su Plavi šinjeli lažljivi: jedan beli oficir pucao mu je u leđa bez ikakvog razloga, a i garnizonski lekar pokušao je da ga otruje. Posle takvih iskustava, Delšej se klonio Logora Mekdauel.

Kojler je u Logor Mekdauel stigao krajem septembra i pokušao da stupi u vezu sa Delšejom. Njegovu poruku su belim zastavama, dimnim signalima i noćnim vatrama prenosile sve konjičke i pešadijske čete, ali Delšej na nju nije odgovorio sve dok nije dobro proverio namere Plavih šinjela. A kad je na kraju pristao da se 31. oktobra 1871. godine u Dolini suncokreta nađe sa kapetanom V. N. Netervilom, izaslanik Kojler se već nalazio u Vašingtonu gde su mu Delšejeve reči prenete u kopiji pismenog izveštaja.

„Ja više neću da bežim preko planina, hoću da sklopim veliki ugovor... I reč neću pogaziti sve dok se kamen ne istopi", rekao je Delšej. Odbio je, međutim, da svoje Tonto Apače vrati u Logor Mekdauel, tvrdeći da je to jedno pogano mesto (u njemu je pogođen metkom u leđa i u njemu se trovao). Pošto je izjavio da Tonto Apači žele da žive u Dolini suncokreta, u podnožju planina, gde se lako mogu snabdevati voćem i divljači, poglavica Delšej je nastavio: „Ukoliko veliki *capitán* u Logoru Mekdauel ne otvori tamo ispostavu za nas, ja za mir ne mogu da jamčim... Bog je stvorio belog čoveka, Bog je stvorio Apača; i Apač na zemlju ima ista prava kao beli čovek. Želim da sklopim mir koji će trajati večno, kako bi i Apač i beli čovek sasvim spokojno i slobodno putovali kroz ovu zemlju... A kad sklopim takav ugovor, hoću da dobijem parče hartije na kome će pisati da i ja kroz zemlju mogu da putujem onako kako kroz nju putuje beli čovek. Srušiću jednu ogromnu stenu i pogaziću reč tek kad se ona istopi... A ako sklopim mir, čekaću da veliki *capitán* dođe k meni čim mu ja pošaljem poruku, kao što ću i ja doći k njemu čim mi on pošalje poruku. Ukoliko veliki *capitán* ne održi obećanja koja mi je dao, baciću njegovu časnu reč u duboku rupu i prekriću je blatom. Ako se ugovor sklopi, ja obećavam: neka beli ljudi i beli vojnici svu svoju stoku, sve svoje konje i sve svoje mazge mirno ostave bez nadzora jer ću, ako moji Apači ukradu jedno jedino njihovo grlo, prerezati sebi vrat. Ja želim, dakle, taj veliki ugovor o miru, a ako Amerikanci i njega prekrše, neću dići pobunu; neka beli čovek krene jednim, a ja drugim putem... Poručite velikom *capitánu* Logora Mekdauel da ću doći za dvanaest dana[145]. "

Kojler je Kočizu bio najbliži onda kada je došao u mesto Kanjada Alamosa, ispostavu koju je Biro za indijanska pitanja osnovao u Novom Meksiku, četrdeset dve milje jugozapadno od tvrđave Krejg. Tu je razgovarao sa dvojicom Kočizovih sledbenika koji su mu rekli da su Čirikaue bile u Meksiku, ali da meksička vlada za svaki apački skalp nudi nagradu od tri stotine dolara i da ih zato izvidnici po planinama Sonora neumorno proganjaju. Zbog toga se, dakle, razbijeni u manje grupe vraćaju u svoja stara uporišta Arizone. A poglavica Kočiz boravi negde u Dragonskim brdima.

Kojler je poslao glasnika sa naređenjem da stupi u vezu sa Kočizom, ali čim je njegov čovek stupio na teritoriju Arizone, general Kruk mu je onemogućio da priđe poglavičinom logoru i naložio da se istog časa vrati u Novi Meksiko.

General Kruk je naumio da uhvati Kočiza. A da bi ga pronašao, živog ili mrtvog, naredio je da pet konjičkih odreda krenu u izviđanje planina Čirikaua. Sivi Vuk bilo je ime koje su generalu Kruku nadenuli Apači. A Kočiz je Sivog Vuka izbegao tako što je prešao u Novi Meksiko, i odande Zvezdanom Zapovedniku, generalu Stjuartu Grejndžeru, poslao glasnika sa porukom da će se sa njim sastati u Kanjada Alamosi.

Grejndžer je u Kanjada Alamosu u maloj pratnji došao ambulantnim kolima sa zapregom od šest mazgi. Kočiz ga je čekao, a uvodni razgovori su bili kratki. Obojica su želela da se stvari okončaju što pre. Za Grejndžera je to bila prilika da se proslavi kao čovek kome se predao veliki apački poglavica Kočiz, a za Kočiza je to bio kraj jednog dugog puta; imao je skoro šezdeset godina i bio je beskrajno umoran; srebrne vlasi šarale su mu kosu koja mu se spuštala preko ramena.

Grejndžer je poglavici objasnio da je mir moguć samo pod uslovom da se Čirikaue smeste u rezervat. „Nijednom Apaču neće biti dozvoljeno da bez pismene propusnice opunomoćenika napusti rezervat", rekao je general. „A nijednom neće biti odobreno da pređe granice Starog Meksika."

Kočiz mu je odgovorio mirnim glasom, skrštenih ruku: „Pripeklo sunce zapalilo je vatru u mojoj glavi i krv je u meni proključala. Ali kad sam došao u ovu dolinu, napio se njenih voda i u njima se umio, ja sam se ohladio. I tako ohlađen došao vama otvorenih ruku, željan mira. Govorim otvoreno: neću da obmanjujem i neću da budem obmanut. Hoću dobar, pravi i trajni mir. Kad je bog stvarao svoj svet, jedan je deo darovao belom čoveku, a drugi Apaču. Zašto je to učinio? I zašto ta dva dela sačinjavaju jednu celinu? I sad kad ovo pitam, svi se raduju odgovoru – i sunce i mesec, i zemlja i vazduh, i vode i ptice i zveri; pa čak i nerođena deca. Beli ljudi su me dugo tražili, a ja sam, evo, došao sam! Šta hoće od mene ti beli ljudi? Oni su me dugo tražili, a ja se pitam da li zaslužujem da me tako dugo traže. A ako zaslužujem, zašto ne obeleže mesto na koje sam stupio i mesto na koje sam pljunuo? Kojoti se šunjaju i noć koriste da pljačkaju i ubijaju. A ja ih ne vidim zato što nisam Bog, što nisam bogat i što više nisam poglavica svih Apača. Ja sam siromah, a svet nije bio onakav kakav je danas. Nas jeste stvorio

Bog, ali ne onakvim kakvi ste vi. Mi smo rođeni kao životinje, u suvoj travi, a ne na krevetima kao vi. Zato se i ponašamo kao životinje i zato kao kojoti noću idemo da krademo i pljačkamo. Da ja imam ono što vi imate, ne bih ni činio što činim, ne bi mi bilo potrebno. Ima i Indijanaca koji pljačkaju i ubijaju, ali ja njima ne zapovedam. Da im ja zapovedam, ne bi to činili. Moji ratnici su pobijeni u planinama Sonora. A ja sam ovamo došao zato što mi je Bog naložio da dođem i što mi je on rekao da je dobro živeti u miru. Zato sam došao! Lutao sam po svetu sa oblacima i vazduhom kad mi se javio Bog i rekao da dođem ovamo i sa vama sklopim mir. Ali šta je taj Bog mislio kad je rekao da je svet stvorio za sve nas?

Kad sam bio mlad, prolazio sam ovom zemljom uzduž i popreko, od istoka do zapada, i u njoj video samo Apače. Posle mnogo leta ponovo sam kroz nju prošao i video da je neka druga rasa došla da zaposedne zemlju. Šta se to događa? Zašto Apači danas priželjkuju smrt, zašto život ističe iz njih? Oni tumaraju po brdima i dolinama i mole nebesa da im se sažale i sruše se na njih. Apači su nekad bili veliki narod, a danas su šaka jada. Zato oni priželjkuju smrt i zato život ističe iz njih. A kako su mnogi izginuli u bitkama, morate da govorite otvoreno jer će samo tako vaše reči kao sunčeva svetlost dopreti do naših srca. Kažite mi: da li je Sveta Deva Marija prošla kroz ovu zemlju? A ako jeste, kažite mi: zašto nikada nije svratila i u apačke kolibe? Zašto je mi nismo nikada ni videli ni čuli?

Ja nemam ni oca ni majke, i sam sam na ovome svetu. Do Kočiza nikome nije stalo. Zato ja i ne želim da živim, zato i želim da me zatrpa teško stenje. Da ja, kao vi, imam oca i majku, bio bih sa njima i oni bi bili sa mnom. Dok sam lutao po svetu, svi su tražili Kočiza. Pa da li ste sad zadovoljni kad je on ovde pred vama, kad ga i gledate i slušate? A ako jeste zadovoljni, kažite to! Govorite, i vi Amerikanci i vi Meksikanci! Kao što ja ništa ne krijem od vas, tako neću da ni vi nešto krijete od mene. Ja ne lažem vas, ne lažite ni vi mene."

U razgovoru se pomenulo mesto rezervata Čirikaua, pa je Grejndžer rekao da bi vlada njihovu ispostavu preselila iz Kanjada Alamosa u tvrđavu Tularosa, područje Mogolonskih planina. (U Kanjada Alamosu naselilo se oko tri stotine Meksikanaca i svi su podneli zahteve za zemlju.)

„Ali ja želim da živim u ovim planinama i neću da idem u Tularosu", protestovao je Kočiz. „Za mene je to suviše dugačak put i to mesto suviše daleko. U Mogolonima muve konjima jedu oči i u njima žive zli dusi. Ja sam pio ovde vode i one su me ohladile; ne želim da ih napustim[146]."

General Grejndžer je obećao da će učiniti sve što je u njegovoj moći da Čirikaue ostanu u Kanjada Alamosu, pored reka i potoka u kojima su vode bistre i hladne. Kočiz je obećao da će njegov narod živeti u miru sa susedima Meksikancima, i to je obećanje održao. Ali nije prošlo ni nekoliko meseci a vlada je naredila da se svi Apači iz Kanjada Alamosa presele u tvrđavu Tularosa. Čim je čuo za to naređenje, Kočiz se sa svojim ratnicima iskrao iz garnizona. Podelili su se u manje grupe i po ko zna koji put pobegli u svoje stenovite planine u jugoistočnoj Arizoni. Ali ovoga puta će u njima ostati, odlučio je Kočiz. A ako Sivi Vuk Kruk krene u poteru za njim, on će se boriti i protiv njega i protiv stenja do poslednjeg daha. I neka na kraju, ako Bog tako hoće, to stenje padne na njega i zatrpa ga.

U Vreme berbe kukuruza, septembra 1872. godine, Kočiz je primio glas da se njegovom uporištu približava manja grupa belaca koji putuju u onim pokrivenim kolima što obično služe za prenos ranjenika. Izviđači su javljali da je sa njima i Riđobradi Taglito – Tom Džefords, koga Kočiz dugo, dugo nije video.

Nekada, u ona stara vremena kad su Kočiz i Mangas krenuli u rat sa Plavim šinjelima, Tom Džefords je prenosio poštu između tvrđave Bovi i Tusona. Apački ratnici su i njemu i njegovim pratiocima zasede postavljali tako često da je Džefords bio spreman da digne ruke i zauvek napusti taj opasan posao. A onda je, jednoga dana, riđobradi beli čovek sam samcijat ušao u Kočizov logor. Sjahao je, skinuo redenik i oružje predao jednoj Indijanki. Mirno je prišao Kočizu i seo pored njega. Sedeli su i ćutali, kako je to običaj i nalagao, a onda je Džefords Kočizu rekao zašto je došao: da sa poglavicom sklopi mir, svoj mir, kako bi mogao da raznosi poštu i zarađuje za život. Kočiz je bio zgranut: takvoga belog čoveka još nije upoznao. Nije mu preostalo ništa drugo nego da Taglitovu hrabrost nagradi obećanjem da će od toga dana moći neometano da raznosi svoju poštu. Apači nikada više nisu napadali Toma Džefordsa, a visoki riđobradi beli čovek često je svraćao u logor i sa Kočizom uz tisvin dugo razgovarao.

Čim je, dakle, čuo da je sa odredom krenuo i Taglito, Kočiz je znao da dolaze po njega. U susret belcima poslao je brata Huana, a sam se sa porodicom zavukao u skrovište. Tek kad se uverio da je sve u redu, krenuo je sa sinom Naičeom Džefordsu u sretanje. Sjahao je, zagrlio Riđobradog, a ovaj ga je predstavio čoveku sa sedom bradom, u prašnjavom odelu. „Ovo je Kočiz“. Desni rukav Sedobradog bio je prazan; ličio je na starog ratnika i Kočiz se nije iznenadio kada je čuo da ga Taglito oslovljava sa „generale“. Bio je to Oliver Otis Hauard. „Buenas dias, señor“, rekao je poglavica i rukovao se sa generalom.

Polako su, jedan za drugim, prišli i Kočizovi ratnici, posedali na ćebad u polukrug i počeli većanje sa jednorukim sedobradim zapovednikom.

„Da li će nam general objasniti cilj svoje posete?“, upitao je Kočiz na jeziku Apača, a njegove reči preveo je Taglito.

„Veliki Otac, predsednik Grant, poslao me je ovamo da između vas i belih ljudi sklopim mir“, odgovorio je general Hauard.

„Niko taj mir ne želi više od mene“, uveravao ga je Kočiz.

„Onda možemo i da ga sklopimo“, zaključio je Hauard.

Kočiz je naglasio da Čirikaue nisu napale nijednog jedinog belog čoveka otkako su pobegle iz Kanjada Alamosa. „Ja imam malo konja i oni su svi iznureni", dodao je. „Da sam napadao putnike na Tusonskom drumu, imao bih više konja. Ali nisam to učinio".

Hauard je onda rekao da bi Čirikaue živele mnogo bolje kad bi se preselile u veliki rezervat na reci Rio Grande.

„Bio sam tamo i ta mi se zemlja dopada. Spreman sam da platim visoku cenu za mir: otići ću tamo i povešću one koji žele da pođu sa mnom, iako će ta seoba razoriti moje pleme. Zašto mi za rezervat ne odredite Apački klanac? Ako mi date to mesto, ja ću štititi sve puteve i nijednom Indijancu neću dozvoliti da kroči na imanje belog čoveka", rekao je Kočiz.

Taj predlog je iznenadio Hauarda. „Možda bismo to i mogli da učinimo", odgovorio je i nastavio da ističe prednosti života na reci Rio Grande.

Kočiza, međutim, reka Rio Grande više nije zanimala. „Zašto hoćete da me zatvorite u rezervat"? – pitao je. „Mi ćemo sklopiti i poštovati mir ako nas pustite da se slobodno krećemo kao što se i Amerikanci slobodno kreću. Pustite nas da idemo kuda nam se dopada."

Hauard je pokušao da mu objasni da ta zemlja ne pripada Indijancima i da Amerikanci polažu pravo na nju. „Da bismo sačuvali mir, moraćemo da obeležimo granice", rekao je general.

Kočiz nije mogao da shvati zašto se one ne bi mogle obeležiti i oko Dragonskih brda kad se već beleže kod reke Rio Grande. „Koliko ostajete, generale?", upitao je. „Možete li da sačekate moje *capitáne* i sa njima razgovarate?"

„Došao sam iz Vašingtona da vidim vaš narod i sa njim sklopim mir. Ostaću onoliko koliko je potrebno", odgovorio je Hauard.

General Oliver Otis Hauard, taj kruti Novoenglez, koji je vojnu akademiju završio u Vest Pointu, proslavio se kod

Getisburga i ruku izgubio u bici kod mesta Lepi Hrastovi u Virdžiniji, ostao je u logoru Čirikaua Indijanaca jedanaest dana, duboko očaran ljubaznošću, neposrednošću i jednostavnošću njihovog poglavice Kočiza. Osvojili su ga i ostali Apači, naročito njihove žene i njihova deca.

„Morao sam da odustanem od plana Alamosa i da im, kao što je to Kočiz i tražio, dam rezervat koji je obuhvatao deo planina Čirikaua i deo doline koja se pružala na zapad do Velikih sumpornih vrela i Rodžersovog ranča[147]."

Trebalo je rešiti još jedno pitanje. Zakon je nalagao da se za svaki novi rezervat imenuje opunomoćenik – beli čovek. Ali to za Kočiza nije predstavljalo nikakav problem; postojao je samo jedan beli čovek u koga su Čirikaune imale poverenja – Taglito, riđobradi Tom Džefords. U prvom trenutku, Džefords je odbio ponudu. Rekao je da u tom poslu nema nikakvo iskustvo i da su, osim toga, zastupnici bedno plaćeni. Kočiz je, međutim, bio vrlo uporan i Taglito nije imao kud; dugovao je Čirikauama i život i imetak.

Delšejevi Tonto Apači i Eskiminsinove Aravaipe imali su manje sreće. Pošto je velikom *capitánu* u Logoru Mekdauel rekao da će sklopiti mir ako im ispostavu otvore u Dolini suncokreta, poglavica Delšej je strpljivo čekao odgovor, a kad on nije stigao, shvatio je to kao konačno odbijanje. „Bog je stvorio belog čoveka, Bog je stvorio Apače; i Apač na zemlju ima ista prava kao beli čovek", rekao je. Ali nije sklopio mir i nije dobio parče hartije na kome je pisalo da i on kroz zemlju može da putuje onako kako kroz nju putuje beli čovek. Zato su on i njegovi ratnici kroz nju putovali samo kao Apači. Belim ljudima se to, međutim, nije dopadalo, pa je krajem 1872. godine Sivi Vuk poslao svoje vojnike u poteru za njima. Ali vojnika je bilo malo, i oni Delšeju i njegovim Tonto Indijancima nisu uspeli da postave zasedu sve do Meseca bujnih listova (aprila 1873.). Čim je došlo pojačanje, vojnici su okružili Indijance i osuli paljbu po ženama i deci; poglavica Delšej bio je primoran da istakne belu zastavu i da se preda.

Crnobradi vojni zapovednik, major Džordž M. Rendel, poveo je Tonto Indijance u tvrđavu Apača, rezervat u Belim planinama. U to doba, Sivi Vuk je civile i zastupnike zamenjivao vojnim licima, a ti zapovednici su Apače naterali da kao psi nose metalne priveske; privesci su bili obeleženi brojevima i svaki Indijanac je umesto imena imao broj; a to im je onemogućavalo da makar i na nekoliko dana pobegnu u bazen Tonto. Delšej i njegovi ratnici čeznuli su za svojim šumovitim planinama i njihovim snežnim vrhovima. U rezervatu nisu imali ni dovoljno hrane ni dovoljno alata za rad, a Tonto Indijanci se nisu slagali sa Kojterima koji su ih smatrali uljezima. Sve je to teško mučilo Tonto Apače, ali je za njih najveća nesreća ipak bila činjenica da im je uskraćena sloboda kretanja po zemlji koju im je zaveštao Veliki Duh.

Poglavica Delšej više nije mogao da podnosi muke zatočeništva u Belim planinama i jedne je noći, u Doba trenja (jula 1873.), svoj narod poveo u bekstvo. Da bi izbegao poteru Plavih šinjela, odlučio je da se ipak preseli u rezervat na reci Rio Verde. Tu mu je opunomoćenik ispostave obećao da će Tonto Indijanci živeti mirno i spokojno ukoliko ne prave nikakve izgrede; i naglasio da će ih, ako pobegnu i iz ovog rezervata, vojnici sve pobiti. I tako su Delšej i njegov narod na reci pored Logora Verde počeli da dižu *rancheria*.

Toga leta izbila je pobuna u isposta San Karlos i ubijen je mali beli zapovednik, poručnik Džekob Olmi. Vođe Apača razbežale su se na sve strane, a neke se ulogorile u blizini Delšejeve *rancherije*. Čim je čuo za to, Sivi Vuk je Delšeja optužio da pruža pomoć beguncima i u Logor Verde poslao pismeno naređenje da se poglavica Tonto Indijanaca smesta uhapsi. Blagovremeno obavešten o onome što ga čeka, Delšej je shvatio da mu je i ovoga puta bekstvo jedini izlaz. Nije želeo da izgubi i ono malo slobode koju je imao, odbijao je da ga okuju u lance i bace u duboku jamu koju su za indijanske zatvorenike vojnici iskopali pored kanjona. Poglavica je u bazen Tonto pobegao sa nekoliko vernih pratilaca.

Znao je da će Sivi Vuk odmah krenuti u lov i da se neće smiriti sve dok ga ne pronađe. Delšej i njegovi ljudi su mesecima izmicali lovcima. Na kraju je general Kruk shvatio da u bazenu Tonto samo Indijanci mogu pronaći odmetnike i raspisao je ucenu za Delšejevu glavu. U julu 1874. godine došla su u Krukov glavni štab, odvojeno, dva apačka najamnika. I svaki je doneo Delšejevu odrubljenu glavu. „Bio sam vrlo zadovoljan time što su obojica verovala da donose traženi plen", rekao je general Kruk. „Ali kako mi je pored Delšejeve bila dobrodošla i ona druga indijanska glava, nagradu sam isplatio i jednom i drugom[148]." I te dve glave, pored glava ostalih pobijenih Apača, bile su istaknute prilikom svih svečanih smotri u garnizonima Rio Verde i San Karlos.

Ni Eskiminsin nije uspeo da očuva mir. On i njegove Aravaipe su, posle posete opunomoćenika Kojlera 1871. godine, započeli novi život u Logoru Grant. Podigli su selo sa brvnarama i zasejali kukuruz. A kad je izgledalo da će sve poći nabolje, vlada je odlučila da Logor Grant preseli šezdeset milja na jugoistok. Armija je tu seobu iskoristila da dolinu San Pedor očisti od Indijanaca i Aravaipe prebacila u San Karlos, novu ispostavu na reci Hila.

Seoba je obavljena u februaru 1873. godine, u trenutku kada su Aravaipe podizale svoju novu *rancheriju* i posejale kukuruzna polja. Tada je došlo do pobune u kojoj je ubijen poručnik Olmi. Iako Eksiminsin i njegove Aravaipe sa tim nemirima nisu imali nikakve veze, Sivi Vuk je naredio da se „bezbednosti radi" poglavica uhapsi i zatoči.

Eskiminsin je u zatvoru bio sve do 4. januara 1874. godine, kad je na čelu svojih ratnika pobegao iz rezervata. Po čiči zimi, lutali su nepoznatim planinama tražeći hranu i zaklon. U aprilu je, da bi svoje bolesne i izgladnele ratnike spasao sigurne smrti, Eskiminsin odlučio da se vrati u San Karlos.

„Mi nismo učinili nikakvo zlo", rekao je zastupniku. „Ali se bojimo, pa smo zato i pobegli. Vratili smo se, jer ćemo u planinama umreti ili od gladi ili od zime. A kako nam smrt ne gine, neka nas ovde pobiju američki vojnici. Mi više nećemo bežati."

Čim je zastupnik pretpostavljene obavestio o povratku Aravaipa, dobio je naređenje da Eskiminsina i njegove doglavnike uhapsi, okuje lancima i kao ratne zarobljenike prebaci u novi deo Logora Grant.

„Šta sam učinio?", upitao je Eskiminsin zapovednika koji je došao da ga liši slobode.

Zapovednik nije znao odgovor na to pitanje. Hapšenje poglavice bila je „mera bezbednosti".

U novom delu Logora Grant, vojnici su Eskiminsina i njegove doglavnike okovali i tako povezane lancima naterali da slažu cigle za novu građevinu. U okovima su spavali i noću, na zemlji, i jeli samo ono što su vojnici bacali.

Jednoga letnjeg dana došao je kod Eskiminsina neki mladi belac i predstavio mu se kao novi zastupnik u San Karlosu. Zvao se Džon Klam. Rekao je da Indijanci u San Karlosu zahtevaju povratak poglavice i upitao ga: „Zašto ste zarobljeni"?

„Ja nikakvo zlo nisam učinio", odgovorio mu je Eskiminsin. „Beli ljudi pričaju možda laži o meni, ali ja sam se celog života trudio da činim samo ono što je dobro i pravo[149]."

Klam je rekao da će se postarati za to da poglavica bude oslobođen, ukoliko od njega dobije obećanje da će mu pomoći u smirivanju situacije u San Karlosu.

Eskiminsin se svom narodu vratio dva meseca kasnije, i ponovo se svima učinilo da ih čeka svetlija budućnost. Jedino je poglavica Aravaipa bio i dovoljno mudar i dovoljno iskusan da ne poveruje u bolje dane. Otkako su u njegovu zemlju došli beli ljudi nije više znao ni gde bi svoje ćebe smeo da rasprostre. Budućnost Apača bila je potpuno neizvesna.

U proleće 1874. godine, Kočiz se teško razboleo i slabio iz časa u čas. Zastupnik Tom Džefords doveo je iz tvrđave Bovi vojnog lekara, ali doktor nije uspeo da utvrdi uzrok bolesti. Njegovi lekovi nisu poglavici doneli nikakvo olakšanje i snažno, mišićavo telo vođe Apača brzo je malaksavalo.

Baš u to vreme, američka vlada odlučila je da uštede radi ispostavu Čirikaua spoji sa novom ispostavom u Novom Meksiku koja se zvala Topla vrela. Kad su njeni predstavnici došli kod Kočiza da bi to pitanje raspravili, poglavica im je rekao da je prema seobi ravnodušan i da će umreti pre nego što ona započne. Preseljenju su se, međutim, žestoko usprotivili njegovi sinovi i druge poglavice; izjavili su da se u novu ispostavu neće preseliti ni na silu i da će radije umreti u svojim planinama nego živeti u oblasti Toplih vrela.

Čim su vladini predstavnici otišli, Kočiz je osetio tako strašnu nemoć i dobio tako jake bolove da je Džefords odlučio da odjaše do tvrđave Bovi i dovede lekara. Kočiz ga je na polasku upitao: „Misliš da ćeš me zateći živog"?

A Džeford mu je odgovorio iskreno, kao bratu: „Ne, mislim da neću."

„Umreću sutra oko deset ujutro. Da li ti veruješ da ćemo se jednom ponovo videti?"

Džefords je ćutao, a onda rekao: „Ne znam. Šta ti misliš o tome?"

„Ne znam ni ja", odgovorio je Kočiz. „Meni te stvari baš nisu sasvim jasne, ali mislim da ćemo se ipak ponovo sresti tamo negde gore[150]."

Kočiz je umro pre nego što se Džefords vratio iz tvrđave Bovi. Već posle nekoliko dana, riđobradi zastupnik saopštio je Indijancima da mora da ih napusti. Oni, naravno, za to nisu hteli ni da čuju. Kočizovi sinovi Tasa i Naiče preklinjali su ga da ostane sa njima. A kad su mu rekli da će, ako ih Taglito napusti, vlada pogaziti i ugovor i sva obećanja koja je dala Kočizu, Tom Džefords je obećao da ih neće napustiti.

U proleće 1875. godine veliki broj Apača je bio zatočen u rezervatima a manje grupe su pobegle u Meksiko. U maju je general Kruk iz Arizone prebačen u oblast reke Plate: Sijui i Čajeni, koji su duže od Apača živeli u rezervatima, počeli su da pružaju otpor.

Pustinjom, planinskim vrhovima i zemljom Apača zavladao je prisilan mir. Ironijom sudbine, trajnost tog mira zavisila je uglavnom od upornih napora dvojice belaca koji su poštovanje i naklonost Apača zadobili zato što su se prema njima odnosili kao prema ljudima, a ne kao prema krvožednim divljacima. Agnostik Tom Džefords i holandski protestant Džon Klam bili su optimistički raspoloženi, ali i dovoljno pametni da ne očekuju previše. Budućnost svakoga belog čoveka koji je na Jugozapadu branio prava Apača bila je krajnje neizvesna.

DESETO POGLAVLJE

Ispaštanje Kapetana Džeka

1873 – 6. *januar*: Kongres SAD otvara istragu u vezi sa skandalom *Crédit Mobilier*; 3. mart: posebnom Uredbom, plate članova Kongresa i vladinih činovnika povećavaju se retroaktivno; 7. maj: u Panami se iskrcava američka mornarica sa zadatkom da u toj zemlji zaštiti Amerikance i njihove posede; 15. septembar: Francusku napuštaju i poslednje jedinice pruske vojske; 19. septembar: krah bankarske firme Džeja Kuka izaziva paniku u finansijskim krugovima; 20. septembar: Njujorška berza zatvara se na deset dana; teška ekonomska kriza širi se kroz zemlju i svet; objavljene knjige: *Put oko sveta za osamdeset dana* Žila Verna i *Zlatno doba* Marka Tvena.

Jedan sam čovek, ali govorim u ime celog naroda; govorim ono što moj narod nosi u srcu. Ne želim rat, želim da budem čovek. A vi me lišavate prava čoveka. Moja koža jeste crvena, ali je moje srce isto kao srce belog čoveka. Ja sam Modok i ne bojim se smrti. Kad budem umirao, neću pasti na stenje nego na neprijatelje. Spavao sam na Izgubljenoj reci, a vaši vojnici su me napali u snu i dovukli na ove stene kao ranjenog jelena...

Uvek sam belom čoveku govorio da dođe u moju zemlju i nastani se u njoj, da je ta zemlja i njegova i moja. Govorio sam belim ljudima da dođu ovamo i žive

sa mnom, da se ja na njih ne ljutim. Nikada ništa ni od
koga nisam dobio, sve sam uvek kupio i platio. Živeo
sam onako kako živi beli čovek i želeo da živim tako.
Živeo sam mirno i nikad ništa nisam tražio. Živeo sam
od onoga što bih ulovio puškom i uhvatio u zamku.

KINTPUAŠ (KAPETAN DŽEK),
POGLAVICA PLEMENA MODOK

KALIFORNIJSKI INDIJANCI bili su blagi kao što je blago bilo i podneblje u kome su živeli. Španci su im nadenuli imena, uveli ih u misije, preobratili u novu veru i iskvarili. Plemenske zajednice nisu bile razvijene; svako selo imalo je svoje starešine, ali taj miroljubiv narod nije birao velike ratne poglavice. Pošto su 1848. godine otkrili zlato, beli ljudi iz svih krajeva sveta sjatili su se u Kaliforniju i od pitomih Indijanaca uzimali sve što bi im se prohtelo. Ponižavali su one koje nisu ponizili Španci, a onda prešli na sistematsko istrebljivanje starosedelaca koji su danas već odavno zaboravljeni. Niko se više ne seća plemena koja su se zvala Čilulja, Čimariko, Jurebur, Nipevaj, Alona i stotina drugih skupina čije kosti počivaju pod zemljom koja se prostire milionima kvadratnih kilometara. Danas su tu auto-strade, parkirališta i stambeni blokovi.

Među neotpornim kalifornijskim Indijancima jedini izuzetak činili su Modoci, koji su živeli u oštrijem podneblju kod Jezera Tjul, duž granica Oregona. Sve do pedesetih godina devetnaestog veka Modoci gotovo da i nisu znali šta su to beli ljudi. A onda su doseljenici nagrnuli u čoporima, bezdušno im otimali najbolju zemlju i s pravom očekivali da im se Indijanci iz plemena Modok slepo potčine. A kad su im se Modoci suprotstavili borbom, beli osvajači pokušali su da ih istrebe.

U to vreme stasao je mladi Modok po imenu Kintpuaš, koji nikako nije mogao da shvati zašto Indijanci i belci ne mogu da žive zajedno i zašto se međusobno uništavaju. Zemlja oko jezera Tjul bila je beskonačna kao nebo i u njoj je za sve bilo dovoljno jelena, antilopa, pataka, gusaka, riba i hranljivog korenja *camas*. Kintpuaš je često molio oca da ode i sklopi mir sa belim ljudima. A otac, poglavica, odgovarao je sinu da su beli ljudi lažljivi i prevrtljivi i da će u zemlji zavladati mir tek kad oni budu proterani iz nje. Stari poglavica poginuo je u jednoj od bitaka sa belim doseljenicima, a novi poglavica plemena Modok postao Kintpuaš.

Odmah je krenuo u obližnja naselja da bi sa belim ljudima kojima se moglo verovati sklopio mir. U varošici Ireka pronašao je grupu dobrih ljudi i Modoci su od toga dana često dolazili i sa njima razmenjivali robu. „Kad su beli ljudi dolazili u moju zemlju, odmah sam im rekao da, ako žele, mogu u njoj da žive; i nikad nisam tražio da mi plate zato što želim da budem sa belim ljudima[151]“, govori je mladi poglavica. Kintpuaš je voleo i bele ljude i njihovu odeću i njihove kuće i njihovu lepu stoku i ostale domaće životinje.

Beli ljudi nadenuli su svojim indijanskim posetiocima nova imena, a ona su se Modocima toliko dopala da su ih i sami usvojili. Kintpuašovo novo ime bilo je Kapetan Džek. Ostali su se zvali – Kvačilo Džim, Parobrod Frenk, Čarli Sa Ožiljkom Na Licu, Boston Čarli, Kudravi Doktor, Mrzovoljni Džim, Šonšin Džon i Elenin Čovek.

Ali građanski rat belaca poremetio je odnose Modoka i belih naseljenika. Često se dešavalo da Modok ne ulovi jelena i da, gladan, ubije kravu na nekom ranču ili uzjaše konja sa pašnjaka pored naselja. Beli prijatelji Modoka nisu se ljutili i prihvatali su to kao neku vrstu „poreza“ na indijansku zemlju. Bilo je, međutim, i onih kojima se to nimalo nije dopadalo i koji su huškali političare da Modoke što pre isteraju iz zemlje Jezera Tjul.

Ubrzo je došla komisija da sa Indijancima sklopi mir. Njeni članovi obećali su Kapetanu Džeku i drugim starešinama da će, ukoliko se presele na sever, u Oregonski rezervat, svaka indijanska porodica od američke vlade dobiti zemlju, konje, kola, poljoprivredne alatke, odeću i hranu. Kapetan Džek je želeo da zemlju dobije pored jezera Tjul, ali se komisija sa tim nije složila. Posle dužeg kolebanja, Kapetan Džek je potpisao ugovor i Modoci su se preselili na sever, u rezervat Klamat, gde su od prvog dana

Slika 17. *Kapetan Džek ili Kintpuaš. Fotografija L. Helera iz 1873. godine, dobijena ljubaznošću Smitsonovog zavoda.*

bili suočeni sa velikim nevoljama. Rezervat se nalazio na teritoriji dodeljenoj raznim skupinama plemena Klamat i ti Indijanci su Modoke dočekali kao uljeze i rušili im sve što bi sagradili. Opunomoćenik rezervata delio je hranu i odeću samo Klamatima, dok su Modoci ostajali gladni i goli. (Veliko veće u Vašingtonu nije izglasalo sredstva obećana Modocima.)

Čim je Kapetan Džek shvatio da će mu narod poumirati od gladi, izveo ga je iz rezervata i poveo u dolinu Izgubljene reke gde su živeli i ranije. Mirni i pitomi, Modoci su lovili ribu i divljač, ali je njihovo prisustvo u dolini smetalo belim rančerima, pa su se neprekidno žalili predstavnicima vlasti i vlade. Kapetan Džek je svoje ljude upozoravao da se klone belaca, ali skupina od tri stotine Indijanaca nije mogla ostati nevidljiva. Kada je u leto 1872. godine Biro za indijanska pitanja savetovao

poglavici da se vrati u rezervat Klamat, on je odgovorio da nje-
gov narod ne može da živi sa plemenom Klamat. Tražio je da
se rezervat za Modoke izdvoji u njihovoj zemlji na Izgubljenoj
reci. Indijanski biro je taj zahtev ocenio kao razuman, ali su ran-
čeri odbili da Indijancima „ustupe" deo bogate zemlje obrasle
bujnim pašnjacima. U jesen 1872. godine, vlada je Modocima
naredila da se vrate u rezervat Klamat, a Džek je i ovog puta
odbio da to učini. Onda je vojska dobila zadatak da ih iseli na
silu. Po ledenoj kiši, 28. novembra, iz tvrđave Klamat krenuo je
ka Izgubljenoj reci major Džejms Džekson sa konjičkim odre-
dom od trideset osam vojnika.

U logor Modoka stigli su pred samu zoru i opkolili ga sa
svih strana. Kad su, sa oružjem u rukama, iz brvnara izašli Čarli
Sa Ožiljkom Na Licu i mnogi drugi, Džekson je zahtevao da
se sastane sa njihovim poglavicom. Kapetanu Džeku saopštio
je da je po naređenju Velikog Oca dužan da ih sprovede do
rezervata Klamat.

„Ja ću poći i povešću ceo moj narod", rekao mu je Kapetan
Džek, „ali više nemam poverenja u ono što mi vi, beli ljudi,
kažete. Dolazite, eto, u moj logor u mraku, pre svanuća, i plašite
i mene i moj narod. Ja od vas neću pobeći. Ali ako hoćete sa
mnom da razgovarate, ponašajte se kao ljudi[152]."

Major Džekson je odgovorio da nije došao zato da pravi
neprilike i naložio je poglavici da okupi sve svoje ljude. A kad
su se oni okupili, pokazao je, Džeku gust šiprag komonike i
naredio: „Tamo ćeš položiti pušku!"

„Zašto"?, upitao je Džek.

„Ti si poglavica. Ako ti položiš oružje, oružje će položiti i
ostali. Učini kako kažem i neprilika neće biti"

Kapetan Džek je oklevao. Znao je da Indijanci ne žele da
polože oružje. „Nikada se nisam borio protiv belih ljudi i neću
da se borim protiv njih", rekao je.

Ali major je bio uporan. „Nikome neću dozvoliti da vam učini nažao", obećao je.

Poglavica je spustio pušku, i položio je u grm komonike i ostalima dao znak da slede njegov primer. Jedan po jedan, Indijanci su prilazili i polagali oružje. Čarli Sa Ožiljkom Na Licu bio je poslednji. Položio je pušku na vrh gomile, ali ne i pištolj zadenut za pojas.

Major mu je onda naredio da položi i pištolj.

„Dao sam vam pušku", odgovorio je Čarli.

Major je pozvao poručnika Frezijea Butela: „Razoružajte ga!"

„Daj mi ovamo taj pištolj, brzo, proklet da si!" izdrao se Butel.

Čarli Sa Ožiljkom Na Licu je rekao da nije pas na koga treba vikati.

Butel je izvukao revolver. „Naučiću te ja, kučkin sine, kako se razgovara sa mnom."

Čarli Sa Ožiljkom Na Licu je ponovio da nije pas i rekao da će svoj pištolj zadržati[153].

A kad je Butel u njega uperio revolver, Čarli je potegao pištolj. Obojica su pucala istovremeno. Poručniku je metak prošao kroz rukav od kaputa, a Čarli je ostao neozleđen. Sjurio se do gomile oružja i zgrabio sa vrha svoju pušku; za njim su to isto učinili i ostali. Major je onda vojnicima naredio da otvore vatru. Nekoliko minuta pucali su i jedni i drugi, a zatim su se vojnici povukli i na poprištu ostavili jednog mrtvog i sedmoricu ranjenih.

Za to vreme su žene i deca iz plemena Modok poskakali u čunove od izdubljenog drveta i zaveslali ka jezeru Tjul. Kapetan Džek i njegovi ratnici išli su uz obalu za njima, zaklonjeni gustom trskom. Uputili su se ka legendarnom utočištu Modoka koje se nalazilo južno od jezera – u Kalifornijska korita okamenjene lave.

Korita okamenjene lave bila je oblast ugašenih vulkana koji su se pretvorili u stenovite pećine, pukline i jaruge, od kojih su neke bile duboke i stotinak stopa. Špilja koju je Kapetan Džek odabrao za svoje uporište bila je jama nalik na krater, okružena čitavim nizom prirodnih šančeva i grudobrana od okamenjene lave. Poglavica je znao da se iz tih korita mala grupa njegovih ratnika može izboriti i sa velikom vojskom ako to bude potrebno, ali se ipak nadao da će ih tu vojnici ostaviti na miru i da beli ljudi neće poželeti i stenje okamenjene lave.

Kad su vojnici majora Džeksona ušli u Džekov logor, manja grupa Modoka koju je predvodio Kvačilo Džim bila je ulogorena na suprotnoj obali Izgubljene reke. Bežeći u rano jutro ka utočištu okamenjene lave, poglavica je iz tog pravca čuo pucnjavu. „Bežao sam i nisam hteo da se borim", rekao je kasnije. „Vojnici su ubili nekoliko mojih ljudi nekoliko mojih žena. Zato i nisam zastao da vidim šta se događa na suprotnoj strani reke. Imao sam vrlo malo ratnika i nisam hteo da se borim[154]."

Kapetan Džek je tek posle dva-tri dana saznao šta se dogodilo Kvačilu Džimu i njegovoj grupi, kad su u uporište iznenada uleteli Džim, Kudravi Doktor, Boston Čarli i jedanaest Modoka. Ispričali su poglavici da su u njihov logor upali beli naseljenici i odmah pripucali. Beli ljudi su ubili novorođenče u naručju majke i jednu staricu, a ranili nekoliko ratnika. Na putu ka Koritima okamenjene lave, Kvačilo Džim i njegovi pratioci odlučili su da osvete smrt nedužnih žrtava. Upali su u nekoliko rančerskih kuća duž puta i pobili dvanaest belih naseljenika.

Poglavica je u prvom trenutku pomislio da se kao i obično Kvačilo Džim samo hvališe, ali su ostali potvrdili da govori čistu istinu. A kad su mu naveli i imena pobijenih belaca, Kapetan Džek se toliko užasnuo da nije hteo da poveruje u tako stravičnu istinu; neke od žrtava je lično poznavao i imao u njih mnogo poverenja. „Zašto ste ubili te ljude?", upitao je. „Ja vam nisam rekao da ubijete moje prijatelje, učinili ste to na svoju odgovornost[155]."

Kapetan Džek je znao da nade više nema, da će vojnici, željni osvete, zaći čak i u jednu takvu pustoš kakva su Korita okamenjene lave i da će on, poglavica Modoka, morati da odgovara za zločin koji su izvršili Kvačilo Džim i njegovi pratioci.

Vojnici se nisu pojavili sve do Ledenog meseca. A tada su, 13. januara 1873. godine, indijanski stražari na strmini iznad Korita okamenjene lave ugledali izviđačku četu Plavih šinjela. Indijanci su te izvidnike rasterali mecima ispaljenim sa velikog rastojanja, ali su već posle tri dana došli drugi: tog zimskog popodneva, iskrsla je iz guste magle, kao avet, kolona od dvesta dvadeset pet regularnih vojnika i sto četiri dobrovoljaca iz Kalifornije i Oregona. Vojnici su položaje zauzeli na grebenima preko puta Džekovog uporišta, a kad se spustio mrak, zapalili su vatre ložeći ih trskom komonike da bi se koliko-toliko ugrejali. Njihovi zapovednici su se nadali da će se Modoci predati čim shvate da su opkoljeni sa svih strana.

Kapetan Džek je i bio za predaju. Znao je da vojnici traže one koji su pobili naseljenike i više je voleo da se zajedno sa njima preda vojnim zapovednicima nego da u krvavoj bici žrtvuje ceo narod.

Predaji su se žestoko usprotivili glavni krivci – Kvačilo Džim, Kudravi Doktor i ostali. Naterali su Džeka da održi većanje da bi se pleme izjasnilo na čijoj je strani. U uporištu se nalazio pedeset i jedan ratnik; četrnaest ih je glasalo za predaju, a trideset sedam za borbu na život ili smrt.

Indijanci su pred svanuće 17. januara začuli vojničke trube koje su oštro odzvanjale maglom obavijenim stenjem Korita okamenjene lave. Početak napada Plavih šinjela oglasile su haubice. Modoci su bili spremni. Pokrili su glave komonikom i iskačući iz jaruga čas na jednoj a čas na drugoj strani, „poskidali" sve vojnike iz prvih redova.

U podne su napadači već zauzimali prostor duži od jedne milje, ali su im krš i magla onemogućavali da održavaju vezu među sobom. Za to vreme su ratnici, zaklonjeni svojom komonikom, jurili tamo-amo duž borbenih linija da bi kod neprijatelja stvorili utisak o mnogo većem broju boraca. A kad se uporištu približila četa vojnika, Modoci su osuli žestoku paljbu; pucale su i žene, rame uz rame sa muškarcima. Malo kasnije, vojnike u rasulu napali su Džek i Elenin Čovek, pa su se Plavi šinjeli hitro povukli i na bojištu ostavili i mrtve i ranjene.

Čim se pred zalazak sunca magla digla i vojnici se sa logorom povukli na grebene, Modoci su izašli iz zaklona i pokupili plen: devet karabina i šest redenika, nešto municije i hranu, koje su vojnici pobacali prilikom povlačenja.

Te noći Modoci su zapalili veliku vatru i proslavili pobedu. U borbi nije poginuo nijedan Indijanac i nijedan nije bio teže ranjen; zaplenili su dovoljno pušaka i municije da bi se borili još jedan dan. Ujutro su opet bili spremni za bitku i veoma su se iznenadili kad su ugledali samo nekoliko vojnika sa belom zastavom. Pokupili su svoje mrtve i ranjene i pre smiraja dana nestali sa grebena.

Uveren da će se Plavi šinjeli brzo vratiti, kapetan Džek je svuda postavio izviđače i stražare. Ali dani su proticali jedan za drugim a vojnici se nisu pojavljivali. („Tukli smo Indijance u Koritima okamenjene lave sve dok ih nismo saterali u poslednje uporište", izveštavao je beli zapovednik. „A to je jedno ogromno prostranstvo golog stenja sa bezbroj pećina, puklina i jaruga… Iz tih provalija može ih izvući samo vojska od najmanje hiljadu ljudi, i to uz pomoć minobacačkih baterija… Najhitnije potrebno pojačanje od sto pešaka[156]")

U Korita okamenjene lave došla je 28. februara Džekova rođaka Vinema. Vinema je bila udata za belca Frenka Ridla, pa su sa njom stigli njen muž i još tri bela čoveka. Svi su oni bili prijatelji Modoka u vreme kad su ih ovi sa radošću posećivali u varošici Ireka. Vinema je bila vesela, energična mlada žena bucmastog lica, koja je sebe sada nazivala Tobi Ridl. Iako je u potpunosti prihvatila način života i običaje svoga muža, Kapetan Džek imao je u nju poverenja. Tobi Ridl mu je odmah saopštila da je bele ljude dovela zato da bi razgovarali sa poglavicom Modoka. Bili su spremni da u znak prijateljstva noć provedu u indijanskom uporištu i Džek ih je uveravao da su dobrodošli i da im niko ništa nažao neće učiniti.

Prilikom većanja, belci su Indijancima rekli da je Veliki Otac poslao iz Vašingtona komisiju čiji bi članovi želeli da pregovaraju o miru. Veliki Otac veruje da se rat sa Modocima može izbeći, moli Modoke da razgovaraju sa članovima njegove komisije i pronađu put ka miru. Komisija ih očekuje na Ferčajldovom ranču, nedaleko od Korita okamenjene lave.

A kad su Modoci pitali šta će se desiti sa grupom Kvačila Džima koja je u Oregonu pobila bele naseljenike, odgovoreno je da im, ukoliko se budu predali, neće biti suđeno po zakonima Oregona i da će kao ratni zarobljenici biti prebačeni daleko odavde – u rezervat na Indijanskoj teritoriji ili u Arizoni.

„Vratite se i kažite članovima komisije da sam spreman na većanje sa njima. Želim da čujem šta nude i meni i mom narodu", rekao je Džek.

„Kažite im da dođu ovamo ili mi jave da ja dođem tamo. Otići ću kod njih ako obećaju da će me u toku većanja štititi od naših neprijatelja."

Pre odlaska Vinema je sutradan ujutro obećala Džeku da će ga obavestiti o datumu i mestu sastanka. Tog istog dana, Kvačilo Džim i njegovi pratioci ušunjali su se na Ferčajldov ranč, potražili članove komisije i izrazili spremnost da im se predaju kao ratni zarobljenici.

Članovi mirovne komisije bili su Alfred B. Mičem, nekadašnji zastupnik Modoka u Oregonu, Eliejzer Tomas, sveštenik iz Kalifornije i L. S. Dajer, pomoćnik opunomoćenika u rezervatu Klamat. Njihov rad nadzirao je zapovednik trupa okupljenih u blizini Korita okamenjene lave, general Edvard R. S. Kenbi – onaj isti Kenbi, Orlovski Zapovednik, koji se dvanaest godina ranije borio sa Manuelitom i njegovim Navaho Indijancima i sa njima sklopio mir u Novom Meksiku. (Videti drugo poglavlje.)

Kad su Modoci Kvačila Džima došli u njegov štab sa zaprepašćujućom izjavom o spremnosti za predaju, general se toliko oduševio da je odmah uputio hitan telegram u Vašington, obaveštavajući Velikog Ratnika Šermana da je rat sa Modocima okončan i tražeći uputstva kada bi i kuda te ratne zarobljenike trebalo prebaciti.

General Kenbi je u silnom oduševljenju zaboravio da uhapsi Kvačila Džima i njegove pratioce. A oni su švrljali po logoru i procenjivali snagu tih vojnika koji će ih štititi od gnevnih građana Oregona. U šetnji su nabasali na jednog od oregonskih žitelja, koji ih je prepoznao i zapretio im hapšenjem zbog zločina koji su izvršili na Izgubljenoj reci. Rekao je da guverner Oregona traži njihove glave i da će ih, čim ih se dokopa, osuditi i povešati.

U prvom zgodnom trenutku, Kvačilo Džim i njegovi ljudi pojahali su konje i najbržim putem su se vratili u Korito okamenjene lave. Savetovali su Kapetanu Džeku da ne ide na Ferčajldov ranč, jer je to većanje samo klopka postavljena zato da bi se njegovi Modoci pohvatali, prebacili u Oregon i tamo povešali.

U toku sledećih dana, dok su Vinema i Frank Ridl dolazili i odlazili prenoseći poruke, pokazalo se da su sumnje Kvačila Džima, bar što se njegove družine tiče, bile opravdane. Politički pritisak iz Oregona primorao je generala Kenbija i članove komisije da predlog o njihovoj amnestiji povuku. Obavestili su o tome Kapetana Džeka i poručili mu da on i ostali Modoci slobodno dođu na savetovanje gde će im zaštita biti zajamčena. Kapetan Džek se našao u gadnom škripcu. Ako se odrekne družine Kvačila Džima, uspeće možda da spase narod. Ali Kvačilo Džim je s pravom tražio zaštitu od njega – poglavice Modoka.

Uz pomoć svoje sestre Meri, Džek je 6. marta napisao pisma članovima komisije i ona je to pismo odnela na Ferčajldov ranč. „Zaboravimo sve, izbrišimo sve, neka se krv više ne proliva" – pisao je poglavica Modoka. „Ubice su ojadile i moje srce, ali imam suviše malo ratnika da bih se i njih odrekao. Zar bi se vi odrekli onih koji su pucali u nas dok smo spokojno spavali? Ja nikad nisam tražio glave onih belaca koji su pobili moje Indijance… Mogu se odreći konja i pustiti da ga ubiju, ali se ne mogu odreći ljudi i pustiti da ih povešaju. Ako se odreknem svog konja, neću zaplakati. Ali ako se odreknem svojih ljudi, plakaću za njima celog života[157]."

Kenbi i članovi komisije su i dalje pokušavali da se sastanu sa Kapetanom Džekom i ubede ga da je bolje predati zločince nego ceo narod izgubiti u ratu. Iako je Veliki Ratnik Šerman Kenbiju savetovao da se mane pregovora i Modoke uništi vojnom silom „jer njima u tom slučaju neće trebati rezervat nego samo grobovi u stenju okamenjene lave koje su sami izabrali" – general nije gubio strpljenje[158].

Jednoga dana, 21. marta, Kapetan Džek i Čarli Sa Ožiljkom Na Licu ugledali su kako se niz greben iznad njihovog uporišta u pratnji nekoliko konjanika lagano spušta general Kenbi. Poglavica se ponovo našao u nedoumici: kako da reaguje na njegov dolazak. Postrojio je svoje ratnike na stenje i budno motrio na visoku priliku koja se izdvojila iz pratnje. Taj čovek, vojni lekar, predložio je poglavici da se nezvanično sastane sa generalom Kenbijem, pa je taj susret ostvaren već posle nekoliko minuta. Kenbi je uveravao Džeka da će, ako narod izvede iz Korita okamenjene lave, svi Modoci dobiti hranu, odeću i mnogo darova. Poglavica je generalu uzvratio pitanjem zašto neke od tih stvari nije poneo sobom kad već toliko želi da ih daruje Modocima i zašto ne povlači vojnike iz te oblasti; Modoci imaju samo jednu želju, a to je da ih vojnici ostave na miru, dodao je.

U toku toga kratkog sastanka, ni Džek ni Kenbi nisu pomenuli Kvačilo Džima, njegovu družinu i ubistvo naseljenika. Džek ništa nije obećao; hteo je da sačeka i vidi šta će Kenbi da uradi.

A ono što je Kenbi uradio bilo je da pozove nove trupe i rasporedi ih oko uporišta Modoka. Sada su se na malom rastojanju nalazile jedinice Prvog konjičkog i Dvadeset prvog pešadijskog puka, pojačane artiljerijom.

Kapetan Džek je članovima komisije drugu poruku poslao 2. aprila, tražeći da se sastanu na pola puta između najbližeg vojničkog logora i indijanskog uporišta. Istoga dana, Kenbi, Mičem, Tomas i Dajer odjahali su sa bračnim parom Ridl u kotlinu okruženu strmim liticama. Tamo su ih već čekali Kapetan Džek, Kvačilo Džim i drugi Modoci, koji su u znak miroljubivih namera poveli i svoje žene. Dok je Mičema pozdravio kao starog prijatelja, poglavica je Kenbija hladno i sa gorčinom upitao zašto je svoje trupe toliko približio i njima gotovo opkolio indijansko uporište.

Kenbi je pokušao da izvrda pravi odgovor rekavši da je svoj štab približio poglavičinom štabu zato da olakša pregovore i učesnicima savetovanja ulije osećanje sigurnosti. Džek, naravno, nije prihvatio to Kenbijevo objašnjenje; zatražio je da vojnike smesta povuče iz Korita okamenjene lave i pošalje ih kući, i odmah postavio najosetljivije pitanje Kvačila Džima i njegove družine. Svi pregovori biće uzaludni, rekao je poglavica, ukoliko se to pitanje ne reši tako što će se i prema njima postupiti kao i prema svim ostalim Modocima. Kenbi je odgovorio da će o tome odlučivati vojne vlasti i da on lično ubicama naseljenika ne može da obeća pomilovanje.

U toku razgovora, tamni oblaci spustili su se na Korita okamenjene lave i iz njih počela da pada hladna kiša. Kenbi je onda rekao da je po takvoj kiši nemoguće razgovarati. „Bolje ste obučeni od mene", odgovorio je podrugljivo Kapetan Džek, „ali se ni ja neću istopiti[159]." General je prešao preko ove primedbe i rekao da će za sledeći sastanak podići šator.

Sledećeg jutra poslao je vojnike da podignu šator za većanje. A oni ga nisu podigli u kotlini, nego u šipražju komonike koje je bilo dovoljno nisko da pruži puni uvid u vojni logor i njegove moćne topove.

Dva dana kasnije, Džek je poslao poruku Alfredu Mičemu: želeo je da se sastane sa njim i sa starim prijateljem Džonom Ferčajldom, vlasnikom ranča. Izričito je tražio da na taj sastanak ne povedu generala Kenbija i sveštenika Tomasa. Mičema i Ferčajlda je poruka zbunila, ali su sa Vinemom i Frenkom Ridlom ipak otišli u šator za većanje. Modoci su ih čekali, a poglavica ih je srdačno pozdravio. Odmah je rekao da u Kenbija nema poverenja zato što nosi plavu uniformu i što suviše često ističe svoje prijateljstvo prema Indijancima; njegove reči nisu ni iskrene ni istinite, jer za to vreme trupama opkoljava Korita okamenjene lave. Što se prečasnog Tomasa tiče, taj „nedeljni doktor" propoveda sveto učenje koja je u suprotnosti sa verovanjem Modoka. „Sad možemo otvoreno da razgovaramo, jer poznajem i tebe i Ferčajlda, poznajem vaša srca", rekao je poglavica. Objasnio im je kako su ih vojnici naterali da pobegnu sa Izgubljene reke i potraže utočište u Koritima okamenjene lave. „Dozvolite mi da se vratim na Izgubljenu reku", preklinjao je. „Sam ću se brinuti za svoj narod i ni od koga ne tražim pomoć. Mi možemo sami da se ishranimo. Samo nam pružite priliku koju pružate belim ljudima."

Mičem je odgovorio da je Izgubljena reka u Oregonu, gde su Modoci prolili krv belih naseljenika. „Ta krv se zauvek isprečila između Modoka i belih ljudi", rekao je.

Kapetan Džek je ćutao i progovorio tek posle nekoliko minuta: „Čujem šta kažeš. Neka moj dom budu Korita okamenjene lave. Ja mogu da živim ovde. Odvedite vojnike i mi ćemo sve srediti. Ovo stenje nikada niko neće poželeti; dozvolite mi da ovde osnujem dom." Ali Mičem nije popuštao: Modoci neće imati mira čak ni u Koritima okamenjene lave ako ne isporuče ljude koji su izvršili zločin na Izgubljenoj reci. A njima će biti pošteno suđeno, po zakonu, u sudnici.

„A ko će im suditi?", upitao je Džek. „Beli ljudi ili Indijanci?"

„Beli ljudi, razume se", potvrdio je Mičem.

„Da li ćete u tom slučaju i vi isporučiti one koji su indijanske žene i indijansku decu poubijali na Izgubljenoj reci da bi im sudili Modoci?"

Mičem je odmahnuo glavom. „Zakoni Modoka su mrtvi; danas ovom zemljom vladaju zakoni belog čoveka; svaki zakon u svoje vreme."

„Da li ćete vi suditi onima koji su pucali u moj narod", nastavio je sa pitanjima Kapetan Džek. „Da li ćete im suditi po svojim zakonima?"

I Mičem i Džek su dobro znali da se to nikada neće dogoditi. „Zemljom vladaju zakoni belog čoveka", ponovio je član komisije. „Zakon Indijanaca je mrtav."

„Zakoni belog čoveka dobri su za bele ljude", rekao je poglavica, „ali su Indijanci iz tih zakona isključeni. Ne, prijatelju moj, ja se ne mogu odreći ovih mladih ljudi i ne mogu dozvoliti da oni budu povešani. Znam da su učinili zlo, krv im je zla... Ali nisu *oni* počeli; rat su započeli belci... Ne, ne mogu se odreći svojih mladića. Odvedite vojnike odavde i neprilika više neće biti."

„Vojnici se neće povući sve dok se vi nalazite u Koritima okamenjene lave", odgovorio je Mičem.

Džek je Mičema zgrabio za ruku i preklinjući upitao: „Kaži mi, prijatelju, šta da uradim. Ja neću da se borim protiv vas."

„Jedini put ka miru je da svi izađete iz ovih gudura", odgovorio mu je Mičem grubo. „Mira neće biti sve dok ste vi u ovim Koritima."

„Tražite od mene da izađem iz gudura i da vam se predam na milost i nemilost", zavapio je Džek. „A ja to ne mogu da učinim. Bojim se... ne, *ja* se ne bojim, ali boji se moj narod... A ja sam glas naroda... Ja sam Modok i ne bojim se smrti. I pokazaću Kenbiju kako umire Modok."

Obojici je bilo jasno da jedan drugom više nemaju šta da kažu. Mičem je pozvao Džeka da se sa njim vrati u vojni logor i da tamo nastave razgovor sa generalom Kenbijem i ostalim članovima komisije, ali je Džek taj predlog odbio. Rekao je da prvo mora da se savetuje sa svojim narodom i da će onda članove komisije izvestiti o tome da li će Modoci nastaviti pregovore[160].

Kad je Mičem obavestio generala da Kapetan Džek neće predati Kvačilo Džima i njegovu družinu i da zato bez borbe neće napustiti ni Korita okamenjene lave, Kenbi je odlučio da svakom Modoku pojedinačno pruži priliku da ode ako to želi. Sutradan je poglavici poslao Vinemu sa porukom da se sa njom vrate u vojni logor svi Indijanci koji žele da se predaju.

I dok je Vinema čekala, Kapetan Džek sazvao je veće. Za Kenbijevu poruku glasalo je samo jedanaest Modoka. Kvačilo Džim, Šonšin Džon i Kudravi Doktor ogorčeno su se protivili predaji i optužili su Kenbija i članove komisije za izdaju. Većanje se završilo tako što je Kvačilo Džim zapretio da će pobiti sve one koji se budu predali belim ljudima.

Te večeri, dok je Vinema jahala ka Kenbijevom štabu, prišao joj je njen rođak, mladi Modok koji se zvao Veium. Savetovao joj je da više ne dolazi u njihovo uporište i da svojim belim prijateljima poruči da se sa Modocima ne sastaju. Kvačilo Džim i njegovi sledbenici spremni su da pobiju sve svoje protivnike. Vinema se vratila u vojni logor, ali iz straha tu poruku nije prenela nikome drugom osim svome mužu. Frenk Ridl je odmah otišao u glavni štab i članove komisije upozorio na opasnost. Niko, međutim, upozorenje nije ozbiljno shvatio i svi su bili uvereni da je mladi Indijanac to ispričao u nastupu gneva.

Ali, u indijanskom uporištu izlivi gneva protiv belih ljudi bivali su sve češći i sve žešći. Uvereni da je Kapetan Džek spreman da ih izda, Kvačilo Džim i njegove pristalice zakazali su većanje sa namerom da se obračunaju sa svojim poglavicom.

Većanje je sa mnogo gorčine otvorio Šonšin Džon: „Beli ljudi su me prevarili mnogo puta i ja neću dozvoliti da me prevare još jednom." Članovi komisije ih, po njegovom mišljenju, samo obmanjuju i pregovaraju zato da bi dobili u vremenu i dovukli još više vojnika i topova. „Kad budu imali dovoljno ljudi, oni će nas napasti i pobiti."

Zatim je reč uzeo Crni Džim: „Neću dozvoliti da me namame u klopku i ubiju kao psa. Pre nego što oni ubiju mene, ja ću ubiti bar nekoliko belaca." I dodao da će na sledećem sastanku pobiti i sve članove komisije.

Poglavica je shvatio kuda ti govori vode i pokušao da smiri svoje gnevne ratnike. Rekao je da mu je potrebno još malo vremena za pregovore sa članovima komisije i za pokušaj da spase družinu Kvačila Džima i dobije što bolje mesto za rezervat. „Sve što tražim od vas je da se smirite i sačekate."

Crni Džim je onda poglavici odbrusio da je oslepeo. „Zar ne vidiš da vojnicima pojačanja stižu svaka dva-tri dana? Zar ne vidiš da su doneli i topove iz kojih ispaljuju metke velike kao tvoja glava. Članovi komisije će sa tobom sklopiti mir tako što će ti jednom od tih granata razneti glavu i odvojiti je od trupa." I sledeći govornici podržali su Crnog Džima, a kad je poglavica ponovo pokušao da ih urazumi, ućutkali su ga uzvicima: „Ti ne govoriš kako valja! Mi smo osuđeni na propast. Pusti nas da se borimo i umremo što pre, jer nam je smrt neizbežna".

Poglavica je uvideo da je svaka dalja reč uzaludna; okrenuo se sa namerom da napusti većanje, ali ga je zaustavio Crni Džim. „Ako si još naš poglavica, obećaj nam da ćeš na sledećem sastanku ubiti Kenbija."

„Ja to ne mogu da učinim i neću da učinim", odgovorio je Kapetan Džek.

Tada mu je prišao Kvačilo Džim, koji je sve vreme ćutao i slušao: „Ili ćeš ti ubiti Kenbija, ili ćemo mi ubiti tebe."

Džek je shvatio da je to izazov vođi plemena, ali je obuzdao gnev. „Zašto me teraš na jedan tako kukavički čin?"

„To nije kukavički čin", odgovorio mu je Kvačilo Džim. „Ubiti generala Kenbija pred očima njegovih vojnika je čin velike hrabrosti."

Poglavica ništa nije obećao i ponovo je krenuo ka izlazu. Onda su mu Džimovi ljudi preko ramena prebacili žensku maramu, rugajući se: „Ti nisi poglavica, ti si žena plašljivog srca. Ti nisi Modok i ne pripadaš našem plemenu."

Kapetan Džek je morao da dobije u vremenu i morao da progovori. „Ubiću Kenbija", rekao je i povukao se u svoju špilju.

Kako se Vinema nije pojavila dva dana, Indijanci su svoju poruku generalu Kenbiju poslali po Boston Čarliju koji je znao engleski. A Čarli je Kenbiju rekao: Modoci generala i članove komisije pozivaju na većanje u petak ujutro, 11. aprila; oni će u šator za većanje doći nenaoružani, pa očekuju da će i beli ljudi biti nenaoružani.

U rano jutro 10. aprila, Kapetan Džek je izašao iz špilje i sazvao ratnike. Bio je to lep prolećni dan i noćna magla se brzo razvejavala pod toplim suncem. „Srce mi kaže da je govoriti vama isto što i govoriti oblacima i vetru", rekao je poglavica. „Ali ja ipak želim da vam kažem da je život sladak i da je ljubav jaka; čovek se bori za život, ali se bori i za ljubav, jer mu srce žudi za ljubavlju. Smrt je gnusna, ali će nam brzo doći." Rekao je skupu da će u borbi pomreti svi; i ratnici i njihove žene i njihova deca a ako je već borba neminovna, neka je onda započnu vojnici. I podsetio je Modoke da je članovima komisije obećao da u toku većanja neće prekršiti primirje. „Dozvolite mi da svetu pokažem da je Kapetan Džek čovek od reči", zamolio je. Pa se vratio na obećanje da će ubiti generala Kenbija. „Ne terajte me da to obećanje ispunim. Ako me držite za reč koju sam dao u ljutini, osuđeni smo na propast. I ti to, Džime, isto tako dobro znaš kao i ja."

„Mi te držimo za reč", odgovorio mu je Kvačilo Džim. „Ti moraš da ubiješ Kenbija. Danas govoriš kako valja, ali je za takav govor suviše kasno."

Poglavica je prešao pogledom preko pedesetak ljudi koji su oko njega sedeli na stenju i čija su tamna lica bila obasjana suncem. „Neka ustanu oni koji od mene traže da ubijem Kenbija!" Na stenju su ostala da sede samo dvanaestorica najvernijih.

„Vidim da ne volite život, a ni mnoge druge stvari", rekao je gorko poglavica, pokušavajući da nađe izlaz. „Sutra ću na većanju reći generalu šta Modoci traže. Pitaću ga nekoliko puta da li je spreman da prihvati naše zahteve. Ako ih prihvati, ja ga neću ubiti, čujete li me?"

„Čujemo", odgovorili su svi u glas.

„Da li se slažete?"

„Slažemo se!"

Sada su samo Kenbijeve reči mogle da spreče ubistvo.

Na Veliki petak, 11. aprila 1873. godine nebo je bilo vedro, a prohladni vetar je blago talasao krila šatora za većanje koji je bio postavljen između vojnog logora i indijanskog uporišta. Kapetan Džek, Kvačilo Džim, Šonšin Džon, Elenin Čovek, Crni Džim i Mrzovoljni Džim stigli su rano i da bi se ugrejali zapalili su vatru. Strpljivo su čekali dolazak članova komisije. Ovog puta nisu poveli žene, a svi su imali dobro skrivene pištolje.

Članovi komisije (koje je Vinema bezuspešno molila da ne odu na sastanak) kasnili su i pojavili se tek posle jedanaest sati. Prvi su, pešice, išli general Kenbi i prečasni Tomas, a iza njih su jahali L. S. Dajer, Alfred Mičem, Vinema i Frenk Ridl. U pratnji komisije i tumača bili su Boston Čarli i Varalica Čarli, sa puškama nemarno prebačenim preko ramena. Po svemu se činilo da članovi komisije nisu naoružani, ali su Mičem i Dajer u džepovima kaputa nosili svoje revolvere.

Kenbi je doneo kutiju cigara i čim je ušao u šator razdelio ih je. Pregovarači su zapalili cigare i, sedeći u krugu oko vatre, pušili ćuteći.

Po sećanju Frenka Ridla, uvodnu reč održao je Kenbi: „General Kenbi je rekao da sa Indijancima pregovara punih trideset godina. Sada je došao da mir sklopi sa Modocima; govoriće kako valja i svim silama nastojati da se data obećanja ispune; ako Modoci pođu sa njim, on će ih odvesti u dobru zemlju gde će moći da žive onako kako žive beli ljudi[161]".

Sledeći govornik bio je Mičem; rekao je, po običaju, da ga šalje Veliki Otac iz Vašingtona, da se prolivena krv mora očistiti, da će ih povesti u bolju zemlju, gde će imati i lepe kuće i mnogo hrane, toplu odeću i meku ćebad. Na to je ustao Kapetan Džek i rekao da on zemlju Modoka ne želi da napusti; zatražio je rezervat u blizini jezera Tjul ili, ako to nije moguće, u Koritima okamenjene lave, i ponovio da mir neće sklopiti sve dok se vojnici ne povuku.

Mičema su razdražili Džekovi uporni zahtevi, pa je podigao glas: „Razmišljajmo kao ljudi a ne kao deca." Na kraju je predložio Modocima da ostanu u Koritima okamenjen lave dok im se ne pronađe rezervat u kome će živeti u miru.

Na to je Šonšin Džon na jeziku Modoka rekao Mičemu da umukne. U istom trenutku digao se Kvačilo Džim, prišao Mičemovom konju, uzeo kaput prebačen preko sedla, obukao ga, zakopčao i vratio se ljudima oko vatre koji su ga posmatrali ćuteći. „Da li ja ličiti na Mičema"? – upitao je Džim na nemuštom engleskom jeziku.

Mičem je pokušao da taj prekid okrene na šalu i ponudio Džimu svoj šešir. „Ako na glavu staviš i moj šešir, bićeš pravi Mičem."

Kvačilo Džim je naglo prekinuo svoju klovnovsku igru: „Taj će šešir ionako uskoro biti moj", promrmljao je na jeziku Modoka.

Iako je, naravno, shvatio značenje Džimovih reči, general Kenbi je mirno rekao da ovlašćenje za povlačenje vojnika ima samo Veliki Otac u Vašingtonu i zamolio poglavicu da ima poverenja u njega.

„A ja ti, Kenbi, kažem da mir nećemo sklopiti sve dok nas vaši vojnici opkoljavaju. Ako već nameravaš da mi dom pronađeš negde u ovoj zemlji, onda mi to još danas obećaj, Kenbi. Danas mi to obećaj, jer je sad prilika za to. Umoran sam od čekanja."

Mičem je osetio pretnju u Džekovom glasu i u njegovim rečima. „Za ime sveta, generale, obećajte mu!"

Ali pre nego što je Kenbi uspeo da odgovori, Kapetan Džek je skočio i udaljio se od vatre. Šonšin Džon je onda na užasnom engleskom jeziku viknuo generalu: „Ti voditi vojnike, vratiti zemlju. Mi više ne čekati, mi više ne govoriti!"

Kapetan Džek se naglo okrenuo i povikao na jeziku Modoka: „Ot-ve-kau-tuks-e (Spremni!). Izvukao je pištolj iz kaputa i uperio ga u Kenbija. Oroz je škljocnuo, ali pištolj nije opalio. Kenbi je zaprepašćeno zurio u njega, a onda je odnekud opalio drugi pištolj i general se mrtav srušio na tle. U istom trenutku, Boston Čarli ubio je sveštenika Tomasa. Mičemu je život spasla Vinema jer je Šonšin Džonu izbila oružje iz ruke, a Dajer i Ridl su iskoristili opštu pometnju i pobegli. Kapetan Džek je mrtvom Kenbiju skinuo uniformu i Modoke poveo u uporište. Na tom poslednjem većanju, osnovno pitanje, pitanje predaje ubica Kvačila Džima i njegove družine, nije uopšte pomenuto.

Borba je počela tri dana kasnije. Korita okamenjene lave zasipali su minobacači, a na grudobran od stenja vojnici-pešaci jurišali su u talasima. Ali kad su uporište zauzeli, ono je već bilo napušteno: Modoci su se zavukli u pećine i jaruge. Kako im ni na pamet nije padalo da za ratobornim Indijancima tragaju po tim opasnim skrovištima, zapovednici su u poteru poslali najamnike, sedamdeset dva Tenino Indijanca iz oregonskog rezervata Topla vrela. Indijanski izvidnici otkrili su skrovišta Modoka, ali kad su vojnici došli da ih zarobe, Kapetan Džek im je postavio zasedu i gotovo uništio prvu patrolu.

Nadmoćni neprijatelj i vatra iz njegovog moćnog oružja naterali su Modoke da se razbiju u manje grupe. Klali su konje i hranili se njihovim mesom, a po nekoliko dana su ostajali bez kapi vode. Kako je iz časa u čas žrtava bilo sve više, Kvačilo Džim se posvađao sa poglavicom i optužio ga za pogrešnu strategiju. Posle višednevnog bežanja, skrivanja i vojevanja, Kvačilo Džim i njegova družina napustili su poglavicu koji im je pružio utočište i odbio da ih preda generalu Kenbiju. Kapetan Džek je ostao da se sa trideset sedam ratnika bori protiv više od hiljadu vojnika.

Kvačilo Džim se sa svojom bandom predao belcima i ponudio im pomoć: ako ih pomiluju, oni će im pomoći da uhvate Kapetana Džeka. Novi vojni zapovednik, general Džeferson Dejvis, stavio ih je pod zaštitu vojske, pa su Kvačilo Džim i tri člana njegove družine 27. maja krenuli na put; bili su spremni da izdaju vođu koji njih nije izdao. Džeka su pronašli pored Bistrog jezera, uspostavili vezu sa njim i drsko mu saopštili zašto su došli: da ubrzaju njegovu predaju. Ukoliko se poglavica preda – rekli su – vojnici će Modocima dati mnogo hrane i pravedno će im suditi.

„Niste bolji od kojota što jure po dolinama", odgovorio im je Kapetan Džek. „Dolazite ovamo na vojničkim konjima, naoružani puškama američke vlade, i svoju slobodu otkupljujete tako što pokopavate mene, svog poglavicu, i predajete me vojnicima u ruke. Sad, izgleda, znate da je život sladak, a niste tako mislili kad ste me naterali na obećanje da ću ubiti tog čoveka Kenbija. A ja sam oduvek znao da je život sladak i zato nisam hteo da se borim protiv belog naroda. Verovao sam, međutim, da ćemo se, ako do borbe dođe, boriti rame uz rame i da ćemo u boju i umreti. Sad vidim da ću jedino ja Kenbijevo ubistvo platiti životom, ja i možda još dva-tri naša ratnika. A vama, koji ste učinili zlo i koji ste se predali, vama je dobro; vi imate šta da jedete, ili bar tako kažete. Vi ste me izdali, vi ljudi sa ptičjim srcem…"

Ono što je poglavici Modoka zadalo najviše jada bila je činjenica da su mu još samo pre nekoliko nedelja ti isti prevrtljivci prebacili preko glave žensku maramu, nazvali ga ženom plašljiva srca i izmamili obećanje da će ubiti Kenbija. A znali su, i on i oni, da je za predaju sad suviše kasno i da će ga belci obesiti zato što je ubio njihovog generala. Rekao je izdajnicima da će umreti sa puškom u ruci a ne sa omčom oko vrata i naredio im da se vrate belcima kad već to žele. Ali im se zakleo da će ih, ako mu se ikada nađu na nišanu, pobiti kao šugave pse.

Hajka je trajala još nekoliko dana. „To nije bio rat, to je bio lov na divlju zver", rekao je general Dejvis, „a vojnici su se utrkivali ko će tu divlju zver prvi uloviti[162]."

Verući se uz zupčasto stenje i provlačeći se kroz gusto šipražje, jedna četa pešadije konačno je opkolila poglavicu Modoka i tri ratnika koja su do kraja ostala uz njega. Kapetan Džek se predao u iscepanoj, blatnjavoj plavoj uniformi – u uniformi generala Kenbija. Mirno je oficiru pružio pušku i rekao: „Džeka su izdale noge. Spreman sam da umrem."

General Dejvis je hteo da ga odmah obesi, ali je Ministarstvo vojske u Vašingtonu zahtevalo suđenje. A suđenje je održano u tvrđavi Klamat, jula 1873. godine; za ubistvo generala Kenbija optuženi su Kapetan Džek, Šonšin Džon, Boston Čarli i Crni Džim. Modoci nisu imali branioca; bilo im je dozvoljeno da se obraćaju svedocima i postavljaju pitanja, ali kako su engleski jedva natucali, nisu od toga imali nikakve koristi. Uostalom, vojnici su još u toku suđenja pred zidinama podigli vešala, pa niko nije ni sumnjao u to kako će presuda da glasi.

Među onima koji su svedočili protiv osuđenika na smrt nalazili su se Kvačilo Džim i članovi njegove družine. A budući da su izdali i svog poglavicu i svoj narod, američka vlada im je podarila slobodu.

Kapetan Džek je odbio da svedoku optužbe Kvačilu Džimu postavlja pitanja, ali je u svojoj završnoj reči rekao (prema prevodu Frenka Ridla): „Kvačilo Džim je onaj koji je oduvek želeo da se bori, onaj koji je i počeo da ubija... Život je bio moj, ali je kratko trajao. Mene nisu porazili beli ljudi, mene su porazili moji ljudi[163].“

Kapetan Džek je obešen 3. oktobra. Iste noći, otkopan je grob, izvađeno telo, preneto u Ireku i balsamovano. Posle izvesnog vremena, balsamovani Kapetan Džek pojavljivao se u istočnim gradovima kao karnevalska atrakcija: cena ulaznice bila je deset centi.

Pleme Modok imalo je sad samo sto pedeset pripadnika, muškaraca, žena i dece, zajedno sa družinom Kvačila Džima. I svi su proterani na Indijansku teritoriju. Kvačilo Džim umro je šest godina kasnije, a za to vreme poumirali su i mnogi drugi. A kad je 1909. godine američka vlada donela odluku da preživelim Modocima dozvoli povratak u zavičaj, u oregonski rezervat stigla je grupa u kojoj se nalazio pedeset i jedan Modok.

Rat za spas bizona

1874 – 13. *januar*: Njujork: u sukobu nezaposlenih radnika sa policijom nekoliko stotina povređenih; 13. februar: Honolulu: američke trupe iskrcane sa zadatkom da zaštite kralja; 21. februar: posle Vilijema E. Gledstona, na čelo engleske vlade dolazi Bendžamin Dizraeli; 15. mart: Anam (Vijetnam) postaje francuski protektorat; 29. maj: Nemačka raspušta Socijaldemokratsku stranku; jul: A. G. Bel demonstrira svoj pronalazak, električni telefon; 17. jul: Tiodor Tilton optužuje prečasnog Henrija Vorda Bičera za preljubu; 4. novembar: Semjuel Dž. Tilden izabran za guvernera Njujorka; decembar: razobličena „grupa Viski", a u aferu umešani proizvođači viskija i vladini činovnici.

Čujem, hoćete da nas smestite u rezervat. A ja ne želim da se smestim. Volim da lutam prerijama, jer sam u njima slobodan i srećan. Čim se smestimo, mi Indijanci kopnimo i umiremo. Odbacio sam i koplje i luk i štit, ali se u vašem prisustvu osećam siguran. Rekao sam vam istinu. U meni se ne kriju sitne laži, a da li se kriju u članovima komisije, to ne znam. Da li su i oni tako nevini kao ja? Nekada davno, ova zemlja pripadala je našim dedovima i očevima; a kad danas izađem na reku, vidim na njenim obalama logore vojnika. Ti vojnici seku moje drveće i ubijaju moje bizone. Kad to vidim, srce mi se cepa i moja je žalost neizmerna... Zar je beli čovek podetinjio kad tako bezobzirno ubija ono što ne jede? Kad crveni ljudi ubijaju divljač, oni to čine zato da bi opstali, da ne bi skapali od gladi.

SATANTA, POGLAVICA, KIOVA

Moj narod nije prvi odapeo strelu i nije prvi ispalio metak na bele ljude. Moji mladići zaigrali su ratnu igru tek kad su se poremetili odnosi crvenog i belog naroda. Sukob nismo započeli mi. Vi ste nama poslali prvog vojnika, a mi smo onda vama poslali drugog. Pre dve godine sam, loveći bizona da bi moje žene i moja deca imali jedre obraze i topla tela, izašao na drum. Ali vojnici su odmah pripucali u nas, začula se buka slična grmljavini, i mi nismo znali kuda da se uputimo. Tako je bilo na Kanadskoj reci. Nisu nam dozvolili čak ni da plačemo na miru. Vojnici u plavim šinjelima i pleme Jut pojavili su se jedne noći kad je bilo tiho i mračno i svojim logorskim vatrama osvetlili naše šatore. Umesto da love divlje životinje, oni su pobili moje junake, a oni preživeli su, žaleći mrtve, isekli kose. Tako je bilo u Teksasu. Vojnici su našim logorima doneli tešku tugu, i mi smo za njima krenuli kao što mužjaci bizonskog stada kreću za onima što su im napali ženke. A kad smo te vojnike pronašli, mi smo ih poubijali, i njihovi skalpovi vise i danas u našim šatorima. Komanči nisu slabići, Komanči nisu slepci i nisu psići od sedam dana. Komanči su jaki i dalekovidi, oni su kao odrasli, snažni konji. Izašli smo na drum vojnika i nastavili da idemo njim. Bele žene su plakale, naše žene su se smejale.

Vi ste mi rekli neke stvari koje mi se nimalo ne dopadaju. Vaše reči nisu slatke kao šećer, one su gorke kao tikve. Rekli ste da ćete nas smestiti u rezervat, da ćete nam sagraditi kuće i podići šatore u kojima će nas lečiti vaši vidari. Meni sve to ne treba. Ja sam rođen u preriji gde vetar slobodno duva i gde ništa ne zaklanja svetlost sunca. I tamo gde sam rođen nije bilo ograda i sve je slobodno disalo. Rođen sam u preriji i želim da umrem u preriji a ne okružen zidovima. Znam svaki potok i svaku šumu između reka Rio Grande i Arkanzas. U toj sam zemlji lovio i živeo. Živeo onako kako su pre mene u njoj živeli i moji preci, živeo srećno, kao i oni.

Kad sam bio u Vašingtonu, Veliki Beli Otac mi je rekao da je zemlja Komanča naša zemlja i da nas niko neće ometati da u njoj spokojno živimo. Zašto, dakle, tražite sad od nas da napustimo reke, da napustimo sunce, da napustimo vetar, i da živimo u kućama? Ne tražite od nas da se odreknemo bizona i da bizone zamenimo ovcama. Naši mladi ratnici su čuli priče o tome, i te priče su ih i rastužile i razgnevile. Ne govorite više o tome...

Da su se Teksašani klonili moje zemlje, mir bi bio sačuvan. Zemlja koju nam vi danas nudite suviše je mala. Teksašani su nam oduzeli pašnjake sa najgušćom travom i najbujnijim drvećem. Da su nam ostavili tu zemlju, možda bismo danas i učinili ono što od nas tražite. Sada je suviše kasno. Beli čovek zaposeo je zemlju koju smo voleli. U nama je živa još samo jedna želja – da lutamo prerijom sve dok ne umremo.

PARA-VA-SAMEN (DESET MEDVEDA), POGLAVICA
JAMPARIKA KOMANČA

POSLE BITKE KOD VAŠITE decembra 1868. godine, general Šeridan je Čajenima, Arapahima, Kiovama i Komančima naredio da se okupe oko tvrđave Kob; ukoliko se ne predaju, biće istrebljeni jer će ih vojnici u plavim šinjelima neumorno ganjati sve dok ih ne pobiju. (Videti sedmo poglavlje.) Poglavica Mala Haljina, koji je nasledio Crnog Kotla, doveo je u tvrđavu svoje Čajene, a poglavica Žuti Medved svoje Arapahe; tom prilikom predale su se i neke vođe Komanča – kao, na primer, Tosavi, kome je Šeridan rekao da je samo mrtav Indijanac dobar Indijanac. Ponosni i slobodni Indijanci plemena Kiova nisu, međutim, pokazivali nikakve znake spremnosti za saradnju, pa je general Šeridan poslao Kastera Tvrde Guzove da ih ili primora na predaju ili uništi.

Pripadnici plemena Kiova nisu hteli da se odazovu naređenju: zašto bi išli u tvrđavu Kob, položili oružje i živeli na milost i nemilost belog čoveka kad im je ugovor sklopljen 1867. godine u Bivaku na Vradžbenom potoku davao sva prava na teritoriju južno od reke Arkanzas; oni su, dakle, u toj zemlji mogli mirno da žive i love „sve dok u njoj ima dovoljno bizona[164]“.

Između reke Arkanzas i zapadnih oblasti oko pritoka Crvene reke, Visoravni su se crnele od hiljada bizona koje su beli ljudi i njihova napredna civilizacija proterali sa severa. Kiove su imale mnogo brzonogih konja, a kad bi im ponestalo municije, životinje su ubijale strelama i tako obezbeđivale i dovoljno hrane i dovoljno odeće.

Uprkos tome, ubrzo se pred njihovim zimskim logorom na Nabujalom planinskom potoku pojavila dugačka kolona Kasterovih konjanika u plavim šinjelima. Poglavice Satanta i Usamljeni Vuk nisu želele borbu i u manjoj grupi ratnika izjahale su iz logora da pregovaraju sa Kasterom. Satanta je bio kršan čovek, gotovo div, a kosa crna kao gar padala mu je preko džinovskih ramena. Imao je mišićave ruke i mišićave noge, a prostodušno lice odražavalo je veliko samopouzdanje.

Sav premazan sjajnom crvenom bojom, nosio je koplje čiji je vrh bio ukrašen crvenim trakama. Žestoko je jahao i žestoko se borio; žestoko jeo i žestoko pio; i smejao se od sveg srca. Uživao je čak i u svojim neprijateljima, pa je i Kasteru pošao u susret kezeći se od zadovoljstva. Pružio je ruku, ali je Kaster nije prihvatio.

Budući da se često muvao po kanzaškim tvrđavama i navikao se na predrasude belih ljudi, Satanta je uspeo da se savlada. Nije želeo da i njegov narod bude uništen onako kako je uništen narod Crnog Kotla. Pregovori su se odvijali u hladnoj atmosferi, a dva tumača su se svim silama trudila da prevode taj neprijatan razgovor. Shvativši da tumači ne znaju jezik Kiova i da barataju sa manje indijanskih reči nego što on barata engleskim, Satanta je pozvao u pomoć jednog od svojih ratnika, Pticu Koja Šeta. A on je svoj dosta bogat rečnik stekao tako što se često družio sa belim kočijašima zaprežnih kola. Ratnik Ptica Koja Šeta se ponosno obratio Kasteru, ali je vojni zapovednik odmahnuo glavom; te reči izgovorene sa naglaskom Kiova on nije mogao da razume. Od silne želje da bude shvaćen, Indijanac je prišao Kasteru i potapšao ga po mišici; tako su, video je, vojnici tapšali svoje konje. „Grdna lepa gomila kopiladi", rekao je zadovoljno[165].

Niko se nije nasmejao. Na kraju su kako-tako tumači uspeli da poglavicama prevedu poruku: ili će svoje Kiove dovesti u tvrđavu Kob ili će ih Kasterovi vojnici uništiti. A onda je, neočekivano i kršeći sve propise, Kaster naredio da se poglavice i njihova pratnja uhapse, privedu u tvrđavu Kob i tamo zadrže sve dok im se ne pridruži ceo narod. Satanta je naređenje mirno prihvatio, ali je rekao da samo preko glasnika može narodu poručiti da se okupi u utvrđenju. U sela Kiova poslao je sina, ali svom narodu nije poručio da se okupi u tvrđavi Kob, nego mu je naložio da pobegne na zapad, u zemlju bizona.

I dok je Kasterova kolona marširala ka tvrđavi Kob, svake noći se iz nje iskradao poneki od zarobljenih Indijanaca.

Satanta i Usamljeni Vuk bili su, međutim, pod tako strogim nadzorom da je svaki pokušaj bekstva bio uzaludan. Kad su Plavi šinjeli stigli u utvrđenje, ustanovili su da su poglavice i jedini zarobljenici. Generala Šeridana je to toliko razbesnelo da je odmah izjavio kako će Satantu i Usamljenog Vuka obesiti ako im se begunci smesta ne predaju.

Tako su i Indijanci iz naroda Kiova, zahvaljujući lukavstvu i verolomstvu belog čoveka, bili primorani da se odreknu slobode. Samo je jednom od njihovih vođa, poglavici Nežno Srce, pošlo za rukom da sa svojim ljudima pobegne u Založene visoravni, gde se pridružio prijateljima – Komančima iz plemena Kvahadi.

Slika 18. *Satanta ili Beli Medved. Fotografija Vilijema S. Saulija iz 1870. godine, dobijena ljubaznošću Smitsonovog zavoda za naučna istraživanja.*

Da bi nad Kiovama i Komančima imala što bolji nadzor, Armija je podigla nekoliko milja severno od Crvene reke novo naselje i nazvala ga tvrđava Sil. General Bendžamin Grirson, junak građanskog rata belog čoveka, bio je zapovednik trupa koje su uglavnom sačinjavali crnci Desetog konjičkog puka. Bili su to Bizonski vojnici, kako su ih zbog boje kože i kose nazivali Indijanci. Ubrzo je sa Istoka došao i opunomoćenik Biroa za indijanska pitanja i taj njihov zastupnik bez ijedne vlasi na glavi trebalo je da Kiove nauči kako će da opstanu ne loveći bizone nego obrađujući zemlju. Zvao se Lori Tejtam, ali su ga Indijanci nazvali Ćelavko.

Onda je u novu tvrđavu došao general Šeridan, izveo Satantu i Usamljenog Vuka iz zatvora, održao sa njima većanje, izbrusio poglavice i naredio im da slušaju svog zastupnika.

„Čvrsto ću prigrliti sve što mi kažete", odgovorio je Satanta. „I mišljenje neću promeniti čak i ako me sada uhvatite za ruku i povede na vešala. Ono što ste mi vi danas rekli otvorilo mi je i oči i srce. Sad znam da je ova zemlja vaša samo zato da bismo mi krenuli vašim stazama. Ni meni ništa drugo nije preostalo nego da krenem stazama belog čoveka, da sejem i uzgajam kukuruz... Vi više nećete čuti da Kiove ubijaju belce... I ja vas sada ne lažem, govorim vam istinu[166]."

A kad je došlo vreme da se kukuruz poseje, u rezervatu se nalazilo dve hiljade Kiova i dve i po hiljade Komanča. Komančima se činilo da im se američka vlada podsmeva: ona ih je silom primorala da se odreknu lova na bizone i da obrađuju zemlju. A u Teksasu su oni, Komanči, razvili poljoprivredu i ona je cvetala sve dok nisu došli beli ljudi i oteli im zemlju. U lov na bizona krenuli su samo zato da bi opstali. I sada im taj ljubazni starac, Ćelavko Tejtam, priča o tome kako treba da pođu stazama belog čoveka i obrađuju zemlju, kao da oni pojma nemaju o uzgajanju kukuruza. Nije li beli čovek od njih naučio kako se on seje i gaji?

Kiove nisu delile shvatanje Komanča. Njihovi ratnici su kopanje zemlje smatrali ženskim poslom, poslom koji je nedostojan lovaca-jahača. A ako im taj kukuruz i ustreba, lako će ga u zamenu za pemikan i odeću dobiti od Vičita Indijanca, kao što su ga dobijali i do tada. Vičita Indijanci su kukuruz uzgajali sa radošću jer su bili i suviše debeli i suviše lenji da love bizone. Sredinom leta, Kiove su se požalile Ćelavku Tejtamu: sve njihove delatnosti svodile su se na ratarstvo. „Meni se taj kukuruz nimalo ne dopada", rekao mu je Satanta. „Mene od njega bole zubi". Poglavici je bilo dosta i kukuruza i žilave govedine, pa je Tejtama zamolio da mu isporuči oružje i municiju kako bi

Kiove mogle da krenu u lov na bizone[167].

Te jeseni su Kiove i Komanči ubrali oko četiri hiljade bušela kukuruza. Ta količina nije, međutim, dugo trajala jer je morala da zasiti pet hiljada i pet stotina Indijanaca i nekoliko hiljada konja. U proleće 1870. godine, plemena su skapavala od gladi, pa im je Ćelavko Tejtam odobrio da krenu u lov na bizone.

U Mesecu leta 1870. godine, Kiove su kod Severne račve Crvene reke održale svoje igre u slavu sunca – Ples sunca. U goste su pozvali Komanče i južne

Slika 19. *Usamljeni Vuk. Fotografija Vilijema S. Saulija, napravljena u periodu između 1867. i 1874. godine. Dobijena ljubaznošću Smitsonovog zavoda za naučna istraživanja.*

Čajene; u toku svečanosti, mnogi iluzija lišeni ratnici govorili su o tome da će ostati na Visoravnima, da će živeti sa bizonima i da se neće vraćati u rezervat.

Poglavica Komanča Deset Medveda i poglavica Kiova Ptica Koja Se Batrga ljutile su se na te priče i smatrale da njihova plemena treba da prihvate ruku koju im je pružio beli čovek. Mladi Komanči se nisu ljutili na svog poglavicu, on je ionako bio suviše star i za lov i za borbu. Ali su zato mladi ratnici plemena Kiova zbog tih saveta ozbiljno zamerali svom vođi Ptici Koja Se Batrga jer je on, pre nego što su ga belci utorili u rezervat bio veliki borac, a sad se pretvorio u preplašenu ženu.

Čim su se igre završile, mladi ratnici odjahali su u Teksas u lov na bizona, napadajući Teksašane koji su im oteli zemlju.

Svoj gnev su naročito iskaljivali na belim lovcima koji su dolazili iz Kanzasa i ubijali hiljade i hiljade bizona; ti lovci uzimali su im samo kožu i krvave, odrane životinje ostavljali da trunu na Visoravnima. I Kiovama i Komančima se činilo da beli ljudi mrze prirodu i sve što ona daruje. Prilikom susreta sa Starim Gromovnikom Henkokom u tvrđavi Larned 1867. godine, Satanta mu je rekao: „Vi u ovoj drevnoj zemlji sečete drveće i uništavate je." A u Bivaku na Vradžbenom potoku ovako se požalio članovima komisije: „Nekada davno, ova zemlja pripadala je našim dedovima i očevima; a kad danas izađem na reku, vidim na njenim obalama logore vojnika. Ti vojnici seku moje drveće i ubijaju moje bizone. Kad to vidim, srce mi se cepa i moja je žalost neizmerna[168]…"

U toku Meseca leta 1870. godine, ratnici koji su ostali u rezervatu nemilosrdno su se rugali svome vođi Ptica Koja Se Batrga zato što umesto lova zagovara obrađivanje zemlje. I poglavica nije izdržao: organizovao je ratni pohod i svoje najupornije mučitelje – Usamljenog Vuka, Belog Konja i starog Satanku – pozvao da mu se pridruže u napadu na Teksas. On nije imao Satantino snažno, mišićavo telo; omalen i vitak, imao je svetlu kožu i bio neobično osetljiv, možda zato što su mu preci bili i Kiove i Vrane.

Sa stotinak ratnika u zaleđini; poglavica Ptica Koja Se Batrga prešao je granicu Crvene reke i u znak izazova vojnicima u tvrđavi Ričardson u Teksasu, zaplenio jedna poštanska kola. A kad su Plavi šinjeli ušli u borbu, poglavica je pokazao sve veštine vojne taktike: zaveo je vojnike frontalnim okršajima, a onda ih sa dve kolone napao s boka i iz pozadine ih uhvatio u klešta. Pošto ih je pod uzavrelim suncem mučio osam sati, prekinuo je borbu i svoje ratnike pobedonosno vratio u rezervat. Iako se dokazao kao vođa sposoban da vodi svoj narod, od toga dana je sve svoje napore ulagao u to da obezbedi mir sa belim ljudima.

Čim je zahladnelo, grupe lutalica vratile su se u logore oko tvrđave Sil, a na Visoravnima je ostalo nekoliko stotina mladih Indijanaca iz plemena Kiova i Komanča. Iako su zbog napada na Teksas oštro izgrdili poglavice, general Grirson i Ćelavko Tejtam nisu zamerali lovcima što donose meso bizona, suše ga i time dopunjuju mršava sledovanja američke vlade i hrane svoje porodice.

Te zime se oko logorskih vatri Kiova mnogo pričalo o belcima koji nadiru sa sve četiri strane. Stari Satank žalio je sina koga su te godine ubili Teksašani. Preneo je njegove kosti i pokopao ih u jednom izdvojenom tipiju sa postoljem; govorio je o mladiću usnulom a ne mrtvom i svakoga dana na postolje stavljao vodu i hranu kako bi se njegov dečak okrepio kad se probudi. Uveče bi starac sedeo pred logorske vatre i, gledajući je iskosa, prebirao sede vlasi svojih brkova. Činilo se da čeka – nekoga ili nešto.

Satanta je neumorno hodao tamo-amo. I neprekidno pričao, predlažući drugim poglavicama da urade ovo ili ono. Sa svih strana stizale su vesti da se u njihovoj zemlji, u zemlji bizona, postavljaju čelične šine za Gvozdenog Konja. Indijanci su znali da je ta železnička pruga rasterala bizone iz oblasti reka Plata i Zadimljeni breg. Nisu, dakle, smeli da dozvole da ona pređe i preko zemlje bizona. Satanta je predlagao da se oficirima u tvrđavi zakaže sastanak; njih treba ubediti u to da povuku svoje vojnike i Kiove puste da žive onako kako su oduvek živele – bez železnice koja plaši njihova stada.

Poglavica Veliko Drvo imao je druge namere: da u toku noći uđe u tvrđavu, zapali zgrade i pobije sve vojnike koji pokušavaju da iz njih izađu. Stari Satank se usprotivio i jednom i drugom predlogu. Sa oficirima je uzaludno razgovarati, rekao je; ako Indijanci čak i pobiju sve vojnike u tvrđavi, na njihovo mesto doći će drugi, u još većem broju. Beli ljudi su kao kojoti; ma koliko da ih ubijamo, njih je sve više i više. Ako Kiove odluče da iz svoje zemlje isteraju belce i spasu bizonska stada, onda moraju da se izbore sa naseljenicima: naseljenici ograđuju pašnjake, podižu kuće, produžavaju železničku prugu i uništavaju divljač.

Kad je granulo proleće 1871. godine, general Grirson je patrole svojih crnih vojnika poslao da čuvaju račve Crvene reke. Ali ratnici su toliko čeznuli da vide bizone da su se neprimećeno iskrali iz rezervata. Krenuli su kroz Teksas, ali su svuda nailazili na ograde, na rančeve i na bele lovce koji su smrtonosnim, dalekometnim puškama uništavali bizone čija su stada brzo iščezavala.

Tog proleća, u Mesecu lista, pojedine poglavica Kiova i Komanča organizovale su veliki lovački pohod na Crvenu reku, uverene da će ne napuštajući rezervat uloviti dovoljno bizona. Ali bizona je bilo malo jer je većina stada prebegla u Teksas. I Indijanci su ponovo, sedeći oko logorskih vatri, preli priču o tome kako beli ljudi, a Teksašani naročito, nastoje da sve Indijance pokopaju u zemlju. Uskoro će kroz preriju prolaziti Gvozdeni Konj i bizoni će nestati zauvek. Veliki vrač Mamanti, Nebeski Šetač, potvrdio je da je trenutak povoljan: kucnuo je čas da se krene u Teksas i Teksašani pokopaju.

Posle brižljivih priprema, Indijanci su se sredinom maja neopaženo provukli kroz Grirsonove patrole i preko Crvene reke prebacili se u Teksas. U toj grupi bili su Satanta, Satank, Veliko Drvo i druge poglavice, ali kako je to bio Mamantijev plan, veliki vrač je preuzeo vođstvo. Ratnici su se 17. maja smestili na brdu što se uzdizalo iznad puta Baerfild, između tvrđave Ričardson i tvrđave Belknep. Sutradan u podne, drumom su u pratnji konjanika prošla vojna ambulantna kola i uputila se na istok, ali Mamanti nije dao znak za napad. Uveravao je ratnike da ih čeka mnogo bogatiji plen, neki karavan sa oružjem i municijom. (Indijanci nisu, naravno, mogli znati da će se u jednom od karavana nalaziti i Veliki Ratnik Šerman, koji je krenuo u obilazak jugozapadnih garnizona.)

Kao što je Mamanti i predviđao, posle nekoliko sati pojavio se karavan sa desetoro kola. Satanta je zatrubio u lovački rog i ratnici su se stuštili niz padinu. Kočijaši zaprega obrazovali su odbrambeni krug i pružili očajnički otpor, ali je juriš Kiova i Komanča bio nezadrživ. Ratnici su se probili u ograđeni prostor, pobili sedam vozača, dozvolili ostalima da pobegnu kroz čestar a onda krenuli u pljačku vagona. Nisu pronašli ni puške, ni municiju: kola su bila natovarena kukuruzom. Privezali su teretne mazge za svoje konje, prebacili na njih svoje ranjenike i odjahali na sever.

Slika 20. *Ptica Koja Se Batrga, poglavica Kiova. Fotografija koju je Vilijem S. Sauli napravio u tvrđavi Dodž, Kanzas, 1868. godine. Dobijena ljubaznošću Smitsonovog zavoda za naučna istraživanja.*

Pet dana kasnije stigao je u tvrđavu Sil veliki Ratnik Šerman. Kad ga je general Grirson upoznao sa Ćelavkom Tejtamom, Šerman je opunomoćenika upitao da li je u toku protekle nedelje neka grupa Kiova i Komanča bila izvan rezervata. Tejtam to nije znao, ali je obećao da će proveriti i izvestiti ga.

Utom su iz svojih logora stigle poglavice po svoja bedna sledovanja: Ptica Koja Se Batrga, Satank, Veliko Drvo, Usamljeni Vuk i Satanta. Ćelavko Tejtam ih je pozvao u svoju kancelariju i, ljubazan kao uvek, upitao ih da li su čuli za napad na karavan u Teksasu i ako jesu neka kažu šta znaju o tome.

Odmah je ustao Satanta i izjavio da je taj napad on pred-vodio, navodeći niz razloga koji su ga na to naveli. Indijanske vođe bile su zaprepašćene: zašto Satanta tvrdi da je on a ne vrač Mamanti predvodio napad? Iz taštine ili potrebe za hvali-sanjem? Iz uverenja da kao glavni poglavica svu odgovornost morao da preuzme na sebe? A Satanta je nastavio: „Ja od vas stalno tražim oružje i municiju za lov, a vi se pravite gluvi i ne ispunjavate nijedan naš zahtev. Vi ne slušate ono što vam ja govorim. Beli ljudi se spremaju da kroz našu zemlju izgrade železničku prugu, ali mi to nećemo dozvoliti. Pre nekoliko godina bili smo primorani da se borimo sa Teksašanima… A pre dve-tri godine uhapsio me je general Kaster i u zatvoru držao nekoliko dana. Dosta nam je hapšenja, to se više nikada ne sme ponoviti. Zadali ste nam velike nevolje i zato sam ja prošle nedelje okupio stotinak ratnika, a sa mnom su bile i poglavice Satank, Orlovo Srce, Veliko Drvo, Veliki Luk i Hitri Medved… Otišli smo u Teksas i tamo, nedaleko od tvrđave Ričardson, zarobili jedan veliki karavan… I ako sada ovde neko pokuša da sebi pripišite tu čast, znajte da laže, jer sam ja predvodio napad na karavan[169]!“

Tejtam je vrlo mirno saslušao taj Satantin iznenađujući govor. Rekao je poglavici da on kao njihov zastupnik nije ovlašćen za isporuku oružja i municije, ali da veliki Ratnik Šerman obilazi tvrđavu Sil i da se njemu mogu obratiti za oružje i municiju.

Dok su vođe Kiova raspravljale o tome da li da se sa Šerma-nom sastanu ili ne sastanu, Tejtam je generalu Grirsonu poslao poruku da se Satanta sam prijavio kao vođa napada na karavan i usput imenovao i poglavice koje su u njemu učestvovale. Grir-son je poruku preneo Šermanu i Veliki Ratnik je odmah došao u tvrđavu Sil. Sledećeg dana, ušao je u tvrđavu i Satanta i tražio da se sastane sa velikim vojnim zapovednikom iz Vašingtona. Šerman je izašao na široki trem, rukovao se sa Satantom i rekao da će na većanje pozvati sve poglavice.

Neke poglavice su se odazvale pozivu, a neke odbile da dođu. Onda je Šerman po njih poslao vojnike i oni su priveli Satanka i Veliko Drvo, dok je Orlovo Srce uspeo da pobegne.

Čim su se poglavice okupile na tremu, Šerman im je saopštio da Satantu, Satanka i Veliko Drvo lišava slobode zbog ubistva vozača zaprega karavana koji su napali u Teksasu. Njegovi vojnici će ih sprovesti u Teksas gde će im biti suđeno po zakonu.

Satanta je zbacio ćebe, potegao pištolj i na jeziku Kiova zaurlao da će radije umreti nego što će dozvoliti da ga kao zatvorenika sprovedu u Teksas. Šerman je mirno izdao naređenje: okna na prozorima koji su gledali na trem naglo su se otvorila i vojnici su u poglavice uperili svoje karabine. Štab je bio pun crnih vojnika iz Desetog konjičkog puka.

Sada je u znak protesta ustao poglavica Ptica Koja Se Batrga: „Vi ste vojnicima naredili da pobiju ove ljude. A ti ljudi su moji ljudi, i ja neću dozvoliti da budu pobijeni. Umrećemo svi zajedno, i vi i mi, na ovom mestu i u ovom času[170].“

U tom trenutku uleteo je odred konjanika koji su se razmestili oko ograđenog trema. Ne obazirući se na vojnike, Usamljeni Vuk je prišao ogradi i dva svoja karabina položio na tle. Stajao je tako nekoliko minuta, pritežući opasač sa pištoljem i streljajući pogledom sve oko sebe sa prezrivim izrazom lica. Onda je brzinom munje podigao oružje sa zemlje i jurnuo prema tremu, ustrčao uz stepenice, pružio pištolj prvom poglavici i na jeziku Kiova glasno rekao: „Isprazni ga ako dođe do gužve[171].“ Jednu je pušku doturio poglavici do sebe, a onda se prstom na obaraču druge mirno seo na trem i drsko se zagledao u Velikog Ratnika Šermana.

Beli oficir je izdao kratku zapovest i konjanici su uperili puške na gotovs.

Satanta je podigao ruku. „Ne, ne, ne!“ – uzviknuo je[172].

Šerman je onda vojnicima naredio da spuste puške.

* * *

U Mesecu leta, 8. juna, vojnici su trojicu poglavica utovarili u kola sa platnenim krovom i spremili se za dugačak put u tvrđavu Ričardson. Sa lisicama na rukama, okovani lancima, Satanta i Veliko Drvo ubačeni su u jedna, a Satank u druga kola.

Kad je u pratnji konjice karavan krenuo iz tvrđave Sil, stari Satank zapevao je pesmu smrti ratnika plemena Kiove:

> Ti, sunce, traješ večno,
> mremo mi, Kaitsenko.
> Ti, zemljo, traješ večno,
> mremo mi, Kaitsenko[173].

Pokazao je rukom drvo pored jedne rečice. „Ja više nikad neću stati pod krošnju onog drveta", viknuo je na jeziku Kiova i pokrio se ćebetom preko glave. Zaklonjen, istrgao je ruke iz lisica, ogulivši ih do kostiju, izvukao skriveni nož, uz divlji krik skočio na prvog stražara i, zarivši mu nož u stomak, izbacio ga iz kola. U sledećem trenutku izbio je drugom zaprepašćenom stražaru pušku iz ruku, ali se u tom trenutku začula zapovest oficira i stari poglavica Kiova pao je pokošen kišom metaka. Kola su stajala čitav sat; toliko su vojnici čekali da Satank umre. Onda su njegovo telo bacili u jarak pokraj puta i nastavili dugo putovanje u Teksas.

Poglavice Satanta i Veliko Drvo optuženi su za ubistvo, a njihovo suđenje počelo je 5. jula 1871. godine, u sudnici grada Džeksboro, u Teksasu. Porota sastavljena od rančera i kauboja naoružanih pištoljima zasedala je tri dana i saslušala niz svedoka. Njihova odluka glasila je da su optuženi krivi i sudija ih je osudio na smrt vešanjem. Upozoren na to da bi pogubljenje poglavica Kiova izazvalo rat, guverner Teksasa je smrtnu kaznu zamenio doživotnom robijom u tamnici Hantsvil.

Kiove su izgubile trojicu svojih najjačih vođa. U toku jeseni, mnogi mladi ratnici su, razbijeni u manje grupe, pobegli iz rezervata i pridružili se Indijancima koji su još živeli slobodnim životom na Založenim visoravnima. Izbegavajući bele lovce i naseljenike, pratili su bizonska stada po prostranstvima između Crvene i Kanadske reke. U Mesecu kad guske odlaze, podigli su logore u kanjonu Palo Duro. U toj skupini bilo je najviše Kvahadi Komanča koji su se iskreno radovali sve brojnijim Kiovama.

Usamljeni Vuk je često lovio sa Kvahadi Komančima, pa je i sada bio spreman da im se pridruži. Ali, početkom 1872. godine bio je zaokupljen drugim problemima, a ponajviše svađom sa poglavicom Pticom Koja Se Batrga. Ptica Koja Se Batrga i Medved Koji Posrće zalagali su se za to da Kiove slede put belog čoveka, a to je značilo i da se odreknu lova na bizone. Usamljeni Vuk se tome oštro protivio: Kiove ne mogu da žive bez bizona; a ako beli ljudi i dalje zahtevaju da Indijanci love u granicama rezervata, onda se rezervat mora proširiti do reke Rio Grande na jugu i do reke Misuri na severu.

Da je Usamljeni Vuk svojim stavom, vatrenošću i ratobornošću zadobio veliki broj pristalica dokazalo se kad su Kiove odlučile da ih on, a ne Ptica Koja Se Batrga i Medved Koji Posrće, predstavlja u Vašingtonu. Naime, Biro za indijanska pitanja je u avgustu uputio poruku svim skupinama indijanskih otpadnika na toj teritoriji; pozivao je njihovu delegaciju da poseti Vašington i sa predstavnicima američke vlade razgovara o obavezama koje im nameće potpisani ugovor.

Čim je predstavnik Biroa Henri Olvord stigao u tvrđavu Sil da bi delegaciju Kiova poveo u Vašington, Usamljeni Vuk mu je saopštio da on na put ne može da krene dok se ne posavetuje sa velikim poglavicama Satantom i Velikim Drvetom. Bez obzira na to što se nalaze u teksaskoj tamnici, oni su vođe plemena, pa se bez njihovih uputstava na sastanku u Vašingtonu neće moći doneti nijedna odluka.

Olvord je bio zgranut, ali kad je shvatio da se Usamljeni Vuk ne šali, preduzeo je korake da mu sastanak sa zatočenim poglavicama što pre omogući. Guverner Teksasa se dugo dvo-umio, a onda je na kraju ipak pristao da indijanske robijaše u pratnji vojnika privremeno pusti iz tamnice. U Dalasu je, 9. septembra 1872. godine, zatvorenike sa lisicama na ruka-ma preuzeo jedan plašljivi konjički oficir i sa njima krenuo u tvrđavu Sil. Sa vojničkom pratnjom pošla je i grupa naoružanih Teksašana koji su jedva čekali da Satantu i Veliko Drvo ubiju i steknu večnu slavu.

Kad se karavan približio tvrđavi Sil, njen zapovednik se toliko uznemirio da je konjičkom oficiru poslao izvidnike sa molbom da zatvorenike sprovede na neko drugo mesto. „Indi-janci u rezervatu Sil su… opaki, zlovoljni i ratoborni… Dovesti ovamo Satantu, najvećeg ratnog vođu Kiova, dovesti ga u oko-vima i očekivati da se on u tamnicu vrati bez ogorčene borbe je čisto bezumlje… Zato vas molim da ih i pored svih naređenja ne dovodite u ovaj rezervat, nego da ih sprovedete do krajnje stanice železničke pruge Misuri-Kanzas-Teksas[174].“

Izaslanik Olvord objasnio je delegaciji Kiova da se plan izme-nio i da je novo mesto sastanka sa poglavicama veliki grad Sent Luis; a do njega će stići tako što će prvo kolima putovati do železničke pruge a potom sesti na Gvozdenog Konja. U pratnji ratnika, sumnjičavi članovi indijanske delegacije prešli su sto šezdeset pet milja da bi stigli do Atoke, krajnje stanice na železničkoj pruzi Misuri-Kanzas-Teksas koja se nalazila na indijanskoj teritoriji.

U Atoki je ova komedija dostigla vrhunac. Olvorda, koji je došao sa delegacijom Usamljenog Vuka, veoma je uznemirila poruka konjičkog oficira da će mu poglavice-robijaše predati u samoj železničkoj stanici. Stanica je bila pusta i Olvord se plašio reakcija koje je mogao da izazove ponovni susret ratnika i poglavica. Zato je oficiru odmah poslao glasnika i naložio mu da zatvorenike skloni u gusti čestar pored stanice sve dok članovi delegacije ne uđu u voz i njihovi ratnici ne odu, pa da okovane poglavice u voz za Sent Luis ukrca tek u poslednjem trenutku.

U posebnim odajama hotela u Sent Luisu, poglavice Satanta i Veliko Drvo su 29. septembra konačno proslavile svoju privremenu slobodu u društvu Usamljenog Vuka, koji im je tu slobodu i omogućio. Izaslanik Olvord je rekao da je taj skup pružao „veoma upečatljivu i potresnu sliku", nije, očigledno, shvatio da poglavice Kiova obavljaju važne poslove. Satanta i Veliko Drvo vratili su se u svoju tamnicu, ali je Usamljeni Vuk tačno znao šta treba da radi u Vašingtonu[175].

U isto vreme kad i Kiove, u Vašington su prispele i druge delegacije – neke od poglavica Apača, grupa Arapaha i nekoliko Komanča. Iako najmoćnije pleme Komanča, Kvahadi nisu poslali svog predstavnika; poglavica Deset Medveda predstavljao je skupinu Jamparika, a Tosavi trupu Penateka.

Američki zvaničnici poveli su Indijance na veliki izlet i tom prilikom im prikazali vojnu moć Sjedinjenih Država. Pošto su prisustvovali nedeljnoj misi za koju im je Metodistička crkva obezbedila čak i tumače, gosti su otišli na prijem koji je Veliki Otac Julisis Grant priređivao u njihovu čast u Istočnoj sali Bele Kuće. Posle kitnjastih zdravica i uobičajenih laskavih reči, Komesar za indijanska pitanja Frensis Voker obratio se Kiovama i Komančima istovremeno i postavio im zaprepašćujući ultimatum: „Komanči i Kiove, čiji su predstavnici ovde prisutni, dužni su da se najkasnije do petnaestog decembra ulogore na deset milja od tvrđave i ispostave Sil, sa svim poglavicama i starešinama i svim ratnicima sa njihovim porodicama; u tom logoru moraju ostati do proleća ne praveći izgrede i ne smeju ga napuštati bez odobrenja opunomoćenika[176]."

Rekao je zatim da će Komanči iz plemena Kvahadi i ostale skupine koje svoje predstavnike nisu poslale u Vašington vrlo brzo osetiti da su trupe Sjedinjenih Američkih Država krenule u borbu protiv njih. Oni Indijanci koji se do petnaestog decembra ne budu ulogorili na deset milja od tvrđave Sil smatraće se neprijateljima američke vlade, pa će ih vojnici ubijati kad god i gde god na njih naiđu.

Poglavice Deset Medveda i Tosavi odgovorile su da će njihovi Komanči učiniti ono što Veliki Otac traži od njih, ali je Usamljeni Vuk izrazio duboku sumnju da će Kiove prihvatiti jedan takav ultimatum. Satanta i Veliko Drvo su ratne poglavice plemena i sve dok se oni nalaze u teksaskoj tamnici, mladi ratnici će nastaviti svoj rat sa Teksasom – objasnio je mirno. Mir će biti sklopljen samo ako poglavice budu puštene na slobodu i ako se vrate u rezervat, jer samo one mogu da obuzdaju mlade ratnike i spreče njihove pohode na Teksas.

Uslov koji je postavio Usamljeni Vuk bio je, naravno, dogovoren na onom „veoma upečatljivom i potresnom skupu" u Sent Luisu. Manevar Usamljenog Vuka pokazao se kao sjajan potez iskusnog diplomate; iako nije bio ovlašćen da guverneru Teksasa naredi oslobađanje poglavica, Komesar Voker morao je da obeća njihovo puštanje na slobodu kako bi predstavnik Kiova prihvatio postavljeni ultimatum. Usamljeni Vuk naveo je čak i rok do kojeg se Satanta i Veliko Drvo moraju vratiti u rezervat – do kraja Meseca pupoljka i početka Meseca lista, do kraja marta ili početka aprila 1873. godine.

Jedna od posledica posete Vašingtonu bio je i potpuni poraz poglavice Deset Medveda. Dok se Usamljeni Vuk u rezervat vratio kao junak, poglavicu Deset Medveda niko nije ni pogledao. Bolestan, ojađen i iscrpljen, stari pesnik Visoravni digao je ruke od svega i umro 23. novembra 1872. godine. „Svi su ga bili napustili, uz njega je ostao samo sin[177]", rekao je učitelj u ispostavi Tomas Beti.

U međuvremenu je na Založenim visoravnima, kao što je Komesar Voker i nagovestio, vojska krenula u poteru za Kvahadi Komančima. Četvrti konjički puk je napustio tvrđavu Ričardson i krstario prostranstvima gornjeg toka Crvene reke. Predvodio ga je Reneld Mekenzi, žilavi, naprasiti Orlovski Zapovednik koji je u građanskom ratu izgubio prst na jednoj ruci. Komanči su ga zvali Mangoheute, Zapovednik Sa Tri Prsta. Dvadeset devetog septembra, izvidnici Zapovednika Sa Tri Prsta otkrili su kod Potoka Meklelen veliko selo Komanča u kome je živeo narod poglavice Medved. U tom času Indijanci su bili zaokupljeni važnim poslom – sušenjem mesa za zimu. Vojnici su u galopu pregazili selo, ubili dvadeset tri ratnika, zarobili sto dvadeset žena i dece i gotovo celo krdo konja – više od hiljadu ponija. Pošto

Slika 21. *Deset Medveda, poglavica Komanča. Fotografija Eligzendera Gardnera, Vašington, iz 1872. godine. Dobijena ljubaznošću Smitsonovog zavoda za naučna istraživanja.*

je naredio da se dve stotine šezdeset brvnara i šatora spale do temelja, Mekenzi se povukao na južni deo reke i tu podigao privremeni logor. U međuvremenu su ratnici, njih nekoliko stotina kojima je pošlo za rukom da izbegnu pokolj, stigli u drugo obližnje selo Komanča. I odatle su, na pozajmljenim konjima i sa novim pojačanjem, usred noći napali vojni logor. „Povratili smo sve naše konje i još zaplenili mnogo njihovih“, rekao je jedan od indijanskih ratnika[178].

Nisu, međutim povratili žene i decu koje je Mekenzi odveo u tvrđavu Sil. Neki Kvahadi, među kojima i poglavica Medved, nisu mogli da žive bez svojih porodica; otišli su u tvrđavu Sil i predali se. Ostali su i dalje išli u lov na bizone, lutali prerijom i tražili pomoć jugozapadnih plemena. Predvođeni dvadeset sedmogodišnjim polukrvnim Komančom koji se zvao Kana Parker bili su ratoborniji nego ikada.

Kad su se pojavili prvi znaci proleća 1873. godine, Kiove su počele pripreme za veliku proslavu kojom su želeli da obeleže povratak Satante i Velikog Drveta. U toku zime, Ćelavko Tejtam koristio je sav svoj uticaj da bi izdejstvovao njihovo oslobađanje iz tamnice, ali je Komesar za indijanska pitanja odbio sve njegove predloge. Tejtam je podneo ostavku, a na njegovo mesto došao je Džejms Hovort. Čim je prošao Mesec pupoljka i došao Mesec lista, Usamljeni Vuk je Teksašanima zapretio ratom ako ne oslobode poglavice. Ptica Koja Se Batrga savetovao je ratnicima da budu strpljivi i sačekaju da se guverner Teksasa izbori sa naseljenicima koji mrze Indijance. Na kraju su, u Mesecu kad jeleni zbacuju rogovlje (u avgustu), vladini činovnici ipak uspeli da Satantu i Veliko Drvo prebace u tvrđavu Sil. Na veliko većanje došao je lično i guverner Teksasa.

Tom važnom sastanku prisustvovale su i poglavice-zatvorenici u pratnji stražara. Većanje je otvorio guverner: Kiove se moraju nastaniti na farmama u blizini ispostave i svaka tri dana odlaziti po sledovanja i odazivati se na prozivku; Kiove su dužne da obuzdaju svoje mlade ratnike i onemoguće svaki napad na Teksas; Kiove, kao civilizovani Indijanci, moraju da polože oružje, predaju konje i počnu da gaje kukuruz. I nastavio: „Poglavice Satanta i Veliko Drvo ostaće u zatvoru sve dok se zapovednik tvrđave Sil ne uveri u to da su postavljeni uslovi ispunjeni."

Za reč se javio Usamljeni Vuk: „Vi ste naša srca ispunili velikom radošću kad ste nam vratili poglavice. Učinite ih još radosnijim i oslobodite zatvorenike još danas."

Ali guverner nije popustio: „Postavio sam uslove i neću ih menjati", rekao je i zaključio većanje[179].

Usamljeni Vuk bio je duboko razočaran. Postavljeni uslovi bili su više nego okrutni, a poglavice su ostale u zatvoru. „Ja želim mir", rekao je učitelju Tomasu Betiju, „i teško sam se namučio da bih ga sklopio. Vašington me je prevario, nije verovao ni meni ni mom narodu. Vašington je pogazio svoja obećanja i sada nam ne preostaje ništa drugo nego rat. A ja znam da rat sa Vašingtonom znači istrebljenje mog naroda. Beli ljudi nas teraju u rat i mi ćemo, umesto da živimo, morati da umremo."

Slika 22. *Beli Konj ili Tsentainte. Fotografija Vilijema S. Saulija iz 1870. godine, dobijena ljubaznošću Smitsonovog zavoda za naučna istraživanja.*

Guvernerovi zahtevi uvredili su čak i Pticu Koja Se Batrga. „Moje je srce tvrdo kao kamen; u njemu nema blagosti. Sa belim čovekom razgovarao sam rukama, misleći da nam je on prijatelj, a on nam nije prijatelj. Vlada nas je obmanula, Vašington je kvaran[180]."

Učitelj Beti i opunomoćenik Hovort brzo su shvatili da su krvoproliće i rat neminovni ako guverner ne pokaže dobru volju i ne oslobodi poglavice Satantu i Veliko Drvo. Otišli su kod guvernera, objasnili mu situaciju i ubedili ga da promeni odluku. U kasnu noć, guverner je Usamljenom Vuku i ostalim poglavicama poslao poruku i zamolio ih da se sa njim sastanu sledećeg jutra. Kiove su prihvatile poziv, ali su još pre svanuća čvrsto odlučile da nikada više ne poveruju u obećanja belog čoveka jer ih on neće održati. Na sastanak su došli u punoj ratnoj spremi i oko stražara postavili ratnike i brze ponije da bi, ako bude potrebno, što lakše pobegli.

Guverner Teksasa je shvatio situaciju i održao kratak govor: veruje, rekao je, da će Kiove ispuniti postavljene uslove, pa je zato spreman da poglavice Satantu i Veliko Drvo konačno preda zastupniku Kiova; oni su, dakle, slobodni ljudi, dodao je. Usamljeni Vuk je bez krvoprolića dubio i drugu bitku.

U Mesecu kad lišće opada Satanta se preselio u svoj crveno obojeni tipi na čijim su kočevima vijorile crvene zastavice. Vradžbeno koplje sa crvenim trakama predao je starom prijatelju Beloj Crnoj Ptici i rekao mu da on poglavica više neće biti. Jedina mu je želja da, slobodan i srećan, luta prerijama. Ali reč pogazio nije: ostao je u ispostavi i te jeseni nije pošao sa mladim ratnicima da po Založenim visoravnima lovi bizone.

U Mesecu kad se guske šepure, neki beli kradljivci iz Teksasa napali su krda konja Kiova i Komanča i pokrali dvesta najboljih ponija. Za njima je u poteru pošla četa ratnika, ali im je preotela samo nekoliko konja jer su kradljivci hitro prešli na drugu obalu Crvene reke.

Posle izvesnog vremena, grupa od devet Kiova i dvadeset Komanča odlučila je da izgubljeno blago nadoknadi otmicom konja belih ljudi. Ne želeći da Satanti i Velikom Drvetu natovare nove nevolje na vrat, Indijanci nisu otišli u Teksas nego u Meksiko. Kloneći se naselja, brzo su prevalili hiljadu milja i reku Rio Grande su prešli između Orlovog klanca i Lareda. U Meksiku su rančere napadali sve dok nisu prikupili onoliko konja koliko su im ukrali Teksašani. Ponegde je sukob bio neizbežan, pa su ubili nekoliko Meksikanaca, a na povratku i dva Teksašana koja su pokušala da ih zaustave. Na to su Plavi šinjeli krenuli za njima u poteru; u bici koja se odigrala nedaleko od tvrđave Klark izginulo je devet mladih ratnika, među kojima su bili sin i sinovac Usamljenog Vuka.

Preživeli Indijanci vratili su se u tvrđavu Sil krajem decembra. Komanči i Kiove oplakivali su svoje mlade i hrabre ratnike, a Usamljeni Vuk je od tuge za izgubljenim sinom odsekao kosu, spalio tipi, poubijao svoje konje i zakleo se da će se Teksašanima ljuto osvetiti.

Čim su u proleće 1874. godine prerije ozelenele, Usamljeni Vuk je sa grupom ratnika prešao u Teksas sa namerom da pokupi posmrtne ostatke sina i sinovca. Ali kako se u rezervatu na njih budno motrilo, odmah je dat znak za uzbunu; Indijanci su uspeli da pređu Crvenu reku, ali su za njima Plavi šinjeli pohrlili sa svih strana: iz tvrđave Končo, iz tvrđave Mek Kevet, iz tvrđave Klark. Usamljeni Vuk i mladi ratnici su izmakli poteri, stigli do mesta pogibije, iskopali tela poglavičinog sina i sinovca i uputili se na sever ka Založenim visoravnima. Ali kako im je jedan konjički odred bio za petama, Usamljeni Vuk je bio primoran da posmrtne ostatke pokopa na padini planine. Razbijene u manje grupe, Kiove su se dale u bekstva preko Založenih visoravni; većina je na Crvenu reku stigla u pravi čas: na Jelenskom potoku održavao se Ples sunca.

Kiove su stare prijatelje Komanče godinama pozivale na svoje igre u slavu sunca; Komanči su dolazili kao gosti i posmatrači, ali sami te svečanosti nisu održavali. Tog proleća 1874. godine, Komanči su Kiove pozvali na svoj prvi Ples sunca i tu priliku su iskoristili za kratko većanje: šta uraditi sa belim lovcima koji na Založenim visoravnima uništavaju stada bizona. Poglavica Ptica Koja Se Batrga nije prihvatio poziv Komanča. Igre u slavu sunca zakazali su Kvahadi, a kako su oni proglašeni za neprijatelje američke vlade, poglavica je odlučio da sa svojim Indijancima ostane u logoru i tu sačeka jul kada će organizovati svoj Ples sunca. Usamljeni Vuk, koji je i dalje oplakivao smrt sina i sinovca i koji se i dalje ljutio na bele ljude zato što mu onemogućavaju da kosti najrođenijih prenese na svoje groblje, odlučio je, međutim, da svoje ratnike odvede na svečanost Komanča. Sa njim je pošao i Satanta, uveren da odlazeći na svetkovinu koja se održava na teritoriji rezervata ne čini nikakav prestup. Uostalom, učtivost je nalagala da se odazove ljubaznom i prijateljskom pozivu.

Kvahadi su na Jelenski potok stigli u punom sjaju, ali su sa Založenih visoravni doneli rđave vesti: beli lovci na bizonsku kožu preplavili su Visoravni. Zadah odranih životinja širio se na sve strane, širio se tako strašno da je zagađivao i vetrove. Velika bizonska stada iščezavala su kao što su iščezavali i Indijanci.

(Od 3,700.000 bizona koliko ih je uništeno od 1872. godine, Indijanci su ubili samo 150.000. A kad je grupa zabrinutih Teksašana pitala generala Šeridana zašto se belim lovcima ne zabrani da vrše pokolj tih životinja, on im je odgovorio: „Neka ih, neka ubijaju; neka im deru kožu i prodaju je sve dok bizone ne istrebe. Samo ćemo na taj način obezbediti trajni mir i omogućiti brzo razvoj civilizacije[181].")

Ali slobodni Kvahadi nisu hteli tu civilizaciju čiji razvoj ubrzava istrebljenje dragocenih životinja. Na Plesu sunca, prorok iz plemena Kvahadi, Isatai, rekao je da bizone može da spase samo rat. A Isatai je bio i veliki prorok i veliki vrač; govorilo se da iz utrobe bljuje čitave vagone municije i metke belih ljudi zaustavlja u vazduhu.

Za rat se zalagao i mladi ratni poglavica Kvahadi Komanča Kana Parker, uveren da se samo ratom beli lovci mogu proterati sa bogatih pašnjaka. Predložio je da napadnu bazu belih lovaca, trgovačku stanicu u blizini Kanadske reke, ispostavu poznatu pod imenom Zidovi od cigala.

Pred kraj Plesa sunca, došli su iz rezervata sa severa Čajeni i Arapahi, ogorčeni time što su im beli kradljivci konja, a možda i lovci na bizone, oteli pedeset najboljih mustanga. I čim su čuli da Kana Parker namerava da napadne stanicu Zidovi od cigala, odlučili su da se priključe njegovim ratnicima. Pohodu su se pridružili Usamljeni Vuk, Satanta i njihove Kiove: bitka za spas bizona bila je i važnija i neodložnija od besmislenih propisa rezervata. Oni će neke od tih propisa prekršiti, ali zar ih ne krše i beli lovci što nadiru na bizonska pasišta koja su ugovorom trajno pripala Indijancima? Vojnici su bili dužni da svoje lovce proteraju sa područja bizona, ali kako oni to nisu učinili, proteraće ih Indijanci.

Slika 23. *Kana Parker, poglavica Komanča. Fotografija Hačinsa ili Lenija napravljena u rezervatu Kiova (rezervat za Kiove, Komanče i Kiova Apače) u Oklahomi između 1891. i 1893. godine. Fotografija objavljena ljubaznošću Smitsonovog zavoda za naučna istraživanja.*

Pred kraj Meseca leta pojahalo je na zapad sedam stotina ratnika. Isatai se uz put bavio vradžbinama i hrabrio ih: „Vas ti beli ljudi neće pogoditi jer ću ja zaustaviti u vazduhu sve njihove metke. Kad krenete u juriš, sve ćete ih uništiti, od prvoga do poslednjeg[182].“

Indijanci su se Zidovima od cigala približili 27. juna i pre izlaska sunca obavili pripreme za juriš u kome će uništiti sve lovce na bizone, od prvog do poslednjeg. „U juriš smo krenuli obavijeni oblacima prašine“, rekao je kasnije Kana Parker. Ali prerijske krtice izrovale su tle, potkovice su upadale u rupe, konji su se saplitali, padali i valjali se po zemlji zajedno sa jahačima premazanim ratnim bojama. Indijanci su uhvatili dva lovca koja su pokušala da pobegnu u jednim kolima, ubili obojicu i skinuli im skalpove. Pucnjava i topot konja digli su na noge bele ljude iza zidina i oni su otvorili vatru iz dugometnih pušaka kojima su lovili bizone. Ratnici su se povukli, pa krenuli u uobičajeni napad u kome je svako birao svoj način borbe: odapinjao strelu, bacao koplje ili pucao u prozore.

„Sa još jednim Komančom, probio sam se do kuća od cigala", pričao je Kana. „Na prvom krovu napravili smo rupe i pucali kroz njih[183]." Indijanci su se povlačili i jurišali nekoliko puta, terajući lovce da troše municiju. U jednom od tih juriša, jedan metak ubio je Parkeru konja a drugi mu okrznuo rame. Kana je dopuzao do šipraga gde su ga malo kasnije pronašli njegovi ratnici.

„Lovci na bizone bili su nadmoćniji u svakom pogledu", priznao je jedan od Komanča. „Stajali su iza zidova od cigala i pucali iz pušaka sa teleskopima… Jednog našeg ratnika oborio je s konja hladan kuršum ispaljen sa rastojanja od jedne milje; jeste ga ošamutio, ali ga nije ubio[184]."

U rano popodne, napadači su se povukli sa nišana pušaka koje ubijaju bizone. Poginulo je petnaest ratnika, a više od toga teško ranjeno. Indijanci su sav bes iskalili na Isataiu koji im je obećao zaštitu od neprijateljskih kuršuma i sigurnu pobedu. Jedan ogorčeni Čajen ošinuo ga je korbačem, a kad su i ostali prišli da to urade, zaustavio ih je Kana Parker. „Isatai se osramotio i to mu je dovoljna kazna", rekao je. I od tog dana više nije verovao u vračeve.

Poglavice su odustale od besmislene opsade Zidova od cigala; Usamljeni Vuk i Satanta vratili su se sa svojim ratnicima na Severnu račvu Crvene reke da bi prisustvovali Plesu sunca Kiova i na igre pozvali, naravno, i prijatelje Čajene i Komanče. Tog leta je glavno obeležje svetkovine bila proslava u čast povratka Satante i Velikog Drveta u rezervat. Kvahadi i Čajeni su Indijancima iz rezervata zamerali što povratak poglavica proslavljaju u času kod beli lovci uništavaju njihova stada i pozvali su Kiove u rat za spas bizona.

Poglavica Ptica Koja Se Batrga nije za to hteo ni da čuje. Čim su se igre u slavu sunca završile, krenuo je sa svojim ljudima u ispostavu. Usamljeni Vuk i njegovi ratnici smatrali su, međutim, svetom dužnošću da se pridruže nepomirljivim Kvahadima.

Ovog puta, Satanta nije pošao sa Usamljenim Vukom. Pošto je zaključio da već dugo izaziva sudbinu, druželjubivi i borbeni poglavica se, posle kraćeg oklevanja, uputio natrag ka tvrđavi Sil. Poveo je porodicu i neke prijatelje sa namerom da usput svrate u rezervat Vičita i razmene robu sa Indijancima koji gaje kukuruz. Leto je bilo prijatno i Satanta se nije žurio u tvrđavu Sil, gde je trebalo ići po sledovanja i odazivati se na prozivku.

U pozno leto sve je na Visoravnima, čini se, pošlo naopako. Sunce je pržilo zemlju iz dana u dan, a suva zemlja je bivala suvlja iz časa u čas; potoci i reke prestali su da teku, a sa olovno sivog neba spuštala su se u kovitlacu jata skakavaca i proždirala sprženu travu. Da je Visoravni tako sušno leto zadesilo nekoliko godina ranije, prerija bi se tresla od topota miliona kopita žednih bizona koji bi jurnuli u pomamnu trku za vodom. Ali, bizonska stada su iščezla i ostavila za sobom nepreglednu pustoš, gomile kostiju, lobanja i kopita koji su truleli na suncu. I beli lovci napustili su tu pustinju kroz koju su besciljno tumarale grupe Komanča, Kiova, Čajena i Arapaha; retko su nailazili na bizona, pa su mnogi bili primorani da se vrate u rezervat i tako se spasu smrti od gladi.

U ispostavama je zavladao haos. Armija i Biro za indijanska pitanja optuživali su se međusobno i Indijanci su jednostavno ostali bez sledovanja. Pojedini opunomoćenici su na svoju ruku

Indijancima obustavili izdavanje hrane da bi ih kaznili što bez dozvole napuštaju rezervat i skitaju prerijom, pa je povremeno dolazilo i do oružanih sukoba. Sredinom jula utvrđeno je da je polovina Kiova i Komanča prijavljenih u tvrđavi Sil nestala iz rezervata. Činilo se da i ta poslednja plemena koja žive od bizona neka mistična sila neodoljivo vuče u poslednje bizonsko utočište; a ono se nalazilo u kanjonu Palo duro i zvalo se Mesto sapunovog drveta.

Nevidljiv sa ravnice, kanjon Palo duro bio je krivudavi bezdan usečen u Visoravni, oaza vrela, vodopada, potoka i rečica zahvaljujući kojima su njegovi vrbaci i pašnjaci bili zeleni i bujni. Klisuri se moglo prići samo retkim stazama koja su utabala bizonska stada. Koronado je u šesnaestom veku bio u njoj, ali je od tada vrlo mali broj belih ljudi imao prilike da je vidi i retko je ko znao da ona postoji.

U kanjonu Palo duro našli su u pozno leto 1874. godine utočište i bizoni i Indijanci. Indijanci su čuvali bizone i ubijali samo onoliko koliko im je bilo potrebno da obezbede zimske zalihe; pažljivo su sekli meso i sušili ga na suncu, a srž i salo uvijali u kože; od žila su pravili tobolce, a od rogova kašike i činije; dlaku su upredali u užad i opasače, a kože štavili za tipije, odeću i mokasine.

Pre nego što je nastupio Mesec žutog lišća, dno kanjona uz potok pretvorilo se u šumu tipija: Kiove, Komanči i Čajeni bili su dobro snabdeveni hranom do idućeg proleća, a dve hiljade konja delilo je sa bizonima bujne pašnjake. Žene su spokojno obavljale svoje poslove, a deca se bezbrižno igrala oko voda. Za Kana Parkera i Kvahadi Indijance je to bio život kojim su oduvek živeli; za Usamljenog Vuka i Kiove, kao i za druge begunce, život je počinjao iznova.

Bio je to suviše veliki izazov belim ljudima i vlastima u sve praznijim rezervatima. Samo što su se nepomirljivi Kvahadi i njihovi saveznici povukli u svoja skrivena sela sa namerom da zimu spokojno provedu u kanjonu Palo duro, Veliki Ratnik

Šerman počeo je da izdaje naređenja. U septembru je pet kolona Plavih šinjela krenulo u pohod. Iz tvrđave Dodž, Medveđi Kaput Nelson Majls pošao je na jug, iz tvrđave Končo, Čovek Sa Tri Prsta Mekenzi marširao je na sever; iz tvrđave Beskam, Novi Meksiko, major Vilijem Prajs krenuo je na istok, a iz tvrđava Sil i Ričardson dolazili su pukovnici Džon Dejvidson i Džordž Bjuel. Hiljade vojnika u plavim šinjelima, naoružanih brzometnim puškama i artiljerijom, pošle su u poteru za nekoliko stotina Indijanaca koji su želeli samo jedno: da spasu svoje bizone i život prožive u slobodi.

Zahvaljujući pomoći izvidnika-najamnika iz plemena Ton-kava, Mekenzijevi konjanici su veliko selo tipija u kanjonu Palo duro otkrili 26. septembra i sav bes su iskalili na Kiovama Usamljenog Vuka. Iako napadnuti iznebuha, ratnici su otpor pružali dovoljno dugo da ženama i deci omoguće bekstvo, a onda su se povukli u oblaku gustog barutnog dima. Mekenzijevi vojnici su se sjurili na potok, paleći tipije i uništavajući teško stečene indijanske zalihe. Do sutona su zarobili hiljadu ponija. Mekenzi je naredio da ih odvedu u dolinu Tjul i tamo pokolju; lešinari su odmah navalili na bogat plen.

Indijanci su se raspršili po Visoravnima, bez konja, bez hrane, bez odeće, bez zaklona. A Plavi šinjeli su ih, nadirući sa sve četiri strane, metodično gonili; kolone su se ukrštale i razdvajale, a uz put kupile ranjene Indijance, stare Indijance i na kraju žene i decu.

Usamljeni Vuk i dve stotine pedeset dva ratnika Kiova uspeli su da umaknu poteri, ali su znali da je svako dalje bekstvo uzaludno. U tvrđavu Sil stigli su 25. februara 1875. godine i tu se predali. Tri meseca kasnije, Kana Parker je u isto utvrđenje doveo Kvahadi Komanče.

Usred najžešćih vojnih akcija, iz rezervata su pobegle pogla-vice Satanta i Veliko Drvo. Iako su se dobrovoljno predali u is-postavi Čajena, odmah su okovani lancima i bačeni u tamnicu.

U tvrđavi Sil, vojnici su grupu po grupu Indijanaca ubacivali u ograđen prostor i tu ih razoružavali; ono malo stvari što su nesrećnici poneli sa sobom bacali su na gomilu i spaljivali, a konje i mazge odveli su u preriju i tamo ih poubijali. Poglavice i ratnici, okrivljeni za napuštanje rezervata, zatvoreni su u ćelije ili zatočeni iza visokih zidina ledare koja još nije bila pod krovom. Svakog dana, beli vojnici bacali su im komade sirovog mesa kao da ti Indijanci nisu ljudi nego zveri u kavezima.

Veliki Ratnik Šerman je iz Vašingtona naredio da se zarobljenicima sudi i da se strogo kazne. Opunomoćenik Hovort je zatražio da se poglavice Satanta i Veliko Drvo puste na slobodu. Šerman nije imao ništa protiv poglavice koji se zvao Veliko Drvo, ali Satantin prkos nije zaboravio; Satanta se vratio u teksasku tamnicu.

Kako vojne vlasti nisu mogle da odluče koje bi od zarobljenih Indijanaca trebalo kazniti, naredile su poglavici Ptici Koja Se Batrga da odabere dvadeset šest ratnika koji će biti prognani u podzemne tamnice tvrđave Merion na Floridi. Teška srca, poglavica je poslušao bele oficire. Znao je da u progonstvo moraju da odu Usamljeni Vuk, Nežno Srce, Beli Konj i Mamanti Nebeski Šetač, jer su oni predvodili napade u Teksasu. Da bi popunio broj, odabrao je još nekoliko neznanih ratnika i nekoliko meksičkih zarobljenika koji su odrasli u plemenu.

Kiove to Ptici Koja Se Batrga nisu oprostile. „Ja sam kao kamen, slomljen i odbačen", rekao je gorko poglavica učitelju Tomasu Betiju. „Jedan moj komad bačen je tamo, a drugi onamo[185]."

Onoga dana kad su okovani zarobljenici utovareni u vagone da bi krenuli na daleko putovanje u Floridu, poglavica Ptica Koja Se Batrga izjahao je da se oprosti sa njima. „Ja vas duboko žalim", rekao je. „Ali bili ste toliko tvrdoglavi da nisam uspeo da vas spasem. Vlada je morala da vas kazni. Uzdajte se u naše vradžbine. Nećete dugo ostati u zatočeništvu. Ja vas volim i učiniću sve da vas što pre oslobodim."

Mamanti Nebeski Šetač mu je odgovorio sa najdubljim prezirom: „Ti ostaješ slobodan, ostaješ da živiš kao veliki čovek među belcima. Ali nećeš živeti dugo, za to ću se ja postarati[186]."

Kad je dva dana kasnije ispio šolju kafe u svom šatoru nedaleko od ispostave, poglavica Ptica Koja Se Batrga umro je na tajanstven način. Posle tri meseca, samo što je saznao za poglavičinu smrt, umro je u tvrđavi Merion, potpuno neočekivano, i Mamanti. Kiove su bile ubeđene da je vrač dozvao smrt, obuzet grižom savesti zato što je svojim vradžbinama uništio Pticu Koja Se Batrga. Tri godine kasnije, venući polako u teksaskoj zatvorskoj bolnici, Satanta se bacio kroz prozor i oslobodio se muka. Te iste godine, Usamljeni Vuk, koga je nagrizala malarična groznica, dobio je dozvolu da se vrati u tvrđavu Sil, ali je u njoj umro posle nekoliko meseci.

Moćni Komanči i Kiove bili su uništeni; iščezle su i njihove velike vođe, iščezli su i njihovi bizoni koje su uzaludno pokušavali da spasu. I sve se to zbilo za nepunih deset godina.

Rat za Crna brda

1875 – 1. *maj*: Dvesta trideset osam učesnika u „Aferi s viski-jem" optuženo za proneveru u Poreskoj upravi i utaju poreza na promet; pored proizvođača viskija, u aferu su umešani i visoki vladini činovnici; 6. decembar: sazvan 44. Kongres SAD; prvi put od 1859. godine, demokrate na vlasti u Pred-stavničkom domu.

1876 – 7. *februar*: iako oslobođen optužbe za učešće u „Aferi s viskijem", lični sekretar predsednika Granta, Orvil Bebkok, otpušten iz službe; 4. mart: Ministar rata Belnep optužen za učešće u istoj aferi; 10. maj: u okviru proslave stogodišnjice SAD u Filadelfiji otvorena velika izložba; 11. jun: kandidat Republikanske stranke za predsedničke izbore – Raterford B. Hejs; 27. jun: kandidat Demokratske stranke za pred-sedničke izbore – Semjuel Dž. Tilden; 9. jul: pokolj crnih pripadnika državne milicije u Hamburgu u Južnoj Karolini; 1. avgust: Kolorado primljen u Savez kao trideset osma drža-va; septembar: Tomas Edison gradi laboratoriju u Menlou Parku, Nju Džersi; 17. septembar: u Južnoj Karolini izbija rasistički rat; 7. novembar: obe političke stranke imaju dobre izglede za pobedu na predsedničkim izborima; Tilden dobija više glasova birača; 6. decembar: *Electoral College*, izborno telo koje bira predsednika i potpredsednika SAD, daje Hejsu 185, a Tildenu 184 glasa.

Svim belim građanima zabranjuje se naseljavanje na bilo kojem delu teritorije obuhvaćene ovim ugovorom, kao što im se zabranjuje i svaki prolaz kroz tu oblast bez saglasnosti Indijanaca.

UGOVOR IZ 1868. GODINE

Mi ovde ne želimo bele ljude. Crna brda su moje planine. I ako beli ljudi pokušaju da mi ih oduzmu, ja ću se boriti.

TATANKA JOTANKA (BIK KOJI SEDI)

Zemlja po kojoj hoda narod nije za prodaju.

TAŠUNKA VITKO (LUDI KONJ)

Beli ljudi u Crnim brdima liče na larve i ja zahtevam da se oni odmah povuku odavde... Zapovednik lopova (general Kaster) izgradio je prošlog leta put kroz Crna brda i ja tražim da Veliki Otac plati svu štetu koja nam je time pričinjena.

BAPTISTA GUD

Oblast koja se zove Crna brda Indijanci smatraju središtem svoje zemlje i tako misli deset sijuskih naroda.

TATOKE INNJANKE (ANTILOPA KOJA TRČI)

Mladići Velikog Oca odneće zlato iz Crnih brda i tim zlatom napuniti kuće. I zato moj narod mora biti zbrinut do kraja života.

MATO NOUPA (DVA MEDVEDA)

Veliki Otac je članovima komisije rekao da Crna brda pripadaju Indijancima i da će poštovati sve njihove zaključke... Ja sam Indijanac, a belci me gledaju kao budalu; a tako i treba da me gledaju kad slušam savete belog čoveka.

ŠUNKA VITKO (GLUPI PAS)

Naš Veliki Otac se oseća sigurnim, i mi se osećamo sigurnim... Ta brda nam pružaju sigurnost... Za Crna brda tražimo sedamdeset miliona dolara. Ako taj novac negde uložimo, moći ćemo od kamate da kupimo sve što nam treba za život. Tako rade beli ljudi.

MATO GLESKA (ŠARENI MEDVED)

Saterali ste nas na gomilu i glave prekrili ćebetom. Ono brdo tamo je naše bogatstvo, a vi hoćete da nam ga otmete... Vi ste, belci, došli u naš rezervat i mirno se služite svim onim što je naše... I pored toga, niste zadovoljni; prešli ste čak na ovu stranu da biste nam oteli svu sigurnost, sve što imamo.

UGAŠENE OČI

Ja ovu zemlju nikad neću napustiti; svi moji leže u njoj, hoću i ja da se raspadam u njoj.

ŠUNKAHA NAPIN (VUČJA OGRLICA)

Sedeli smo i gledali kako prolaze ovuda, kako kopaju i vade zlato, i ništa nismo rekli... Prijatelji moji, kad sam došao u Vašington, otišao sam u vašu kuću para i poveo moje mladiće; i niko iz nje nije izneo nijednu paru. U isto vreme, narod Velikog Oca dolazi u moju zemlju, odlazi u našu kuću para (Crna brda) i iz nje iznosi celo bogatstvo.

MAVATANI HANSKA (DUGAČKI MANDAN[187])

Prijatelji moji, mi u ovoj zemlji živimo mnogo godina; i nikad ne upadamo u zemlju Velikog Oca, nikad ga ne

uznemiravamo. *A njegov narod upada u našu zemlju,*
stalno nas uznemirava, čini mnoga zla i moj narod uči
da bude zao... Otkako ste prešli okean i došli u našu
zemlju, otada pa sve do dana današnjeg niste kupovali
zemlju koja bi po bogatstvu bila ravna ovoj našoj. Pri-
jatelji moji, zemlja koju ste došli da kupite je najbolja
zemlja... ali je ona moja; ja sam se u njoj rodio i u njoj
odrastao; moji pradedovi su u njoj i živeli i umrli, pa
ću i ja zauvek ostati u njoj.

KANGI VIJAKA (VRANINO PERO)

Vi ste iz naše zemlje proterali svu divljač i uništili sve
ono od čega smo živeli. Danas su nam ostala samo ova
brda... I vi sad tražite da se odreknemo i njih... Zemlja
je puna blaga svih vrsta, a njeno tlo pokriveno šumama
teških borova; ako i tu zemlju ustupimo Velikom Ocu,
ni nama ni belim ljudima više ništa neće preostati.

VANIGI SKA (BELA SABLAST)

Kad je prerija u plamenu, životinje su opkoljene vatrom;
i da ne bi izgorele u njoj, one beže pokušavajući da se
sakriju. To isto sad radimo i mi.

NAJINANJUPI (OPKOLJENI)

SAMO ŠTO SU SE CRVENI OBLAK, Šareni Rep i njihovi Tetoni smestili u rezervate severozapadne Nebraske, među belim naseljenicima pronela se vest da se u Crnim brdima krije basnoslovno zlato. *Paha Sapa*, Crna brda, bila su središte sveta i boravište bogova; ratnici su u svetilišta odlazili da razgovaraju sa Velikim Duhom i budni sanjaju zagonetne i predskazujuće snove. Uveren da su ta brda bezvredna, Beli Otac je 1868.

godine sklopio sa Indijancima ugovor i zauvek im prepustio celu oblast. Nisu protekle ni četiri godine, a kopači su odredbe ugovora drsko prekršili. Nadirali su neumorno u *Paha Sapa* i u njihovim strmim klancima i brzim, bistrim potocima isto toliko neumorno tražili žuti metal koji ih je dovodio do ludila. Indijanci su lude bele ljude proterivali iz svojih svetih brda ili ih ubijali. Već 1874. godine, zlatna groznica dobila je takve razmere da je vojska krenula u izviđanje Crnih brda. Vladi Sjedinjenih Država nije, naravno, ni na pamet padalo da za veliki pohod zatraži saglasnost Indijanaca, iako je Ugovorom iz 1868. godine belcima izričito zabranjeno da kroz indijansku teritoriju prolaze bez odobrenja.

U Mesecu kad sazrevaju crvene trešnje, više od hiljadu Poni vojnika krenulo je iz Linkolnove tvrđave preko Visoravni ka Crnim brdima. Bio je to Sedmi konjički puk koji je predvodio general Džordž Armstrong Kaster, onaj isti Zvezdani Zapovednik što je 1868. godine na reci Vašita poklao južne Čajene Crnog Kotla. Sijui su ga zvali Pahuska, Dugokosi, a budući da ih niko nije obavestio o njegovom dolasku, posmatrali su iznenađeni, izdaleka, kako dugačke kolone konjanika u plavim šinjelima u pratnji zaprežnih kola sa platnenim krovovima skrnave svetu zemlju.

Crveni Oblak je protestovao čim je čuo za pohod Dugokosog: „S kojim pravom general Kaster i njegovi vojnici dolaze u Crna brda kad je to zemlja Oglala Sijua?" A to je bila i zemlja Čajena, Arapaha i drugih sijuskih plemena. Gnev Indijanaca izbio je takvom silinom da je Veliki Otac Julisis Grant obećao „da će sprečiti najezdu uljeza sve dok oblast Crna brda po zakonu i ugovoru pripada Indijancima[188]."

Ali čim je Kaster u svom izveštaju potvrdio da su brda „od korena trave" puna zlata, beli ljudi su se kao skakavci u rojevima bacili na njih, obuzeti ludačkom željom da tu zemlju što pre prekopaju i isperu njene vode. I put koji su Kasterovi vojnici i konji prosekli kroz srce *Paha Sapa* dobio je vrlo brzo ime Drum lopova.

Tog leta je zbog sve bednijeg snabdevanja Oglala Crveni Oblak često dolazio u sukob sa opunomoćenikom rezervata, Dž. Dž. Savilom. Zaokupljen svakodnevnim problemima, poglavica u prvom trenutku nije sagledao posledice Kasterovog pohoda na Crna brda i opasnost koja preti Sijuima koji svakog proleća napuštaju rezervat i odlazeći u lov logoruju u podnožju svetih brda. Kao i mnoge druge stare vođe, Crveni Oblak je polako gubio vezu sa mladim ratnicima.

Sijui koji su leto proveli na severu, u lovu, vratili su se u ispostavu Crvenog Oblaka početkom jeseni, posle Kasterovog pohoda. Kipteli su od besa zbog invazije *Paha Sapa* i zahtevali da se obrazuju ratne čete koje će poći u poteru za kopačima zlata koji sa svih strana nadiru u njihovo svetilište. Crveni Oblak ih je mirno slušao i savetovao mladim ratnicima da se strpe; bio je siguran u to da će Veliki Otac održati obećanje i isterati kopače iz njegove zemlje. Međutim, u Mesecu kad lišće opada poglavica je konačno shvatio koliko su mladi ratnici ogorčeni na vojnike Dugokosog. Opunomoćenik Savil naredio je 22. oktobra svojim ratnicima da poseku jedan visok bor i donesu ga u ispostavu. Kad su Indijanci videli da to ponosno drvo leži ubijeno na zemlji, pitali su Savila zašto je posekao bor. „Da bih od njega napravio koplje za zastavu koja će se vijoriti iznad ispostave", odgovorio je zastupnik. Indijanci su se naljutili; i rekli da je Dugokosi Kaster u svim logorima na Crnim brdima istakao zastave i da oni u svojoj ispostavi neće dozvoliti da ih bilo šta podseća na Plave šinjele.

Savil nije obraćao pažnju na njihove proteste i naredio je da se iskopa rupa i u nju zabije koplje za zastavu. Već posle nekoliko minuta grupa mladih ratnika isekla je sekirama jarbol na komade. Sad oni nisu obraćali pažnju na Savilove proteste. Zastupnik je ušao u kancelariju Crvenog Oblaka i zatražio pomoć; poglavica je odbio da mu pomogne rekavši da ratnici na taj način izražavaju svoje ogorčenje zbog Kasterovog pohoda na Crna brda.

Razjareni Savil je onda poslao glasnika u Varoš vojnika (tvrđava Robinson) sa zahtevom da mu u pomoć pritekne konjički odred. Ratnici su opazili konjanika i odmah pogodili sa kojom je porukom upućen u tvrđavu. Uleteli su u šatore, naoružali se, premazali ratnim bojama i pojahali u susret Plavim šinjelima. Presreli su odred od dvadeset šest vojnika koje je predvodio poručnik Emet Kroford, opkolili ga, ispalili puške u vazduh i ispustili nekoliko ratnih pokliča. Poručnik Kroford se nije uplašio i nastavio je sa svojim konjanicima, obavijenim ogromnim oblakom prašine koji su dizali ratoborni Indijanci, put ka ispostavi. Spremni na bitku, mladi ratnici su se vojnicima toliko približili da je došlo do sudara jednih i drugih konja.

Poručniku Krofordu pritekla je u pomoć grupa Sijua iz ispostave koju je predvodio Mladić Koji Se Boji Svojih Konja, sin Čoveka Koji Se Boji Svojih Konja. Oni su probili krug ratnika, zaklonili Plave šinjele i dopratili ih do ispostave. Jarosni mladi Sijui bili su spremni da spale zgradu, ali su tu nameru ubedljivim i razumnim govorima osujetili Crveni Pas i Starac Koji Se Boji Svojih Konja.

Crveni Oblak je i ovoga puta odbio da se umeša u sukob i nije bio iznenađen što se mnogi mladi ratnici pakuju i spremaju da zimu provedu izvan rezervata. Bio je zadovoljan što još postoje Sijui koji ne prelaze olako preko skrnavljenja *Paha Sapa*, ali nije shvatio da te svoje mladiće gubi zauvek. Oni su se ubrzo odrekli njegovog vođstva i prišli vođama Biku Koji Sedi i Ludom Konju, jer oni nisu pristali da žive u rezervatu od milostinje belog čoveka.

Bajke o zlatu koji se krije u Crnim brdima privukle su u proleće 1875. godine stotine kopača koji su opseli reku Misuri i gotovo zakrčili Drum lopova. Vojska je poslala nekoliko odreda sa zadatkom da spreče najezdu; vojnici su pojedine grupe kopača poterali sa Crnih brda, ali kako nisu preduzimali i zakonske mere, oni su se brzo vratili sa starim zahtevima. U izviđanje Crnih brda krenuo je i general Kruk (koga indijanci sa Visoravni nisu zvali Sivi Vuk nego Zapovednik Sa Tri Zvezdice) i u toj oblasti pronašao je više od hiljadu kopača zlata. Zapovednik Sa Tri Zvezdice učtivo ih je upozorio da krše zakon i još učtivije im naložio da napuste indijanska brda; nije se, naravno, postarao za to da se njegova naređenja i izvrše.

Slika 24. *Bik Koji Sedi, Fotografija Signalskog korpusa SAD.*

Duboko uznemireni ludilom za zlatom i bezuspešnim pokušajima Plavih šinjela da zaštite njihovu teritoriju, Crveni Oblak i Šareni Rep uputili su Vašingtonu oštar protest. Odgovor Velikog Oca sastojao se u tome što je na put poslao komisiju sa zadatkom da „sa Sijuima pregovara o ustupanju Crnih brda". Drugim rečima, kucnuo je čas da se Indijancima oduzme još jedan deo teritorije koja im je bila dodeljena *zauvek*. Kao i obično, komisija je bila sastavljena od političara, misionara, trgovaca i oficira. Senator Vilijem B. Elison iz Ajove bio je predsednik komisije; prečasni Semjuel D. Hinmen, poznat po nastojanjima da Sante Sijue preobrati u hrišćansku veru, predstavljao je misionare; general Alfred Teri zastupao je vojne, a Džon Kolins, trgovac iz tvrđave Larami, komercijalne interese.

Da bi obezbedili prisustvo Indijanaca izvan rezervata, članovi komisije su po glasnicima-trkačima pozvali na sastanak Bika Koji Sedi, Ludog Konja i druge „divlje" poglavice. Kad je melez Luis Ričard pismo američke vlade pročitao Biku Koji Sedi, poglavica mu je rekao: „Idi i kaži Velikom Ocu da ja svoju zemlju neću prodati." Sagao se, uzeo pregršt prašine i dodao: „Ne bih američkoj vladi prodao ni ovoliko prašine[189]."

I Ludi Konj se protivio prodaji sijuske zemlje, a naročito prodaji Crnih brda. Odbio je da dođe na većanje, ali je komisiju obavestio da će posmatrač slobodnih Oglala biti Mali Veliki Čovek.

Ukoliko su članovi komisije očekivali jedno mirno većanje sa nekoliko pokornih poglavica i verovali da će te čisto trgovačke pregovore obaviti i bez napora i bez troškova, morali su biti neprijatno iznenađeni. Kad su stigli na mesto sastanka – na Belu reku koja je tekla na pola puta između ispostave Crvenog Oblaka i ispostave Šarenog Repa – Visoravni su bile prekrivene sijuskim logorima i nepreglednim krdima konja koji su pasli na pašnjacima. Narodi Sijua i njihovi prijatelji Čajeni i Arapahi zaposeli su prostranstva od reke Misuri na istoku do oblasti Velikog roga na zapadu: članove komisije dočekala je masa od preko dvadeset hiljada Indijanaca.

Kopiju Ugovora iz 1868. godine je malo ko od njih video, ali su zato gotovo svi znali značenje jedne od odredbi svetog dokumenta: „Nijedan ugovor o ustupanju bilo kojeg dela ovde opisane oblasti neće biti punovažan... sve dok se sa njim ne saglase i ne potpišu ga *tri četvrtine odraslih Indijanaca* koji na toj teritoriji žive ili su za nju zainteresovani[190]."

Da su članovi komisije čak i uspeli da zbune ili potkupe sve prisutne poglavice, dobili bi samo dvanaest potpisa ali ne i saglasnost hiljada i hiljada gnevnih, dobro naoružanih ratnika koji su bili čvrsto rešeni da zadrže svaku pregršt prašine i svaku vlat trave na svojoj teritoriji.

Većanje je počelo 20. septembra 1875. godine u senci ogromnog nakatranjenog šatorskog krila koje je bilo razapeto u šumarku severnoameričkih topola. Članovi komisije posedali su na stolice i našli se sučeljeni sa hiljadama Indijanaca od čijeg se pokreta blago talasala cela ravnica. Učesnike veća štitio je kordon od sto dvadeset vojnika na belim konjima koji su došli iz tvrđave Robinson. Šareni Rep je stigao u kolima ispostave, a Crveni Oblak obavestio komisiju da neće prisustvovati većanju. Čim su ostale poglavice stigle, obližnji brežuljak obavio je veliki oblak prašine i do skupa je dojahala u galopu četa Indijanaca. U punoj ratnoj spremi, okružili su članove komisije, ispalili puške u nebo i uz pokliče se postrojili iza belih konjanika. U tom času dojahala je u galopu i druga grupa Indijanaca; pokazujući svoju moć predstavnici svih sijuskih plemena ređali su se jedni za drugima sve dok većalište nije opkolilo nekoliko hiljada Indijanaca. Veoma zadovoljne što su članovima komisije prikazale silu o kojoj se mora voditi računa, poglavice su mirno sedele u polukrugu i piljile u nervozne bele ljude koji su nestrpljivo čekali da čuju šta ti crvenokošci imaju da kažu o Crnim brdima.

Za onih nekoliko dana koliko su, proučavajući situaciju i raspoloženje Indijanaca, proveli u tvrđavi Robinson, članovi komisije zaključili su da bi svaki pokušaj kupovine tih Crnih brda bio uzaludan i da sa njima treba pregovarati o ustupanju prava na rude. Zato je senator Elison ovako počeo svoj govor: „Mi vas pitamo da li ste voljni da našem narodu ustupite prava na kopanje ruda u Crnim brdima sve dok u njima bude zlata i drugih ruda, a mi smo spremni da vam za ta prava isplatimo odgovarajuću, pošteno procenjenu sumu novca. Ako jeste voljni, sklopićemo, i vi i mi, dobar posao. A kad iz Crnih budu iskopani i zlato i druge rude, ova će zemlja ponovo biti samo vaša i vi ćete njom raspolagati po svojoj želji.“

Šareni Rep je predlog komisije prihvatio kao izuzetno smešnu šalu. Da li to Komesar Indijance moli da belim ljudima Crna

brda pozajme za izvesno vreme? Sledeći indijanski govornik
upitao je Elisona hoće li beli ljudi zauzvrat i pod istim uslovima
Indijancima pozajmiti par mazgi?

„Naša vlada nije kadra da svoje kopače istera iz ovih brda",
nastavio je Elison. „Ona to uporno pokušava, ali kao i vi nai-
lazi na ogromne teškoće zato što beli ljudi žele da kopaju po
njima." A koliko malo zna o tome šta Indijanci sa Visoravni
osećaju prema oblasti Barutna reka senator je pokazao iznoseći
sledeći predlog: „Postoji još jedna zemlja koja je, tamo daleko,
okrenuta sunčevom zalasku i u koju ponekad, lova radi, zalu-
tate i vi. Ta oblast nam još nije ustupljena, a prostire se sve do
visova planine Veliki rog… Po svemu se čini da ona za vas nije
od velikog značaja i da je ne smatrate naročito korisnom, pa
zato naš narod misli da bi mogao da dobije onaj njen deo koji
sam upravo opisao[191]."

I dok su tumači prevodili neverovatne zahteve senatora Eli-
sona, dojahao je na poniju Crveni Pas i rekao da nosi poruku
Crvenog Oblaka. Predvidevši, očigledno, pohlepu vladinih
predstavnika, poglavica Oglala zahtevao je da se sastanak odloži
za nedelju dana kako bi plemena imala vremena da održe svoja
većanja i na njima razmotre sve predloge koji se tiču njihove
zemlje. Članovi komisije su pažljivo proučili zahtev Crvenog
Oblaka i na kraju pristali da većanje odlože za tri dana; konačne
odgovore poglavica očekuju najkasnije 23. septembra.

Predlog da se odreknu i poslednjih lovišta bio je toliko
besmislen da ga na indijanskom većanju nije pomenuo nijedan
poglavica. Ali zato se vrlo ozbiljno razgovaralo o Crnim brdima.
Neki su rasuđivali ovako: ako američka vlada ne nameće novi
ugovor, a nije kadra da naseljenike protera iz njih, onda bi,
možda, za taj žuti metal Indijanci i mogli da traže pozamašnu
sumu novca. Ali ostali su, u većini, čvrsto odlučili da zemlju
ne prodaju ni po koju cenu. Crna brda pripadaju Indijancima,

govorili su; i ukoliko se iz njih, zajedno sa kopačima, ne povuku i Plavi šinjeli, sve će ih na silu proterati indijanski ratnici.

Članovi komisije stigli su na većanje 23. septembra iz tvrđave Robinson u vojnim ambulantnim kolima, u pratnji konjice. Crveni Oblak je došao vrlo rano i žestoko protestovao protiv tako velikog broja vojnika. Upravo se spremao da održi govor kad su se ratnici u daljini iznenada uskomešali. Oko tri stotine Oglala, koji su došli iz oblasti Barutne reke, sjurilo se niz padinu; pucali su iz pušaka i pevali pesmu Sijua:

> Crna brda su moja zemlja, ja ih volim.
> Ovu će pušku čuti
> Ko njih poželi[192].

Utom se kroz redove ratnika okupljenih oko šatora probio Indijanac na čilašu: glasnik Ludog Konja, Mali Veliki Čovek. Sa ratnim bojama na licu i pištoljima zadenutim za pojas, vrludao je levo-desno, od članova komisije do poglavica, i vikao: „Ubiću svakog poglavicu koji pristane na prodaju Crnih brda[193]!"

Istog trenutka opkolili su ga nezvanični sijuski policajci predvođeni Mladićem Koji Se Boji Svojih Konja i odveli ga na stranu. Ali, znali su i članovi komisije a znale su i indijanske poglavice da Mali Veliki Čovek izražava osećanja svih ratnika. Zato je general Teri svojim kolegama savetovao da se odmah ukrcaju u kola i što pre vrate u tvrđavu Robinson.

Uvereni da će se za nekoliko dana Indijanci smiriti, članovi komisije su dvadesetorici poglavica zakazali novo većanje u glavnoj zgradi ispostave Crvenog Oblaka. U trodnevnim pregovorima, poglavice su predstavnicima Velikog Oca nedvosmisleno stavile do znanja da Crna brda neće prodati u bescenje. Šareni Rep je četvrtog dana izgubio strpljenje i tražio od komisije da konačni predlog podnese u pismenom obliku.

Belci su za prava na rude nudili sumu od četiri stotine hiljada dolara godišnje ili za prodaju Crnih brda sumu od šest miliona dolara u petnaest godišnjih rata. (A to je, u stvari značilo Crna brda dobiti u bescenje, jer je samo jedno nalazište u njima vredelo više od pet stotina miliona dolara u zlatu.)

Kako se Crveni Oblak nije pojavio ni tog poslednjeg dana, u ime Sijua govorio je Šareni Rep: odlučno je odbio obe ponude. Crna brda nisu bila ni za prodaju ni za pozajmicu.

Članovi komisije su se spakovali i vratili u Vašington sa izveštajem da se Sijui neće odreći Crnih brda; preporučili su Kongresu da želje Indijanaca zanemari i izdvoji sumu „koja bi donekle odgovarala vrednosti tih brda". „Crna brda treba jednostavno kupiti i Indijance staviti pred svršen čin", izjavila je komisija[194].

Administracija i armija preduzele su onda čitav niz akcija koje će dovesti do najvećeg poraza koji su Plavi šinjeli doživeli u ratovima sa Indijancima i koje će, na kraju, slobodu Indijanaca sa severnih Visoravni uništiti zauvek.

Deveti novembar 1875: specijalni izaslanik Biroa za indijanska pitanja E. T. Votkins izveštava svog Komesara da se Indijanci na Visoravni, oni koji žive izvan rezervata, dobro hrane, da su dobro naoružani, slobodni, nezavisni i oholi i da samim tim ozbiljno ugrožavaju sistem rezervata. Na kraju izveštaja, inspektor Votkins preporučuje da se u borbu protiv tih necivilizovanih crvenokožaca „još ove zime, što pre to bolje, pošalju trupe koje će ih *bičem naterati* na pokornost[195]".

Dvadeset drugi novembar 1875: Ministar rata V. V. Belnep upozorava da će u Crnim brdima doći do sukoba „ukoliko se nešto najhitnije ne uradi da bi se ta oblast dodelila belim kopačima koji u nju nadiru kao omađijani pričama o bogatim naslagama dragocenog metala[196]".

Treći decembar 1875: Komesar za indijanska pitanja Edvard P. Smit naređuje zastupnicima Sijua i Čajena: izvestite sve

Indijance izvan rezervata da se svojim ispostavama jave najkasnije do 31. januara 1876. godine, jer će one koji tako ne postupe „na pokornost naterati vojna sila".

Prvi februar 1876: Ministar unutrašnjih poslova obaveštava Ministra vojske da je rok do kojeg su „neprijateljski Indijanci" bili dužni da se jave rezervatima istekao i da on, prema tome, dalju akciju prepušta vojnim vlastima koje će same proceniti šta bi u datim okolnostima trebalo uraditi[197]."

Sedmi februar 1876: Ministarstvo vojske ovlašćuje generala Šeridana, zapovednika Vojne divizije u Misuriju, da krene u pohod na „ratoborne Sijue", u koje spadaju skupine Bika Koji Sedi i Ludog Konja.

Osmi februar 1876: general Šeridan naređuje generalima Kruku i Teriju da obave sve pripreme za vojne operacije u pravcu gornjih slivova Barutne reke i reka Jezik, Ružin pupoljak i Veliki rog „gde Ludi Konj i njegovi saveznici najčešće obitavaju[198]".

Čim se pokrenula, vladina mašinerija pretvorila se u neumoljivu neobuzdanost i bezumnu silu. A kad su krajem decembra opunomoćenici indijanskim poglavicama izvan rezervata poslali glasnike sa porukom da smesta dođu u svoje ispostave, severne delove Visoravni pokrivale su teške naslage snega. Vejavice i mrazevi onemogućili su povratak glasnika-trkača i oni su se u ispostave vratili nekoliko nedelja pošto je rok, 31. januar, istekao. Ni Indijanci, naravno, nisu po toj zimi mogli da krenu na put sa ženama i decom. Uostalom, da je tih nekoliko hiljada „neprijateljski raspoloženih" Indijanaca nekim čudom i uspelo da stigne do ispostava, poumirali bi tamo od gladi; te zime je u rezervatima bilo tako malo hrane da su već u martu stotine Indijanaca napustile ispostave i krenule na sever, u lov na divljač kojom je trebalo dopuniti bedna sledovanja američke vlade.

Bika Koji Sedi, ulogorenog u blizini Barutne reke, pronašao je glasnik u januaru. Poglavica Hunkpapa je na poruku odgovorio porukom da će o naređenju da smesta dođe u rezervat dobro razmisliti, ali da to nikako neće moći da uradi do Meseca kad raste zelena trava.

Oglale Ludog Konja nalazile su se u zimskom logoru u podnožju Medveđeg brega, na mestu gde se Drum lopova sa severne strane useca u Crna brda. To mesto je u proleće moglo da bude pogodno polazište za napade na bele kopače koji su, kršeći propise, navaljivali na teritoriju *Paha Sapa*. Kad su se glasnici kroz smetove konačno probili do Ludog Konja, on im je učtivo saopštio da će u ispostavu moći da krene tek kad prođe zima. „Ta zima bila je tako surova", rekao je jedan mladi Oglala, „da bi i ljudi i konji poumirali u snegu. Uostalom mi smo bili u svojoj zemlji i nikakvo zlo nismo činili[199]."

Rok koji je isticao 31. januara bio je suviše kratak za objavu rata nezavisnim Indijancima. Oni ultimatum nisu ozbiljno shvatili i nisu očekivali da će ih Plavi šinjeli napasti tako brzo. U Mesecu kad sneg zasleplјuje belinom, Zapovednik Sa Tri Zvezdice Kruk se iz Fetermenove tvrđave uputio Bouzmenovim drumom na kome je deset godina ranije Crveni Oblak ušao u rat za oblast Barutne reke.

Gotovo u isto vreme, grupa severnih Čajena i Oglala Sijua napustila je ispostavu Crvenog Oblaka i krenula u oblast Barutne reke tragom bizona i antilopa. Oni su se sredinom marta priključili jednoj skupini nezavisnih Indijanaca koji su bili ulogoreni nekoliko milja dalje od ušća Male Barutne reke u Barutnu reku. Dva Meseca, Mali Vuk, Stari Medved, Javorovo Drvo i Beli Bik bili su vođe Čajena, a Mali Pas bio je vođa Oglala. Nekolicina ratnika iz njegove grupe došla je iz sela Ludog Konja koje se nalazilo daleko na severu.

Taj mirni logor napala je u zoru 17. marta bez upozorenja prva Krukova kolona sa pukovnikom Džozefom Rejnoldsom na čelu. Indijanci su živeli u svojoj zemlji, ničega se nisu plašili i mirno su spavali kad su vojnici na belim konjima, konjanici kapetana Džejmsa Egana, osuli paljbu na usnulo selo. Drugi odred napao ga je s levog boka, a treći se stuštio na krdo indijanskih konja.

Prva reakcija ratnika bila je da sa puta napadača uklone što više žena i dece i izvuku ih iz unakrsne vatre. „Starci i starice su posrćući pokušavali da pobegnu od kiše metaka koja je dobovala po šatorima, a ratnici su grabili sve što im se našlo na domaku ruke i pružali napadačima ogorčen otpor", rekao je Indijanac Drvena Noga. Čim su neborci krenuli uz strmu planinsku padinu, ratnici su se zaklonili iza brvnara i stenja i hrabro se borili sve dok narod nije prešao na drugu obalu Barutne reke.

„Gledali smo izdaleka kako nam uništavaju selo", rekao je Drvena Noga. „Spaljivali su tipije sa svim onim što se nalazilo u njima... Meni je ostala samo odeća koju sam imao na sebi". Plavi šinjeli uništili su sve zalihe mesa i sva sedla i iz logora isterali sve indijanske konje, „od hiljadu dvesta do hiljadu pet stotina ponija[200]".

Čim je pao mrak, ratnici su se prišunjali vojnom logoru sa namerom da preotmu konje. Poglavica Dva Meseca je dao kratak i jezgrovit opis događaja: „Te noći spavali su vojnici, a Indijanci bili spremni za napad. Naši konji su bili u neposrednoj blizini; nečujno smo im se prikrali, poveli ih i isto tako nečujno nestali[201]."

Zapovednik Sa Tri Zvezdice Kruk se na pukovnika Rejnoldsa toliko razbesneo što je Indijancima dozvolio da pobegnu iz sela i preotmu konje da ga je odmah izveo pred preki sud. Armija je taj napad nazvala „napadom na selo Ludog Konja", iako je u tom času Ludi Konj logorovao na severoistoku, daleko od mesta nesreće. Dva Meseca i druge poglavice povele su svoj narod bez ognjišta u njegov logor, u nadi da će im on dati hranu i pružiti zaklon. Putovali su tri dana i tri noći, smrzavajući se na ljutom mrazu; imali su samo dva-tri ogrtača od bizonske kože i mrvice hrane.

Ludi Konj je izbeglice primio vrlo gostoljubivo, podelio im hranu i odeću i smestio u šatore Oglala. „Milo mi je što ste došli", rekao je poglavici Dva Meseca pošto je saslušao njegovu priču o tome kako su Plavi šinjeli uništili selo. „Ponovo ćemo se boriti protiv belih ljudi."

„U redu", odgovorio je Dva Meseca. „Ja sam već u borbi. Oni su mi pobili ljude i pokrali konje; ja sam spreman i vrlo sam zadovoljan što ćemo se boriti protiv njih[202]."

U Mesecu kad guske nose jaja, kad je trava visoka i kad su konji snažni, Ludi Konj je pogasio logorske vatre i Oglale i Čajene poveo na sever ka reci Jezik, gde su te zime logorovali Bik Koji Sedi i njegove Hunkpape. Za njima je došao Hromi Jelen sa grupom Minekonžua i zatražio da svoj logor podigne pored njihovog. Čuo je, rekao je, da Plavi šinjeli nadiru sa svih strana i maršíraju preko sijuskih lovišta pa bi, ako dođe do nevolje, želeo da bude u blizini moćnih Hunkpapa i slavnog vođe Bika Koji Sedi.

Vreme je otoplilo, a plemena se pomerala na sever tražeći divljač i svežu travu. Usput su im se pridružile grupe Ispečenih, Ljudi Bez Lukova, Crnih Nogu i Čajena. Kako su mnogi od njih rezervate napustili u skladu sa odredbom ugovora po kojoj su imali sva prava na lov, ultimatum sa rokom koji je istekao 31. januara prihvatili su kao beznačajnu pretnju zastupnika Velikog Oca ili kao odluku koja se u svakom slučaju ne odnosi na miroljubive Indijance. „Mnogi naši mladići priželjkivali su borbu sa vojnicima, ali su im poglavice i starci savetovali da se klone belaca[203]", rekao je ratnik Čajena Drvena Noga.

Dok je nekoliko hiljada tih Indijanaca logorovalo na reci Ružin pupoljak, pridružila im se još jedna grupa mladih ratnika iz rezervata sa vešću da se kolone Plavih šinjela približavaju sa tri strane: Zapovednik Sa Tri Zvezdice Kruk dolazi sa juga,

Hromi Zapovednik (pukovnik Džon Gibon) sa zapada, a Zapovednik Sa Jednom Zvezdicom Teri i Dugokosi Kaster sa istoka. Početkom meseca gojenja, Hunkpape su održale svoj Ples sunca, igre u slavu sunca koje su održavale svake godine. Bik Koji Sedi igrao je bez predaha tri dana, puštao sebi krv i piljio u sunce sve dok nije pao u trans. A kad se iz njega probudio, rekao je narodu da mu je u viziji jedan glas vikao: „Njih ti predajem zato što nemaju ušiju." Pogledao je u nebo i video kako sa njegovih visina vojnici padaju kao skakavci, sa glavom nadole i kako njihovi šeširi lete u ponor; padali su pravo na indijanski logor. Beli ljudi nemaju ušiju jer nikoga neće da čuju; zato je Veliki Duh njihove vojnike predao Indijancima da ih pobiju[204].

Već posle nekoliko dana, čajenski lovci opazili su u dolini reke Ružin pupoljak privremeni logor Plavih šinjela. Ostale Indijance upozorili su na opasnost tako što su im, zavijajući kao vuci, slali sledeću poruku: dolazi Zapovednik Sa Tri Zvezdice, zavijali su, a kao izviđači mu služe najamnici iz plemena Vrane i Šošon.

Poglavice su u sela poslale vikače i održale hitno većanje: jedan deo ratnika ostaće da štiti sela, a drugi deo će krenuti još u toku noći i napasti Krukove vojnike. U drugoj grupi nalazilo se oko hiljadu Sijua i Čajena, sa kojima su pošle i nekolike žene da se staraju o konjima. Indijance spremne za boj predvodili su Bik Koji Sedi, Ludi Konj i Dva Meseca. Zaustavili su se pred svitanje, malo se odmorili, pa napustili reku i krenuli u brda.

Krukovi indijanski izvidnici obavestili su Zapovednika Sa Tri Zvezdice da se na obali Ružinog pupoljka nalazi veliko sijusko selo i on ih je u zoru poslao u nova izviđanja. Najamnici iz plemena Vrane prešli su preko vrha brda, spustili se niz suprotnu padinu i naleteli pravo na grupu ratnika Sijua i Čajena. Ovi su pošli za njima u poteru, ali su pred neočekivanom najezdom Plavih šinjela bili primorani da se povuku.

Ludi Konj je već odavno čekao priliku da se oproba u borbi sa vojnicima. Godinama je posle bitke kod tvrđave Fil Kerni pažljivo proučavao njihov način vojevanja i godinama je u Crnim brdima molio Velikog Duha Vakantanku da mu podari moć i pomogne mu da, ako belci ponovo zaratuju sa njegovim narodom, svoje Oglale povede u veliku pobedu. Ludi Konj je još od najranije mladosti znao da je svet u kome žive ljudi samo senka onog stvarnog sveta. Ali da bi ušao u taj drugi, stvarni svet, morao je da sanja; a kad bi se u njemu našao, činilo mu se da lebdi u prostoru u kojem sve poigrava. U tom stvarnom svetu igrao je i njegov konj, igrao tako divlje i tako ludo, da je poglavica sebi nadenuo novo ime: Ludi Konj. Bio je, dakle, uveren da će, ako pre bitke posredstvom sna uđe u stvarni svet, moći sve da podnese.

Tog dana, 17. juna 1876. godine, Ludi Konj je utonuo u san i preneo se u stvarni svet; a kad se probudilo, naučio je Sijue mnogim stvarima koje oni do tada nisu znali. Čim je Kruk svojim Poni vojnicima naredio juriš, Sijui su, umesto da kao i obično jurnu pravo u vatru neprijateljskih karabina, naglo iščezli i vojnike napali s boka, vešto pronalazeći slaba mesta u njihovim redovima. Ludi Konj i njegovi ratnici jurišali su levo-desno, napred-nazad, i bili u stalnom pokretu. Sunce je ulazilo u zenit, a vojnici su istovremeno vodili tri potpuno odvojene bitke. Plavi šinjeli su bili navikli na streljački stroj i čvrstu prvu bojnu liniju; Ludi Konj je taj ustaljeni način ratovanja u potpunosti poremetio i u njihovim redovima zavladala je neopisiva zbrka. Čestim i munjevitim prepadima na lakonogim ponijima, Sijui su razbijali protivnike i držali ih u defanzivi. A kad bi oni otvorili žestoku vatru, Indijanci bi se naglo povukli, namamili ih u poteru, a onda se isto tako naglo okrenuli i gonioce napali neviđenom žestinom.

U borbi koja se vodila tog dana istakli su se, naročito u opasnim jurišima, i Čajeni, među kojima je najhrabriji bio

Poglavica Na Vidiku. U jednom trenutku, kad je u napadu pokušao da okrene konja, životinja se, pogođena metkom, srušila neprijatelju pred noge. Istog časa izleteo je iz čajenskih redova mlad jahač, zaklonio Poglavicu Na Vidiku, podigao ga u sedlo i nestao. Neustrašivi jahač-spasilac bila je njegova sestra – Žena Koja Prati Trag Malog Bizona, jedna od Indijanki koje su poveli da se staraju o konjima. Zato je Čajenima ta bitka ostala u sećanju kao bitka u kojoj je sestra spasla brata, dok su je belci zvali bitka na Ružinom pupoljku.

Bitka se završila u smiraj dana. Indijanci su znali da su Kruku Zapovedniku Sa Tri Zvezdice zadali mnogo jada i da su se pokazali kao valjani borci, ali sve do sledećeg jutra nisu znali da su ga i porazili. U to su se uverili dok su sa vrhova grebena, u samo praskozorje, mirno pogledom pratili kolonu u plavim šinjelima koja se, već vrlo daleko od njih, povlačila na jug. General Kruk se vraćao u bazu kod Guščijeg potoka da bi tamo sačekao pojačanje ili poruku od Gibona, Terija ili Kastera. Indijanci na reci Ružin pupoljak bili su suviše jaki za jednu kolonu vojnika.

Posle bitke na Ružinom pupoljku, poglavice su odlučile da se presele na zapad, u dolinu Masna trava (Mali Veliki rog), jer su im izvidnici javljali da u toj oblasti ima mnogo antilopa i bujne trave. Indijanski logori nikli su na zapadnoj strani doline, na prostoru od gotovo tri milje. Niko nije tačno znao koliko je tu Indijanaca ulogoreno, ali ih je bilo sigurno desetak hiljada, sa tri do četiri hiljade ratnika. „U tom velikom selu bilo je nemoguće izbrojati tipije", rekao je Crni Los[205].

Malo dalje, u gornjem slivu reke Mali Veliki rog, ka jugu, dizali su se logori Hunkpapa i sijuskog plemena Crne Noge. Hunkpape su svoje logore uvek podizali u začelju indijanskog kruga, što je bilo i značenje njihovog imena. Ispod njih smestila su se plemena Ljudi Bez Lukova, Minekonžu, Oglala i Ispečeni, dok su Čajeni položaj zauzeli na severnom kraju doline.

Mesec kad sazrevaju divlje trešnje bio je veoma topao i dečaci su se veselo brčkali u vodama Masne trave. Lovci su obilazili Veliki rog, gde su pronašli nekoliko bizona i antilopa, a žene vadile divlju repu iz prerijske zemlje. Svake noći je po jedno pleme iz indijanskog kruga održavalo obredne igre, a njihove poglavice se povlačile na većanje. „Poglavice svih plemena sastajale su se kao ravnopravni članovi veća", rekao je Drvena Noga. „Samo je jedan vođa bio iznad ostalih: Bik Koji Sedi. I bio je priznat kao glavni poglavica svih logora u indijanskom krugu[206]."

Bik Koji Sedi nije mislio da je pobeda na reci Ružin pupoljak ostvarenje proročanske vizije u kojoj vojnici sa neba padaju u indijanski logor. Morao je, međutim, da prizna jednu nepobitnu činjenicu: otkako se Zapovednik Sa Tri Zvezdice Kruk povukao na jug, indijanski lovci nisu opazili nijednog vojnika u plavoj uniformi u oblasti između Barutne reke i reke Veliki rog.

Indijanci su tek 24. juna saznali da Dugokosi Kaster krstari prostranstvima oko reke Ružin pupoljak. Tog jutra su izviđači javili da su Plavi šinjeli prešli i poslednji visoki greben između Ružinog pupoljka i indijanskog logora i da marširaju prema reci Mali Veliki rog.

Vesti o Kasterovom dolasku pristizale su sa svih strana.

„Četiri skvo i ja vadili smo divlju repu nedaleko od logora", pričao je Crveni Konj, jedan od sijuskih poglavica. „Jedna skvo skrenula mi je pažnju na oblak prašine koji se dizao na jednoj strani logora, a već u sledećem trenutku video sam da vojnici kreću u napad. Potrčali smo iz sve snage, i skvo i ja, a kad sam ušao u logor, rekoše mi da požurim u šator za većanje. Međutim, vojnici su nas napali tako brzo da nismo imali vremena za razgovor. Izašli smo iz šatora i počeli da izdajemo naređenja. Sijui su zgrabili puške, pojahali konje i krenuli u boj sa vojnicima. Žene i decu potovarili smo na mazge i sklonili ih s puta[207]."

Pte-San-Vaste-Vin, rođaka Bika Koji Sedi, bila je jedna od mladih skvo koje su tog jutra vadile divlju repu. Ona je rekla da su vojnici, kad su ih žene ugledale, bili udaljeni šest do osam milja. „Vojnika je bilo mnogo, vrlo mnogo, i njihove sablje su blistale." Vojnici koje je Pte-San-Vaste-Vin prva opazila pripadali su Kasterovom bataljonu. Indijanci nisu ni sanjali da će ih sa juga napasti i major Markes Reno. Ovoga puta, paljba se začula iz logora Crnih Nogu. „Žene su vrištale i deca pištala, ali su ratnici, Hunkpape, Oglale i Minekonžui, pojahali konje i jurnuli u logor Crnih Nogu. Mi koji smo ostali videli smo kako iz daljine pravo na nas marširaju vojnici Dugokosog. Iako iznenađeni napadima sa više strana, naši ratnici su zapevali pesmu rata i krenuli u bitku koja se vodila iza sela Crnih Nogu[208].

Crni Los, trinaestogodišnji Oglala, plivao je sa drugovima u reci Mali Veliki rog. Podnevno sunce grejalo je svom jačinom kada su se iz logora Hunkpape začuli krici: „Vojnici jurišaju na nas! Vojnici dolaze!" Upozorenje je ponovio i vikač Oglala, pa je Crni Los čuo kako ti krici odjekuju i na severu u čajenskim logorima[209].

Znak za uzbunu čuo je i Mali Pas, jedan od poglavica Oglala. „Nisam mogao da verujem da je to istina, bio sam toliko siguran u našu snagu, toliko uveren da nas ne sme napasti nijedan beli čovek... Ja nisam verovao da je to istina, ali uzbuna nije bila lažna. A kad sam zgrabio pušku i izleteo iz šatora, Plavi šinjeli su već napadali logor u kome su se nalazili Bik Koji Sedi i Hunkpape."

Poglavica Gvozdena Grmljavina bio je u logoru Minekonžua. „Da nas Reno napada saznao sam tek kad su nam se njegovi vojnici toliko približili da su nam šatore zasuli kišom metaka. U logoru je nastala velika pometnja. Konji su se toliko uplašili da nismo mogli da ih pohvatamo."

Kralj Vrana, koji se nalazio u logoru Hunkpapa, rekao je da su Renoovi vojnici vatru otvorili na razdaljini od oko četiri stotine jardi. Hunkpape i Crne Noge odstupale su polako, pešice, da bi ženama i deci omogućile da uđu u prvo skrovište. „Drugi Indijanci su poveli naše konje. Već se bilo okupilo dovoljno ratnika da se suprotstavimo belcima[210].“

Tri milje severnije, poglavica Dva Meseca napajao je i prao konje. „Prao sam ih čistom, hladnom vodom, pa sam poželeo da i sam zaplivam. U logor sam se vratio pešice. Približavajući se šatoru, slučajno sam bacio pogled na reku Mali Veliki rog, u pravcu logora Bika Koji Sedi. I video sam da se odande diže veliki oblak prašine. Ličio je na kovitlac. U tom je u naš logor uleteo Sijui na konju i povikao: „Dolaze vojnici, mnogo belih vojnika!“

Poglavica Dva Meseca naredio je ratnicima da odu po konje, a ženama da se sklone iz sela. „Pojahao sam ka logoru Bika Koji Sedi i ugledao (Renoove) vojnike i Indijance na ravnici. Već u sledećem trenutku sve se izmešalo – Sijui, vojnici, konji, Sijui,… Pucali su i jedni i drugi, vazduh je bio ispunjen dimom i prašinom. Gledao sam kako vojnici kao muve padaju u rečno korito[211].“

Ratni poglavica koji je uspeo da okupi Indijance i odbije napad Renoovih vojnika bio je mišićavi trideset šestogodišnji Hunkpapa koga su zvali Čemer. Odrastao u plemenu kao siroče, Čemer se još od najranije mladosti isticao i kao lovac i kao ratnik, pa ga je Bik Koji Sedi smatrao mlađim bratom i usvojio ga. Nekoliko godina ranije, kad su ih članovi komisije nagovarali da ostave lov i da se, u skladu sa Ugovorom sklopljenim 1868. godine, posvete obrađivanju zemlje, Čemer je na većanju u tvrđavi Rajs bio predstavnik Hunkpapa. „Mi smo rođeni goli“, rekao je tom prilikom. „I naučili smo da u svojoj zemlji lovimo divljač i živimo od nje. Vi nas sad terate da obrađujemo zemlju i da, kao vi, živimo po kućama. A šta biste radili kad bi vam neki drugi narod koji živi iza velikog mora došao i rekao da ostavite zemlju, poubijate stoku, kad bi vam oduzeli i vaše kuće i vašu zemlju? Šta bi ste vi tim ljudima rekli? Zar se ne biste borili protiv njih[212]?"

Iako je od ovog govora proteklo deset godina, Čemer nije promenio mišljenje o belom čoveku i njegovoj licemernoj nadmenosti, a u leto 1876. godine Hunkpape su ga jednoglasno izabrale za doglavnika Bika Koji Sedi i za ratnog poglavicu plemena.

Renoov prvi juriš bio je tako munjevit da su vojnici grupu žena i deca iznenadili na čistini i mecima doslovno pokosili celu Čemerovu porodicu. „Srce me je toliko bolelo da sam posle toga sve neprijatelje pobio tomahavkom", pričao je nekoliko godina kasnije jednom novinaru. Isto toliko jezgrovit bio je i njegov opis taktike kojom su se poslužili da bi blokirali Renoove vojnike: „Bik Koji Sedi i ja bili smo baš na onom mestu koje je napao Reno. Bik Koji Sedi je bio veliki vrač. Žene i deca su pobegli niz reku, ali su uspeli da pohvataju konje za naše mlade ratnike, koji su onda jurnuli na Renoa i njegove vojnike i saterali ih u šumu[213]."

A to je na jeziku ratnika značilo da je Čemer Renoa napao s boka, domamio do šume, a onda u njoj toliko prestravio Plave šinjele da su se oni povukli u potpunom rasulu. Zahvaljujući toj taktici, Čemer je stotinama ratnika omogućio čeoni napad na Kasterove trupe, a poglavicama Ludom Konju i Dva Meseca juriš iz pozadine.

Za to vreme su Pte-San-Vaste-Vin i druge žene sa zebnjom posmatrale kako se vojnici Dugokosog približavaju suprotnoj obali reke. „Čula sam muziku vojničkih truba i videla kako vojnici skreću levo i marširaju niz reku... Ubrzo sam videla kako u reku, na drugom kraju, ulazi grupa čajenskih konjanika; za njima su došli moji, pa mnogi drugi, sve dok se u reci nije našlo nekoliko stotina ratnika. Oni su pregazili reku i jurnuli prema gudurama. Kad je nekoliko stotina ratnika pregazilo reku i sakrilo se u gudure, oni što su ostali, a i njih je bilo mnogo, povukli su se sa obale i čekali znak za napad. A ja sam znala da se nekoliko stotina sijuskih boraca krije u gudurama iza brda preko koga maršira Dugokosi i znala sam da će on biti napadnut sa dve strane[214]."

Plen Orlova, jedan od sijuskih poglavica iz plemena Crna Noga, pričao je kasnije da je juriš na Kasterovu kolonu ličio „na uragan... na roj pčela što poleće iz košnice". Grbavko iz plemena Minekonžu, stari saborac Čemera i Ludog Konja još iz slavnih dana vojevanja u oblasti Barutne reke, rekao je da je prvi masovni indijanski juriš izazvao veliku zabunu u redovima Dugokosog Zapovednika. „U tom prvom jurišu ranjeni smo i ja i moj konj; metak mi se zario iznad kolena a izašao kroz kuk; pao sam i ostao da ležim na zemlji." Poglavica Kralj Vrana, koji se nalazio među Hunkpapama, rekao je: „Dok je većina naših ratnika jurišala na neprijatelja frontalno, mi smo ih napali s boka. U tom su sa obe strane naišli i drugi borci i mi smo ubrzo Plave šinjele opkolili sa svih strana[215]."

Trinaestogodišnji Crni Los, koji je boj posmatrao sa suprotne obale, video je kako iz strašnog kovitlaca izleću konji bez jahača.

„Brdo se nije videlo od dima i prašine", pričala je Pte-San--Vaste-Vin. „Vojnici su ispaljivali mnogo metaka, ali nisu pogađali cilj; Sijui su pogađali cilj i vojnici su padali mrtvi. I mi žene smo pregazile reku; kad smo stigle do brda, nismo tamo pronašle nijednog živog vojnika, a među mrtvima ležao je, mrtav, i Dugokosi... Našim ratnicima je krv uzavrela, a srca su im bila rđava od silnog bola; oni toga dana nikoga nisu poštedeli i nikoga nisu zarobili[216]."

Poglavica Kralj Vrana rekao je da su vojnici sjahali kad su ih Indijanci opkolili. „U prvo vreme pokušavali su da konje zadrže, ali kako smo mi navaljivali sve žešće, oni su ih pustili da pobegnu. Onda smo ih mi saterali na gomilu, poterali ih ka našem glavnom logoru i tamo ih sve pobili. Oni su se dobro držali i borili se kao hrabri ratnici do poslednjeg čoveka[217]."

Slika 25.*Čemer. Fotografija
Signalskog korpusa SAD.*

Slika 26. *Dva Meseca, poglavica
Čajena. Javna biblioteka
Denvera.*

Slika 27. *Grbavko, fotografisan
u tvrđavi Benet, Južna Dakota,
1890. godine. Nacionalni arhiv.*

Slika 28. *Kralj Vrana, poglavica
Sijua. Fotografija dobijena
ljubaznošću Javne biblioteke,
Denver.*

Poglavica Crveni Konj rekao je da su se pred kraj „Kasterovi vojnici bedno ponašali; mnogi su pobacali puške i dižući ruke vikali: 'Smilujte nam se, Sijui, zarobite nas!' Sijui nisu zarobili nijednog vojnika, sve su vojnike pobili i posle nekoliko minuta niko od njih više nije bio živ[218]."

Beli Bik iz plemena Minekonžu nacrtao je kasnije četiri piktografa na kojima je prikazao kako se hvata ukoštac sa vojnikom koji je ličio na Kastera i kako ga ubija. U velikoj grupi onih koji su se hvalili da su ubili Kastera bili su Kiša U Lice, Ravno Bedro i Hrabri Medved. Crveni Konj je tvrdio da je Kastera ubio jedan nepoznati ratnik iz plemena Sante Sijua. Ali najveći broj Indijanaca koji su pričali o krvavoj bici tvrdili su da Kastera nisu ni videli i da ne znaju ko ga je ubio. „Tek kad se bitka završila, saznali smo da je Kaster bio Veliki Zapovednik vojnika", rekao je Mali Pas[219].

U razgovoru koji je sa jednim novinarom vodio u Kanadi godinu dana posle velike bitke, Bik Koji Sedi rekao je da on Kastera nikada nije video, ali da su ga videli drugi Indijanci i prepoznali ga pre nego što je ubijen. „Tog dana nije, kao obično, imao dugačku kosu", rekao je Bik Koji Sedi. „Kosa mu je bila kratka, ali je imala boju trave kad naiđu mrazevi… Tamo gde je pružao poslednji otpor, Dugokosi je stajao kao snop žita oko kojeg je poleglo sve klasje[220]."

Bik Koji Sedi nije, međutim, rekao ko je ubio Dugokosog Kastera.

Jedan ratnik iz plemena Arapaha, koji je jahao sa Čajenima, tvrdio je da Kastera nije ubio jedan nego više Indijanaca. „U odelu od jelenske kože, Dugokosi je puzio četvoronoške. Bio je ranjen u slabinu, a na usta mu je navirala krv. Kao da je posmatrao Indijance koji su se muvali u blizini. Oko njega su sedela četiri vojnika, ali su sva četvorica bila teško ranjena. Svi ostali vojnici bili su mrtvi. Onda su ga okružili Indijanci i ja više nisam mogao da vidim šta se dešava[221]."

Bez obzira na to ko ga je ubio, Dugokosi general koji je kroz Crna brda prosekao Drum lopova bio je mrtav i svi njegovi ljudi bili su mrtvi. Ali zato su se Renoovi vojnici, kojima je u pomoć pritekao odred majora Frederika Bentina, ušančili na jednom brdu u blizini reke. Indijanci su opkolili brdo, motrili na vojnike celu noć i napali ih sutradan ujutro. U toku dana, izvidnici su javili da se u pravcu reke Mali Veliki rog kreće nova dugačka kolona vojnika.

Indijanci su održali većanje i odlučili da se izgube. Ratnici su potrošili gotovo svu municiju i znali da se sa tolikim vojnicima ne mogu boriti lukovima i strelama. Naredili su ženama da se spakuju i pre zalaska sunca krenuli su kroz dolinu ka planinama Veliki rog; plemena su se usput razišla i svako je otišao na svoju stranu.

Kad su beli ljudi na Istoku čuli za poraz Dugokosog, nazvali su bitku pokoljem i pomahnitali od besa. Čvrsto su odlučili da kazne sve Indijance na Zapadu. A kako nisu mogli da kazne Bika Koji Sedi i ratne poglavice, Veliko veće u Vašingtonu donelo je odluku da kazni one koji se mogu pronaći, one koji su ostali u rezervatima i koji nisu učestvovali u borbama.

Veliki Ratnik Šerman dobio je 22. jula ovlašćenje da preuzme celokupni nadzor nad rezervatima u sijuskoj zemlji i da prema Indijancima u njima postupa kao prema ratnim zarobljenicima. Veliko veće je 15. avgusta izglasalo novi zakon u kome se od Indijanaca tražilo da se odreknu svih prava na oblast Barutne reke i Crna brda. Ugovor iz 1868. godine bio je poništen; poništili su ga Indijanci kad su ušli u rat sa Sjedinjenim Američkim Državama. A to Indijanci u rezervatima nikako nisu mogli da shvate: američke vojnike nisu napali ni oni a ni ratnici Bika Koji Sedi; sijuski ratnici su im pružili otpor kad je Kaster poslao Renoa u juriš na njihova sela.

Da bi sačuvao mir u rezervatima, Veliki Otac je u septembru poslao novu komisiju sa zadatkom da poglavice obrlati i strogo im pripreti; Indijanci moraju da potpišu dokumenta i odreknu se nemerljivog blaga Crnih brda. I članovi ove komisije imali su veliko iskustvo u krađi indijanske zemlje, naročito Njutn Edmonds, biskup Henri Vipl i prečasni Semjuel D. Hinmen. Većanje je zakazano u ispostavi Crvenog Oblaka, a otvorio ga je molitvom biskup Vipl. Predsednik komisije Džordž Menipeni pročitao je prisutnima uslove koje je Kongres Sjedinjenih Država nametao Indijancima. A kako su ti uslovi bili formulisani uobičajeno nejasnim jezikom zakonodavaca, biskup Vipl je pokušao da ih objasni rečenicama koje su tumači mogli da prevedu.

„Moje srce je godinama ispunjeno toplinom prema crvenom čoveku. Mi smo ovamo došli da bismo vam preneli poruku Velikog Oca; neke stvari vam prenosimo onako kako je on rekao, od reči do reči. I zato ne možemo da ih menjamo ni na koji način, čak ni perom…. Kad je ove godine Veliko veće u Vašingtonu izdvajalo novac za vaše snabdevanje, postavilo je i tri uslova; ukoliko se ti uslovi ne ispune, Kongres će vam obustaviti pomoć koju vam tako nesebično pruža. Ta tri uslova su: prvi, da se odreknete Crnih brda i oblasti na severu; drugi, da svoja sledovanja primate na reci Misuri; i treći, da Velikom Ocu odobrite izgradnju tri puta koja će, preko rezervata, voditi od reke Misuri ka toj novoj zemlji u kojoj se sada nalaze Crna brda… Veliki Otac vam poručuje da je njegovo srce puno nežnosti prema deci crvene kože. On je zahtevao da komisiju sačinjavaju prijatelji Indijanaca i naložio im da indijanski narod spasu propasti. Veliki Otac ne želi da Indijanaca bude sve manje i manje i da se, na kraju, i onaj poslednji nađe pred svojim grobom; on želi da i oni budu isto toliko veliki i moćan narod kao što je narod belog čoveka[222].“

Onima koji su ga slušali činilo se da beli ljudi indijanske narode spasavaju na vrlo neobičan način kad im oduzimaju

Crna brda i sva lovišta i sele ih negde daleko, na reku Misuri. Prisutnim poglavicama je bilo savršeno jasno da su Crna brda za njih izgubljena, ali su se odmah pobunile protiv odluke da se presele na reku Misuri. „Moj narod će biti uništen ako se preseli", rekao je Crveni Oblak. „Zemlja u koju hoćete da nas preselite puna je rđavih ljudi i rđavog viskija i ja tamo ne želim da idem[223]."

Poglavica zvani Bezdušni rekao je da Indijanci ne mogu da žive u zemlji reke Misuri jer su beli ljudi tu zemlju potpuno uništili. „Vi uz reku Misuri možete putovati danima i noćima, uzduž i popreko, ali drvo nećete videti. Nekada je u toj zemlji bilo mnogo drveća, ali je narod Velikog Oca uništio svako drvo."

„Prošlo je samo šest godina od onog dana kad smo došli da živimo ovde gde živimo sada, a vi nijedno svoje obećanje niste ispunili", rekao je Crveni Pas. Sledeći govornik je komisiju podsetio na to da su se Indijanci, otkako im je Veliki Otac obećao da se nikada više neće seliti, selili pet puta. „Da ste Indijance stavili na točkove, vozikali biste ih tamo-amo do mile volje", dodao je jetko.

Šareni Rep je i vladu i članove komisije otvoreno optužio da su Indijance prevarili, pogazili sva obećanja i uvek govorili laži. „Ovaj rat nije izbio ovde, u našoj zemlji; ovaj rat su nama donela deca Velikog Oca koja su došla ovamo zato da nam oduzmu zemlju i koja, u našoj zemlji, čine velika zla... Ovaj rat je posledica pljačke – nama beli ljudi kradu zemlju[224]."

Šareni Rep se oštro usprotivio seobi i rekao je članovima komisije da dokument o ustupanju Crnih brda neće potpisati sve dok ne ode u Vašington i ne razgovara sa Velikim Ocem.

Članovi komisije dali su Indijancima sedam dana za dogovore i razmišljanje, ali im je ubrzo bilo jasno da oni ništa neće potpisati. Poglavice su stalno naglašavale da Ugovor iz 1868. godine nalaže da svaki važan dokument mora da potpiše tri četvrtine odraslih Indijanaca sijuskih naroda i da svaka izmena

Ugovora zahteva toliki broj potpisa; a to je, naravno, nemo-
guće postići zato što se bar polovina ratnika nalazi na seve-
ru sa Bikom Koji Sedi i Ludim Konjem. Članovi komisije su
im na to odgovorili da se Indijanci izvan rezervata smatraju
neprijateljima i da su mirovnim ugovorom obuhvaćeni samo
prijateljski raspoloženi Indijanci. Ali poglavice to objašnjenje
nisu prihvatile. Da bi slomili taj žestoki otpor, članovi komisije
su zapretili da će im, ukoliko dokument ne potpišu, Veliko
veće u Vašingtonu u svom pravednom gnevu odmah uskratiti
svako dalje snabdevanje, da će ih preseliti na jug, na indijansku
teritoriju, i vojnicima narediti da im oduzmu i konje i oružje.

Indijanci su se našli u bezizlaznom položaju. Belci su im ukrali
Crna brda i oteli zemlju Barutne reke sa svom njenom divljači.
Narod koji je ostao bez divljači a kome se uskraćuju i obećana
sledovanja mora da izumre. Indijanci bez konja i oružja više nisu
ljudi, a odlazak u nepoznatu zemlju na jugu isto je što i smrt.

Novi ugovor prvi su potpisali Crveni Oblak i njegovi doglav-
nici, a za njima Šareni Rep i njegovi ratnici. Mirovna komisija
se onda uputila u ispostave kod Stojeće stene, na reci Čajen i na
Vraninom potoku u kojima je iznudila potpise Ispečenih, Santea
i drugih sijuskih plemena. Tako su Crna brda, *Paha Sapa*, sa
svojim tajnama i duhovima, svojim gustim borovim šumama
i milijardama dolara u zlatu zauvek prešla iz ruku Indijanaca u
ruke Sjedinjenih Američkih Država.

Od onog dana kada su Crveni Oblak i Šareni Rep dodirom
pera potpisali dokument protekle su samo četiri nedelje, a iz
tvrđave Robinson izjahao je Zapovednik Sa Tri Prsta Meken-
zi (Orlovski Zapovednik koji je u kanjonu Palo duro uništio
Kiove i Komanče) i na čelu osam konjičkih odreda krenuo ka
rezervatima. Valjano je izvršio naređenje Ministarstva vojske:
njegovi vojnici su sve Indijance lišili slobode, pretresli im šatore
i rasturili ih, pokupili im oružje i oduzeli konje. Indijankama
je dozvoljeno da stvari prenesu na konjima, a Indijanci su,

zajedno sa Crvenim Obla-
kom i ostalim poglavicama,
do tvrđave Robinson otišli
pešice. Tvrđava Robinson
bila je sada njihov novi dom
u kome će živeti opkoljeni
vojnicima, na nišanu njiho-
vih pušaka.

Da bi svoje poražene
zarobljenike još dublje poni-
zio, Mekenzi je već sledećeg
jutra postrojio četu naja-
mnika-izvidnika iz pleme-
na Poni (one Poni Indijance
koje su Sijui isterali iz svoje
zemlje Barutne reke); naja-
mnici su bili na konjima koje
su vojnici oduzeli Sijuima:

Slika 29. *Mladić Koji Se Boji
Svojih Konja. Fotografija
dobijena ljubaznošću Državnog
udruženja istoričara Nebraske.*

U međuvremenu je, žudeći za osvetom, vojska Sjedinjenih
Država krstarila prostranstvima severno i zapadno od Crnih
brda i ubijala svakog Indijanca koji bi joj se našao na putu. Kra-
jem leta 1876. godine, pojačane trupe Zapovednika Sa Tri Zvez-
dice Kruka nalazile su se u Dakoti, na reci Srce. A kad su ostale
bez provijanta, krenule su u brzom maršu na jug da bi se snab-
dele u rudarskim logorima Crnih brda. Jedan njihov odred, koji
je predvodio kapetan Enson Mils, naišao je 9. septembra na selo
Oglala i Minekonžua čiji je poglavica bio Američki Konj. Ta
grupa Indijanaca napustila je nekoliko dana ranije logor Ludog
Konja na Velikoj reci sa namerom da se vrati na jug i zimu pro-
vede u svom rezervatu. Kapetan Mils ih je odmah napao, ali su
ga Sijui naterali na povlačenje; i dok je on čekao Krukove trupe,

Indijanci su pobegli – svi osim Američkog Konja, četiri ratnika i grupe od petnaest žena i dece koji su bili opkoljeni u pećini na izlazu male klisure.

Čim je stigao, Kruk je vojnicima naredio da ospu paljbu na pećinu. Američki Konj i njegova četiri ratnika pružili su očajnički otpor i posle višečasovne borbe ubili dva vojnika u plavim šinjelima i devetoricu ranili. Kruk im je onda poslao izvidnika Frenka Gruarda i pozvao ih na predaju. Gruard je dugo živeo sa Sijuima i znao njihov jezik. „Oni su mi odgovorili da će izaći iz pećine ako obećamo da ih nećemo pobiti; i izašli su iz nje čim im je to obećano.“ Iz pećine su izašli poglavica Američki Konj, dva ratnika, pet žena i nekoliko dece; ostali su bili mrtvi ili smrtno ranjeni. Poglavici je trbuh bio rasporen krupnom sačmom. „Izlazeći iz pećine, Američki Konj je u rukama držao utrobu“, rekao je Frenk Gruard. „A onda je ispružio krvavu ruku i rukovao se sa mnom[225].“

Kapetan Mils je u selu pronašao trogodišnju devojčicu. „Skočila je i pobegla kao mlada prepelica. Ali vojnici su je uhvatili i doveli u moj logor“, rekao je kapetan. Mils ju je pomazio i nahranio, a onda ordonansu naredio da je povede u pećinu iz koje su vojnici izvlačili mrtve i umiruće Indijance. U pećini su, u lokvi krvi, izrešetane mecima, ležale i dve žene. „Devojčica je vrisnula; i vrišteći udarala mog ordonansa rukama i nogama sve dok je on nije spustio na zemlju; onda je potrčala i zagrlila jednu od mrtvih Indijanki – svoju majku. Rekao sam ordonansu Lemliju da ću tu devojčicu usvojiti zato što sam joj ubio majku.“

Čim je od lekara koji mu je pregledao rane čuo da mu nema spasa, poglavica Američki Konj seo je pored vatre, utrobu raznetu mecima zavio ćebetom i ćutao sve dok nije izgubio svest i umro.

Kruk je izdao naređenje za povratak u Crna brda. „Pre nego što smo krenuli, ordonans Lemli me je pitao da li ozbiljno nameravam da usvojim malu Indijanku“, pričao je Mils. „Odgovorio sam mu da ću to sigurno učiniti, a on je primetio: 'Mislite da će se to dopasti gospođi Mils?' Tada sam se i ja prvi put upitao kako bi to primila moja žena i odlučio da dete ostavim tamo gde sam ga i našao[226]."

Dok je Zapovednik Sa Tri Zvezdice Kruk uništavao selo Američkog Konja, sijuski begunci stigli su u logor Bika Koji Sedi i sve mu ispričali. Bik Koji Sedi i Čemer su sa šest stotina ratnika odmah pohitali u pomoć Američkom Konju, ali su u selo došli suviše kasno. Bik Koji Sedi napao je Krukove vojnike, ali su njegovi ratnici imali tako malo municije da su ih Plavi šinjeli brzo oterali i odmarširali u Crna brda.

Čim je sa vidika nestao i poslednji vojnik, Bik Koji Sedi i njegovi ratnici otišli su u opustošeno selo Američkog Konja, sahranili mrtve i poveli bespomoćne.

„Šta smo mi to učinili da nas beli narod ovako uništava?", pitao se Bik Koji Sedi. „Bežimo gore-dole po ovoj zemlji, a belci nas gone s jednog mesta na drugo[227]."

U želji da se od vojnika što više udalji, Bik Koji Sedi poveo je svoj narod na sever, u oblast reke Jelouston iz koje još nisu bili nestali svi bizoni. U Mesecu kad lišće opada, Čemer je sa grupom Indijanaca krenuo u lov i usput naišao na vojni karavan koji je išao da snabde novo utrđenje što se gradilo na ušću reke Jezik u reku Jelouston. (Bila je to Keogova tvrđava, nazvana po kapetanu Majlsu Keogu koji je poginuo u bici na reci Mali Veliki rog.)

Čemerovi ratnici postavili su zasedu u blizini Potoka Glendajv i zarobili šezdeset mazgi. Čim je čuo za karavan i nova utvrđenja, Bik Koji Sedi pozvao je Džonija Brugijera, poluindijanca koji je živeo sa njegovim plemenom. Brugijer je znao da piše i poglavica ga je zamolio da na parčencetu hartije napiše nekoliko reči koje je želeo da uputi zapovedniku tvrđave i njegovim vojnicima:

Želim da znam šta radite na ovom drumu. Vi plašite i rasterujete naše bizone. A ja ovde hoću da lovim i zato tražim da odete i napustite to što ste sagradili. Ako ne uradite ono što kažem, ja ću se ponovo boriti protiv vas. Idite odavde. Ja sam vam prijatelj.

Bik Koji Sedi[228]

Čim je zapovednik karavana, potpukovnik Elvel Otis, primio poruku, poslao je poglavici odgovor po glasniku-izvidniku. Vojnici idu u tvrđavu Keog – poručivao je Otis – i njima će se uskoro pridružiti još mnogo vojnika. Ako Bik Koji Sedi želi borbu, rado ćemo mu izaći u susret.

Bik Koji Sedi nije želeo borbu; želeo je da ga ostave na miru, želeo da lovi bizone. Poslao je Otisu ratnika sa belom zastavom i tražio da razgovara sa belim zapovednikom. U međuvremenu su karavan preuzeli pukovnik Nelson Majls i njegovi vojnici. A kako je Majls još od kraja leta tragao za Bikom Koji Sedi, odmah je prihvatio ponudu za pregovore.

Sastali su se 22. oktobra između redova vojnika i redova indijanskih ratnika. U Majlsovoj pratnji bili su jedan oficir i pet vojnika, a u pratnji Bika Koji Sedi jedan doglavnik i pet ratnika. Dan je bio veoma hladan i Majls je na sebi imao dugačak kaput postavljen medveđim krznom. Zato su ga Indijanci prozvali Medveđi Kaput.

Na ovom većanju nije bilo ni uvodnih reči ni lule mira. Uz pomoć Džonija Brugijera koji im je služio kao tumač Medveđi Kaput je Biku Koji Sedi odmah rekao da se poglavica oduvek suprotstavlja belom čoveku i njegovom načinu života. Poglavica je priznao da mu beli ljudi nisu naročito dragi, ali da im neprijatelj nikada nije bio i da im nikada neće ni biti ako ga ostave ni miru. Medveđi Kaput je hteo da zna šta Bik Koji Sedi radi u oblasti Jeloustoun. Pitanje je bilo idiotsko, ali je poglavica Hunkpapa vrlo učtivo odgovorio da on u toj zemlji lovi bizone da bi svoj narod nahranio i odenuo. Medveđi Kaput je onda usput pomenuo rezervat dodeljen Hunkpapama, ali je poglavica ćutke prešao preko toga i rekao da će zimu provesti u Crnim brdima. Pregovarači nisu doneli nijedan zaključak i dogovorili su se da većanje nastave sutradan.

Taj sledeći sastanak brzo se pretvorio u otvoren sukob. Bik Koji Sedi rekao je da je sa vojnicima zaratovao tek kad su ga oni prvi napali i obećao da borbe neće biti ako beli ljudi iz indijanske zemlje isele svoje vojnike i svoje tvrđave. Medveđi Kaput je odgovorio da mira neće biti sve dok se svi Sijui ne smeste u rezervate. Na to se poglavica ozbiljno naljutio: kad ga je stvarao, Veliki Duh ga je stvorio kao Indijanca, ali slobodnog Indijanca, a ne Indijanca iz rezervata ili američke ispostave, pa ni u kom slučaju ne namerava da se u takvog pretvori. Prekinuo je većanje i vratio se svojim ratnicima kojima je naredio da se odmah rasture; bio je uveren da će ih vojnici Medveđeg Kaputa brzo napasti. I nije se prevario; vojnici su otvorili vatru, a Hunkpape su opet bile primorane da beže gore-dole po svojoj zemlji.

U proleće 1877. godine, Bik Koji Sedi se umorio od bežanja. Shvatio je da u zemlji Velikog Oca više ne postoji oblast u kojoj bi beli ljudi i Sijui živeli zajedno. Odlučio je da svoj narod povede u Kanadu, u zemlju Staramajke, kraljice Viktorije. Pre polaska potražio je Ludog Konja; želeo je da sa njim u Kanadu krene i poglavica Oglala sa svojim ratnicima. Ali kako su i Oglale Ludog Konja bežale po zemlji gore-dole, Bik Koji Sedi nije uspeo da ih pronađe.

U tim hladnim mesecima, Ludog Konja tražio je i general Kruk. Ovog puta imao je ogromnu vojsku, pešadiju, konjicu i artiljeriju. Ovog puta poneo je i dovoljno namirnica i dovoljno municije; provijant je ukrcao u 168 zaprežnih kola, a barut i oružje natovario na 400 mazgi. Moćne kolone Zapovednika Sa Tri Zvezdice Kruka zatresle su tlo Barutne reke kao čopori surih medveda i uništavale sve Indijance koji bi im se našli na putu.

Plavi šinjeli su tražili Ludog Konja, ali su prvo naišli na čajensko selo Tupog Noža. Ti Čajeni nisu učestvovali u bici na reci Mali Veliki rog, ali ih je glad naterala da pobegnu iz ispostave Crvenog Oblaka u kojoj je vlast preuzela vojska i uskratila im sledovanja. General Kruk je u napad na selo od sto pedeset šatora poslao Zapovednika Sa Tri Prsta Mekenzija.

Mesec kad su jeleni uspaljeni bio je te godine izuzetno hladan; dubok sneg pokrivao je mesta zaklonjena od vetra, a na čistinama se pretvarao u led. Mekenzi je Čajene napao u zoru. Prvi su, na konjima koje je Mekenzi oduzeo Indijancima iz rezervata, jurišali Poni najamnici i većinu Čajena poubijali u snu. Preživeli su goli izleteli na ciču zimu, a ratnici su pokušavali da ženama i deci omoguće bekstvo u najbliže zaklone.

U prvim trenucima mahnite borbe izginuli su najbolji ratnici severnih Čajena, a jedan od njih bio je i najstariji sin Tupog Noža. Poglavice Tupi Nož i Mali Vuk uspele su na kraju da obrazuju zaštitnicu, ali su Indijanci brzo potrošili male zalihe municije. Mali Vuk je zadobio sedam rana pre nego što je uspeo da se sa Tupim Nožem probije i priključi grupi žena i dece koji su bežali ka Velikom rogu. Po Mekenzijevom naređenju, vojnici su spalili sve šatore, a konje saterali uza zid klisure i pobili ih, kao što su to već učinili sa ponijima Kiova i Komanča u kanjonu Palo duro.

Čajeni Tupog Noža bežali su onako kako su bežali i Čajeni Dva Meseca kad su ih u martu isto tako neočekivano napali vojnici Orlovskog Zapovednika Rejnoldsa. Bežali su po još oštrijem mrazu, gotovo goli, bez ćebadi, ogrtača i mokasina i, kao i njihovi prethodnici, znali su samo za jedno utočište – selo Ludog Konja na Javorovom potoku.

Prve noći ostavili su, smrznute u snegu, dvanaestoro dece i nekoliko staraca. Sledeće noći, ubili su jedini par konja, rasporili ih, izvadili im utrobu i u njih ugurali najmanju decu. Tri dana išli su preko sleđenog snega i na njemu ostavljali krvave tragove bosih nogu.

Kad su Čajeni na izmaku snage na kraju ipak stigli u logor, Ludi Konj je sa njima podelio ćebad, hranu i zaklon, ali ih je odmah upozorio da budu spremni za ponovno bekstvo jer Oglale za borbu nemaju dovoljno municije. Medveđi Kaput Majls prilazi im sa severa, a Zapovednik Sa Tri Zvezdice Kruk sa juga. Da bi opstali, primorani su da beže gore-dole po zemlji.

U Mesecu kad drveće umire Ludi Konj je svoj logor preselio na sever, u jedno skrovište na reci Jezik, nedaleko od tvrđave Keog u kojoj su zimovali vojnici Medveđeg Kaputa Majlsa. Deca i starci umirali su od gladi i studeni, pa su pojedine poglavice Ludom Konju savetovale da se sastane sa Medveđim Kaputom i ispita šta on od njih očekuje. Žene i deca plaču od gladi, njima je potreban zaklon iz kojeg neće više morati da beže, rekoše. Ludi Konj je znao da će ih Majls kao zarobljenike strpati u rezervat, ali se složio da one poglavice koje to žele odu na razgovor s njim. Okružen grupom od tridesetak vođa i ratnika, poglavica je sa brda koje se uzdizalo iznad utvrđenja pogledom pratio osmoricu Indijanaca, od kojih je jedan na koplju nosio veliko parče belog platna. Ali najamnici iz plemena Vrane, koji su ih napali čim su se približili tvrđavi, nisu obraćali pažnju na zastavu primirja; osuli su paljbu na Sijue, od kojih su samo trojica uspela da pobegnu. Ratnici na vrhu brda hteli su da se sjure i osvete se Vranama, ali im je Ludi Konj naredio da se odmah vrate u logor, brzo spakuju i još brže nestanu. Sad kad je saznao da su Sijui u blizini, Medveđi Kaput će za njima krenuti u poteru i kroz sneg i kroz led.

Medveđi Kaput ih je stigao u rano jutro 8. januara 1877. godine i kroz duboki sneg poveo svoje vojnike u napad. Ludi Konj nije imao dovoljno municije za odbranu, ali je zato imao ratne poglavice koje su umele da zavaraju neprijatelja. I dok je većina Indijanaca bežala preko Vučjih planina ka Velikom rogu, Mali Veliki Čovek, Dva Meseca i Grbavko su vojnike namamili u klisuru, gde su oni puna četiri sata, pod teretom teških zimskih uniformi, posrtali i padali preko zaleđenih strmih litica. Onda je počeo da pada sneg i već se u rano poslepodne razbesnela strašna mećava. Medveđi Kaput bio je primoran da se sa svojim ljudima vrati u tvrđavu.

Pod okriljem snežne vejavice, Ludi Konj i njegovi Indijanci krčili su put kroz oblast koju su dobro poznavali, kroz oblast Male Barutne reke. Tu su se ulogorili i tu proveli februar, živeći od ono malo divljači koja se još mogla naći. Jednog dana došli su u logor glasnici-trkači sa vešću da im se sa juga približavaju Šareni Rep i grupa Ispečenih. Mnogi su poverovali da se Šareni Rep umorio od mukotrpnog života u rezervatu i pobegao iz njega, ali je Ludi Konj znao da poglavicu u njegov logor dovodi mnogo veće zlo.

U toku te zime, Zapovednik Sa Tri Zvezdice Kruk povukao je svoje ljude u tvrđavu Feterman. U očekivanju da grane proleće, posetio je Šarenog Repa i obećao mu da Sijui iz rezervata neće morati da se sele na reku Misuri ukoliko poglavica Ispečenih pristane da kao njegov glasnik ode u logor Ludog Konja i privoli ga na predaju. Šareni Rep dolazio je po Ludog Konja.

Ludi Konj ga nije dočekao. Rekao je svom ocu da odlazi iz logora i zamolio ga da se sa poglavicom rukuje i kaže mu da će Oglale u rezervat doći čim se vreme prolepša. Zatim se, sam, uputio ka Velikom rogu. Ludi Konj još nije bio spreman na predaju; odlučio je da svoj narod pošalje u rezervat, a da sam ostane u zemlji Barutne reke – sam kao stari bizon koga je odbacilo njegovo stado.

Šareni Rep je odmah shvatio da ga Ludi Konj namerno izbegava. Poslao je glasnike po njega, ali su se oni vratili i rekli da je poglavica Oglala nestao u dubokom snegu. Šareni Rep nije gubio vreme: nagovorio je na predaju Veliku Nogu i njegovu skupinu Minekonžua i od još četiri vođe, među kojima je bio i poglavica Dodirni Oblake, dobio obećanje da će u ispostavu doći čim grane proleće.

Poglavica Dodirni Oblake održao je obećanje; sa velikom grupom Minekonžua i Ljudi Bez Lukova napustio je selo Ludog Konja i u ispostavi Šarenog Repa u Nebraski predao se belim vojnicima. Nekoliko dana ranije, general Kruk poslao je Ludom Konju Crvenog Oblaka sa obećanjem da će, ukoliko se preda, rezervat dobiti u zemlji Barutna reka. Crveni Oblak se sa Ludim Konjem sastao 27. aprila i preneo mu Krukovo obećanje. Narod od devet stotina Oglala umirao je od gladi, ratnici nisu imali

Slika 30. *Mali Veliki Čovek.*
Fotografija Signalnog
korpusa SAD.

municije, a njihovi konji su bili mršavi i iscrpljeni. Obećanje da će rezervat dobiti u oblasti Barutne reke bio je poslednji zračak nade. Ludi Konj je otišao u tvrđavu Robinson i predao se.

I poslednji sijuski ratni poglavica postao je Indijanac iz rezervata; razoružan, bez konja i bez autoriteta, bio je zarobljenik američke vojske koja ga nikada nije porazila u borbi. Ali, Ludi Konj je za sve mlade Indijance i dalje bio veliki junak, pa je njegova slava izazivala zavist starijih poglavica u rezervatu. Ludi Konj se držao po strani: on i njegovi sledbenici živeli su samo za onaj dan kada će Zapovednik Sa Tri Zvezdice Kruk održati obećanje i odrediti im rezervat u zemlji Barutna reka.

Kada ga je krajem leta general Kruk pozvao u Vašington na većanje sa Velikim Ocem, Ludi Konj je odbio poziv, rekavši da ne shvata zašto bi o obećanom rezervatu ponovo pregovarao. Video je, uostalom, šta se zbilo sa poglavicama koje su bile u poseti Velikom Ocu u Vašingtonu; vratile su se dobro podgojene zato što su živele životom belog čoveka i izgubile svu čvrstinu. Uočio je sve promene u Crvenom Oblaku i Šarenom Repu što su oni primetili i time izgubio njihovu naklonost.

Čim se u avgustu pročulo da su Indijanci iz plemena Probušeni Nosevi, koji su živeli iza Blistavih planina, ušli u rat sa Plavim šinjelima, ratnicima u rezervatima naređeno je da se suprotstave neprijateljskom plemenu; a to je značilo da se dobrovoljno prijave za izvidnike belih vojnika. Ludi Konj je mladim ratnicima savetovao da se ne bore protiv tih tako dalekih Indijanaca, ali ga mnogi nisu poslušali i dozvolili su da ih vojnici podmite. I ti nekadašnji sijuski ratnici obukli su 31. avgusta plave šinjele i krenuli iz utvrđenja. Zgađen i ogorčen, Ludi Konj je izjavio da će svoj narod izvesti iz prokletog rezervata i vratiti ga u zemlju Barutna reka.

Potkazivači su njegove reči preneli Kruku, a Zapovednik Sa Tri Zvezdice je odmah naredio Poni vojnicima da odu u logor Ludog Konja i uhapse poglavicu. Međutim, pre nego što su vojnici stigli u logor, prijatelji su ga obavestili o njihovom dolasku. Ne znajući sa kakvim namerama dolaze, Ludi Konj je Oglalama naredio da se raštrkaju i sam krenuo u rezervat Šarenog Repa gde se sklonio kod svoga starog prijatelja, poglavice Dodirni Oblake.

U njegovom logoru su ga vojnici i pronašli; odmah su ga uhapsili i rekli da ga vode u tvrđavu Robinson gde general Kruk želi da razgovara sa njim. Kad su, međutim, stigli u tvrđavu, saopšteno mu je da se razgovor odlaže za sutradan. Vojnici su ga predali kapetanu Džejmsu Keningtonu i jednom policajcu iz ispostave. A Ludi Konj je u tog policajca buljio razrogračenih očiju: bio je to Mali Veliki Čovek! Onaj isti Mali Veliki Čovek koji se tako prkosno suprotstavljao članovima komisije zato što hoće da pokradu *Paha Sapa* i pretio da će ubiti svakog poglavicu koji pristane na prodaju Crnih brda, onaj isti hrabri Mali Veliki

Slika 31. *Nijedna fotografija Ludog Konja nije do danas autorizovana; Ejmos – Bik Rđava Srca napravio je ovaj piktograf njegovog ubistva u tvrđavi Robinson. Piktografska povest Oglala Sijua, Univerzitet Nebraske. Autorsko pravo iz 1967. godine. Piktograf objavljen uz posebno odobrenje.*

Čovek koji se još nedavno na ledenim padinama Vučjih planina, rame uz rame sa Ludim Konjem, borio protiv Medveđeg Kaputa Majlsa. Ali, beli ljudi kupili su Malog Velikog Čoveka i on je sad pred poglavicom stajao u uniformi policajca ispostave.

I dok je polako išao između njih dvojice, potpuno ravnodušan prema tome kuda ga kapetan Kenington i Mali Veliki Čovek vode, Ludi Konj je verovatno pokušavao da se posredstvom sna prenese u stvarni svet i pobegne iz sveta mraka u kome vlada čisto ludilo. Prošli su pored vojnika koji je držao pušku sa bajonetom i našli se na ulazu jedne zgrade. Njeni prozori imali su gvozdene rešetke i poglavica je kroz njih video ljude sa okovima na nogama. Ta klopka za životinje naterala je Ludog Konja da odskoči kao životinja uhvaćena u zamku a Malog Velikog Čoveka da se baci na njega. Gušanje je trajalo samo nekoliko sekundi. Kapetan je izdao naređenje i redov Vilijem Džentlis zario je poglavici svoj bajonet duboko u stomak.

Ludi Konj umro je te iste noći, 5. septembra 1877. godine, u trideset petoj godini. Sledećeg jutra, vojnici su mrtvog poglavicu predali ocu i majci. Oni su telo Ludog Konja položili u drveni kovčeg, privezali kovčeg za saonice u koje su bila upregnuta dva ponija i prevezli ga u ispostavu Šarenog Repa, gde je mrtvački sanduk podignut na postolje. Indijanci su, oplakujući svog poglavicu, probdeli pored njegovog kovčega ceo Mesec kad trava vene. A onda su u Mesecu kad lišće opada čuli poražavajuću vest koja im je slomila srce: Sijui iz rezervata dužni su da napuste Nebrasku i presele se u novi rezervat na reci Misuri.

Cele te sušne jeseni 1877. godine dugačke kolone izgnanih Indijanaca išle su u pratnji vojnika ka goloj, neplodnoj zemlji na severoistoku. Uz put su se iz kolona iskradale manje grupe Sijua i kretale na severozapad, sa namerom da pobegnu u Kanadu i pridruže se Biku Koji Sedi. Sa njima i pošli i roditelji Ludog konja, noseći srce i kosti voljenog sina. Oni su Ludog Konja pokopali na neznanom mestu, negde na obali Čankpe Opi Vakpala ili potoka Ranjeno koleno.

PESMA BIKA KOJI SEDI

I - ki - či - ze wa-oŋ koŋ *he* wa - na he - na - la ye - lo

he i - yo - ti - ye ki - ya wa-oŋ

Dobijeno ljubaznošću Biroa američke etnološke kolekcije

Ratnik
Bejah.
Sada je
Prošlo sve.
Teške dane
Živim.

TRINAESTO POGLAVLJE

Bekstvo Probušenih Noseva

1877 – 1. *januar*: kraljica Viktorija proglašena caricom Indije; 5. januar: Kongres SAD usvaja predlog Izborne komisije o ponovnom prebrojavanju glasova birača; Hejs i Tilden nastavljaju trku za predsednički položaj sa podjednakim izgledima za pobedu; 12. februar: ogorčeni zbog malih nadnica, železničari objavljuju veliki štrajk; 26. februar: demokrate sa Juga sastaju se u tajnosti sa predstavnicima Hejsove Republikanske stranke i zaključuju poznati Kompromis iz 1877. godine: demokrate će podržati republikance, a ovi će, zauzvrat, povući sa Juga federalne trupe i vratiti južne države u Savez; 27. februar: posle ponovnog prebrojavanja glasova, Izborna komisija podnosi izveštaj o Hejsovoj pobedi; 2. mart: Kongres potvrđuje Hejsov izbor; 5. mart: Hejs postaje predsednik SAD; 10. april: predsednik Hejs povlači savezne trupe iz Južnih država, čime nagoveštava i kraj takozvane Obnove Juga; 15. april: uspostavljena prva poslovna telefonska linija između Bostona i Samervila, Masačusets; 14. jul: zbog generalnog štrajka obustavljen železnički saobraćaj; 20. jul: štrajkovi se šire po Sjedinjenim Državama; 21-27. jul: posredstvom vojske koja se bori sa železničarima, štrajkovi ugušeni u celoj zemlji; 17. oktobar: ugovorom koji zaključuju Pensilvanijska železnička kompanija i kompanija Standard Oil ojačan monopol prevoza petroleja; decembar: Edison pronalazi fonograf; objavljena knjiga *Ana Karenjina* Lava Nikolajeviča Tolstoja.

Belci su ispričali samo jednu stranu priče da bi sebi ugodili. I rekli su mnoge neistine. Beli čovek je o sebi govorio samo najbolje, a o Indijancima samo najgore.

ŽUTI VUK, POGLAVICA PROBUŠENIH NOSEVA

Svet je stvoren uz pomoć sunca i treba da ostane onakav kakav je oduvek i bio... Ova zemlja stvorena je bez graničnih linija i nije čovekovo da je deli... Ja vidim kako se belci bogate u celoj zemlji i vidim koliko žude da nam dodele golu, neplodnu zemlju... Zemlja i ja smo jedno. Mera zemlje i mera naših tela ista je mera. Dokažite nam, ako možete, da vas je ovamo poslao Tvorac. Možda vi samo mislite da vas je On poslao ovamo da sa nama radite šta hoćete. Da i ja verujem da vas šalje Tvorac, možda bih poverovao u vaše pravo da raspolažete mnome. Ne bih želeo da me pogrešno razumete, ja ovako govorim zato što volim zemlju. I nikad nisam rekao da je zemlja moja i da sa njom mogu da radim šta hoću. Pravo da zemljom raspolaže ima samo onaj ko je tu zemlju stvorio. Ja tražim pravo da živim na svojoj zemlji, a vama dajem pravo da živite na svojoj.

HEJNMONT TUJALAKET (POGLAVICA ŽOZEF),
POGLAVICA PROBUŠENIH NOSEVA

PUTUJUĆI NA ZAPAD, Luis i Klark su sa Stenovitih planina sišli u septembru 1805. godine. Svi članovi ove grupe istraživača bili su izgladneli, bolesni od srdobolje i suviše iscrpljeni da bi se branili. Nalazili su se u zemlji Probušenih Noseva, kako su to indijansko pleme prozvali francuski traperi zato što su neki od Indijanaca imali probušene noseve i u njima nosili ukrasne alke od školjki. Da su hteli, Probušeni Nosevi bi lako uništili tu Luisovu i Klarkovu ekspediciju koja se našla na obalama reke Bistra voda i dokopali se najvećeg blaga – konja. Oni to, međutim, nisu učinili; bele Amerikance dočekali su veoma srdačno, snabdeli ih hranom i nekoliko meseci im čuvali konje dok su istraživači kanuom putovali ka obalama Tihog okeana.

Tako se rodilo veliko prijateljstvo Indijanaca iz plemena Probušeni Nosevi i belih Amerikanaca. Probušeni Nosevi su se punih sedamdeset godina hvalili time da nisu ubili nijednog belog čoveka, ali i to veliko prijateljstvo uništila je pohlepa belaca za zemljom i zlatom.

Godine 1855. guverner Teritorije Vašington Ajzek Stivens pozvao je Probušene Noseve na mirovno većanje. Rekao im je da u zemlji ima mnogo belih ljudi i da će ubrzo doći još mnogo više; ukazuje se, dakle, potreba da se zemlja obeleži, razgraniči, i da se Indijanci i belci odvoje. „Ako Indijanci žele mir, onda oni treba da imaju zemlju izdvojenu od zemlje belih ljudi u kojoj će živeti zauvek.“

Tuekakas, poglavica koga su beli ljudi zvali Stari Žozef, odgovorio je guverneru da nijedan čovek na vascelom svetu ne poseduje ni delić zemlje i da, prema tome, čovek ne može da prodaje ono što ne poseduje.

Guverner to nije mogao da shvati. Zahtevao je da Stari Žozef potpiše ugovor o miru i na dar primi ćebad. „Sklonite tu vašu hartiju“, odgovorio je poglavica. „Ja je neću ni pipnuti.“

Ugovor je potpisao Aleija, kome su beli ljudi dali nadimak Advokat, a za njegovim primerom povele su se i mnoge druge poglavice. Duboko razočaran, Stari Žozef poveo je svoj narod kući, u dolinu Valova, zelenu zemlju valovitih voda, prostranih livada, planinskih šuma i svetloplavih jezera. Indijanci iz skupine Starog Žozefa gajili su blistave konje i lepu stoku, živeli u udobnim kolibama i prijatnim šatorima, a kad bi im zatrebalo i ono što nisu imali, trgovali su sa belcima i svoja grla razmenjivali za željenu robu.

Nije proteklo ni tri godine od potpisivanja prvog ugovora, a vladini činovnici ponovo su se sjatili oko Probušenih Noseva, tražeći od njih nova zemljišta. Stari Žozef je svojim ljudima savetovao da od belaca ne primaju nikakve darove, čak ni ćebad. „Oni će od vas tražiti da im za te darove ustupite zemlju[229]", rekao je poglavica.

Godine 1863. Probušenim Nosevima podnet je na potpis novi mirovni ugovor. Po tom ugovoru beli ljudi oduzimali su Indijancima dolinu Valova i tri četvrtine zemlje koja im je još bila preostala, a Indijanci su bili dužni da se povuku u mali rezervat u oblasti u kojoj se danas nalazi država Ajdaho. Stari Žozef je odbio da dođe na potpisivanje ugovora, ali su Advokat i druge poglavice, čije skupine nikad nisu živele u Dolini valovitih voda, ugovor potpisali i odrekli se svoje zemlje. Stari Žozef je taj dokument nazvao „lopovskim ugovorom" i bio je toliko uvređen da je iscepao Bibliju koju je dobio na dar od jednog misionara, spremnog da poglavicu preobrati u hrišćanstvo. A da bi belim ljudima pokazao da se on doline Valova nije odrekao, kočevima je obeležio granice zemlje u kojoj je živeo njegov narod.

Stari Žozef umro je 1871. godine; na položaj glavnog poglavice došao je njegov sin Hejnmot Tujalaket (Mladi Žozef) koji je tada imao trideset godina. Kad su predstavnici vlade Sjedinjenih Država Probušenim Nosevima naredili da napuste dolinu Valova i presele se u rezervat Lapvai, Mladi Žozef je odbio da izvrši naređenje. „Advokat i ostale poglavice nisu bili ovlašćeni da vam ustupe ovu zemlju", rekao je. „Ova zemlja odvajkada pripada mom narodu. Nasledili smo je, bez oblaka, od naših dedova i očeva, pa ćemo je i braniti sve dok naša srca greje i poslednja kap indijanske krvi[230]."

Lično je zamolio Velikog Oca, Julisisa Granta, da ih ostavi u zemlji u kojoj su živeli „od postanka sveta" i Predsednik je

16. juna 1873. godine izdao naređenje da se dolina Valova izuzme iz oblasti koje su ugovorima pripale belim ljudima.

Posle izvesnog vremena stigla je iz Vašingtona komisija sa zadatkom da u dolini Valova osnuje novu indijansku ispostavu. Jedan od njenih članova pomenuo je uzgred koliko bi škole koristile Žozefovom narodu, a poglavica mu je odgovorio da njegovim Probušenim Nosevima škole belog čoveka nisu potrebne.

Slika 32. *Poglavica Žozef, vođa Probušenih Noseva. Fotografija Nacionalnog arhiva.*

„Zašto nećete škole?", pitao je član komisije.

„Zato što će one tražiti da imamo crkve", odgovorio je Žozef.

„A vi ne želite da imate crkve?"

„Ne, mi ne želimo da imamo crkve."

„Zašto nećete crkve?"

„Zato što će nas one učiti da se svađamo oko Boga", odgovorio je poglavica Žozef. „A mi to ne želimo da naučimo. Mi se ponekad svađamo oko stvari koje su na zemlji, ali se oko Boga nikad ne svađamo. I zato ne želimo da nas crkve tome nauče[231].

U međuvremenu su, neovlašćeno, beli naseljenici zakoračili u dolinu Valova i užagrenih očiju divili se zemlji Probušenih Noseva. U obližnjim planinama nedavno je pronađeno zlato. Tragači za zlatom krali su Indijancima konje, a stočari im otimali stoku i žigosali je svojim žigovima. Političari su odlazili u Vašington i tamo o Probušenim Nosevima raspredali same neistine, tvrdeći da ti Indijanci ugrožavaju mir i naseljenicima kradu stoku. To je, naravno, bila čista laž ili naličje istine, ali, kako je rekao poglavica Žozef, „Probušeni Nosevi nisu imali nijednog prijatelja koji bi ih branio pred većem zakonodavaca[232]".

Nisu protekle ni pune dve godine otkako je Žozefovim Indijancima obećao dolinu Valova, a Veliki Otac je izdao proglas u kome tu dolinu otvara belim naseljenicima, dok Probušenim Nosevima daje „razuman rok" za seobu u rezervat Lapvai. Žozef, naravno, nije nameravao da se odrekne doline svojih predaka, ali je američka vlada 1877. godine naredila Jednorukom Zapovedniku, generalu Hauardu, da Indijance iz plemena Probušeni Nosevi protera iz oblasti Valova.

Za četiri godine, koliko je proteklo od onih dana koje je proveo u Kočizovom logoru i pravedno postupio prema njegovim Apačima, Oliver Otis Haurd imao je prilike da se uveri u to da Armija ne prašta „onima-koji-vole-Indijance". Zato se sada u Severozapadnu oblast uputio sa čvrstom odlukom da povrati izgubljeni položaj u vojsci i što uspešnije obavi zadatak koji su mu poverili njegovi pretpostavljeni. Samo je prisnim prijateljima, privatno, rekao da „vlada teško greši što Žozefu i njegovim Probušenim Nosevima oduzima dolinu". U maju 1877. godine, pozvao je poglavicu Žozefa na većanje u Lapvai: na sastanku je trebalo odrediti rok do kojeg su Indijanci dužni da svoju zemlju predaju belim ljudima.

Žozef je u tvrđavu Lapvai krenuo u brižljivo odabranoj pratnji koju su sačinjavali Bela Ptica, Ogledalo, njegov brat Olokot i prorok iz Valove Tuhulhulzote. Prorok je bio visok, izuzetno ružan Indijanac debelog vrata, poznat po svojoj rečitosti. „To je čovek koji je pobegao iz pakla", bile su reči kojima ga je opisao jedan belac. Na samom početku pregovora, koji su se vodili u jednoj od zgrada tvrđave Lapvai preko puta stražarnica, Žozef je rekao da će na većanju u ime Probušenih Noseva iz Valove govoriti Tuhulhulzote.

„Neke skupine plemena Probušeni Nosevi odrekle su se svoje zemlje", rekao je prorok. „Mi to nikada nismo učinili. Naša zemlja je deo našeg tela i mi je se nismo odrekli."

„Vi vrlo dobro znate da vam je vlada Sjedinjenih Država odredila rezervat i da u taj rezervat morate da odete", izjavio je Hauard.

„Ko to zahteva da se zemlja podeli i da se mi preselimo u rezervat?" pitao je Tuhulhulzote.

„Ja zahtevam, jer ja ovde predstavljam predsednika!" uzviknuo je Hauard gubeći strpljenje. „Moja naređenja su jasna i ona moraju biti izvršena."

Prorok je mirno nastavio da izaziva Jednorukog Zapovednika pitajući ga kako ta zemlja može da pripadne belim ljudima kad su je Probušeni Nosevi nasledili od svojih predaka. „Mi smo iz te zemlje potekli i naša se tela moraju vratiti u nju, našu majku", dodao je.

„Ne bih želeo da vas vređam, ali mislim da je krajnje vreme da pređete na praktične stvari", osorno je odvratio Hauard. „Već po dvadeseti put čujem da je zemlja vaša majka i da vas je ona rodila. I to više neću da slušam, pređite na stvar."

„Ko će meni da naređuje šta ću da radim u svojoj zemlji?" odbrusio mu je Tuhulhulzote[233].

Prepirka se nastavila i Hauard je osetio da mora da pokaže svoju moć. Naredio je vojnicima da proroka uhapse i odvedu u stražaru, a Žozefu je dao rok od trideset dana da se iseli iz doline Valova i pređe u rezervat Lapvai.

„Moj narod je oduvek bio prijatelj belih ljudi", rekao je poglavica. „Zašto se toliko žurite? Ja za trideset dana ne mogu da se spremim za seobu. Naši konji i naša stoka su raštrkani svuda po dolini, a reka Zmija je nadošla. Sačekajmo jesen, sačekajmo da se vode povuku."

„Ako rok prekoračite samo za jedan dan, vojnici će vas isterati na silu, a sva stoka i svi konji koji se u tom trenutku nađu izvan rezervata pašće u ruke belih ljudi", grubo mu je odgovorio Hauard.

Žozef je shvatio da nema izbora, jer sa manje od stotinu ratnika nije mogao da odbrani svoju dolinu. A kad su se on i njegovi pratioci vratili kući, zatekli su u njoj bele vojnike. Održali su većanje i odlučili da sakupe stoku i konje i odmah krenu u Lapvai. „Beli ljudi bili su mnogobrojni, a mi smo bili malobrojni i nismo mogli da im pružimo otpor. Mi smo bili jeleni, a oni su bili suri medvedi. Naša je zemlja bila mala, a njihova je zemlja bila ogromna. Želeli smo da sve ostane onako kako je Veliki Duh i stvorio, a sve se promenilo; beli ljudi ničim nisu bili zadovoljni; da im se nisu dopadale, menjali bi oni čak i reke i planine[234]."

Pre polaska na dugo putovanje, pojedini ratnici otvoreno su govorili da je bolje ratovati nego belcima dozvoliti da ih kao pse teraju iz zemlje na kojoj su rođeni. Pušten iz zatvora, Tuhulhulzote je izjavio da samo krv može da spere ljagu koju je na njega bacio Jednoruki Zapovednik. Poglavica Žozef bio je, međutim, i dalje pobornik mira.

Iz straha da ne prekorače rok koji im je postavio general Hauard, Indijanci su deo stoke ostavili u dolini, a kad su stigli na reku Zmiju, videli su da je njene nabujale vode još više uzburkao sneg koji se topio sa planina. Pošto su od bizonske kože napravili čunove, uspeli su pravim čudom da žene i decu prebace preko opasne reke; ali dok su se oni bavili tim teškim zadatkom, grupa belaca pokrala im je stoku sa obale. Povrh svega, mnoge životinje podavile su se prelazeći na drugu stranu; neke je odnela bujica, a neke progutao vrtlog.

Ogorčene više nego ikad, poglavice su tražile većanje i Žozef je podigao logor kod Stenovite klisure. Tuhulhulzote, Bela Ptica i Olokot glasali su za rat, a Žozef im je na to odgovorio „da je bolje živeti u miru nego umreti u ratu". Poglavice su ga nazvale kukavicom, ali je vođa ostao pri svome.

Dok su logorovali u klisuri, manja grupa ratnika iskrala se jedne noći iz logora, a kad se vratila, Probušeni Nosevi nisu više mogli da tvrde kako od njihove ruke nije poginuo nijedan beli čovek: svetići se za proterivanje iz doline i za otetu stoku, ratnici su pobili jedanaest belaca.

I Žozef se, kao mnoge indijanske vođe koje su se zalagale za mir, našao u klopci: na jednoj strani pretili su beli ljudi, a na drugoj besneli njegovi očajni Indijanci. Odlučio je da ostane sa svojima. „Život bih dao da sam mogao da sprečim smrt belih ljudi. Za taj zločin krivi su moji mladi ratnici, ali krivi su i beli ljudi… Odlučio sam da narod povedem u zemlju bizona (Montana), i to bez borbe, ako je ikako moguće… Prešli smo potok Bela Ptica i tu se ulogorili; vojnici su nas odmah napali… tako smo ušli u prvu bitku[235]".

Vojnika je bilo dvaput više, ali su im Probušeni Nosevi vešto postavili zamku u klisuri Bela Ptica. Jurnuli su na napadače s boka, pobili trećinu, a ostale naterali u bekstvo. Jednoruki Zapovednik vratio se posle deset dana sa pojačanjem, ali su Probušeni Nosevi uspeli da pobegnu preko planina. Lukavim i mudrim taktičkim potezima, Žozefu je pošlo za rukom da umakne poteri, surovo kazni odred belih izvidnika i stigne do reke Bistra voda, gde ga je sa svojim ratnicima čekao poglavica Ogledalo.

Udružene snage Probušenih Noseva imale su sada dvesta pedeset ratnika, četiri stotine pedeset neboraca, veliki prtljag i dve hiljade konja. U kanjonu Bela Ptica zarobili su više mazgi i zaplenili više pušaka i veću količinu municije.

Čim su se povukli sa obala reke Bistra voda (gde su njihovi očevi tako srdačno dočekali Luisa i Klarka kao predvodnike bele civilizacije), Žozef je zakazao većanje poglavica. Svima je bilo jasno da se ne mogu vratiti u Dolinu uzburkanih voda i da se bez kazne ne mogu smestiti u rezervat Lapvai. Pred njima je bio samo jedan izlaz – bekstvo u Kanadu. Sijuski poglavica Bik Koji Sedi nalazio se već u zemlji Staramajke, a američki vojnici se nisu usuđivali da pređu granicu i ubiju ga. Ako i njima pođe za rukom da dođu do Staze Lolo i pređu preko planinskog venca Gorki koren, možda će kad-tad stići u Kanadu.

Kako su loveći po Montani često prelazili preko vrhova Gorkog korena, Indijanci su brzo izmakli Hauardovim teško natovarenim trupama. Ali dok su se u dugačkoj koloni lagano spuštali niz strmine kanjona koji se nalazio na ušću potoka Lolo, njihovi izviđači otkrili su Plave šinjele koji su dizali barikade na samom ulazu u tesnac.

Poglavice Žozef, Ogledalo i Bela Ptica mirno su, noseći belu zastavu, dojahali do barikada i rukovali se sa belim zapovednikom, kapetanom Čarlsom Ronom. Budno su osmatrali logor i procenili da u njemu ima oko dve stotine vojnika.

„Ako nam dozvolite, mirno ćemo, bez borbe, proći pored vas; a proći ćemo i ako nam vi to ne dozvolite", rekao je Žozef kapetanu[236].

Ron je izjavio da će im prolaz biti otvoren samo ako polože oružje, a Bela Ptica mu je na to odgovorio da njegovi ratnici to nikad neće učiniti.

Znajući da sa zapada dolazi general Hauard, a sa istoka pukovnik Gibon, kapetan Ron je odlučio da se kocka sa vremenom. Predložio je da se sutradan ponovo sastanu i nastave pregovore oko prolaska kroz tesnac. Poglavice su predlog prihvatile, ali su posle dvodnevnih bezuspešnih pogađanja odlučile da više ne čekaju.

U rano jutro 28. jula, poglavica Ogledalo razmestio je svoje ratnike između tipija na strmini kanjona i tako zaklonio Žozefa koji je neborce i stoku preveo preko ždrela, popeo se sa njima na vrh planine i već uveliko bio s one strane barikada kad je kapetan Ron shvatio šta Indijanci rade. Odmah je pošao u poteru za njima, ali je posle nekoliko čarki sa Žozefovim ratnicima u pozadini odlučio da se ne izlaže opasnosti i ne upušta u veću bitku, pa se vratio na svoje, sad već beskorisne, barikade.

Uverene da su umakle generalu Hauardu, i ne sluteći da im se sa druge strane približava pukovnik Gibon, poglavice su odlučile da narod povedu na jug, u dobra poznata lovišta duž reke Velika jazbina; tamo će se zadržati izvesno vreme, uloviti malo divljači i pustiti konje da se odmore, a ako ih beli ljudi ostave na miru, možda neće ni morati da beže u zemlju Stara-majke i traže Bika Koji Sedi.

Devetog avgusta, u toku noći, Hromi Zapovednik (pukov-nik Gibon) doveo je svoje trupe sastavljene od odreda mesnih dobrovoljaca i odreda konjanika na brdo koje se uzdizalo nad logorom Probušenih Noseva na reci Velika jazbina. Kad su u svitanje dobrovoljci upitali Gibona da li Indijance treba zaro-bljavati, pukovnik im je odgovorio da indijanski zarobljenici, i oni muškog i oni ženskog roda, nikome nisu potrebni. Noć je bila hladna, i ljudi su se zagrevali viskijem. Kada je u zoru Gibon dao znak za napad, mnogi su već bili pijani. Pešadija je otvorila vatru i krenula u juriš na indijanske tipije.

Petnaestogodišnjeg Kovtoliksa probudila je puščana paljba. „Zbacio sam ćebe, potrčao tridesetak stopa, bacio se četvoronoške na zemlju i tako nastavio put. Jedna starica, Patsikonmi, izašla je iz tipija i uradila isto što i ja: bacila se na zemlju i krenula četvo-ronoške. Bila mi je s leve strane kad ju je kuršum pogodio pravo u grudi. Čuo sam kako se zario u nju. A ona mi je rekla: 'Ovde ne smeš ostati, idi dalje. Meni spasa nema'. Umrla je tog istog trenutka. Ja sam, naravno, pobegao i, spasavajući glavu, sakrio se u žbunje. Vojnici su pucali sa svih strana. Kroz tipije, kroz sve na šta su naišli, pucali su u Indijance. Video sam kako ubijaju malu decu i kako njihovi meci, koji su padali kao kiša, kose naše ljude[237]."

Drugi desetogodišnji dečak, Crni Orao, skočio je kad su se meci zarili u tipi u kome je spavao sa celom porodicom. Od silnog straha izleteo je iz tipija i skočio u reku. Ali, voda je bila suviše hladna. Izašao je na obalu i video konje; zaboravio je na strah i konje poveo uz brdo, van nišana vojničkih pušaka.

Indijanci su se u međuvremenu povratili od šoka koji su doživeli u tom neočekivanom napadu. Dok je Žozef nadzirao spasavanje neboraca, Bela Ptica je ratnike poveo u protivnapad. „Borite se! Pobijte ih!", urlao je. „I mi umemo da pucamo, ne samo oni[238]!"

Probušeni Nosevi bili su, uistinu, bolji strelci od Gibonovih vojnika. „U redovima vojnika zavladala je strašna pometnja", rekao je Žuti Vuk. „Prepadnuti, bežali su preko reke i ponašali se kao da su pijani; nama se čini da su mnogi poginuli zato što su bili pijani."

Vojnici su pokušali da postave haubicu, ali su se Indijanci bacili na tobdžiju i pokvarili top. Jedan je ratnik pažljivo nani-šanio i pukovnika Gibona pogodio u zdrav kuk; otada je Hromi Zapovednik bio Duplo Hromi Zapovednik.

Žozef je dao znak za pokret. I dok je šaka ratnika Gibonove vojnike držala zatočene iza provizornih barikada od trupaca i kamenja, Probušeni Nosevi dali su se u bekstvo. Okrenuli su se na drugu stranu i umesto ka Kanadi krenuli na jug, sigurni da će se tako otresti gonilaca. Indijanski ratnici su u borbi ubili trideset i ranili najmanje četrdeset vojnika. Gibonovi vojnici su prilikom napada na uspavano selo ubili osamdeset Indijanaca, od kojih su dve trećine bili žene i deca; tela su bila izrešetana mecima, a glave smrskane potpeticama. „I vazduh je bio ispu-njen tugom", rekao je Žuti Vuk. „Neki vojnici ponašali su se kao pravi ludaci[239]."

Šaka ratnika bi Gibonove vojnike iza barikada umorila glađu ili bi ih sve poubijala da im u pomoć nije pritekao gene-ral Hauard sa svojim konjanicima. Ratnici su se hitro povukli, stigli Žozefa i rekli mu da je Jednoruki Zapovednik opet u poteri za njima.

„Povlačili smo se što smo brže mogli", rekao je Žozef. „Ali već šest dana kasnije, general Hauard i njegovi Plavi šinjeli bili su nam za petama, pa smo morali da se otkrijemo i napadnemo ih; u tom napadu zarobili smo im gotovo sve konje i sve mazge[240]."

U stvari, sve zarobljene životinje bile su mazge, ali tovarne mazge, sa denjcima punim namirnica i municije. I dok su ih vojnici bezuspešno tražili, Probušeni Nosevi ušli su kroz klanac Targi 22. avgusta u park Jelouston.

Samo pet godina ranije, Veliko veće u Vašingtonu proglasilo je oblast Jelouston prvim nacionalnim parkom, pa su se u to leto 1877. godine i prvi pustolovine željni američki turisti divili njegovim čudesima i prirodnim lepotama. A među njima se našao niko drugi do Veliki Ratnik Šerman, koji je na Zapad došao da ispita kako se moglo dogoditi da grupa od tri stotine Indijanaca iz plemena Probušeni Nosevi, sa svim bremenom žena i dece, nasamari Severozapadnu armiju.

Čim je saznao da su begunci prešli u park Jeloustoun i da se nalaze u neposrednoj blizini njegovog raskošnog logora, Šerman je zapovednicima svih tvrđava naredio da te drske Indijance opkole sa svih strana. U blizini se našao i Sedmi konjički puk koji se u međuvremenu potpuno oporavio od stravičnog poraza koji je pod Kasterovim vođstvom doživeo na reci Mali Veliki rog. Željni osvete i rešeni da pobedom nad ratobornim Indijancima povrate čast i ugled, konjanici Sedmog puka krenuli su ka Jeloustonu. U toku prve nedelje septembra, izvidnice Probušenih Noseva i izvidnice Sedmog konjičkog puka sretale su se gotovo svakodnevno. Mudrom taktikom, Indijanci su se posle male čarke u kanjonu Potok otresli Plavih šinjela iz Sedmog konjičkog puka i onda se uputili na sever, u pravcu Kanade. Nisu, naravno, ni slutili da je Veliki Ratnik Šerman naredio Medveđem Kaputu Majlsu da smesta izađe iz tvrđave Keog i preseče im put.

Zamoreni gotovo svakodnevnim čarkama, Probušeni Nosevi su 23. septembra prešli reku Misuri. Na vidiku nije bilo nijednog vojnika, a šestog dana lovci su naišli na malo stado bizona. Budući da im je narod ostao i bez hrane i bez municije, a da su im konji bili potpuno iscrpljeni od večitog hoda, poglavice su odlučile da se ulogore u planinama Medveđa šapa. A čim utole glad i stomake napune mesom bizona, pokušaće još jednom da u dugačkom maršu stignu do kanadske granice.

„Znali smo da nas general Hauard može stići tek pošto sunce dvaput izađe i dvaput zađe", rekao je Žuti Vuk. „Bili smo sigurni da ćemo mu umaći[241]."

Sledećeg jutra su, međutim, sa juga u galopu dojahala dva izvidnika vičući: „Vojnici! Vojnici!" Dok se logor spremao za pokret, na vrhu dalekog brda pojavio se treći izvidnik i mahanjem ćebeta signalizirao: *Neprijatelji su tu! Brzo će nas napasti!*

Bili su to konjički odredi Medveđeg Kaputa Majlsa, čiji su indijanski izviđači na trag Probušenih Noseva naišli nekoliko sati ranije. Sa Plavim šinjelima jahalo je tridesetak Sijua i Čajena koje su u tvrđavi Robinson potkupili beli ljudi; ti mladi ratnici su se odrekli svog naroda, navukli vojničke uniforme i ubrzali ubistvo Ludog Konja.

Zemlja se tresla od topota šest stotina konja, ali je poglavica Bela Ptica vrlo mirno svoje ratnike postrojio ispred logora. A kad je na njih naleteo prvi talas Poni vojnika, Probušeni Nosevi su im uzvratili vatrom u kojoj je svaki hitac bio smrtonosan. Za samo nekoliko sekundi, ubili su dvadeset četiri i ranili četrdeset dva vojnika i izazvali neopisiv metež u neprijateljskim redovima u kojima su konji ostajali bez jahača a jahači bez konja.

„Tukli smo se žestoko, na rastojanju od svega dvadeset koraka", rekao je poglavica Žozef, „i naterali smo vojnike na povlačenje; povukli su se tako brzo da su nam ostavili čak i svoje mrtve. Sa njihovih leševa uzeli smo oružje i municiju. Mi smo, prvoga dana i prve noći, izgubili osamnaest ratnika i tri žene." Među mrtvima bili su Žozefov brat Olokot i gordi stari prorok Tuhulhulzote.

Kad je pao mrak, Indijanci su pokušali da pobegnu na sever, ali kako se nisu probili kroz kordon koji je Majls postavio oko logora, svu noć proveli su kopajući rovove; bili su sigurni da će ih vojnici napasti u rano jutro.

Medveđi Kaput Majls ih, međutim, nije napao, nego im je poslao glasnika sa belom zastavom i porukom: ako se preda, poglavica Žozef će spasti svoj narod. Poglavica Žozef je odgovorio da će dobro razmisliti o tom predlogu i da će generala Majlsa uskoro obavestiti o svojoj odluci. Sneg je počinjao da pada i Probušeni Nosevi su se nadali da će im mećava omogućiti bekstvo u Kanadu.

Sutradan su se sa belom zastavom logoru približili sijuski izvidnici i Žozef im je preko bojišta pošao u susret. „Kad su mi oni potvrdili da je general Majls dobronameran i da uistinu želi mir, krenuo sam sa njima u njegov šator."

Sledeća dva dana Žozef je proveo u stražari kao zatvorenik; Medveđi Kaput pogazio je zakon zastave primirja, izveo svoje artiljerce i krenuo u novi napad.

Ali Indijanci su se dobro držali, a Žozef je odbio da se preda sve dok ga ne puste na slobodu. I prvog i drugog dana ledeni vetar zasipao je bojno polje snegom.

Trećeg dana je Žozefovim ratnicima pošlo za rukom da izbave svog poglavicu. Zarobili su jednog Majlsovog oficira i zapretili da će ga ubiti bez milosti ako zatvorenik ne bude oslobođen. Međutim, baš toga dana stigao je Majlsu u pomoć general Hauard sa svojom trapavom vojskom i Žozef je shvatio da je njegova sve manja grupa ratnika osuđena na propast. I kada je Majls ponovo poslao glasnika sa belom zastavom i pozivom na većanje, Žozef je zatražio da mu general kaže koji su uslovi za predaju. Odgovor je bio jednostavan i neposredan:

„Ako izađete i položite oružje, ja ću vam poštedeti živote i poslati vas u rezervat[242]."

Pošto se vratio u svoj sa svih strana opkoljen logor, Žozef je vođe Probušenih Noseva sazvao poslednji put. Poglavice Ogledalo i Bela Ptica odlučno su zahtevale da se borba nastavi do poslednjeg daha; hiljadu tri stotine milja krvavo su se borili za život i sad tu borbu neće poništiti predajom. Žozef je, teška srca, odložio konačnu odluku. Tog poslepodneva je u poslednjim čarkama četvorodnevne opsade jedan metak pogodio poglavicu Ogledalo pravo u čelo i na mestu ga ubio.

„Petog dana otišao sam kod generala Majlsa i predao mu pušku", rekao je Žozef. Održao je pritom rečit govor koji je na engleskom jeziku zabeležio poručnik Čarls Erskin Skot Vud[243]. Od svih govora koje su održali američki Indijanci, najčešće se navodi ta beseda poglavice Žozefa.

Kažite generalu Hauardu da ja njegovo srce dobro poznajem. I da nisam zaboravio ono što mi je rekao. Umoran sam od borbe. Naše vođe su izginule. Poglavica Ogledalo je mrtav. Tuhulhulzote je mrtav. Svi starci su mrtvi. Sad mladi odlučuju, oni kažu da ili ne, jer je i njihov vođa Olokot mrtav. Hladno je, a mi nemamo ćebadi. Deca nam se smrzavaju i umiru. Neki moji ljudi pobegli su u brda, ali nemaju ni hrane ni ćebadi; niko ne zna gde su – možda u ovom času umiru belom smrću. Meni je potrebno još malo vremena; želeo bih da potražim tu svoju decu i da ih pronađem. Možda ću i njih naći među mrtvima. Čujte me, zapovednici! Ja sam umoran; moje srce je bolno i tužno. Kunem se ovim suncem da se nikada više neću boriti[244].

Pregovori o predaji bili su još u toku kad je pao mrak i kad su se iz indijanskog logora iskrali poglavica Bela Ptica i grupa nepomirljivih ratnika; razbijeni u manje čete, trčeći su preko jaruga krenuli prema kanadskoj granici. Granicu su prešli sledećeg jutra a već trećeg dana ugledali Indijance sa konjima. Jedan od jahača im je odmah prišao i znacima upitao: Koji ste vi Indijanci?

„Probušeni Nosevi", odgovorili su i uzvratili pitanjem: Ko ste vi?

„Sijui", glasio je odgovor.

Sledećeg dana, Bik Koji Sedi poveo je begunce iz plemena Probušeni Nosevi u svoje kanadsko selo[245].

Poglavica Žozef i ostali više nikada neće uživati u slobodi. Umesto da ih odvedu u rezervat Lapvai, kao što im je to Medveđi Kaput Majls obećao, vojnici u ih kao stoku poterali u tvrđavu Levenvort u Kanzasu. A tamo su ih, na močvarnom zemljištu, ogradili kao ratne zarobljenike. Skupina se ubrzo prepolovila, pa je vojska preživele prebacila u neplodnu ravnicu na Indijanskoj teritoriji. Probušeni Nosevi doživeli su sudbinu Modoka; porazboljevali su se i poumirali – od malarije i jada.

Birokrati i hrišćanska gospoda često su ih obilazili, izražavali im svoju naklonost i samilost i raznim organizacijama podnosili dugačke izveštaje. Žozefu je odobreno da poseti Vašington, gde se upoznao i sastao sa svim „velikim zapovednicima" američke vlade. „Oni tvrde da su mi prijatelji", rekao je nesrećni poglavica, „i da je pravda na mojoj strani. Ali oni samo pričaju, i to je sve. Ne razumem zašto ništa neće da učine za moj narod… General Majls je obećao da ćemo se vratiti u svoju zemlju. A ja sam generalu Majlsu verovao, jer se inače *nikad ne bih predao.*"

Tražeći pravdu, obratio se skupu uzbudljivom besedom: „Čuo sam govore i govore, priče i priče, ali učinili ništa niste. Vaše reči mojim mrtvima ništa ne znače. One ništa ne znače ni mojoj zemlji koju su sad zaposeli beli ljudi. Lepe reči neće mom narodu vratiti zdravlje i neće ga otrgnuti od smrti. Lepe reči neće mom narodu pružiti dom u kome bi, brinući se sam o sebi, živeo u miru. Ja sam umoran od tih priča koje ništa ne znače. Moje srce hoće da presvisne od jada i bola kad se setim svih dobrih i lepih reči, svih pogaženih obećanja... Zar zaista očekujete da reke poteku unatrag, zar zaista očekujete da čovek rođen slobodan bude zadovoljan što ste ga utorili i zabranili mu da ide kuda želi...? Pitao sam neke velike bele poglavice odakle im pravo da Indijanca zatoče na jednom mestu kad taj Indijanac dobro vidi da beli čovek ide kud god poželi. One mi na to nisu odgovorile.

Dozvolite mi da budem slobodan čovek – da slobodno putujem i lutam, da slobodno stanem, da slobodno radim i trgujem tamo gde je želim, da slobodno biram učitelje i slobodno poštujem religiju mojih predaka, da slobodno mislim, govorim i radim! Dozvolite mi da budem slobodan čovek, i ja ću se povinovati svakom vašem zakonu ili prihvatiti svaku vašu kaznu[246]."

Ali Žozefa niko nije slušao. Vratili su ga na Indijansku teritoriju, gde je ostao sve do 1885. godine. A te godine je još samo dvesta osamdeset sedam pripadnika plemena Probušeni Nosevi bilo u životu; oni su u većini bili suviše mladi da bi se sećali života u slobodi ili suviše stari i bolesni telom i duhom da bi se usprotivili sili Sjedinjenih Američkih Država. Nekima od preživelih odobreno je da se vrate u rezervat Lapvai; poglavici Žozefu i grupi od sto pedeset njegovih ratnika je ta milost uskraćena; ti opasni „elementi" mogli su da imaju rđav uticaj na saplemenike. Njih je vlada Sjedinjenih Država poslala u vašingtonski rezervat Kolvil, gde su svoj vek proživeli kao tužni i poraženi izgnanici. A kad je 21. septembra 1904. godine poglavica Žozef umro, lekar ispostave napisao je u izveštaju da je „presvisnuo od jada".

ČETRNAESTO POGLAVLJE

Izgnanstvo Čajena

1878 – 10. *januar*: Senat SAD donosi odluku da se saslušaju predstavnice pokreta za žensko pravo glasa; 4. jun: Britanija Turskoj oduzima Kipar; 12. jul: u Nju Orliensu izbija epidemija žute groznice; 4.500 žrtava epidemije; 18. oktobar: Edisonu polazi za rukom da električnu struju prilagodi potrebama domaćinstva; pad petrolejskih akcija na njujorškoj berzi; decembar: u Rusiji, u Petrogradu, borba studenata sa policijom i kozacima; u Austriji, Ferdinand Manliher pronalazi brzometnu pušku sa više metaka; Dejvid Hjuz pronalazi mikrofon; osnovano Njujorško simfonijsko udruženje; Gilbert i Saliven prikazuju operetu *Bojni brod „Dečja keceljica“*.

Mi smo bili na jugu i teško propatili. Mnogi su poumirali od boleština čija su nam imena ostala nepoznata. Naša su srca čeznula za ovom zemljom u kojoj smo rođeni. Malo nas je ostalo, a tražili smo samo parčence zemlje na kome bismo živeli. Ostavili smo šatore i pobegli u noć. A trupe su pošle u poteru za nama. Izjahao sam pred njih i rekao da mi nećemo borbu, da hoćemo samo jedno – da odemo na sever; i da, ako nas puste na miru, nikoga nećemo ubiti. Oni su mi odgovorili plotunom. Morali smo da se borimo, ali poubijali smo samo one koji su prvi pucali u nas. Moj brat, Tupi Nož, poveo je

grupu Čajena u tvrđavu Robinson i tamo se predao...
Indijanci su predali svoje puške, a belci su ih pobili.

OHKUMGAČE (MALI VUK),
POGLAVICA SEVERNIH ČAJENA

Sve što tražimo je da nam dozvolite da živimo, da živi-
mo u miru... Mi smo se pokorili volji Velikog Oca i
otišli daleko na jug. Ubrzo smo shvatili da Čajen tamo
ne može da živi. I vratili smo se kući. Bolje je poginuti
u boju nego lagano izumirati od jada i boleština... Vi
me možete ubiti – ovde, ali me nećete naterati da se
vratim – tamo. Vi nas tamo možete vratiti samo ako nas
ovde udarite močugom po glavi i mrtve odvučete na jug.

VTAHMELAPAŠME (TUPI NOŽ),
POGLAVICA SEVERNIH ČAJENA

Upoznao sam mnoge skupine američkih Indijanaca i
smatram da su Čajeni najsavršenije pleme crvene rase
koju dobro poznajem.

ZAPOVEDNIK SA TRI PRSTA
(PUKOVNIK RENALD S. MEKENZI)

GODINE 1877. U MESECU kad trava zeleni, Ludi Konj je svoje Oglale doveo u tvrđavu Robinson i predao se. To isto učinile su i pojedine grupe Čajena, one koje su sa njim zimovale; položile su oružje i predale se na milost i nemilost belim vojnicima. Među čajenskim vođama bile su poglavice Mali Vuk, Tupi Nož, Los Koji Stoji i Divlji Vepar. Tom prilikom predalo se oko hiljadu Čajena. Druga grupa, koja se od ove prve odvojila posle bitke na reci Mali Veliki rog i u kojoj je bilo tri stotine pedeset Čajena, otišla je sa poglavicom Dva Meseca na reku Jezik i tamo se u tvrđavi Keog predala Medveđem Kaputu Majlsu.

Oni koji su došli u tvrđavu Robinson bili su uvereni da će živeti u rezervatu sa Sijuima, kako je i nalagao Ugovor iz 1868. godine koji su potpisale poglavice Mali Vuk i Tupi Nož. Opunomoćenici Biroa za indijanska pitanja obavestili su ih, međutim, da su po tom ugovoru dužni da žive ili u sijuskom rezervatu ili *u rezervatu izdvojenom za južne Čajene*. Preporučili su, dakle, severnim Čajenima da se presele na Indijansku teritoriju i žive sa južnim Čajenima.

„Našima se te reči nisu dopale", rekao je poglavica Drvena Noga. „Svi smo želeli da ostanemo u svojoj zemlji, pored Crnih brda. Ali naš veliki poglavica Los Koji Stoji neprekidno je ponavljao da će nam tamo biti bolje, iako je imao samo desetak pristalica. A on je tako govorio zato da bi se belim ljudima predstavio kao veliki Indijanac[247]."

I dok su vladini činovnici razmišljali o tome šta da urade sa severnim Čajenima, oficiri u tvrđavi Robinson primili su neke od ratnika u svoju službu; bili su im potrebni izvidnici koji će im pomagati u otkrivanju razbijenih grupa onih Indijanaca koji su i dalje odbijali da dođu u rezervat i priznaju neminovnost predaje.

Konjički poručnik Vilijem P. Klark ubedio je Malog Vuka i nekolicinu njegovih ratnika da rade za njega. Klark je na poljima uvek nosio beli šešir, pa su ga Čajeni i nazvali – Beli Šešir. Brzo su otkrili da je Beli Šešir istinski naklonjen Indijancima i da je veoma zainteresovan za njihov način života, njihovu kulturu, jezik, religiju i običaje. (Klark je kasnije objavio nekoliko naučnih radova o jeziku Indijanaca i njegovim simbolima.)

Mali Vuk bi najverovatnije ostao sa Belim Šeširom u tvrđavi Robinson da iz Vašingtona nije stiglo naređenje da se Čajeni najhitnije presele na Indijansku teritoriju. Poglavica je odlučio da krene sa svojim narodom. Pre polaska, uznemirene čajenske vođe zatražile su poslednje većanje sa Krukom – Zapovednikom Sa Tri Zvezdice. General je pokušao da ih ohrabri; savetovao im je da odu i vide kako taj rezervat izgleda i da se, ako im se zemlja ne dopadne, vrate na sever. (Tako su bar Krukove reči tumači preveli Indijancima.)

Čajeni su želeli da na jug sa njima pođe Beli Šešir, ali su ih vojni zapovednici poverili poručniku Henriju V. Lotonu. „On je bio dobar čovek", rekao je poglavica Drvena Noga, „i uvek vrlo ljubazan prema Indijancima[248]."

Oni su Lotona zvali Visoki Beli Čovek i bili veoma zadovoljni što je stare i bolesne Čajene preko dana prevozio u zaprežnim kolima, a preko noći ih smeštao u vojničke šatore. Visoki Beli Čovek brinuo je i o tome da svaki Indijanac dobije dovoljno hleba i mesa, kafe i šećera.

Na putu ka jugu išli su dobro poznatim lovačkim stazama, kloneći se gradova, i brzo su zapazili da se nizija menja, da na njoj niču železničke pruge, ograde i građevine. Kada bi s vremena na vreme naišli na manja stada bizona i na antilope, Visoki Beli Čovek bi tridesetorici odabranih ratnika davao puške i slao ih u lov.

Grupa od devet stotina sedamdeset dva Čajena krenula je iz tvrđave Robinson u Mesecu kad i konji menjaju dlaku. Posle dugog putovanja od sto noći, u rezervat Čajena i Arapaha, u tvrđavu Reno, stiglo je 5. avgusta 1877. godine svega devet stotina trideset sedam Indijanaca. Uz put su poumirali stari ljudi, a neki mladi pobegli iz karavana i vratili se na sever.

U tvrđavi Reno dočekao ih je Zapovednik Sa Tri Prsta Mekenzi. Oduzeo im je konje i ono malo preostalog oružja, ali im ovoga puta te konje nije pobio; obećao je, štaviše, da će im njihov zastupnik konje vratiti čim se nasele i počnu da obrađuju zemlju, a onda je severne Čajene poverio brizi tog zastupnika, Džona D. Majlsa.

Kad su posle nekoliko dana južni Čajeni svoje rođake sa severa pozvali na gozbu koju su priredili u čast njihovog dolaska, Mali Vuk i Tupi Nož došli su do zaključka da u rezervatu ne cvetaju ruže. Gozba se sastojala od tanjira vodene čorbe, i to je bilo sve što su rođaci sa juga mogli da im ponude. U toj pustoj, neplodnoj zemlji nije bilo ni divljači, ni hrane, ni sveže vode, a zastupnik nije dobijao dovoljno namirnica da bi ih sve nahranio. Mučan život u ovom rezervatu činili su još mučnijim nesnosna žega, nesnosni komarci i nesnosni oblaci prašine.

Mali Vuk je odlučio da ode kod zastupnika Majlsa. Rekao mu je da su oni samo došli da vide rezervat i da im se ta zemlja nimalo ne dopada; spremni su, dakle, da se vrate na sever, kako im je to Zapovednik Sa Tri Zvezdice Kruk i obećao. Opunomoćenik rezervata mu je odgovorio da samo Veliki Otac u Vašingtonu može da odluči kada će i da li će severni Čajeni moći da se vrate u oblast Crnih brda. Obećao je da će nabaviti više hrane i dodao da svakog časa očekuje goveda iz Teksasa.

Dugoroga teksaska goveda bila su mršava, a njihovo meso tvrdo i žilavo, ali su severni Čajeni, kao i njihovi rođaci sa juga, mogli da prave čorbuljake. U pozno leto, severnjaci su se porazboljevali; dobijali su napade groznice, visoke temperature i strašne bolove u kostima. I polako su izumirali. „Naš narod je umirao, umirao i umirao, Čajeni su, jedan za drugim, odlazili iz ovoga sveta[249].“

Mali Vuk i Tupi Nož su se toliko žalili svom zastupniku i vojnom zapovedniku tvrđave Reno da je Armija na kraju u rezervat poslala poručnika Lotona, Visokog Belog Čoveka, da obiđe logor severnih Čajena i utvrdi pravo stanje stvari. „Oni ne dobijaju dovoljno hrane i skapavaju od gladi“, izveštavao je Loton. „Žene i deca su bolesni od izgladnelosti. Ono malo hrane koju sam uspeo da vidim, i koja se deli samo muškarcima, Indijanci ne jedu nego je nose deci koja plaču od gladi…

Govedina koja im se deli je meso najgoreg kvaliteta i za nas, bele ljude, ono je potpuno *neupotrebljivo*."

Lekar u rezervatu nije imao kinina i nije mogao da spreči epidemiju malarije koja je desetkovala severnjake. „Najčešće je zaključavao svoju ordinaciju i odlazio, jer nije imao lekova… Nije hteo da ga bolesni Indijanci dozivaju kad ionako nije bio kadar da im pomogne[250]."

Visoki beli Čovek je sazvao sve poglavice, ali ne zato da bi on njima govorio nego zato da bi čuo šta one imaju da kažu. „Došli smo ovamo na reč generalu Kruka", rekao mu je Tupi Nož. „Mi smo u ovoj zemlji tuđinci i dan-danas. Tražimo da nas nasele tamo gde ćemo živeti zauvek i onda ćemo našu decu poslati u školu."

Čajenske vođe slušale su ga sa velikim nestrpljenjem, jer Tupi Nož, po njihovom mišljenju, nije bio dovoljno odlučan. Posle kratkog većanja, odlučile su da u njihovo ime govori Divlji Vepar.

„Otkako smo došli u ovu ispostavu", rekao je Divlji Vepar, „naš zastupnik nam nije dao ni koricu hleba, ni šaku kukuruza; ni kačamak, ni pirinač, ni pasulj, a ni trunku soli; sapun i kvasac dobijemo s vremena na vreme. Sedmična sledovanja šećera i kafe dovoljna su samo za tri dana; to isto važi i za govedinu; brašno je rđavo, sasvim crno, i testo od njega ne raste. A goveda su sva hroma i izgledaju kao da ih more glađu." Za njim su ustale druge poglavice i govorile o bolesti i smrti koje haraju u njihovom narodu. Čajeni su spremni da uzimaju lekovite vradžbine belog čoveka, ali nikad ne mogu da nađu tog doktora i zato se ne leče. Ako im Visoki Beli Čovek dozvoli, oni će otići u lov i meso bizona će im vratiti zdravlje.

Loton im je rekao da dozvolu za lov može da im izda samo opunomoćenik rezervata; obećao je, međutim, da će Zapovednika Sa Tri Prsta Mekenzija (koji je u to vreme bio i zapovednik tvrđave Sil) zamoliti da se zauzme za njih.

Mekenzi, koji je u službi napredovao zato što je ubijao Čajene i njihove konje, mogao je sebi da dozvoli da sad prema preživelim pripadnicima tog plemena, bespomoćnim i nezaštićenim, pokaže punu samilost. Pošto je pročitao izveštaj poručnika Lotona, Zapovednik Sa Tri Prsta uputio je generalu Šeridanu oštar protest: „Vlada od mene očekuje da se pobrinem za dobro vladanje Indijanaca, a pritom te Indijance mori glađu; oni doslovno umiru od gladi, iako je to u flagrantnoj suprotnosti sa odredbama ugovora koji smo zaključili sa njima." Naredio je zapovedniku tvrđave Reno, majoru Džonu K. Mizneru, da sarađuje sa opunomoćenikom rezervata i na svaki način Čajenima obezbedi redovna sledovanja. „Ako Indijanci beže iz rezervata zato što su gladni, traže bizone i ne poštuju zapovesti svog zastupnika, ne vraćajte ih silom u ispostavu, jer će u tom slučaju naša vojska biti primorana da učestvuje u velikoj nepravdi[251]."

Slika 33. *Tupi Nož, fotografija dobijena ljubaznošću Smitsonovog zavoda za naučna istraživanja.*

Opunomoćenik Majls nije severnim Čajenima izdao dozvolu za lov sve dok nisu nastupili hladni meseci. A kad ih je pustio u lov, poslao je za njima uhode iz južnih plemena; trebalo je po svaku cenu sprečiti njihovo bekstvo na sever koje se moglo očekivati, budući da im je vratio davno oduzete konje. Lov na bizone bio je poražavajući; i lovci bi se možda smejali da nisu bili toliko željni njihovog mesa. Južne Visoravni bile su pokrivene životinjskim kostima i skeletima koje su beli lovci ostavljali za sobom u avetinjskim gomilama.

Čajeni su ulovili samo nekoliko kojota. Pobili su ih i pojeli, a na izmaku zime proždrali su i sve svoje pse. Pojedini Indijanci bili su spremni da pojedu i konje koje im je zastupnik vratio, ali su im poglavice zabranile da to učine; svaki konj biće im više nego dragocen ako odluče da se vrate na sever, rekli su.

Za to vreme su Zapovednik Sa Tri Prsta i Visoki Beli Čovek pokušavali da im obezbede više hrane. Ali, njihovi napori bili su uzaludni, Vašington je ćutao. A kad su izvršili pritisak i uporno tražili odgovor i objašnjenje, novi Ministar unutrašnjih poslova Karl Šurc rekao je da „takve pojedinosti već po svojoj prirodi ne spadaju u njegovu nadležnost nego u nadležnost Biroa za indijanska pitanja". Tako je odgovorio Šurc, iako je za ministra unutrašnjih poslova imenovan upravo zato da unapredi rad tog Biroa, a potom izjavio da su za nezadovoljstvo severnih Čajena krive njihove poglavice „koje ne napuštaju stare tradicije i zabranjuju Indijancima da rade". Tako je priznao da sredstva odobrena za ustupljenu zemlju nisu dovoljna za kupovinu artikala kojima bi se, prema ugovoru, podmirile sve potrebe, izrazio je nadu da će Biro za indijanska pitanja „uz krajnju štedljivost" i „mudrim rukovođenjem" kraj godine dočekati sa malim gubicima. (Poglavice sa Indijanske teritorije koje su te godine otišle u Vašington odmah su shvatile da je Šurc neviđena neznalica i da ga se indijanska pitanja nimalo ne tiču. Čajeni su ga nazvali Mah-hah-Ih-hon, Velike Oči, i čudom se čudili da čovek sa tako velikim očima vidi tako malo[252].)

Čim su naišli topli meseci, komarci su u rojevima napali močvaru rezervata i severne Čajene je ponovo spopala groznica i visoka temperatura. Odmah potom, na malariju se nadovezala i epidemija boginja. U Mesecu crvenih trešanja bilo je toliko pogreba da je Mali Vuk tražio većanje sa opunomoćenikom Majlsom. On i Tupi Nož su starili – imali su više od pedeset godina – i nisu marili za svoju budućnost. Dužnost im je bila da spasavaju mlade i spreče da njihovo pleme bude zbrisano sa lica zemlje.

Opunomoćenik Majls je pristao da se sastane sa njima; u ime severnih Čajena govorio je Mali Vuk: „Otkako smo došli u ovu zemlju, umiremo iz dana u dan. Ova zemlja nije dobra za nas i mi želimo da se vratimo kući, u planine. Ako ti ne možeš da nam izdaš dozvolu za povratak, dozvoli da neko od nas ode u Vašington i ispriča šta se ovde dešava. Ako ni to nije moguće, piši Vašingtonu i kaži da se moramo vratiti na sever.“

Slika 34. *Mali Vuk. Fotografija dobijena ljubaznošću Smitsonovog zavoda za naučna istraživanja, Vašington.*

„Ne mogu to da uradim“, odgovorio je opunomoćenik Biroa. „Ostanite ovde još godinu dana, a onda ćemo videti šta možemo da uradimo za vas.“

„Ne!“ Poglavica Mali Vuk bio je odlučan. „Mi ovde ne možemo da ostanemo još godinu dana, moramo odmah da krenemo. Ako čekamo još jednu godinu, bićemo možda svi mrtvi, pa se niko od nas neće ni vratiti na sever.“

Za reč su se javili i mladi Indijanci. „Mi ovde bolujemo i umiremo“, rekao je jedan od njih, „a kad nestanemo, niko nikad naše ime neće ni pomenuti.“

„Mi ćemo se vratiti na sever bez obzira na to šta nas tamo čeka", rekao je drugi, „I ako izginemo u borbi, naš narod će pamtiti i slaviti naša imena[253]."

U avgustu su poglavice održale svoje većanje i došle jedne sa drugima u oštar sukob. Los Koji Stoji, Ćuranova Noga i neki drugi plašili su se povratka na sever; vojnici će ih progoniti i sve poubijati; bolje je, dakle, umreti u rezervatu. Početkom septembra, Mali Vuk, Tupi Nož, Divlji Vepar i Levoruki izdvojili su svoje grupe da bi, kad za to dođe čas, što brže krenuli na sever. Neumorno su trgovali i svoju malu ali dragocenu imovinu razmenjivali za konje i stare puške sa kojima su se južni Čajeni i Arapahi rado rastajali. Nisu, međutim, ni pokušali da obmanu svog zastupnika. Čim je u Mesecu kad trava sahne Mali Vuk odlučio da krene na sever, otišao je kod Majlsa i rekao mu da se vraća u svoju zemlju. „Ne želim da se u ovoj isporuci proliva krv. Ako odlučiš da u poteru za mnom pošalješ vojnike, dozvoli mi da se bar malo udaljim. Ukoliko ni onda ne odustanete od borbe, ja ću se boriti sa vama, belim ljudima; neka se tamo negde zemlja natopi našom krvlju."

Majls očigledno nije verovao da će se nepomirljive poglavice usuditi da krenu na jedno tako neostvarljivo putovanje; oni su, mislio je, i sami svesni toga da će ih vojska zaustaviti. Preduzeo je za svaki slučaj mere predostrožnosti i u logor Malog Vuka poslao sa upozorenjem Edmonda Gerijea (poluindijanca iz plemena južnih Čajena koji je 1864. godine preživeo pokolj kod Peskovitog potoka.)

„Ako krenete na sever", rekao je Gerije Malom Vuku, „očekuju vas velike nevolje."

„Nećemo nevolje i ne tražimo ih", odgovorio mu je Mali Vuk. „Jedino što želimo je da se vratimo tamo odakle smo i došli[254]."

U toku noći 9. septembra, poglavice Mali Vuk i Tupi Nož naredile su svojim ljudima da se spakuju i da u praskozorje budu spremni za pokret. Ostavili su prazne tipije i preko peščanih brda krenuli na sever – dve stotine devedeset sedam severnih Čajena, muškaraca, žena i dece. Jezgro tog ponosnog i na propast osuđenog plemena činili su srčani ratnici kojih je bilo manje od trećine. Nisu imali dovoljno konja i često su se smenjivali: jedni su jahali a drugi pešačili, i obrnuto.

U ona vremena kad ih je bilo na hiljade, Čajeni su imali više konja nego sva plemena sa Visoravni zajedno i svi su ih zvali Lepi Narod. Ali Čajene je napustila sreća, i one na jugu i one na severu. Desetkovani dvadeset godina, sada su istrebljenju bili bliži nego bizoni.

Obuzeti samo jednom željom, putovali su tri dana i tri noći bez predaha; naprežući nerve i mazge, šibajući konje bez milosti. Kad su 13. septembra prešli preko reke Simeron, bili su od tvrđave Reno udaljeni sto pedeset milja. Odbrambeni položaj zauzeli su na mestu gde su se ukrštala četiri kanjona, a kedrova šuma pružala je ratnicima izvanredan zaklon.

Tu su ih stigli vojnici i u kanjon poslali vodiča iz plemena Arapaho, koji im je ćebetom davao znake da se vrate u rezervat. Mali Vuk je izašao iz zaklona, a indijanski izvidnik mu je prišao i rekao da zapovednik vojnika neće borbu, ali da će Čajene napasti ako se sa njim ne vrate u tvrđavu Reno.

„Mi idemo na sever", odgovorio mu je Mali Vuk, „jer smo u ovu zemlju i pristali da dođemo zato što nam je obećano da se možemo vratiti. Putovaćemo mirno, ako je ikako moguće, i usput nećemo dirnuti ni belog čoveka ni njegov posed; i nikoga nećemo napasti sve dok neko nas ne napadne. Ako se vojnici budu borili protiv nas, mi ćemo se boriti protiv njih; a ako beli ljudi koji nisu vojnici priteknu u pomoć napadačima, borićemo se i protiv njih[255]."

Čim je glasnik iz plemena Arapaho vojnom zapovedniku (kapetanu Džouzefu Rendlbroku) preneo odgovor Malog Vuka, vojnici su sišli u kanjone i otvorili vatru. A to je bio glup potez, jer su se Čajeni krili u kedrovoj šumi. Ceo dan i celu noć držali su vojnike bez kapi vode, a onda su sledećeg jutra, dok su se ovi povlačili iz kanjona, razbijeni u manje grupe nastavili put ka severu.

Borba se pretvorila u bitku za bekstvo preko Kanzasa u Nebrasku. Vojnici su na Čajene pošli u hajku iz svih utvrđenja; konjica je galopirala iz tvrđava Volas, Hejs, Dodž, Rajli i Kerni, a pešadija se u železničkim vagonima vozila tamo-amo na tri paralelne pruge između reka Simeron i Plata. Da bi dobili u brzini, Čajeni su iscrpljene konje zamenjivali odmornim konjima belih ljudi. Nastojali su da izbegnu svaki sukob, ali su se poteri za njima pridružili rančeri, kauboji, naseljenici, pa čak i varoški trgovci. Deset hiljada vojnika i tri hiljade civila bezdušno su kinjili i uništavali čajenske begunce; ubijali su ratnike, čiji se broj smanjivao iz dana u dan, a žene, decu i starce zarobljavali na bojištu i terali ih kao stoku u logore. U toku poslednje dve nedelje septembra, vojnici su ih opkoljavali pet puta, ali su Čajeni uvek uspevali da se probiju i pronađu izlaz. Birajući gotovo neprohodne planinske staze, onemogućavali su vojnicima da se služe kolskim zapregama i topovima na točkovima, ali su svi njihovi napori bili uzaludni. Čim bi pobegli od jedne kolone Plavih šinjela, naišli bi na drugu.

Prvih dana Meseca kad lišće opada prešli su preko Savezno--pacifičke železničke pruge, pregazili Platu i jurnuli ka dobrom poznatim peščanim brdima Nebraske. Zapovednik Sa Tri Zvezdice Kruk poslao je nekoliko svojih kolona da im prepreče put, ali je morao da prizna: „Da pohvatamo te Čajene biće nam isto toliko teško koliko i da pohvatamo jato preplašenih vrana[256].“

U zoru se na travi što je žutela već hvatala slana, ali je na Indijance posle dugog žarkog leta na jugu oštar vazduh delovao kao spasonosan lek. Beg severnih Čajena trajao je šest nedelja; bili su u dronjcima, bez hrane, i imali vrlo malo konja.

Jedne noći, poglavice su prebrojale ljude u skupini. Sa Indijanske teritorije krenulo je dve stotine devedeset sedam Čajena, a sad je nedostajalo trideset i četvoro. Neki su nestali u bitkama i možda su drugi stazama pošli na sever, ali je većina izginula od kuršuma belih ljudi. Starci su bili na izmaku snaga, deca onemoćala od gladi i nespavanja i malo je njih bilo kadro da nastavi put. Poglavica Tupi Nož je zato predložio da se upute u ispostavu Crvenog Oblaka i zamole ga za dozvolu da kod njega prezime. Čajeni su Crvenom Oblaku više puta pritekli u pomoć dok se borio za oblast Barutne reke, pa je sad na njega red da pomogne svojim nekadašnjim saveznicima.

Mali Vuk je sa podsmehom odbacivao te predloge. Bio je čvrsto odlučio da se vrati u zemlju Čajena, u dolinu reke Jezik, gde ih čeka obilje mesa i koza i gde će ponovo živeti kao slobodni ljudi.

Na kraju su došli do pomirljivog rešenja: oni koji žele da nastave put do reke Jezik krenuće sa Malim Vukom, a oni koji su se umorili od bežanja krenuće sa Tupim Nožem u ispostavu Crvenog Oblaka. Sledećeg jutra, grupa od pedeset tri muškarca, četrdeset tri žene i trideset osmoro dece uputila se pravo na sever sa Malim Vukom, a grupa od sto pedeset njih skrenula je na severozapad sa Tupim Nožem; u toj grupi bilo je samo nekoliko ratnika i ona se uglavnom sastojala od staraca, dece i ranjenika. Posle dužeg kolebanja, sa njima su krenule i poglavice Divlji Vepar i Levoruki; htele su da ostanu sa svojom decom, poslednjim semenom Lepog Naroda.

Kolona poglavice Tupog Noža bila je već u neposrednoj blizini tvrđave Robinson kada ju je 23. oktobra na čistini, u ravnici, iznenadila snežna oluja. Teške vlažne pahuljice zasleplivale su bespomoćne pešake i usporile im hod. A onda se, kao u noćnoj mori, iz snežnog kovitlaca pojavila avetinjska konjica. Čajeni su bili opkoljeni.

Zapovednik vojnika, kapetan Džon B. Džonson, poslao je Indijancima tumača koji je zakazao pregovore. Poglavica Tupi Nož je kapetanu odmah rekao da njegov narod ne želi ni borbu ni nevolje; jedina mu je želja da stigne do rezervata Crvenog Oblaka ili do ispostave Šarenog Repa i dobije sklonište i hranu.

Crveni Oblak i Šareni Rep preseljeni su daleko na sever, u Dakotu – obavestio ih je kapetan Džonson. Rezervat u Nebraski više ne postoji, ali tvrđava Robinson još nije zatvorena, pa će ih vojnici sprovesti u to utvrđenje.

Poglavica se u početku tome opirao, ali kada se sa sutonom mećava razbesnela i kada su Čajeni od gladi i mraza počeli da gube svest, rekao je kapetanu da će sa vojnicima poći u utvrđenje.

Mrak je pao tako brzo da su vojnici bili primorani da se ulogore na obali jednog potoka i Čajene okruže stražom. Te noći, poglavice nisu spavale; pitale su se šta će vojnici učiniti sa njihovim narodom. Odlučile su da najbolje puške i pištolje sakriju i predaju samo ono oružje koje više ničemu ne služi. Indijanci su cele noći prebirali oružje, izdvajali dobre puške i predavali ih ženama da ih sakriju pod suknje; opruge, oroze, zaglavnike, čaure i druge sitnije delove povezivali su u nizove i kačili ih oko vrata ili na mokasine privezivali kao ukrase. Sledećeg jutra, kapetan Džonson naredio je vojnicima da Čajene razoružaju. A kad su oni pokvarene puške i pištolje rastavili na delove, a lukove i strele poređali na gomilu, kapetan im je sa osmehom odobrio da ih ponesu kući za uspomenu.

Čajeni Tupog Noža stigli su u tvrđavu Robinson 25. oktobra i smešteni su u drvene barake predviđene za sedamdeset pet vojnika. Iako je grupa od sto pedeset Indijanaca jedva disala u tom skučenom prostoru, begunci su bili srećni što su se našli u kakvom-takvom skloništu. Vojnici su im podelili veliku količinu hrane i lekova, a stražari pred barakama otvoreno izražavali blagonaklonost i divljenje.

Tupi Nož je svakog dana zapovednika tvrđave, majora Kaleba Karltona, pitao kada će im biti odobreno da odu u ispostavu Crvenog Oblaka, a Karlton je svakog dana odgovarao da čeka uputstva iz Vašingtona. Ali, puštao je po dvojicu-trojicu ratnika u lov na divljač i pozajmljivao im konje i lovačke puške. Iako su životinje bile veoma retke, iako je prerija oko tvrđave Robinson bila tužna i pusta bez ijednog indijanskog tipija, Čajeni su uživali u slobodi i u švrljanju bez straha i nisu marili što im se ta sloboda pruža samo nekoliko sati dnevno.

Početkom Meseca kad kurjaci jure u čoporu, iz tvrđave je otišao njihov prijatelj Karlton i na položaj zapovednika došao kapetan Henri V. Vesels, koga su vojnici zvali Leteći Holanđanin. Vesels je sve vreme provodio uhodeći Čajene; upadao je u barake nenajavljen, zavirivao u ćoškove, ispitivao svakog čoveka i svaku stvar. U toku Meseca koji beli ljudi zovu decembar, na sastanak sa Čajenima došao je iz Dakote i Crveni Oblak.

„Naša srca tuguju sa vama", rekao im je Crven Oblak. „U vašim mrtvima je i naša krv, vaša tuga je i naša tuga. Ali kako da vam pomognemo? Veliki Otac ima neograničenu moć, a njegov narod zaposeo je celu našu zemlju. Mi moramo da radimo ono što on kaže. Molili smo ga za dozvolu da živite sa nama i još se nadamo da će vam odobriti dolazak kod nas. Sve što imamo podelićemo s vama. Ali vas molim da uradite ono što on kaže. Kako da vam pomognemo? Sneg je na brdima dubok, konji su mršavi a divljač retka. Ni vi ni mi ne možemo da pružimo otpor. Zato poslušajte savet starog prijatelja i bez žaljenja postupite onako kako vam naloži Veliki Otac."

Crveni Oblak je bio star, umoran i oprezan. Čajenski poglavica Tupi Nož znao je da je sijuski vođa zatočenik u svom rezervatu. I zato je, uzimajući reč, sa tugom gledao izborano lice starijeg sijuskog brata. „Mi znamo da si nam prijatelj i znamo da tvojim rečima smemo da verujemo", rekao je. „I zahvalni smo što si spreman da ono što imaš podeliš sa nama. Nadamo se da će nam Veliki Otac dozvoliti da živimo u vašem rezervatu. Jedino što tražimo je da živimo u miru. Ja neću da ratujem, neću ni sa kim da ratujem. Star sam čovek i dani borbe su iza mene. Mi smo se pokorili naređenju Velikog Oca i otišli smo daleko na jug. Ali Čajen tamo ne može da živi. Boleštine su se širile i svaki naš šator ostavile u dubokoj žalosti. Sva obećanja koja su nam data ugovorom nemilosrdno su pogažena i sva sledovanja koja su nam obećana ugovorom nemilosrdno su nam uskraćena. One koje nije umorila bolest, iscrpla je glad. Ostati na jugu značilo je izumreti, a na molbu koju smo uputili Velikom Ocu niko nije odgovorio. Zaključili smo da je bolje umreti u borbi i vratiti se kući nego polako izumirati od bolesti i jada. Zato smo pobegli i zato bežimo. Ostalo znaš."

Potom se poglavica obratio kapetanu Veselsu: „Kažite Velikom Ocu da Tupi Nož i njegov narod mole samo jedno – da svoj život završe ovde na severu gde su i rođeni. Kažite mu da nećemo rat, ali da ne možemo da živimo na jugu gde nema divljači. A ovde, ovde možemo da lovimo ako nam uskratite sledovanja. Kažite mu da ratnici Tupog Noža, ako im dozvoli da ovde ostanu, nikoga neće povrediti, ali da će jedan drugog izbosti noževima ako ih natera da se vrate na jug[257]."

Kapetan Vesels je promucao nekoliko reči i obećao da će Velikom Ocu preneti poruku čajenskog poglavice.

Posle mesec dana, 3. januara 1879. godine, kapetan Vesels primio je poruku iz Ministarstva vojske. General Šeridan i Velike Oči Šurc doneli su odluku o sudbini Čajena Tupog Noža. „Ako te Indijance na silu ne vratimo na jug", rekao je Šeridan, „poljuljaćemo iz osnova ceo sistem rezervata". A Šurc je dodao: „Indijance treba otpremiti u južni rezervat jer su iz njega i došli[258]".

Naređenje je, kao i obično, bilo izvršeno bez obzira na zimske mrazeve i na Mesec kad sneg zavejava tipije i besne mećave.

„Zar je moguće da nam Veliki Otac želi smrt?", pitao je Tupi Nož kapetana Veselsa. „Ako on nama zaista želi smrt, *mi ćemo izumreti, ali ćemo poumirati ovde i natrag se nećemo vratiti*[259]!"

Vesels je Čajenima dao rok od pet dana, s tim da tih pet dana provedu zatvoreni u barakama, bez hrane i bez drva.

I tako su se gladni Čajeni pet dana mrzli u svojim barakama. Sneg je padao iz dana u dan, iz noći u noć i oni su ga skidali sa prozora da bi se, žedni, napojili. I dok ih je mraz ujedao za lice, ruke i noge, glockali su koščice koje su im preostale od nekadašnjih obroka. Kapetan Vesels pozvao je 9. januara poglavicu u svoj štab. Tupi Nož je odbio poziv, a sad vojnicima su pošli Divlji Vepar, Vrana i Levoruki. Posle nekoliko minuta Levoruki se vratio sa lisicama na rukama i, premda su se vojnici bacili na njega i pokušali da ga ućutkaju, uspeo da narod u barakama obavesti o onome što se zbilo: Divlji Vepar rekao je kapetanu Veselsu da se nijedan Čajen neće vratiti na jug, a na to je zapovednik vojnicima naredio da ga odmah bace u okove; Divlji Vepar je pokušao da pobegne i ubije vojnike, ali su ga oni brzo savladali.

Posle izvesnog vremena pred barake je izašao kapetan Vesels i kroz prozor Čajenima rekao: „Pustite žene i decu da izađu, oni ne moraju da stradaju."

„Svi ćemo umreti ovde, ali se na jug nećemo vratiti", odgovorili su mu Čajeni[260].

Vesels se okrenuo i otišao, a njegovi vojnici su barake okovali gvozdenim lancima i na njih stavili rešetke. Pala je noć, ali je sve bilo osvetljeno kao usred dana; pod sjajnom mesečinom blistali su i sneg i čelični bajoneti šestorice stražara koji su u svojim šinjelima sa kapuljačama šetali ispred baraka tamo-amo.

Jedan od ratnika pomerio je hladnu peć, podigao podne daske i iz suve zemlje izvukao puščane cevi koje su Čajeni sakrili čim su ušli u baraku. Raznizali su ogrlice i sa mokasina skinuli sve ukrase: oroze, zaglavke i čaure. Naoružani puškama i pištoljima, ratnici su premazali lica ratnim bojama i obukli najbolju odeću; žene su ispod prozora naslagale samare i denjkove na koje su se popeli najbolji strelci i svaki na nišan uzeo jednog od stražara.

U petnaest do deset Čajeni su ispalili prve metke i istog trenutka izbili okvire na svim prozorima; munjevitom brzinom iskočili su kroz prozore barake, zgrabili oružje sa mrtvih i ranjenih stražara i potrčali ka strmom predgorju. Nije prošlo ni deset minuta a za njima su u poteru jurnuli prvi konjanici bez šinjela, u zimskom donjem vešu. Štiteći žene i decu koji su prelazili preko potoka, ratnici su obrazovali odbrambene redove; slabo naoružani, pucali su i padali, a sve brojniji vojnici nemilosrdno su ih kosili. U prvom satu krvave bitke izginula je polovina čajenskih ratnika, a vojnici su neke grupe žena i dece pobili a druge poterali u tvrđavu. Među pobijenim bila je i ćerka poglavice Tupog Noža.

Sledećeg jutra, vojnici su šezdeset pet čajenskih zarobljenika, od kojih dvadeset tri ranjenika, poterali u tvrđavu Robinson. Grupa od trideset osam preživelih begunaca uputila se preko brda na sever, a u poteru za njom krenula su četiri konjička odreda sa brdskom artiljerijom. Šestoro Čajena ostalo je skriveno u stenju udaljenom od tvrđave nekoliko milja: Tupi Nož, njegova žena, sin i snaja, unuče i dečak koji se zvao Crvena Ptica.

Konjanici su grupicu od trideset dva čajenska begunca gonili nekoliko dana i na kraju je saterali u Kaljugu gde se bizoni valjaju, u predgorju Potoka šešira.

Pucajući sa ruba kaljuge, vojnici su u Indijance ispraznili svoje karabine, povukli se, napunili šaržere i ponovo ih ispraznili. Kad su ispalili i poslednji metak, vojnici su zarobili devetoro preživelih – žene i decu.

Putujući samo noću, poglavica Tupi Nož je sa svojom porodicom stigao poslednjih dana januara do Borovitog grebena, gde je kao zarobljenik sa celom pratnjom sproveden u rezervat Crvenog Oblaka.

Mali Vuk i njegovi sledbenici proveli su zimu u jamama koje su iskopali na zaleđenoj obali Izgubljenog potoka divljih trešanja koji je bio jedna od pritoka Niobrare. Čim je u Mesecu kad bolesne oči ponovo progledaju vreme malo otoplilo, krenuli su na sever ka reci Jezik. Kod Javorovog potoka sreli su se sa poglavicom Dva Meseca i petoricom čajenskih ratnika koji su vojnicima u tvrđavi Keog služili kao izvidnici.

Poglavica je Malom Vuku saopštio da ga Beli Šešir Klark poziva na većanje, i begunci su se iskreno obradovali sastanku sa starim prijateljem. Poručnik Klark došao je na većanje zakazano pola milje od čajenskog logora nenaoružan i time pokazao koliko poverenja ima u to staro prijateljstvo. Odmah je rekao da je po dobijenom naređenju dužan da Čajene sprovede u tvrđavu Keog, gde sada žive i neki njihovi rođaci koji su se ranije predali… uslov predaje su njihovi konji i puške, dodao je Klark; u utvrđenje mogu da dojašu na ponijima, ali oružje moraju odmah da polože.

„Otkako smo se sa vama rastali u rezervatu Crvenog Oblaka, bili smo na jugu i tamo strašno propatili…", rekao je Mali Vuk. „Moj brat Tupi Nož poveo je grupu Čajena i predao se nedaleko od tvrđave Robinson. Verovao je da si još tamo i da ćeš se postarati za njih. Oni su predali svoje puške, a belci su ih zatvorili u barake i na kraju sve pobili. Ja sam došao u preriju i puške su mi potrebne. Čim stignem u tvrđavu Keog položiću oružje i predati konje, ali sad to ne mogu da učinim. Jedino si ti pristao da sa nama razgovaraš pre bitke, pa mi se čini da će se i vetar, pod kojim su naša srca tako dugo podrhtavala, sad stišati[261]."

Mali Vuk je, naravno, morao da preda sve puške, ali je to učinio tek pošto se uverio da Beli Šešir neće uništiti njegove ratnike. Otišli su zajedno u tvrđavu Keog gde su se gotovo svi mladi ratnici dobrovoljno prijavili u čete izvidnika. „Ništa nismo radili, samo smo s vremena na vreme sekli drveće", rekao je ratnik Drvena Noga. „U tvrđavi Keog naučio sam da pijem viski, pa sam na to piće trošio i svu zaradu[262]."

Čajeni su se iz očajanja i dosade napijali od jutra do mraka; viski je belim trgovcima donosio bogatstvo i nepovratno uništavao ono čime se pleme s pravom dičilo. Viski je uništio i ratobornog poglavicu Malog Vuka.

Posle višemesečnog odlaganja, birokrati u Vašingtonu konačno su dozvolili da se udovice, siročad i preživeli čajenski ratnici iz tvrđave Robinson prebace u ispostavu Crvenog Oblaka, gde su se pridružili Tupom Nožu i njegovoj porodici. I Čajeni zatočeni u tvrđavi Keog čekali su više meseci da bi na kraju prešli u rezervat na reci Jezik, posle čega je Tupom Nožu i nekolicini još živih severnih Čajena dozvoljeno da se pridruže svojim saplemenicima.

Ali, bilo je suviše kasno, Čajeni su izgubili snagu i bili osuđeni na propast. Njihov seme razvejao je vetar. „Mi ćemo se vratiti na sever bez obzira na to šta nas tamo čeka. I ako izginemo u borbi, naš narod će pamtiti i slaviti naša imena", rekao je jedan čajenski ratnik. Ali Čajeni će izumreti i od njih neće ostati niko ko bi se sećao, pominjao i slavio izginule čajenske ratnike.

Medved Koji Stoji postaje građanin

1879 –11. *januar*: U Južnoj Africi izbija rat Britanaca i Zulua; 17. februar: u Petrogradu, nihilisti su pokušali da ubiju cara Aleksandra; 21. oktobar: Edison pali prvu električnu sijalicu; objavljena knjiga: *Napredak i siromaštvo* Henrija Džordža; pozorišna premijera *Kuće lutaka* Henrika Ibzena.

Poterali ste me sa Istoka ovamo i ovde sam već više od dve hiljade godina… Ako me proterate sad i iz ove zemlje, prijatelji moji, biće mi veoma teško. Ja želim da ovde ostarim i ovde umrem… I Velikom Ocu neću dati nijedan delić ove zemlje, iako mi nudi za nju milion dolara…

Kad hoće da zakolju stoku, ljudi je povedu i vode sve dok je ne ubace u tor gde je pokolju. Isto se to desilo i sa nama… Moja deca su istrebljena; moj brat je ubijen.

MEDVED KOJI STOJI, POGLAVICA PONKA

Vojnici su ušli u naše selo i na silu nas preko Niobrare prebacili na drugu obalu. I terali nas kao krdo konja sve do reke Plate. Gonili su nas kao što gone konje, a ja sam rekao: „Ako moram, otići ću u tu zemlju, ali sklonite vojnike koji nam plaše žene i decu." Kad smo stigli u Toplu Zemlju (Indijanska teritorija), videli smo da je ona rđava, umirali smo jedan za drugim i pitali: „Ko će nam se smilovati?" Umirali su ljudi, a umirale

su i životinje. O, kako je ta zemlja bila vruća! „Ovo je
bolesna zemlja i mi ćemo ovde svi poumirati", govorili
smo. Sahranili smo stotinu mrtvih.

BELI ORAO, POGLAVICA PONKA

GODINE 1804, LUIS I KLARK našli su se na ušću Niobra-re u Misuri i tu sreli miroljubivo, prijateljsko pleme koje se zvalo Ponka. Ono je u to vreme imalo dve ili tri stotine pripadnika jer je toliko preživelo veliku epidemiju boginja, bolesti koju je doneo beli čovek. Pedeset godine kasnije, žilavo pleme imalo je oko hiljadu pripadnika koji su i dalje živeli na desnoj obali reke Misuri, i dalje su bili miroljubivi i prijateljski raspoloženi, uvek spremni da trguju sa belim ljudima. Za razliku od većine plemena sa Visoravni, gajili su kukuruz, imali lepe konje i bogate povrtnjake, živeli su u blagostanju i zbog toga često dolazili u sukob sa pljačkašima severnih sijuskih plemena.

Godine 1858, one godine kad su predstavnici američke vlade putovali po Zapadu postavljajući međe, rasparčavajući zemlju i deleći te parčiće raznim plemenima, Ponke su se odrekle dela svoje teritorije u zamenu za obećanje da će ih Amerikanci štititi i zanavek ih ostaviti na Niobari. Samo deset godina kasnije – u vreme kada su članovi mirovne komisije pregovarali sa Sijuima – omaškom birokrata u Vašingtonu zemlja Ponka priključena je teritoriji koja je Ugovorom iz 1868. godine pripala Sijuima.

Ponke su neumorno protestovale i žalile se Vašingtonu, ali vladini činovnici nisu ispravljali grešku. Neobuzdani mladi ratnici sijuskih plemena tražili su od Ponka danak u konjima i pretili da će ih oterati sa svoje zemlje. Pripadnik plemena Petar Lekler rekao je: „Pošto su zaključile ugovor sa belcima, Ponke su punih sedam godina obrađivale svoja kukuruzna polja i negovale svoje povrtnjake onako kako su to činili hodočasnici u Novoj Engleskoj... sa motikom u jednoj i puškom u drugoj ruci[263]."

Kongres je u toku osme godine konačno priznao ugovorne obaveze po kojima su Sjedinjene Države dužne da „štite" pleme Ponka, ali zemlju ovom plemenu nije vratio; njegovi članovi izdvojili su beznačajnu svotu novca kao „naknadu za sve štete koje su Ponkama naneli lopovi i ubice sijuskih plemena[264]".

Posle Kasterovog poraza 1876. godine, Kongres je doneo novu odluku: da se i Ponke, zajedno sa ostalim plemenima iz severnih delova Visoravni, proteraju na Indijansku teritoriju. Iako je, naravno, znao da Ponke sa Kasterovim porazom nemaju nikakve veze i da sa Sjedinjenim Državama nikada nisu došle u sukob, Kongres je sumu od dvadeset pet hiljada dolara izdvojio u strogo namensku svrhu – „za preseljenje Ponka u novi dom na Indijanskoj teritoriji, koje će se obaviti uz saglasnost pomenute skupine". Poslednji deo rečenice je, razume se, zanemaren kao što su zanemarene i odredbe ugovora kojima se belcima strogo zabranjivalo naseljavanje u zemlji Ponka; beli uljezi upadali su u nju punih deset godina i ne mareći za ugovorne zabrane užagrenim očima gutali plodna polja na kojima je rastao najbolji kukuruz na Visoravnima.

Prva vest o prinudnoj seobi doprla je do Ponka Indijanaca početkom januara 1877. godine preko predstavnika Biroa za indijanska pitanja Edvarda Kembla. „Posle Božića, došao nam je u posetu jedan beli čovek", rekao je poglavica Beli Orao. „Nismo znali da dolazi, pa nas je ta poseta veoma iznenadila. On nas je pozvao u crkvu i tu nam saopštio zbog čega je došao."

Beli Orao je te događaje ovako opisao:

„'Veliki Otac u Vašingtonu kaže da se morate seliti; zato sam došao ovamo', rekao je on. 'Ta vest je za nas, prijatelju, veliko iznenađenje', rekao sam ja. 'Veliki Otac je i do sada mnogo puta pregovarao sa nama, ali je svoje želje unapred poručivao celom narodu. A ti dolaziš neočekivano i bez najave.

'Veliki Otac kaže da se morate seliti', ponovio je on.

'Ja te molim, prijatelju, da Velikom Ocu pošalješ pismo. Ako on to stvarno želi, neka nas pozove u Vašington i neka nam to lično kaže. Da su tvoje reči istinite poverovaću tek kad mi ih on potvrdi', rekao sam ja.

'Poslaću pismo', rekao je on. Veliki Otac je telegrafsku poruku brzo primio.

'Veliki Otac ti poručuje da u pratnji deset poglavica dođeš kod njega u Vašington', rekao je on. 'Ali prvo treba da obiđete Toplu Zemlju (Indijanska teritorija) i da na povratku Velikom Ocu ispričate i ono što je dobro i ono što je rđavo u njoj.'

Krenuli smo, dakle, u Toplu Zemlju. Išli smo do kraja železničke pruge, prošli kroz oblast plemena Osagi, pa kroz oblast plemena Kanza. A kad smo napustili rezervat u Kanzasu, otišli smo u Arkanzas Siti. Obišao sam zemlje dva indijanska plemena, zemlje stenja i niskog, kržljavog drveća, i obišao sam grad belaca. Bilo nam je zlo i od stenja, i od kamenja, i od grada, i od ljudi koji u njemu žive. Duboko smo žalili Osage i Kanze jer smo znali da ništa ne mogu da urade.

Sledećeg jutra rekao mi je Kembl: 'A sad idemo na reku Šikaska, da obiđemo i tu zemlju.'

A ja sam mu odgovorio: 'Ja sam, prijatelju, video Toplu Zemlju i zlo mi je od onoga što sam video. Ništa više neću da gledam, putujem kod Velikog Oca i trčaću da što pre stignem do njega. Povedi nas u Vašington. Indijanci su ovde bolesni i siromašni jer je i zemlja bolesna i siromašna. Dosta sam video.'

'A ne', rekao je on. 'Treba da vidiš i druge oblasti Indijanske teritorije.'

'Vodi me, prijatelju, kod Velikog Oca, molim te', rekao sam ja.

'Sam si rekao da mu moramo ispričati sve što smo videli, i ono dobro i ono rđavo. I ja hoću da mu kažem šta sam video.'

'A ne', rekao je on.

'Neću vas odvesti u Vašington. Ako uzmeš deo ove zemlje, vodiću te kod Velikog Oca, a ako ne uzmeš, neću te voditi kod Velikog Oca.'

'Ako nećeš da me vodiš kod Velikog Oca, a ti me onda vrati kući, u moju zemlju', rekao sam ja.

'A ne', rekao je on. 'Neću te odvesti ni kod Velikog Oca, a neću te vratiti ni kući, u tvoju zemlju.'

'Šta da radim?', pitao sam 'Nećeš da me vodiš kod Velikog Oca, a nećeš ni da me vratiš kući. Rekao si da me je Veliki Otac pozvao u Vašington, a sad kažeš da me nije pozvao. Ti, prijatelju, nikad ne govoriš istinu.'

'A ne', rekao je on.

'Ja vas neću vratiti kući. Vratite se sami, pešice, ako vam je do nje toliko stalo.'

'Srce me boli, jer ne znam put kroz ovu zemlju', rekao sam ja. I zaplakao bih da se nisam setio da muškarci ne plaču. Beli čovek je bio ljut; okrenuo se i otišao gore na sprat. On je otišao, a mi smo počeli da većamo. Rekli smo: 'On neće da nas vodi kod Velikog Oca, a neće ni da nas vrati kući, u našu zemlju.' Nismo verovali da mu je veliki Otac tako naredio i rekli smo tumaču: 'Ako već neće da nas vrati kući, neka nam da potvrdu da je pokažemo belcima, jer mi ovu zemlju ne poznajemo.' Tumač se popeo gore na sprat, a kada je sišao rekao je: 'On neće da vam da potvrdu. On ništa neće da napiše.' Opet smo tumača poslali na sprat i rekli: 'Tražimo novac koji nam je obećao

Veliki Otac; mi se bez novca ne možemo vratiti kući.' A tumač se vratio i rekao: 'On neće da vam da novac[265].'"

Poglavice Beli Orao, Medved Koji Stoji, Veliki Los i druge vođe Ponka koje je izaslanik Kembl ostavio same i bespomoćne na Indijanskoj teritoriji, krenule su svojoj kući. Bio je Mesec kad se patke kriju i nizije Kanzasa i Nebraske bile su pokrivene snegom. Pošto su svi zajedno prikupili nekoliko dolara, Indijanci su pešice prešli više od pet stotina milja, a svaki je imao samo jedno ćebe i jedne mokasine. Da nije bilo starih prijatelja, plemena Oto i Omaha, u čije su rezervate svraćali da bi se odmorili i nahranili, starije poglavice to beskonačno putovanje po čiči zimi ne bi preživele.

A kad su posle četrdeset dana konačno stigli do Niobrare, na reci ih je sačekao izaslanik Kembl.

Beli Orao je nastavio priču:

„'Vi se selite', rekao je on. 'Brzo se spremite za seobu.'

'Ne možemo da se selimo, umorni smo od puta', rekao sam ja. 'Niko od nas ne želi da se seli.'

'A ne', rekao je on. 'Veliki Otac traži da se odavde smesta iselite i pređete na Indijansku teritoriju[266].'"

Poglavice su, međutim, bile složne i odlučno zahtevale da se vlada pridržava ugovornih obaveza. Kembl se vratio u Vašington i podneo izveštaj Komesaru za indijanska pitanja. Komesar je problem preneo ministru za unutrašnje poslove Šurcu, a Šurc je o svemu izvestio Velikog Ratnika Šermana. Šerman im je savetovao da Ponke isele uz pomoć trupa, a Šurc – Velike Oči je, kao i obično, njegov savet prihvatio sa najvećim zadovoljstvom.

Kembl se na reku Niobraru vratio u aprilu; zapretio je trupama i sto sedamdeset pripadnika plemena Ponka ubedio da sa njim krenuo na Indijansku teritoriju. Poglavice su odbile da ga slede. Medved Koji Stoji toliko se bunio da je Kembl vojnicima naredio da ga uhapse i odvedu u tvrđavu Rendel. „Vezali su me i kao zarobljenika sproveli u utvrđenje", rekao je poglavica[267].

Posle nekoliko dana, vlada je na pregovore sa većinom Ponka koje su ostale u zemlji poslala novog opunomoćenika E. A. Hauarda, pa je Medved Koji Stoji ubrzo pušten na slobodu.

Beli Orao, Medved Koji Stoji i ostale poglavice uporno su tvrdile da američka vlada nema prava da ih seli iz njihove zemlje, a Hauard je uporno odgovarao da on sa odlukom svoje vlade nema nikakve veze: „mene su ovamo poslali da vas otpratim do novog doma, i to je sve". Posle četvoročasovnog većanja, opunomoćenik je 15. aprila prekinuo pregovore i zatražio konačan odgovor: „Da li ćete ići milom ili silom[268]?"

Poglavice na to pitanje nisu odgovorile, ali ih je na povratku presreo jedan mladi Ponka i rekao: „Vojnici su već ušli u naše selo." Vođe Ponka Indijanca shvatile su da je većanje završeno. Njihov narod mora, dakle, da napusti zavičaj i preseli se na Indijansku teritoriju. „Vojnici su došli sa puškama i bajonetima", rekao je Medved Koji Stoji. „Uperili su puške u nas, a naša su deca plakala."

Na put su krenuli 21. maja 1877. godine. „Vojnici su ušli u naše selo i na silu nas preko Niobrare prebacili na drugu obalu. I terali nas kao krda konja sve do reke Plate", rekao je Beli Orao[269].

Dugo putovanje trajalo je pedeset i jedan dan, a opunomoćenik Hauard je vrlo savesno vodio svoj dnevnik. Karavan je krenuo u rano jutro, po nepogodi; Niobrara je od kiša naglo nadošla i u bujici se našlo nekoliko bespomoćnih vojnika; Indijanci nisu čekali da se oni podave; skočili su u reku i spasli ih. Sledećeg dana umrlo je jedno dete; sahranili su ga u preriji. Strašna oluja, koja je besnela puna dva sata, zatekla je karavan 23. maja na pustoj ledini. Tom prilikom umrlo je još jedno dete, a mnogi su se Indijanci ozbiljno razboleli. Naglo je zahladnelo, a 26. maja kiša je lila od jutra do večeri; nisu palili vatre, jer u toj pustinji nije bilo nijednog drveta.

Bolest se brzo širila i 27. maja gotovo da u karavanu nije bilo zdravih Indijanaca. Ćerka Medveda Koji Stoji, Prerijski Cvet, dobila je zapaljenje pluća. Sutradan se karavan zaustavio; oluja i kiša onemogućavale su hod po dubokom, žitkom blatu.

Iako je već bio Mesec toplijih dana, kiša je pljuštala od jutra do mraka. Mlada Indijanka, Prerijski Cvet, umrla je 6. juna; Medved Koji Stoji sahranio je ćerku po hrišćanskom običaju i ostavio je na groblju u Milifordu, Nebraska. „Žene iz Miliforda obukle su devojku i za sahranu je opremile onako kako najvišoj civilizaciji i dolikuje", zapisao je Hauard sa velikim ponosom. „Tako smo Medveda Koji Stoji primorali da na grobu izjavi pred svima kako napušta indijanske običaje i prihvata običaje belog čoveka."

Te noći se na logor Indijanaca iz plemena Ponaka spustio tornado; uništio je šatore, prevrnuo zaprege i mnoge povredio. Sutradan je umrlo još jedno dete.

U rezervat plemena Oto stigli su 14. juna. Domaćini su se sažalili na Ponke i darovali im deset ponija ne bi li živi stigli na cilj. Tri dana su čekali da se nabujale vode umire; bolest se širila i dalje; umro je prvi Indijanac. Hauard je poručio kovčeg i sahranio ga po hrišćanskom običaju pored reke Plava voda u Kanzasu.

Videvši da bolest uzima maha, Hauard je 24. juna zamolio jednog lekara iz Menhetna, Kanzas, da pođe sa karavanom i neguje Indijance. Sledećeg dana umrle su dve žene, pa se Hauard opet postarao da i one budu sahranjene po hrišćanskom običaju.

Sredinom Letnjeg meseca umrlo je dete Bizona, jednog od poglavica Ponka, i po hrišćanskim običajima sahranjeno je u Berlingtonu, Kanzas. Ponka koji se zvao Staza Bizona napao je jednoga dana Belog Orla i pokušao da ga ubije; tvrdio je u tome iznenadnom napadu besa da je poglavica kriv za sve nedaće koje su ih snašle. Hauard je Indijanca isterao iz karavana i za kaznu ga poslao u rezervat Omaha. Njegovi saplemenici su mu na toj kazni beskrajno zavideli.

Letnja žega i nesnosne muve prenosile su zarazu još nedelju dana; a onda su Indijanci, prokisli do kože, 9. jula konačno stigli u rezervat Kuopo, u svoj novi dom, gde su u bednim šatorima zatekli onu manju grupu Ponka koja je zavičaj prva napustila.

„Ubeđen sam da će se odluka o preseljenju Ponka iz severnog podneblja Dakote u južna podneblje Indijanske teritorije pokazati kao kobna greška, jer će taj narod ovde brzo izumreti od malarije", pisao je opunomoćenik Hauard svojim pretpostavljenima[270].

Njegove crne slutnje brzo su se obistinile. Kao Modoci, Probušeni Nosevi i severni Čajeni, i Ponke su već u prvoj godini svog boravka na Indijanskoj teritoriji počele da umiru tako brzo da je gotovo četvrtina plemena sahranjena u rezervatu – po hrišćanskom običaju, razume se.

U proleće 1878. godine, zvaničnici u Vašingtonu odlučili su da im na zapadnoj obali reke Arkanzas dodele novi rezervat, ali nisu obezbedili sredstva za njihovo preseljenje. Ponka Indijanci prešli su pešice sto pedeset milja da bi došli u svoju novu zemlju, ali kako ih tamo nije dočekao zastupnik, ostali su nekoliko nedelja i bez hrane i bez lekova. „Ta zemlja je bila dobra", rekao je Beli Orao, „ali u leto smo se opet svi porazboljevali. Bili smo izgaženi kao trava, i mi i naša stoka. A onda su došli hladni dani; ne znamo koliko je ljudi pomrlo[271]."

Medved Koji Stoji izgubio je najstarijeg sina. „Ostao mi je još samo jedan sin, ali se i on razboleo. Umirući, zatražio je od mene jedno obećanje – da ga mrtvog prenesem u naša večna lovišta pored Brze vode, Niobrare. Obećao sam da ću mu želju ispuniti. Kad je umro, položili smo njegovo telo u sanduk, natovarili sanduk na kola i krenuli na sever[272]."

Pogrebnu povorku, koja je išla iza starih kola koja su vukla dva mršava konja, sačinjavala je grupa od šezdeset šestoro Ponka – narod Medveda Koji Stoji.

Bio je Mesec kad se sneg topi, januar 1879. godine. (U tom trenutku su na dalekom severu, u tvrđavi Robinson, Čajeni poglavice Tupi Nož bili svoju poslednju očajničku bitku za slobodu.) Medved Koji Stoji krenuo je, dakle, na svoje drugo zimsko putovanje u zavičaj. Vodio je narod uskim stazama i bogazama i, kloneći se naselja i belih ljudi, stigao u rezervat Omaha pre vojnika koji su pošli u poteru za njima.

U međuvremenu je Šurc-Velike Oči preduzimao sve što se moglo preduzeti da grupu Ponka i njihovog poglavicu vrati na Indijansku teritoriju. Na kraju je, u martu, zamolio Ministarstvo vojno da telegrafiše Zapovedniku Sa Tri Zvezdice Kruku, koji se nalazio u Omahi, Nebraska, i naredi mu da begunce liši slobode i vrati u rezervat. Kruk je odmah poslao odred vojnika u rezervat Omaha; oni su uhapsili Medveda Koji Stoji i njegove Ponke i sproveli ih u tvrđavu Omaha, odakle je trebalo da se vrate na Indijansku teritoriju.

Zapovednik Sa Tri Zvezdice se više od decenije borio protiv Indijanaca, većao sa njima i davao im obećanja koja nije mogao da ispuni. Iako preko volje, morao je da prizna da se iskreno divi njihovoj hrabrosti, a posle velike predaje 1877. godine osetio je prema dugogodišnjim neprijateljima i poštovanje i naklonost. Ogorčen vestima o tome kako se poslednjih nedelja sa Čajenima postupa u tvrđavi Robinson, napisao je u zvaničnom izveštaju: „Mislim da je potpuno izlišno i besmisleno to što pojedinci svoju vlast iskazuju upornim zahtevom da se jedna grupica Čajena vrati u nekadašnji rezervat[273].“

A kad je u tvrđavi Omaha obišao zatočene Ponke, general Kruk bio je poražen bedom u kojoj ih je zatekao. Medved Koji Stoji duboko ga je ganuo koliko svojim jednostavnim objašnjenjem zbog čega se vratio na sever, toliko i stoičkim mirenjem sa sudbinom. „Mislio sam da nam Bog želi život; ali, pogrešno sam mislio", rekao je poglavica Kruku. „Bog je naumio da zemlju daruje belom narodu i mi moramo da umremo. Možda je to dobro, možda je to dobro[274]."

Duboko dirnut onim što je čuo i video, Kruk je Medvedu Koji Stoji obećao da će učiniti sve što može i pokušati da povratak Ponka na Indijansku teritoriju osujeti. I ovoga puta svojski se trudio da održi dato obećanje. Otišao je u redakciju jednog od najvećih listova u Omahi i od glavnog urednika Tomasa Henrija Tiblsa dobio punu podršku; Tibls je dao reč da će se moćna štampa založiti za stvar Ponka.

Zapovednik Sa Tri Zvezdice morao je, naravno, da izvrši naređenje iz Vašingtona; i dok je on vršio pripreme za povratak Ponka na Indijansku teritoriju, Tibls je priču o nesrećnim Indijancima širio po celom gradu, po celoj državi a potom, posredstvom telegrafa, i po celoj zemlji. Crkve u Omahi obratile su se ministru Šurcu sa molbom da Ponke pusti na slobodu, ali se Mah-kah Ič-hon – Velike Oči – nije potrudio da im odgovori. Tada se jedan mladi advokat iz Omahe, Džon L. Vebster, ponudio da Indijance zastupa besplatno, a ubrzo mu se pridružio i pravozastupnik Centralno-pacifičke železničke kompanije Endru Poplton.

Advokati su morali brzo da dejstvuju i parnicu povedu pre nego što general Kruk dobije iz Vašingtona naređenje da Indijance odvede na jug. Sve svoje napore uložili su u to da za stvar Ponka pridobiju sudiju Elmera S. Dandija, krepkog, čestitog graničara koga su u životu interesovale četiri stvari – dobra literatura, konji, lov i pravosuđe. Ali Dandi je baš toga dana otišao u lov na medvede i branioci Ponka dočekali su veče sa zebnjom u srcu, u iščekivanju da ga njihovi glasnici pronađu i vrate u grad.

Uz Krukovu prećutnu saglasnost, sudija Dandi uputio je generalu pismeni poziv *habeas corpus*, nalažući mu da se pritvorenim Ponkama izađe na sud i podnese dokumenta na osnovu kojih Indijance drži u pritvoru. Kruk se odmah odazvao pozivu i sudu predočio vojna naređenja iz Vašingtona. Okružni tužilac, u ovom slučaju pravozastupnik Sjedinjenih Američkih Država, pobijao je Ponkama prava da istupaju pred sudom: „Indijanci nisu građani, pa samim tim ne mogu voditi ni sudski spor", rekao je.

Tako je 18. aprila 1879. godine počeo danas gotovo zaboravljen sudski proces, *građanska parnica indijanskog poglavice Medveda Koji Stoji protiv generala Kruka.* Advokati Ponka, Vebster i Poplton, dokazivali su da je i Indijanac „građanin" kao i svaki beli čovek, da i on ima prava na slobodu zajamčenu Ustavom. A kad je pravozastupnik Sjedinjenih Država izjavio da Medved Koji Stoji i njegov narod podležu samo onim uredbama i propisima vlade koji se odnose isključivo na indijanska plemena, Vebster i Poplton su odgovorili da svaki Indijanac, pa i Medved Koji Stoji, ima puno pravo da se odvoji od svog plemena i da kao svaki drugi građanin živi pod zaštitom zakona Sjedinjenih Američkih Država.

Proces je dosegao vrhunac kad je Medved Koji Stoji dobio dopuštenje suda da govori u ime svog naroda: „Braćo moja, da se nalazim pred velikom prerijskom vatrom, pobegao bih sa svojom decom i pokušao da ih spasem; da se nalazim pred rekom koja plavi obale, poveo bih svoj narod na neko uzvišenje i pokušao da ga spasem. Danas mi se čini da se nalazim i pred velikom prerijskom vatrom i pred rekom koja plavi svoje obale, ali ništa ne mogu da učinim. O, braćo moja, Svevišnji me gleda odozgo, sa visina. On zna ko sam i čuje moje reči. I ja molim Svevišnjeg da pošalje svog dobrog duha da vas on smilostivi i učini da mi pomognete. Da neki beli čovek ima zemlju i da mu je drugi na prevaru otme, taj čovek bi sigurno pokušao da je povrati, a vi ga zbog toga ne biste krivili. Pogledajte me, braćo moja! Smilujte mi se i pomozite da spasem žene i decu, da spasem svoj narod. Neka me sila, kojoj ne mogu da se oduprem, povija i vuče ka zemlji. Meni je potrebna pomoć. Rekao sam sve[275].“

U obrazloženju presude, sudija Dandi je rekao da Indijanac jeste građanin i da se povelja *habeas corpus* odnosi i na njega; da je pravo na povratak u otadžbinu prirodno i neotuđivo pravo i Indijanca i belca; da u vreme mira ne postoje ni civilne ni vojne vlasti koje bi Indijance bez njihove saglasnosti mogle da prebacuju iz jednog dela zemlje u drugi

Slika 35. *Medved Koji Stoji, poglavica Ponka. Fotografija dobijena ljubaznošću Državnog udruženja istoričara Nebraske.*

ili ih protiv njihove volje zatoče u neki poseban rezervat.

„Nijedan spor kome sam ikada prisustvovao ili u kome sam ikada presuđivao nije u meni izazvao toliko sažaljenja i ogorčenja kao ovaj“, rekao je sudija. „Ponka Indijanci su najmiroljubivije i najblagodarnije indijansko pleme... Pa ako i njih na silu preseljavaju na Indijansku teritoriju i tamo ih, opet na silu, drže zatočene, onda ih na tu silu mogu odvesti i u svaku drugu tamnicu, u Linkoln, Levenvort ili Džeferson Siti, u svaki zatvor koji po svom nahođenju odredi neki vojni zapovednik. Prosto ne mogu da verujem da u ovoj zemlji postoje tako samovoljne vlasti[276].“

A kada je na kraju sudija Dandi naredio da se poglavica Medved Koji Stoji i njegovi Ponka Indijanci puste iz zatvora, publika u dvorani je skočila na noge. „Takvo oduševljenje u jednoj sudnici nikada nismo videli“, napisao je jedan novinski izveštač. Medvedu Koji Stoji prvi je prišao general Kruk i čestitao mu.

Pravozastupnik Sjedinjenih Država se u prvom trenutku nije složio sa presudom, ali kad je pažljivo proučio pismeno obrazloženje sudije Dandija (a ono je bilo sjajan ogled o ljudskim pravima), odustao je od žalbe Vrhovnom sudu. Američka vlada je Medvedu Koji Stoji i njegovoj skupini dodelila nekoliko stotina jutara zemlje koju niko od belih ljudi nije hteo, ali koja se prostirala nedaleko od ušća Niobrare u reku Misuri. Ponke su se vratile kući.

Čim su njihovi saplemenici na Indijanskoj teritoriji – a bilo ih je još svega pet stotina trideset – saznali za neočekivani obrt događaja, počeli su da se spremaju za povratak u Nebrasku. Biro za indijanska pitanja nije, međutim, bio oduševljen tom idejom i preko svojih opunomoćenika obavestio je poglavice Ponka da jedino Veliko veće u Vašingtonu može da odluči o tome da li će se i kada u zavičaj vratiti celo pleme. Birokrati i političari (Pokret protiv Indijanaca) smatrali su da je presuda sudije Dandija veoma opasna po sistem rezervata; takva odluka mogla je da ugrozi malu vojsku preduzimača koji su se bogatili tako što su hiljadama Indijanaca zatočenim u rezervatima isporučivali pokvarenu hranu, ćebad koja ne greju i otrovni viski. Ako se, dakle, Ponkama dozvoli da napuste rezervat na Indijanskoj teritoriji i vrate se kući kao slobodni građani, jedan takav presedan može ozbiljno da ugrozi veoma složen vojno-politički sistem rezervata.

U svome godišnjem izveštaju, Šurc-Velike Oči priznao je da Ponke na Indijanskoj teritoriji „imaju visok procenat smrtnosti", ali se oštro suprotstavio predlogu da se one vrate u zavičaj, jer to će „i druge Indijance podstaći na pobunu i u njima izazvati želju da slede njihov primer", posle čega će bez sumnje doći do raspada teritorijalnog sistema rezervata[277].

U isto vreme, Vilijem H. Vajtmen, koji je vodio unosnu ispostavu Ponka na Indijanskoj teritoriji, pokušao je da poljulja ugled skupine Medveda Koji Stoji tvrdeći da je to „najobičnija

banda otpadnika"; tom je dodao čitav hvalospev o sebi i poseb-
no podvukao ogromne troškove kojima se izložio nabavljajući
materijal i alatke, odnosno unapređujući rezervat na Indijan-
skoj teritoriji. Vajtmen nijednom rečju nije pomenuo duboko
nezadovoljstvo Ponka, njihove svakodnevne zahteve da se vrate
u zavičaj i svoju zavadu sa Velikom Zmijom.

Velika Zmija bio je brat Medveda Koji Stoji, džin ogromnih
ruku i pleća širokih kao u bizona. Poput mnogih gorostasa, i
Velika Zmija bio je miran, pitom i ljubazan čovek (Ponke su
ga zvale Mirotvorac), ali kad je video kako Vajtmen ponižava
Belog Orla i ostale poglavice odlučio je da stvari uzme u svoje
ruke. Uostalom, bio je brat Medveda Koji Stoji, a on je za svoje
Ponke izvojevao slobodu.

Odlučio je, dakle, da i lično proveri taj novi zakon po kome
mu je brat pušten na slobodu; zatražio je dozvolu da napusti
rezervat, vrati se na sever i pridruži Medvedu Koji Stoji, ali
mu je Vajtmen, kao što je i očekivao, to odobrenje uskratio. U
sledećem potezu, Velika Zmija nije napustio Indijansku teritori-
ju nego je otišao samo stotinak milja dalje u rezervat Čajena. Sa
njim je krenula i grupa od tridesetak Ponka; Indijanci su jedva
čekali da tim bezazlenim pokušajem provere snagu zakona po
kome je i Indijanac „građanin"; pa samim tim protiv svoje volje
ne može biti ni zatočen u nekom rezervatu.

Vajtmen je na to reagovao kao tipični, uskogrudi birokrata
koji se boji da ne izgubi vlast. Već 21. maja 1879. godine tele-
grafisao je Komesaru za indijanska pitanja, izvestio ga da su
se Velika Zmija i njegova grupa odmetnuli u rezervat Čajena i
zatražio da se oni zatvore i ostanu u tvrđavi Reno „sve dok se
pleme ne povrati od poraznih posledica odluke koju je okružni
sud u Nebraski doneo u parnici Medveda Koji Stoji[278]".

Šurc-Velike Oči složio se sa hapšenjem renegata, ali je,
bojeći se očigledno novog izazova u sudnici, zamolio generala

Šermana da Veliku Zmiju i njegove „odmetnike" što brže i što tiše vrati u rezervat Ponka.

Na svoj osion način, Šerman je 22. maja generalu Šeridanu poslao telegram sledeće sadržine: „Uvaženi Ministar za unutrašnje poslove zahteva da se Ponke pritvorene u tvrđavi Reno, na Indijanskoj teritoriji... prebace u svoj rezervat. Naredite da se to smesta učini". A onda se odjednom setio da će se Šeridan ustručavati ne želeći da otvoreno prkosi nedavnoj presudi sudije Dandija i dodao: „Sudska odluka o oslobađanju Ponka, doneta u Nebraski na osnovu povelje *habes corpus, odnosi se isključivo na taj slučaj i ni na jedan drugi*[279]."

Velikom Ratniku Šermanu bilo je lakše da zakone poništava nego sudu da ih tumači.

Ponka Velika Zmija hteo je samo da proveri kako se primenjuje zakon na osnovu koga se njegov brat Medved Koji Stoji izborio za slobodu. Bitku je izgubio već u prvom pokušaju, jer mu se za drugi više nikad nije pružila prilika. Pošto je u Mesecu kad se kukuruz obavija svilom na silu vraćen u ispostavu Ponka, bio je osuđen na propast. Opunomoćenik Vajtmen izvestio je Vašington da Velika Zmija „deluje obeshrabrujuće na ostale Indijance i... da je vrlo naprasit i zlovoljan". I dok je u jednom delu izveštaja tvrdio da mu stalno preti ubistvom, u drugom se žalio kako mu se taj divlji Indijanac nijednom rečju nije obratio otkako se vrati u rezervat. Njegovo ćutanje je na kraju Vajtmena toliko razbesnelo da je Komesara za indijanska pitanja zamolio da „Veliku Zmiju liši slobode i doživotno ga zatvori u tvrđavu Reno[280]."

Optužbe su prihvaćene i Vajtmen je 25. oktobra dobio od Šermana ovlašćenje da Veliku Zmiju uhapsi i baci u zatvor ispostave. Vajtmen je zatražio pomoć vojske i u njegovu ispostavu su posle pet dana došli poručnik Stenton Mejson i četa od trinaest vojnika. Opunomoćenik je onda obavestio sve Ponke da onima koji imaju para može da ponudi vrlo unosan posao;

bio je siguran da će se primamljivoj ponudi odazvati i Indijanac „osuđen" na doživotno zatočeništvo.

Velika Zmija je u Vajtmenovu kancelariju ušao 31. oktobra u podne. Pošto mu je ponuđeno da sedne, opkolili su ga poručnik Mejson i osam naoružanih vojnika.

Mejson mu je saopštio da je uhapšen i na pitanje zašto je uhapšen odgovorio: „Zato što opunomoćeniku rezervata pretiš ubistvom". Velika Zmija je mirno izjavio da je to laž i ustao pokazujući poručniku da nije naoružan.

Izjava Rutavog Medveda glasila je: „Oficir je Velikoj Zmiji naredio da ustane i pođe sa njim. Velika Zmija nije hteo da ustane, hteo je da zna šta je učinio."

Rekao je da nikoga nije ubio, da nije ukrao konja i da nikome nije naneo zlo. Oficir se šapatom dogovarao sa zastupnikom, a onda je Velikoj Zmiji kazao da je on vrlo podao i da je pokušao da ubije dva čoveka. Velika Zmija je to poricao. Zastupnik mu je savetovao da pođe sa oficirom, a Velika Zmija je ponovio da ništa rđavo nije učinio i da će radije umreti nego poći sa oficirom. Onda sam ja prišao Velikoj Zmiji i rekao mu da ga oficir neće uhapsiti ako nije kriv i da će se brzo vratiti ako odmah pođe sa njim. Hteo sam da što pre ode, pa sam izmišljao razne stvari; rekao sam da ima ženu i decu, da misli na njih i ne dozvoli da bude ubijen. Velika Zmija se digao i rekao mi da on neće da ide i da ga, ako već hoće, mogu ubiti tu, na licu mesta. Bio je vrlo hladnokrvan i miran. Oficir mu je rekao da od priča koristi nema i da mu se svašta može dogoditi ako ga ne posluša. Izašao je iz sobe i vratio se sa lisicama. On i jedan vojnik pokušali su da mu lisice nataknu na ruke, ali ih je Velika Zmija odgurnuo, obojicu. Onda je oficir rekao nešto vojnicima; prišla su četiri vojnika, ali ih je Velika Zmija odgurnuo, svu četvoricu. I jedan vojnik sa oznakama na rukavu pokušao je da mu stavi lisice, ali je Velika Zmija odgurnuo i njega. Pokušali su nekoliko puta, svi zajedno, da savladaju Veliku Zmiju, ali nisu uspeli. Tek kad je Velika Zmija seo, oni su ga opkolili, ali se Velika Zmija naglo digao i sve ih odgurnuo. Tada je jedan vojnik Veliku Zmiju udario puškom u lice, a drugi ga kundakom lupio po glavi. Velika Zmija je pao na zid, ali se odmah pridigao. Krv mu je liptala niz lice. Onda sam video pušku uperenu u njega; uplašio sam se, nisam hteo da gledam kako ga ubijaju. Okrenuo sam glavu. Puška je planula i Velika Zmija se srušio mrtav[281]."

Ministarstvo unutrašnjih poslova je u prvoj izjavi navelo da je brat Medveda Koji Stoji „jedan vrlo rđav čovek, Velika Zmija, poginuo nesrećnim slučajem[282]".

Međutim, američka štampa, koja je posle sudskog procesa Medveda Koji Stoji bivala sve osetljivija na vladine postupke prema Indijancima, zahtevala je od Kongresa da otvori istragu. Ovoga puta su tvorci vojno-političkog sistema rezervata dejstvovali u dobro poznatom podneblju Vašingtona i od istrage nije bilo ništa. „Slučaj" Velike Zmije pojeo je mrak.

Ponke sa Indijanske teritorije stekle su još jedno gorko iskustvo. Zakon belog čoveka bio je puka iluzija, iz njegove zaštite Indijanci su bili isključeni. Kao što su se podelili Čajeni, tako se podelilo i pleme Ponka Indijanaca koji su brzo iščezavali: Jedni su sa Medvedom Koji Stoji živeli na severu kao slobodni ljudi, a drugi kao sužnji iščekivali smrt na Indijanskoj teritoriji.

ŠESNAESTO POGLAVLJE

„Jute moraju da odu!"

Vojska je pobedila Sijue. Sad možete da im naređujete i da ih razmeštate kako vam je volja. Jute, međutim, nikad nisu uznemiravale belce. Zato sačekajte da prihvatimo vaš način života i da radimo onako kao što vi radite.

URAJ STRELA, POGLAVICA JUTA

Rekao sam oficiru da to ništa ne valja; da nikako ne valja to što je član komisije izdao takvo naređenje. Rekao sam da to ništa ne valja: mi i vi smo braća, a braća se ne bore među sobom. A oficir je rekao da to nema nikakve veze i da bi se Amerikanci sa nama borili i da nas je rodila ista majka.

NIKAGAT (DŽEK), POGLAVICA JUTA SA BELE REKE

JUTE SU BILE INDIJANSKO PLEME sa Stenovitih planina. Ti Indijanci su kroz čitavo jedno pokoljenje gledali kako beli osvajači kao nepregledni rojevi skakavaca nadiru u njihovu zemlju Kolorado. I videli su kako beli ljudi proteruju sa visoravni Kolorada njihove stare neprijatelje Čajene. Neki ratnici plemena Jute borili su se i protiv Navaha rame uz rame sa vojnicima Bacača Lasa, Kita Karsona. Jute su u to vreme verovale da su beli ljudi njihovi saveznici; sa velikim uživanjem posećivale

su Denver i u gradskim trgovinama bizonske kože razmenji-
vale za razne drangulije. Ali ti čudni ljudi sa Istoka su iz godi-
ne u godinu bivali sve brojniji i s vremenom preplavili planine
Juta tražeći u njima žuti i beli metal.

Godine 1863. guverner Kolorada Džon Evens i grupa njego-
vih činovnika sastali su se u Konehosu, mestu u planinama San
Huan, sa Urajom Strelom i grupom od devet jutskih poglavica.
Tom prilikom potpisan je i ugovor kojim su Jute belim ljudima
ustupile deo Kolorada istočno od planinskih visova a za sebe
zadržale zemlju zapadno od njih. Uz obećanje da će im u toku
jedne decenije Sjedinjene Države svake godine isporučivati robu
u vrednosti od deset hiljada dolara i namirnice u vrednosti od
deset hiljada dolara, Jute su se odrekle prava na rudna blaga
na celoj teritoriji i obavezale se da neće napadati bele kopače
u svojim planinama.

Posle nepunih pet godina, beli ljudi u Koloradu zaključili
su da su Indijanci iz plemena Juta zadržali suviše veliki komad
zemljišta. Uz snažan politički pritisak, ubedili su Biro za indijan-
ska pitanja da im Jute pričinjavaju ozbiljne neprilike; neumorno
tumaraju po celoj zemlji, obilaze gradove i rudarska naselja i od
naseljenika kradu konje i stoku. Tražili su da se Jute smeste u
rezervat sa tačno određenim granicama, ali ono što su uistinu
želeli bila je njihova zemlja. Početkom 1868. godine, Biro za
indijanska pitanja je uz veliku pompu pozvao u Vašington Uraja,
Džeka Nikagata i još osam poglavica u čijoj se pratnji, u svojstvu
savetnika, nalazio i njihov stari prijatelj Bacač Lasa Karson.
Čim su Indijanci stigli u Vašington, domaćini su ih smestili u
prvorazredni hotel, poslužili najboljim jelima, opskrbili velikom
količinom duvana i slatkiša i obasuli darovima i ordenjem.

U toku pregovora, predstavnici američke vlade uporno su
zahtevali da prisutne poglavice preuzmu punu odgovornost
za svih sedam skupina koje predstavljaju jer su, naravno, znali
da je Uraj svojevremeno jednoglasno izabran za vrhovnog

poglavicu Juta. Mešovite krvi, sin Apača i Indijanke iz jutske skupine Enkompagre, Uraj je bio lep čovek okrugloga lica i pronicljivih očiju, a engleski i španski govorio je isto tako tečno kao i dva indijanska jezika. Kad su ga političari saterali u škripac, Uraj Strela bio je dovoljno mudar da o „slučaju Juta", obavesti novinske izveštače. „Ugovor koji Indijanac zaključuje sa Sjedinjenim Američkim Državama sličan je sporazumu koji bizon izboden strelama sklapa sa svojim lovcima. Sve što ranjeni bizon može da učini je da legne i da se preda[283]."

Slika 36. *Uraj. Fotografija dobijena ljubaznošću Državnog udruženja istoričara Kolorada.*

Predstavnici američke administracije nisu uspeli da ga obmanu živopisnim geografskim kartama i sladunjavim frazama o tačno određenim granicama. Umesto da prihvati ponuđeno parčence zemlje, vrhovni poglavica je odlučno tražio šesnaest miliona jutara šuma i livada u zapadnoj oblasti, što je bilo znatno manje od onoga što je njegov narod nekada imao, ali i znatno više od onoga što su političari Kolorada bili voljni da mu „ustupe". U toj oblasti trebalo je otvoriti dve ispostave: jednu u Los Pinosu za Enkompagre i južne skupine, a drugu na Beloj reci za one severne skupine plemena Juta. Uraj je tražio da se u novi ugovor unesu i klauzule koje će im jamčiti zaštitu od upada kopača zlata i naseljenika u jutski rezervat. I tako je u ugovoru pisalo da se belim ljudima „najstrože zabranjuje svaki neovlašćeni prolazak kroz zemlju dodeljenu Jutama, svaki boravak i naseljavanje u njoj."

Ugovorne odredbe nisu sprečile kopače da i dalje prelaze na zabranjenu teritoriju. Među njima je bio i Frederik V. Pitkin, Severnjak iz Nove Engleske, koji se, kopajući srebro u planinama San Huan, brzo obogatio. Već 1872. godine zastupao je interese vlasnika bogatih rudnika koji su svim silama nastojali da oblast San Huan – četvrtinu rezervata plemena Juta – priključe Teritoriji Kolorado. Biro za indijanska pitanja se povinovao njihovim željama, obrazovao mirovnu komisiju na čelu sa Feliksom R. Brinoom i poverio joj zadatak da Jute nagovori na ustupanje zemljišta.

Brinoova komisija sastala se sa Urajom i predstavnicima sedam jutskih naroda u ispostavi Los Pinos septembra 1873. godine. Predsednik Brino rekao je poglavicama da ga šalje Veliki Otac koji ih moli da belim ljudima ustupe deo svog rezervata. Uveravao ih je da on tu zemlju ne traži za sebe i da nije došao zato da bi im naredio da postupe po zahtevu Velikog Oca. „Ponekad treba da učinimo i ono što nam se na prvi pogled ne dopada ako je to korisno za našu decu", glasio je jedan od njegovih mudrih saveta.

Poglavice su jedva čekale da čuju od kakve će koristi njihovoj deci biti to što će se oni odreći svoje zemlje. Brino im je objasnio da će vlada posebno za Jute izdvojiti veliku sumu novca, pa će pleme za ustupljenu zemlju svake godine dobijati i kamatu na izdvojena sredstva.

„Meni se nimalo ne dopadaju članovi ugovora u kojima se govori o nekim izdvojenim sredstvima i više bih voleo da taj naš novac leži u banci", rekao je Uraj i požalio se da vlada ne ispunjava obećanja; kako je na to obavezuje ugovor, ona ne nadzire i ne sprečava najezdu belih ljudi na zabranjenu teritoriju, niti povlači one koji se nastanjuju u rezervatu Juta.

Brino mu je otvoreno rekao da bi svaki vladin pokušaj da iz rezervata istera bele kopače izazvao rat, i da bi u tom ratu Jute izgubile celu zemlju, i to bez ikakve novčane naknade. „Ako vam je stalo do ovih planina, onda je najbolje da ih prodate i svake godine dobijate novac za njih", dodao je.

Uraj se složio sa predsednikom komisije: „Kopači za vladu i ne haju, a zakone ne poštuju. Otvoreno govore da ih za vladu nije briga i da je Vašington daleko. A kažu i ovo: ljudi koji dolaze ovamo da sklope ugovor brzo se vraćaju tamo odakle su i došli, i sve se odvija po starom. A to znači kako ti kopači hoće."

„Pretpostavimo da ste planine prodali i belci utvrdili da u njima zlata nema. U tom slučaju ćete samo vi imati koristi. Jute će dobiti novac, a ostaće im i planine, jer će ih Amerikanci napustiti. Ali pretpostavimo da u tim planinama ima zlata; onda su nevolje neminovne. Mi bele kopače ne možemo da isteramo, a ne možemo ni da ih sprečimo da pristižu u sve većem broju."

„Zašto ne možete da ih sprečite?", pitao je Uraj. „Zar vlada Sjedinjenih Država nije dovoljno jaka da ostvari i poštuje ugovor koji je sklopila sa nama?"

„Ja lično bih želeo da ih sprečim, ali Uraj zna i sam koliko je to teško ostvariti", odgovorio je Brino.

Poglavica je bio voljan da proda planine, ali ne i ona divna lovišta oko njih. „Nemamo ništa protiv da belci odu u planine, iskopaju zlato i ponovo dođu ako treba. Ali da tamo grade kuće, to im nećemo dozvoliti."

Brino mu je odgovorio da je to potpuno neizvodljivo i da belce koji zaposednu teritoriju Juta i otvore rudnike niko živi više neće isterati iz nje. „Zamoliću Velikog Oca da naše kopače protera iz vaše zemlje", obećao je, „ali će ga hiljade drugih moliti da ih ostavi na miru. Ne znam da li će Veliki Otac poslušati mene ili njih[284]."

Posle sedmodnevnih pregovora, poglavice su prihvatile ponudu: oni će ustupiti planine, a američka vlada će im za četiri miliona jutara blaga isplaćivati godišnje dvadeset pet hiljada dolara, a uz dodatak od hiljadu dolara godišnje koliko će poglavica Uraj primati sledećih deset godina ili „sve dok bude vrhovni vođa Juta i sa Sjedinjenim Američkim Državama živi u miru." Tako je Uraj Strela postao deo establišmenta i dobio snažan podsticaj da sačuva *status quo*.

Budući da su živeli u rajskim predelima čudesnih livada i šuma koje su bile pune divljači, šumskih plodova i oraha, Indijanci iz plemena Juta su se sami izdržavali i lako se lišavali sledovanja svojih zastupnika u Los Pinosu i na Beloj reci. Opunomoćenik rezervata u Los Pinosu F. F. Bond je 1875. godine ovako odgovorio na zahtev da izvrši popis Indijanaca u ispostavi: „Nalog je nemoguće izvršiti. Popisati Jute ili prebrojati ih značilo bi isto što i prebrojati roj pčela u letu. Jer oni, kao i jeleni koje love, lutaju po celoj zemlji." Opunomoćenik rezervata na Beloj reci E. H. Denfort procenio je da se njegovom ispostavom služi oko devet stotina Juta, ali je odmah priznao da se mnogi još nisu ni smestili u dolinu. Indijanci iz rezervata su, premda ih na to nije terala nikakva stvarna potreba, uzgajali mala stada goveda i s vremena na vreme sejali kukuruz ili sadili krompir i repu, ugađajući na taj način svojim zastupnicima.

Početak kraja slobodnog života u rezervatima nagovešten je u proleće 1878. godine dolaskom novog opunomoćenika u ispostavu na Beloj reci. Taj bivši pesnik, romanopisac, novinar i tvorac poljoprivrednih zadruga u kolonijama, koji ni u jednoj od tih oblasti nije imao uspeha, zvao se Nejten Miker. Iako se novog posla prihvatio uglavnom zbog novca koji mu je bio preko potreban, izgarao je od misionarskog plama i iskreno verovao da mu je kao pripadniku više rase prva dužnost da Jute „uzdigne i prosveti". Čvrsto je, dakle, odlučio da ih, kako je to sam formulisao, izvede iz divljaštva, prođe sa njima kroz sve neizbežne faze grubog seoskog života i na kraju ih uzdigne do „prosvećeno, naučnog i religioznog stepena razvoja". A to će, verovao je, moći da ostvari za „pet, deset ili dvadeset godina[285]."

Da bi ih saobrazio svojoj slici i prilici, a samim tim i Božjem obličju, Miker je na svoj krut, vlastoljubiv i popujući način počeo sistematski da uništava sve što su Jute volele. Ne obazirući se na opšte negodovanje, preselio je ispostavu petnaest milja dalje niz Belu reku, sa namerom da divne indijanske pašnjake pretvori u oranice. Naumivši da baš tu osnuje poljoprivrednu zadrugu i stvori novu koloniju Juta, prenebregao je činjenicu da su njima ta prostranstva odvajkada služila kao lovišta i pasišta. Mesto koje je opunomoćenik izabrao za izgradnju nove ispostave bilo je trkalište na kome su Jute uživale u tradicionalnim i veoma omiljenim konjskim trkama.

Po Mikerovom mišljenju, najdobroćudniji jutski poglavica na Beloj reci bio je Kinkent (Daglas). Jut iz skupine Jampa, Kinkent je imao šezdeset godina i crnu kosu bez ijedne sede vlasi; sedeli su samo njegovi dugački, opušteni brci. Daglas je imao više od stotinu ponija i bio, po merilima Juta, bogat čovek; to, čini se, nije odgovaralo njegovim mladim sledbenicima i oni su ga napustili i prešli u skupinu Nikagata (Džeka).

I Džek je, kao Uraj, bio polu-Apač, polu-Jut. Kao dečak živeo je u jednoj mormonskoj porodici i naučio da se služi engleskim jezikom. Budući da je izvesno vreme bio izvidnik generala Kruka u ratu sa Sijuima, nosio je i posle Mikerovog dolaska graničarsku uniformu, vojničke čizme i šešir sa širokim obodom. I nikad nije skidao srebrnu medalju kojom ga je, prilikom posete Vašingtonu 1868. godine, odlikovao Veliki Otac.

U vreme kada je Miker selio ispostavu, Džek i njegove Jute bili su u lovu na bizone i po povratku zatekli pustoš. A kad su se i pored toga ulogorili na starom mestu, došao je Miker i naredio Džeku da pređe u novu ispostavu.

„Rekao sam Mikeru da je mesto ispostave određeno ugovorom", pričao je kasnije Džek, „i da se nigde ne pominje mogućnost preseljenja. Zastupnik mi je drsko naredio da se svi odmah preselimo jer će u suprotnom pozvati vojnike u pomoć[286]."

Miker je pokušao da Džeka odobrovolji i obećao mu mlečne krave, ali mu je poglavica odgovorio da Jutama ne trebaju ni krave ni njihovo mleko.

Treći poglavica po značaju bio je šezdesetogodišnji Koloro koji je sa svojom skupinom nekoliko godina živeo u malom privremenom rezervatu blizu Denvera. Indijanci su često svraćali u grad, slobodno švrljali po njemu, večeravali u restoranima, išli u pozorišta i pred belim građanima igrali svoje igre. Kada je rezervat 1875. godine zatvoren, Koloro je svoje Muačes Jute odveo na Belu reku, kod Džeka. U početku su tugovali za uzbudljivim životom Denvera, ali su brzo naučili da uživaju u lepotama Bele reke i lovu na bizone. Muačes Jute nisu bile zainteresovane za Mikerovu poljoprivrednu zadrugu i u ispostavu su svraćale samo kada bi im ustrebao neki džak brašna, malo šećera ili kafe.

Kanalja (Džonson) bio je glavni plemenski vrač, pašenog poglavice Uraja i organizator konjskih trka koje su se održavale na mestu gde je Miker naumio da podigne novo naselje. Džonson nije skidao svoj pohabani šešir, tu dragu uspomenu iz Denvera. Iz potpuno neobjašnjivih razloga Miker je došao do zaključka da će mu upravo taj Kanalja Džonson pomoći da Jute izvede iz divljaštva.

Buduću da mu je za veliki krstaški pohod bila potrebna i velika pomoć, opunomoćenik je u ispostavu doveo svoju ženu Arvilu i ćerku Džozi, a za radove na kanalu za navodnjavanje uzeo sedmoricu belaca: nadzornika, drvoseču, mostograditelja, tesara, zidara i još dva radnika. S pravom je očekivao da Jute od tih ljudi koji stvaraju novi poljoprivredni raj nauče razne korisne zanate.

Zahtevao je da mu se Indijanci obraćaju sa „oče Miker" (jer svi su, u tom stadijumu divljaštva, bili njegova deca), ali su ga oni, na njegovo veliko nezadovoljstvo, oslovljavali sa „Nik".

U proleće 1879. godine, Miker je podigao nekoliko zgrada i uzorao četrdeset jutara zemlje. Te radove obavili su uglavnom njegovi dobro plaćeni beli radnici. Iako nije mogao da shvati zašto i Jute očekuju nagradu za rad na izgradnji *svoje* poljoprivredne zadruge, Miker je, da bi kanali za navodnjavanje bili iskopa-

Slika 37. *Nikagat (Džek). Isečak iz grupne fotografije napravljene oko 1874. godine. Državno udruženje istoričara Kolorada*

ni na vreme, pristao da tridesetorici Indijanaca plati uloženi trud. A oni su bili i dobri i vredni radnici sve dok njihov zastupnik nije potrošio sav novac; onda su neki otišli u lov, a neki na konjske trke. „Njihove potrebe su tako ograničene, da tim Indijancima na pamet ne pada da usvoje običaje civilizovanog čoveka"; žalio se Miker Komesaru za indijanska pitanja. „Budući da nimalo ne cene ono što mi nazivamo udobnošću i blagostanjem, čak i ne pokušavaju da do njih dođu sopstvenim trudom... Oni su u većini ili ravnodušni ili puni prezira prema našim običajima i našem načinu života." Da bi, dakle, koliko-toliko poboljšao očajne uslove u kojima žive njegova deca, Miker je predložio niz mera: da se Indijancima, kao prvo, oduzme nekoliko stotina konja kako više ne bi lovili i skitali; da se, kao drugo, ta krda ponija zamene marvom za vuču i oranje; i da se, kao treće, onima koji, lišeni konja i lova, ostanu u ispostavi a odbiju da rade, uskrate sva sledovanja. „Umoriću glađu sve one koji ne budu hteli da rade", pisao je Miker senatoru Kolorada, Henriju M. Teleru[287].

Do konačnog razdora dovela je Mikerova nasušna potreba da svoje ideje i svoja zapažanja beleži i te beleške šalje u štampu. U toku proleća 1879. godine napisao je izmišljeni dijalog sa Indijankom iz plemena Juta, u kome je razvio tezu da Indijanci ne znaju ni za radost rada ni za vrednost materijalnih dobara. U izmišljenom dijalogu, Miker je rekao da zemlja rezervata pripada američkoj vladi i da je Jutama ustupljena samo za korišćenje i obrađivanje. „Ako tu zemlju, dakle, ne koristite i ne obrađujete, ako na njoj ništa ne radite, doći će ovamo beli ljudi i vi ćete na kraju ostati bez ičega", upozoravao je zastupnik svoje Indijance[288].

Taj mali sastav objavljen je prvi put u listu *Greeley Tribune* (Kolorado), zaslugom Vilijema B. Vikersa, urednika-političara iz Denvera, koji je bio poznat po svojoj mržnji prema Indijancima, a posebno Jutama. Vikers je u to vreme bio sekretar Frederika Pitkina, onog istog Pitkina koji se obogatio u planinama San Huan i 1873. godine pokrenuo akciju da se one oduzmu Jutama. A kada je 1876. godine Teritorija Kolorada postala država, iskoristio je i svoju moć i svoje bogatstvo i postao guverner Kolorada. Čim je 1877. godine okončan rat sa Sijuima, Pitkin i Vikers započeli su veliku propagandnu kampanju za proterivanje Juta iz Kolorada na Indijansku teritoriju, jer je to bio jedini način da se beli ljudi domognu nepreglednih prostranstava njihove lepe i bogate zemlje. Kako je po njegovom mišljenju Mikerov ogled nudio prave argumente za iseljenje Juta iz Kolorada, Vikers je u listu *Denver Tribjun* objavio sledeći članak:

Jute su naši komunari i vlada bi trebalo da se stidi što podstiče njihovu lenjost i nagon za neodgovornim ćerdanjem imovine. Budući da ne zavise od darežljivosti

zaštitnički nastrojenog i idiotskog Biroa za indijanska
pitanja, ti Indijanci su se toliko olenjili da više ne odlaze
po svoja sledovanja nego ono što im treba jednostav-
no uzimaju tamo gde nađu. Ako ih, dakle, preseli na
Indijansku teritoriju, vlada će Jute i hraniti i odevati za
polovinu sume koju za njih danas izdvaja.

Uvaženi N. C. Miker, poznati upravnik ispostave na
Beloj reci, bio je nekada iskren prijatelj i vatreni oboža-
valac Indijanaca. Mesto upravnika ispostave prihvatio je
samo zato što je bio duboko uveren da će Jute uspešno
usmeravati blagim postupcima i mudrim savetima, str-
pljivim naukom i dobrim primerom. Ali kad su se svi
njegovi ogromni napori pokazali kao potpuno uzaludni,
i on je, posle dugog oklevanja, morao da prizna očitu
istinu poznate izreke – da su samo mrtvi Indijanci dobri
Indijanci[289].

To, naravno, nije bilo sve što je Vikers napisao, a njegov čla-
nak objavili su svi listovi Kolorada pod naslovom „Jute mora-
ju da odu!" Već krajem leta 1879. godine, mnogi političari su,
istupajući u javnosti, svoje govore završavali uzvikom „Jute
moraju da odu!"

Jute su na razne načine doznale da ih je „Nik" Miker izdao
objavljujući u štampi niz neistina. Posebno ih je ljutila njegova
izjava da zemlja rezervata pripada vladi a ne Jutama, pa su
posredstvom tumača zastupniku uložile neku vrstu zvaničnog
protesta. Miker je, međutim, ponovio svoju izjavu i dodao da
će s punim pravom zemlju rezervata pretvoriti u oranice budući
da ona pripada vladi, a da je on predstavnik te vlade.

U međuvremenu je Vikers svoju kampanju „Jute moraju da
odu" podsticao izmišljenim pričama o nedelima i zločinima
Indijanaca, tvrdeći čak i to da su Jute vinovnici mnogih šumskih

požara u izuzetno sušnoj godini. Petog jula, uputio je Komesaru za indijanska pitanja telegram koji je potpisao guverner Pitkin:

> Do mene svakodnevno stižu izveštaji da je grupa Juta na Beloj reci napustila rezervat i da uništava šume... Priča se da su pričinili štete od više miliona dolara i pri tom duboko uznemirili naseljenike i kopače... Vrlo sam zadovoljan što ti Indijanci tako organizovano uništavaju šume Kolorada, jer divljake treba konačno iseliti na Indijansku teritoriju na kojoj nema naših najboljih šuma[290].

Komesar je guverneru obećao da će stupiti u akciju, a Mikeru poslao nalog da Jute po svaku cenu zadrži u rezervatu. Zastupnik je sazvao poglavice i saznao da oni već većaju i negoduju zbog guver
erovih lažnih optužbi i pretnje da će ih iseliti na Indijansku teritoriju. Jedan njihov beli prijatelj po imenu Pek, koji je držao dućan na Beloj reci, pročitao je članak u denverskom listu i o njegovoj sadržini obavestio Nikagata (Džeka).

Novine su pisale da Jute izazivaju požare duž reke i da su do temelja spalile kuću svoga nekadašnjeg zastupnika Džejmsa B. Tompsona. Džeka je ta bezočna laž toliko ogorčila da je Pek pristao da sa njim krene u Denver i guvernera Pitkina uveri u suprotno. Izabrali su onaj put do grada koji je vodio pored kuće Džejmsa Tompsona. „Prošli smo tuda i videli Tompsonovu kuću; na njoj nije bilo traga od požara", rekao je kasnije Džek.

Posle velikih teškoća, Džek je konačno ušao u kancelariju guvernera Pitkina. „Guverner me je pitao šta se dešava u mojoj zemlji na Beloj reci i dodao da novine vrlo mnogo govore o nama. Rekao sam mu da i ja tako mislim i da sam zbog toga i došao u Denver, ali da ne znam kako je do toga došlo... A on je rekao: 'Dobili smo pismo vašeg zastupnika.' A ja sam rekao da je to pismo pisao Miker koji ume da piše, a da sam ja koji ne umem da pišem došao lično da bih na to pismo odgovorio.

Molio sam ga da ne veruje u ono što u pismu piše... On me je pitao da li je tačno da je Tompsonova kuća spaljena. A ja sam mu rekao da sam prošao pored nje, da sam je video i da ta kuća nije spaljena. Pričao sam guverneru o našem zastupniku i molio ga da Vašingtonu napiše pismo i preporuči da na njegovo mesto pošalju nekog drugog. Guverner je obećao da će to odmah učiniti[291]."

Pitkinu, naravno, nije padalo ni na pamet da preporuči smenjivanje opunomoćenika Mikera. Sve se, uostalom, odvijalo onako kako je guverner i zamislio. Trebalo je još samo sačekati da između Mikera i Juta izbije otvoren sukob, pa da se parola „Jute moraju da odu" konačno ostvari.

Miker je u svome mesečnom izveštaju Komesaru za indijanska pitanja pisao da će u rezervatu osnovati svoju policiju. „Ovde su Indijanci vrlo ratoborno raspoloženi", dodao je i već posle nekoliko dana uradio ono što je znao da će Jute još više ozlojediti. Iako ne postoje dokazi da je Miker aktivno učestvovao u kampanji guvernera Pitkina „Jute Moraju da odu", svaki njegov korak bio je, čini se, usmeren ka tome da Indijance podstakne na pobunu.

Opunomoćenik Miker možda i nije želeo da Jute odu, ali je neosporno želeo da ih liši konja. Početkom septembra naredio je jednom od belih radnika, Prajsu, da poore deo pašnjaka na kojima su Jute napasale svoje ponije. Indijanci su zamolili zastupnika da im ne dira pašnjake i da izabere neko drugo parče zemljišta. Kinkent Daglas je Mikeru ponudio zemlju pod šipragom komonike i bio spreman da sam rašćisti šiprag, ali je Miker uporno zahtevao da se oranje nastavi na terenu obraslom bujnom visokom travom. Onda su Jute na pašnjake poslale nekoliko svojih mladića sa puškama koji su oraču naredili da prestane sa radom. Prajs je poslušao naređenje, ali kada je ono što se zbilo preneo Mikeru, ovaj ga je smesta vratio na posao.

Ovoga puta su mlade Jute ispalile nekoliko metaka u vazduh i uplašeni Prajs hitro je nestao sa pašnjaka.

Miker je pobesneo i Komesaru za indijanska pitanja napisao: „Ovi Indijanci su i opaki i pokvareni; suviše dugo dobijaju besplatna sledovanja i suviše dugo im se ugađa, pa sad misle da su oni gospodari rezervata[292]."

Istog popodneva ušao je u Mikerovu kancelariju plemenski vrač Kanalja (Džonson). Rekao je da je zemlja koju zastupnik ore njegova zemlja i da na njoj pasu njegovi konji. To oranje je, doduše, prekinuto, ali on ne bi želeo da ponovo počne.

Miker je naglo prekinuo Džonsonovo mirno izlaganje: „Nevolja je, Džonsone, baš u tome što imaš suviše konja. Zato ti savetujem, da odmah pobiješ neke od njih[293]."

Pošto je nekoliko trenutaka, potpuno zgranut, buljio u Mikera, Džonson mu je prišao, uhvatio ga za ramena, izgurao na trem, prislonio uz ogradu i onda, bez ijedne reči, otišao.

Džonson je kasnije taj događaj ovako prepričao: „Rekao sam zastupniku da nije pravo što svojim ljudima naređuje da oru moju zemlju. On mi je rekao da mu ja uvek pravim neprilike i da ću ovoga puta sasvim sigurno završiti u zatvoru. Odgovorio sam da ne znam zašto bih išao u zatvor i da bi bilo najbolje da na njegovo mesto dođe drugi zastupnik, neki dobar čovek koji takve stvari neće govoriti. Onda sam ga uhvatio za ramena i rekao mu da ode iz ispostave. Ništa mu drugo nisam uradio; nisam ga udario, samo sam ga uhvatio za ramena, i nisam bio ljut na njega. Posle toga sam otišao kući[294]."

Pre nego što je preduzeo kaznene mere, Miker je na razgovor pozvao Nikagata (Džeka), koji je ovako opisao taj susret: „Miker je rekao da mu je Džonson pretio i da ga je zlostavljao, a ja sam odgovorio da to nije neka ozbiljna stvar i da sitnice treba zaboraviti. Miker je rekao da to za njega nije sitnica, da neće zaboraviti i da će se žaliti. Ja sam mu po drugi put rekao da ne diže buku zbog jedne sitnice, a on je viknuo: 'Neću dozvoliti da me fizički napadate! Ja sam star čovek i nemam snage da se suprotstavim mlađima i jačima!' Ponavljao je da je on star čovek, da ga je Džonson zlostavljao i da on sa njim više ni reč neće progovoriti; da će od Komesara tražiti da pošalje vojnike i da će Jute isterati iz zemlje. Onda sam ja rekao da to nikako neće da valja, a on je ponovio da zemlja ne pripada Jutama. Ja sam rekao da zemlja pripada Jutama i da je vlada ispostavu i otvorila zato što ova zemlja pripada Jutama. Na kraju sam rekao da je svađa između njega i Džonsona sitnica koju treba zaboraviti i da ne diže toliku galamu zbog jedne sitnice[295]."

Miker je ceo dan i celu noć razmišljao o tome šta je pokvarilo njegove odnose sa Jutama i na kraju odlučio da ih nauči pameti. Poslao je dva telegrama; jedan guverneru Pitkinu u kome je tražio zaštitu vojske, a drugi Komesaru za indijanska pitanja:

Poglavica Džonson me je fizički napao, isterao me iz kuće i teško ozledio. Konačno sam otkrio da je Džonson glavni krivac za sve nevolje… Njegov sin pucao je u moje orače, pa se otpor prema oranicama još više proširio. Obustavio sam sve poljske radove. U opasnosti su moj život i životi moje porodice i svih belih radnika; zaštita hitno potrebna; molio sam guvernera Pitkina da stupi u vezu sa generalom Poupom.

Da se glomazna mašinerija Ministarstva vojske i Ministarstva unutrašnjih poslova polako pokrene trebalo je da prođe desetak dana. Miker je 15. septembra dobio obaveštenje da konjički odredi kreću ka Beloj reci, kao i ovlašćenje da uhapsi „vođu poslednje pobune[296]".

Ministarstvo vojno naredilo je majoru Tomasu T. Tornbergu; zapovedniku tvrđave Fred Stil, „da sa dovoljno vojnika krene u ispostavu Juta na Beloj reci, Kolorado, i da to shvati kao hitan zadatak". Ali Tornberg je bio strastan lovac na severne jelene, naređenje mu je uručeno sa zakašnjenjem, pa je na put krenuo tek 21. septembra. U pohod na Belu reku (trebalo je da pređe sto pedeset milja) poveo je oko dve stotine konjanika i pešaka na konjima[297].

Kada je 25. septembra stigao na pola puta do ispostave, Tornberg je po jednom od vodiča Mikeru poslao poruku da će stići tek za nekoliko dana i zamolio ga da mu javi trenutno stanje u rezervatu. Toga dana su Koloro i Nikagat (Džek) saznali da im se približavaju vojnici, a za to su čuli idući ka Mlečnoj reci u svoj uobičajeni jesenji lov.

Džek je odmah odjahao na Medveđu reku, zatekao na njenim obalama trupe i upitao njihovog zapovednika. „U čemu je stvar? Zbog čega ste došli? Mi ne želimo da se borimo protiv vojnika. I vi i mi imamo istog oca na nebesima. Mi nećemo borbu!"

Tornberg i njegovi oficiri rekli su Džeku da su se po naređenju uputili ka ispostavi zato što Jute pale šume i što su zapalile kuću gospodina Tompsona. Džek je odgovorio da je to bezočna laž; Jute nisu zapalile nijednu kuću i nijednu šumu. „Zadržite ovde svoje vojnike", rekao je Tornbergu. „Ja sam dobar čovek, ja sam Nikagat. Zadržite ovde svoje vojnike, a mi ćemo otići u ispostavu." Major mu je odgovorio da je naređenje naređenje i da će vojnici nastaviti put ka Beloj reci sve dok od opunomoćenika Mikera ne dobije poruku da se kolona zaustavi[298].

Džek je još jednom rekao da Jute ne žele borbu i da nije dobro što vojnici dolaze u njihov rezervat, a onda je požurio u ispostavu da „Nika" Mikera upozori na opasnost koja će svima zapretiti ako vojnici uđu u rezervat.

Usput je Džek svratio do Kinkenta (Daglasa). Njih dvojica bili su suparnici, ali kako je sad svim Jutama na Beloj reci pretila velika opasnost, poglavice su morale da se udruže. Tom prilikom su mu mladi Indijanci, kojima je bilo dosta priča o proterivanju na Indijansku teritoriju, rekli da se Miker hvali kako sa vojnicima stižu i kola puna lisica, okova i konopaca i kako će neposlušne Jute povešati, a sve ostale baciti u tamnicu. Kada bi bili sigurni u to, rekoše, da će ih proterati iz zavičaja, borili bi se sa vojnicima do poslednjeg daha i ne bi se obazirali na naređenja svojih poglavica. Daglas je odmah izjavio da on sa tim pričama o borbi neće da ima nikakve veze i, čim je Džek otišao, istakao je iznad šatora američku zastavu. (Verovatno nije znao da takva ista zastava Čajene Crnog Kotla nije spasla pokolja kod Peskovitog potoka 1864. godine.)

„Rekao sam zastupniku (Mikeru) da dolaze vojnici"; pričao je kasnije Džek, „i zamolio ga da po svaku cenu spreči njihov ulazak u ispostavu. On je odgovorio da se to njega uopšte ne tiče i da neće ni prstom mrdnuti. Rekao sam da bi najbolje bilo da se on i ja sastanemo sa vojnicima, a Nik je odgovorio da ga ja stalno kinjim i da on sa mnom nikuda neće da ide. Rekao je to u kancelariji, a onda se digao i otišao u drugu sobu; vrata je zatvorio i zaključao. Tada sam ga video poslednji put[299]."

Kasnije je Miker po svoj prilici promenio mišljenje i odlučio da posluša Džeka. Poslao je poruku majoru Tornbergu i zamolio ga da kolonu zaustavi i u ispostavu dođe u pratnji nekoliko vojnika. „Indijanci, čini se, dolazak vaših trupa smatraju objavom rata", napisao je u poruci[300].

Kada je sutradan (28. septembra) njegova poruka stigla do ruku majora Tornberga, u vojnom logoru na Jelenskom potoku nalazio se i Koloro, koji je zapovednika molio da ne nastavi put. „Pitao sam majora zašto sa trupama dolazi u našu zemlju i zašto hoće rat", rekao je Koloro[301].

Kolona je u tom trenutku od rezervata na Beloj reci bila udaljena samo trideset pet milja.

Pošto je pročitao Mikerovu poruku, Tornberg je Koloru rekao da će sa vojnicima sići na Mlečnu reku i na samoj granici jutskog rezervata podići logor; a onda će sa nekoliko vojnika u ispostavu na razgovor sa opunomoćenikom Mikerom.

Čim su Koloro i njegovi ratnici napustili logor, Tornberg je svoje oficire pozvao na sastanak i iz neobjašnjivih razloga izmenio plan. Svoju nerazumljivu odluku da se ne zadrži na granici rezervata nego da nastavi put kroz kanjon Ugljene reke potkrepio je, međutim, sledećim argumentom: logori poglavica Džeka i Kolora nalaze se u neposrednoj blizini reke; ako se trupe zaustave na Mlečnoj reci, a Jute odluče da blokiraju kanjon, vojnici neće stići do ispostave na vreme; ako pak odmah krenu ka južnom delu kanjona, od ispostave će ih deliti samo nekoliko milja.

Koloro se u svoj logor vratio oko devet sati ujutro 29. septembra i zatekao ga u velikom uzbuđenju koje je izazvao dolazak vojnika. „Moji ljudi su krenuli ka drumu kojim su se uputili beli vojnici", rekao je. „Ubrzo sam i ja izašao iz logora i pridružio im se." Sa njima je bio i Džek sa šezdesetak ratnika, pa su poglavice razmenile novosti. Džek je ispričao Kolorou svoj neuspeli razgovor sa Mikerom, A Koloro preneo Džeku obećanje majora Tornberga da će vojnike zaustaviti na Mlečnoj reci. „Rekao sam Džeku da mladim ratnicima zabrani ispade; on se složio sa mnom i odgovorio da ih treba skloniti sa druma. Ali kako sa mesta gde smo stajali nikako nismo mogli da uočimo vojnike, povukli smo se malo s puta; a Džek je rekao da su oni sigurno već došli do Mlečne reke, do granice rezervata, i da će on otići tamo da sa njima razgovara[302]."

Džek i Koloro nisu, naravno, znali da je kolona majora Tornberga već prešla Mlečnu reku. Pošto su se konji napojili, Tornberg je odlučio da zaprege sa četom vojnika pošalje niz drum koji je vodio uz kanjon, a da se on sa ostalima uputi prečicom preko visokog grebena. Igrom sudbine, ta će ga odluka sučeliti sa mladim gnevnim Jutama koje je Džek, da bi izbegao sukob, povukao sa druma.

Jedan mladi ratnik, koji je otišao u izviđanje, vratio se u galopu. „Vojnici nisu održali obećanje i nastavili su put prema rezervatu", rekao je Džeku.

Duboko zabrinut, Džek je sa grupom ratnika krenuo uzbrdo i već posle nekoliko minuta video kako se drumom kreće vojni karavan. „Stajao sam sa ratnicima na vrhu brda kad je sa suprotne strane iznenada iskrsla grupa od pedesetak vojnika; čim su nas spazili, vojnici su se iz kolone razvili u vrstu. Ratovao sam sa generalom Krukom protiv Sijua i znao sam da to znači spremnost za borbu. Zato sam i ja svojim ratnicima naredio da se razvrstaju.“

Slika 38. *Kinkent ili Daglas. Fotografija dobijena ljubaznošću Državnog udruženja istoričara Kolorada.*

Zapovednik konjičkog odreda, poručnik Semjuel Čeri, nije dao znak za napad nego je sačekao majora Tornberga. Tornberg je izjahao i Indijancima koji su ga posmatrali sa vrha grebena mahnuo šeširom, što su oni prihvatili i uzvratili mu pozdrav.

Džek je čekao poziv na razgovor, ali su oficiri stajali u mestu i, činilo se, inicijativu prepustili Indijancima. Poglavica im je onda sa još jednim ratnikom pojahao u susret; poručnik Čeri je skočio s konja i krenuo ka njima. Napravio je nekoliko koraka i mahnuo šeširom; u sledećoj sekundi, tišinu je narušio pucanj iz puške. „Hitac je ispaljen u trenutku kad sam se nalazio na pola puta između jednih i drugih bojnih redova. Ne znam ko je ispalio taj prvi metak, ali je za njim usledila tako žestoka paljba da je borba bila neizbežna. Pokušao sam da sprečim nesreću; iz sve snage mahao sam šeširom i vikao ratnicima: 'Ne pucajte!'

Hoćemo da razgovaramo!' Oni su, nažalost, to moje mahanje shvatili kao znak za bitku", pričao je Džek[303].

Bitka se brzo rasplamsala i u nju su se uključili pratioci karavana na drumu; vojnici su kola postavili u krug i iz ograđenog prostora osuli žestoku paljbu. Vest o sukobu stigla je i do Kinkenta (Daglasa) koji se nalazio u ispostavi Bela reka. Daglas je odmah otišao kod „Nika" Mikera i rekao mu da su vojnici prešli granicu rezervata i da će im ratnici Juta sigurno pružiti otpor. Miker je odgovorio da ne veruje u mogućnost sukoba, ali da će u rano jutro krenuti sa Daglasom vojnicima u susret.

Jute sa Bele reke čule su, međutim, još istog dana u podne da su vojnici njihove ratnike napali kod Mlečne reke. Grupa od dvanaestak Indijanaca naoružanih puškama krenula je u ispostavu i tu, između zgrada, pucala u svakog belog radnika koji im se našao na nišanu. Pre sumraka, Indijanci su ubili zastupnika Mikera i sve njegove radnike, zarobili tri bele žene i pobegli u svoj nekadašnji logor. Usput su silovali sve tri bele žene.

Bitka na Mlečnoj reci trajala je gotovo nedelju dana, jer su Jute sa tri stotine ratnika sa svih strana opkolile dve stotine vojnika. Major Tornberg poginuo je u prvom okršaju. Kad je borba obustavljena, njegova kolona imala je dvanaest mrtvih i četrdeset tri ranjena vojnika. Trideset sedam Juta izginulo je u očajničkom pokušaju da spreče napad vojske na rezervat i onemoguće joj da ih kao zarobljenike protera na Indijansku teritoriju.

Poglavica Uraj, koji se nalazio u ispostavi Los Pinos, sto pedeset milja južnije, primio je vest o borbama sa najvećim užasom. Shvativši da će samo brzom akcijom moći da spase položaj vrhovnog vođe i rezervat Juta, poslao je 2. oktobra po glasniku-trkaču sledeću poruku:

Svim poglavicama, starešinama i Jutama u ispostavi Bela reka: Ovim naređujem da smesta obustavite sve neprijateljske akcije protiv belaca i sve nedužne poštedite nasilja;

spasavajte živote i štitite imovinu od kradljivaca konja i desperadosa, jer svaki sledeći neprijateljski korak vodi u neminovnu propast[304].

Urajeva poruka i dolazak novih konjičkih odreda okončali su bitku, ali Jute više ništa nije moglo da spase propasti. Guverner Pitkin i Vilijem Vikers preplavili su Kolorado pričama o indijanskim zverstvima i u njima pominjati čak i nedužne Enkompagre iz Los Pinosa, koje su se mirno bavile svojim poslom i ne znajući šta se zbiva u rezervatu Bela reka. Vikers je građane Kolorada pozivao na uzbunu, savetujući im da „zbrišu crvene đavole", a po gradovima i selima organizovao milicijske odrede razjarenih žitelja. Novinskih izveštača, koji su sa Istoka pohrlili da bi naciji izveštavali o tom tako uzbudljivom „novom ratu sa Indijancima", bilo je tako mnogo da je guverner Pitkin dao posebnu izjavu za štampu:

„Mislim da će se okončanjem ovoga nemilog događaja okončati i sva razbojništva u Koloradu. Posle svega što se desilo, Indijanci i belci više ne mogu da žive u miru. Ovog puta crvenokošce niko nije izazvao i belci su najzad shvatili da ih svaka veća grupa Indijanaca može napasti u bilo koje doba i na bilo kojem mestu.

Ukoliko ih, dakle, odavde ne iseli vlada, mi ćemo se postarati za to da Jute budu istrebljene. Kadar sam da za nepuna dvadeset četiri časa sakupim dvadeset pet hiljada dobro naoružanih ljudi koji će naseljenicima pružiti valjanu zaštitu. Ova država je spremna da se sa Indijancima sama obračuna i sve neprilike sredi o svom trošku. A koristi koje će kopačima i naseljenicima doneti dvanaest miliona jutara slobodne i bogate zemlje uveliko će nadoknaditi troškove kojima smo se izložili[305]."

Jute sa Bele reke predale su tri bele zarobljenice, a onda je obrazovana neizbežna istražna komisija sa zadatkom da utvrdi njihovu krivicu i izrekne odgovarajuće kazne. Bitka kod Mlečne reke nazvana je zasedom, što nije bilo tačno, a ubistvo u ispostavi Bela reka nazvano je pokoljem, što jeste bilo tačno. Džek, Koloro i njihovi sledbenici su na kraju pošteđeni kazne, uz obrazloženje da su kao ratnici učestvovali u časnoj borbi. Iako je postojala pretpostavka da su zločin u ispostavi izvršili Daglas i Indijanci koji su živeli u njoj, niko ih nije identifikovao kao Jute koje su ubile opunomoćenika Mikera i njegove radnike.

Slika 39. *Koloro. Najverovatnije fotografija Vilijema H. Džeksonu, dobijena ljubaznošću Državnog udruženja istoričara Kolorada.*

Daglas je tvrdio da se u trenutku kada je začuo prve pucnje nalazio u skladištu ispostave: „Izašao sam iz skladišta, pogledao levo-desno i otišao pravo kući. A kad sam stigao kući, zaplakao sam od muke što su moje Jute dovedene u bezizlazan položaj[306]."

Ali kako se Arvila Miker na saslušanju u četiri oka zaklela da ju je Daglas primorao na polni odnos, beli ljudi su, i bez optužbe i bez osude, šezdesetogodišnjeg poglavicu poslali u tamnicu tvrđave Levenvort; javna optužba za silovanje dovela bi gospođu Miker u nepriliku, a javnost bi zgrozila činjenica da je tu nedužnu žrtvu silovao starac crvene kože.

Kazne izrečene pojedincima nisu interesovale ni kopače zlata, ni političare. Oni su hteli da kazne svih sedam naroda Juta, da ih izbace sa dvanaest miliona jutara zemlje koja je tako željno očekivala da je oni prekopaju, oslobode šuma i na njoj zarade ogromno bogatstvo.

Uraj je bio takoreći na samrti kada ga je 1880. godine Biro za indijanska pitanja doveo u Vašington da brani budućnost svog naroda. Teško bolestan od nefritisa, poglavica se priklonio želji koju su izrazili Šurc Velike Oči i drugi zvaničnici. A oni su odlučili da „Jute moraju da odu" u novi rezervat – u Jutu – zemlju koju nisu hteli ni mormoni. Uraj je umro pre nego što je u avgustu 1881. godine američka vojska skršila njegov narod i u maršu dugom trista pedeset milja poterala ga iz Kolorada u Jutu. Osim jednog delića jugozapadne teritorije, na kome je ostala da živi mala grupa južnih Juta, država Kolorado bila je očišćena od Indijanaca. Na planinama i na visoravnima Kolorada živeli su Čajeni i Arapahi, Kiove i Komanči, Hikarilje i Jute, ali u zemlji belog čoveka od njih, sem imena, nije ostalo ni traga ni glasa.

SEDAMNAESTO POGLAVLJE

Poslednji poglavica Apača

1880 – 1. *jun*: broj stanovnika u Sjedinjenim Američkim Državama – 50, 155.783.

1881 – 4. *mart*: Džejms Garfild postaje Predsednik SAD; 13. mart: u Rusiji nihilisti ubijaju cara Aleksandra; 2. jul: Garfild teško ranjen mecima atentatora; 19. septembar: Džejms Garfild umire i Predsednik SAD postaje Čester A. Artur.

1882 – 3. *april*: u Sent Džouzefu, Misuri, ubijen Džesi Džejms; 4. septembar. Edison uvodi prvu javnu rasvetu na glavnoj njujorškoj železničkoj stanici; objavljena knjiga *Pustolovine Haklberija Fina* Marka Tvena.

1883 – 24. *mart*: između Njujorka i Čikaga uspostavljena prva telefonska veza; 3. novembar: američki vrhovni sud presuđuje da je američki Indijanac po rođenju stranac i zavisno biće; objavljena knjiga: *Ostrvo s blagom* Roberta Luisa Stivensona.

1884 –*januar*: Rusija ukida glavarinu, lični porez na mušku glavu, kao poslednji ostatak ropstva; 13. mart: u Sudanu počinje opsada Kartuma.

1885 –26. *januar*: Kartum pada u ruke Mahdija, vođe sudanskih pobunjenika Mohameda Ahmeda; tom prilikom gine guverner Kartuma, general Čarls Džordž Gordon; 4. mart: Predsednik SAD postaje Grover Klivlend, prvi demokrata posle građanskog rata.

1886 – 1. *maj*: generalni štrajkovi šire se Sjedinjenim Američkim Državama; štrajkači traže osmočasovni radni dan; 4. maj: anarhisti bombama napadaju policiju na trgu Hejmarket u Čikagu; sedam mrtvih i šezdeset ranjenih policajaca; 28. oktobar: na Ostrvu Bedlou postavljen Kip slobode; 8. decembar: osnovana sindikalna organizacija Američka federacija rada.

Živeo sam spokojno, u krugu porodice, uz obilje hrane; dobro sam spavao, brinuo o svom narodu i bio potpuno zadovoljan. Ja zaista ne znam odakle su potekle te ružne i rđave priče. Moj narod je dobro živeo i dobro radio, pa sam i ja dobro živeo i dobro radio. Nisam ubio ni konja, ni čoveka, ni Amerikanca, ni Indijanca. Ne znam šta se zbilo sa ljudima koji su se starali za nas. Oni bar znaju da je bilo tako kako kažem, a ipak pričaju da sam ja rđav čovek, najgori čovek. A šta sam ja to rđavo uradio? Živeo sam spokojno, u krugu porodice, u hladu drveća, i radio ono što mi je general Kruk naredio da radim, i slušao sam sve njegove savete. Hoću da znam ko je naredio da me uhapse. Molio sam se svetlosti i tami, Bogu i suncu da mi dozvole da tamo mirno i spokojno živim sa svojom porodicom. Ja ne znam zašto ljudi ružno govore o meni. Oni u novinama kažu da me treba obesiti. A ja to više neću da slušam. Ako čovek pokušava da radi ono što je pravo i valjano, onda novine ne treba da pišu o njemu ružne stvari. Meni je ostalo malo ljudi. Neki moji ratnici počinili su rđava dela, ali ja molim da se to sada zaboravi i nikad više ne pomene. Nas je, danas, malo ostalo.

GOJATLAJ (DŽERONIMO)

POSLE KOČIZOVE SMRTI 1874. godine, poglavica plemena Čirikaua postao je njegov najstariji sin Tasa, a opunomoćenik rezervata Apački klanac bio je i dalje Tom Džefords zvani Taglito. Ali Tasa nije bio Kočiz i nije uspeo da održi veliki savez Čirikaua. Za nepuna tri meseca Apači su se, i, pored svih Tasinih i Džefordsovih napora, razbili na mnogobrojne manje grupe, pa se samim tim brzo razvila i pljačka koju je Kočiz strogo zabranjivao. A kako se nalazio u neposrednoj blizini Meksika, rezervat Čirikaua postao je s vremenom usputna stanica svih apačkih pohoda na putu između Arizone i Meksika. Naseljenici gladni zemlje, kopači zlata i političari nisu gubili vreme: uporno su zahtevali da se Čirikaue presele na neko drugo mesto.

Vladini činovnici zaduženi za indijanska pitanja preduzeli su već 1875. godine niz mera da se indijanska plemena što pre okupe bilo na Indijanskoj teritoriji bilo u prostranim regionalnim rezervatima. Oblast Belih planina u istočnoj Arizoni bila je sa dva i po miliona jutara zemlje prostranija od svih ostalih apačkih rezervata zajedno. Kako je u to vreme ispostava San Karlos važila kao administrativno sedište mnogih apačkih skupina, zvaničnici u Vašingtonu su sve češće izveštaje o nemirima i izgredima u rezervatu Čirikaua iskoristili kao zgodan povod da Čirikaue presele u San Karlos.

Po mišljenju američkih oficira, ta ispostava, koja se nalazila u slivu reka San Karlos i Hila, bila je najnepoželjniji i najtegobniji od svih garnizona. „Iznad rečnog korita uzdiže se šljunkoviti sprud visok tridesetak stopa i prošaran mrežom žućkastomrkih zgrada sa zidovima od ćerpiča. Tok reka označavaju retki i tužni šumarci severnoameričkih topola koje su se sasušile i ostale bez lišća. Kiša je toliko retka da nam, i kad najzad padne, izgleda kao neka krajnje neobična pojava. Preko visoravni i gotovo neprekidno duvaju suvi, vrući vetrovi, nasipaju je šljunkom i peskom i pretvaraju u golu pustinju u kojoj ne opstaje ni jedna jedina biljčica. Letnja temperatura od 22 stepena Celzijusa u hladu smatra se ovde svežijim vremenom, a milionski rojevi muva, komaraca i raznih vrsta insekata napadaju nas nemilosrdno preko cele godine", pisao je jedan od oficira[307].

Opunomoćenik ispostave bio je 1875. godine Džon Klam, čovek koji je nekoliko meseci ranije Eskiminsina i njegove Aravaipe spasao iz logora Grant i pomogao im da se na navodnjenim obalama reke Hila sami izdržavaju. Na svoj tvrdoglavi način, Klam je naterao vojnike da se povuku iz prostranog rezervata Belih planina i trupe zamenio četom Apača koji su nadzirali svoju ispostavu; ubrzo je zaveo i nov sistem kažnjavanja: apački sud sudio je apačkim krivcima. Klamovi pretpostavljeni bili su veoma podozrivi prema toj nepravovernoj metodi po kojoj su Indijanci sudili sami sebi, ali su ćutali jer je u San Karlosu vladao mir.

Džon Klam je od Komesara za indijanska pitanja primio 3. maja 1876. godine telegram sa naređenjem da ode u rezervat Čirikaua, smeni opunomoćenika Džefordsa i Indijance preseli u San Karlos. Nimalo nije bio oduševljen neprijatnim zadatkom; duboko je sumnjao da će se Čirikaue, zaljubljenici slobode, prilagoditi ustaljenom načinu života u rezervatu Bele planine. Pošto se, na njegov uporan zahtev, konjica povukla, otišao je sa svojom indijanskom policijom u Apački klanac i Čirikaue obavestio o prisilnom preseljenju. Predusretljivost koju su pokazali Tom Džeford i poglavica Tasa veoma ga je iznenadila. I Tasa je, kao njegov otac Kočiz, želeo da sačuva mir. Rekao je Klamu da će Čirikaue, ako je to cena za mir, napustiti rodnu zemlju i otići u Bele planine. Međutim, u San Karlos preselila se samo jedna polovina plemena, dok je druga ostala u napuštenom rezervatu. A kad ih je opkolila američka vojska, buntovnici su preko granice prebegli u Meksiko. Među njihovim vođama bio je i četrdeset šestogodišnji Apač iz plemena Bedonkoe koji je još u ranoj mladosti krenuo za Mangasom Koloradom, potom sledio Kočiza i sada se smatrao Čirikauom – Gojatlaj ili, kako su ga zvali Meksikanci, Džeronimo.

Iako Čirikaue koje su dobrovoljno krenule u San Karlos nisu prema zastupniku Klamu gajile tako prijateljska osećanja kao neke druge apačke skupine, nisu mu zadavale ni nevolje. Kada je u pozno leto 1876. godine izdejstvovao dozvolu Biroa za indijanska pitanja da grupu od dvadeset dva Apača povede na turneju po Istoku, Džon Klam pozvao je i poglavicu Tasu da pođe sa njima. Na nesreću, u toku posete Vašingtonu, Tasa je iznenada umro od zapaljenja pluća i sahranjen je na gradskom groblju. Po povratku, Klama je žestoko napao Tasin mlađi brat Naiče: „Ti si mi odveo brata! Tasa je bio zdrav i snažan, a ti se vraćaš bez njega i kažeš da je mrtav. Ne znam šta se desilo, ali sam siguran da nisi dovoljno brinuo o njemu. Dozvolio si da ga ubiju zli dusi bledolikog. Moje je srce puno bola[308].“

Klam je u pomoć pozvao Eskiminsina, koji je podneo podroban izveštaj o Tasinoj smrti i sahrani, uspeo da razuveri Naičea, ali nije razvejao sumnje ostalih Čirikaua. Lišeni dobronamernih saveta Taglita Džefordsa, Indijanci nisu imali poverenja ni u svog zastupnika ni u druge bele ljude.

U toku zime 1876–77. godine, njihovi rođaci iz Meksika iskrali bi se s vremena na vreme iz svog rezervata i donosili im vesti o zbivanjima s one strane granice. Tako su Čirikaue saznale da Džeronimo i njegova skupina napadaju dugogodišnje neprijatelje Meksikance i da su pljačkom prikupili velika stada konja i goveda. U proleće je Džeronimo stoku doveo u Novi Meksiko, prodao je belim rančerima i kupio nove puške, šešire, čizme i veliku količinu viskija. Ta grupa Čirikaua smestila se u ispostavi Oho Kaliente pored svojih rođaka Mimbres Indijanaca, čiji je poglavica bio Viktorio.

U martu 1877. godine, Klam je iz Vašingtona dobio naređenje da sa svojom apačkom policijom ode u Oho Kaliente i Čirikaue prebaci u San Karlos. Povrh toga, naloženo mu je da uhapsi Džeronima i ostale „otpadnike".

Džeronimo je to kasnije ovako prepričao: „Iz San Karlosa su došla dva odreda izvidnika koji su meni i Viktoriju poručili da dođemo u grad. Glasnici nisu rekli šta ti beli ljudi traže od nas, ali kako su bili vrlo prijateljski raspoloženi, mislili smo da žele većanje i pojahali smo sa njima u susret oficirima. Čim smo ušli u grad, presreli su nas vojnici, razoružali i obojicu odveli u štab gde nam je sudio vojni sud. Sudije su nam postavile samo dva-tri pitanja, posle

Slika 40. *Džeronimo. Fotografija Frenka A. Rendela iz 1886. godine, dobijena ljubaznošću Smitsonovog zavoda za naučna istraživanja.*

čega su Viktorija oslobodili, a mene bacili u tamnicu. Izvidnici su me sproveli u zatvor i okovali lancima. A kada sam ih ja upitao zašto to čine, rekli su da to čine zato što sam pobegao iz Apačkog klanca.

Ne mislim da sam ikada pripadao vojnicima koji su opkolili Apački klanac i ne mislim da sam bio dužan da ih pitam kuda smem da idem… Držali su me zatvorenog četiri meseca i za to vreme su me prebacili u San Karlos. Mislim da su mi onda ponovo sudili, iako ja tom suđenju nisam prisustvovao. U stvari, nisam ni znao da su mi sudili drugi put, samo sam čuo da je tako bilo; u svakom slučaju, taj sud me je oslobodio[309]."

Viktorio nije bio lišen slobode, ali je i on sa većinom Apača u proleće 1877. godine prebačen u San Karlos, gde je Džon Klam uložio velike napore da zadobije njegovo poverenje i dao mu veću vlast nego što je poglavica ikada imao. U toku prvih nekoliko nedelja svima se činilo da će se u rezervatu Bele planine razviti jedna miroljubiva i složna apačka zajednica; a onda je, sasvim neočekivano, Armija, u tvrđavu Tomas na reci Hil, poslala odred vojnika, uz obrazloženje da su te mere predostrožnosti nužne „zato što se na Teritoriji San Karlos okupljaju gotovo svi nepokorni i ratoborni Indijanci[310].“

Klam se razbesneo. Telegrafisao je Komesaru za indijanska pitanja zahtevajući da se vojska povuče i tražeći ovlašćenje da njene odrede zameni odredima apačke policije. Za Klamov odvažan zahtev saznali su vašingtonski novinari i objavili ga u svim gradskim listovima, što je duboko uvredilo Ministarstvo vojske. U Arizoni i Novom Meksiku su civilni liferanti Armije, iz straha da odlaskom vojnika ne izgube lukrativne poslove, osudili „drskost i bestidnost“ dvadeset šestogodišnjeg novajlije koji je naumio da sam postigne ono što nekoliko stotina vojnika nije postiglo otkako su počeli apački ratovi.

Vojska je ostala u San Karlosu, a Džon Klam je podneo ostavku. Iako je svima bio *simpatico*, Klam nikada nije naučio da misli kao Apač i stvari posmatra iz njihovog ugla, kao što je to učinio Tom Džefords. I pored svih dobrih namera, nije shvatao poglavice koje se nisu mirile sa sudbinom i koje su više volele da poumiru nego da izgube zemlju koju su nasledile od svojih predaka. Za Džona Klama su Džeronimo, Viktorio, Nana, Loko, Naiče i drugi borci bili otpadnici, lopovi, ubice i pijanice – suviše nazadni da bi sledili put belog čoveka. Džon Klam je Apače ostavio u San Karlosu, napustio rezervat, otišao u Tumstoun, u Arizoni, i pokrenuo list *Epitaf*.

Pred kraj leta 1877. godine, prilike u San Karlosu bile su gotovo haotične. Iako se broj Indijanaca povećao za nekoliko stotina, ritam snabdevanja bivao je sve sporiji. Situaciju je pogoršao i novi zastupnik koji je, umesto da sledovanja deli po logorima, zahtevao da Indijanci po njih dolaze u zgradu ispostave. Pojedini Apači morali su, dakle, da pešače i po dvadesetak milja, a starci i deca koji nisu bili kadri da prevale toliki put ostajali su bez hrane. Povrh toga, beli kopači su bespravno i nasilno zaposeli severoistočno područje rezervata i odbijali da se isele iz njega. Sistem samosvojne indijanske policije koji je uveo Džon Klam polako se raspadao.

Slika 41. *Naiče i njegova žena.*
Fotografija dobijena ljubaznošću
Biblioteke Pionirskog udruženja
istoričara Arizone.

Drugog septembra u noć, Viktorio je sa svojom skupinom izašao iz rezervata i uputio se ka ispostavi Oho Kaliente. Apački policajci su odmah pošli u poteru za njima, zaplenili veliki broj konja i mazgi koje su Indijanci iz plemena Topli izvori oteli iz korala na Belim planinama, ali su narod pustili da ode. Posle mnogih usputnih okršaja sa rančerima i vojnicima, Viktorio je stigao u Oho Kaliente, gde je njegov narod mirno živeo godinu dana uz prećutnu saglasnost i pod budnim okom vojnika iz tvrđave Vingejt. A onda je krajem 1878. godine došlo naređenje da se Indijanci vrate u San Karlos.

Viktorio je oficire iz tvrđave molio da njegovom narodu dozvole da živi tamo gde je rođen, a kada je shvatio da oni njegove molbe neće uslišiti, uzviknuo je: „Vi u te svoje vagone možete potrpati žene i decu, ali moji ratnici neće otići[311]!"

Sa grupom od osamdeset ratnika pobegao je u planine Mimbers gde su, rastavljeni od porodica, jedva prebrodili tešku zimu. U februaru 1878. godine, Viktorio se sa nekolicinom ratnika vratio u Oho Kaliente. „Spremni smo na predaju", rekao je, „ako nam Armija dovede ovamo porodice iz San Karlosa". Armija je nedeljama odugovlačila sa odlukom i na kraju im ponudila kompromis. Apačima sa Toplih vrela dozvoliće se da svoj dom osnuju u Novom Meksiku pod uslovom da u Tularosi žive sa Meskalero Indijancima. Viktorio je prihvatio ponudu, pa je njegov narod po treći put za nepune dve godine započeo novi život.

U leto 1879. godine, protiv Viktorija je ponovo podignuta optužba za nekadašnju pljačku konja, pa su u rezervat došli pravosudni organi da ga liše slobode. Poglavici je pošlo za rukom da pobegne, ali se zakleo da nikada više neće živeti u rezervatu i prepustiti se na milost i nemilost belim ljudima. Bio je duboko uveren da su i on i svi Apači osuđeni na propast i smrt ukoliko ne pruže onakav otpor kakav su pružili kad su njihovu zemlju došli Španci.

Pošto je u Meksiku podigao uporište, Viktorio je počeo da okuplja gerilce koji će protiv Sjedinjenih Američkih Država „ratovati doveka". Pred kraj 1879. godine imao je grupu od dve stotine ratnika Meskalero i Čirikaua Indijanaca. Oni su, da bi došli do konja i hrane, napadali meksikanske rančeve, vršili prepade na Novi Meksiko i Teksas, ubijali naseljenike, postavljali zasede konjanicima-goniocima i potom munjevitom brzinom prelazili preko granice u Meksiko.

Što je ta neprekidna borba duže trajala, to je Viktoriova mržnja bivala dublja i jača. Indijanski vođa pretvarao se u nemilosrdnog ubicu koji je svoje žrtve mučio i kasapio. Neki njegovi sledbenici zaključili su da je poglavica poludeo i napustili ga kad mu je glava ucenjena na tri hiljade dolara. Na kraju su vojske Sjedinjenih Država i Meksika odlučile da u hajku za njim krenu udruženim snagama. Četrnaestog oktobra 1880.

godine, meksički vojnici postavili su Viktoriovoj skupini zasedu u brdima Tres Kastiljos, između Čiuaua i El Pasa. Pobili su sedamdeset osam Apača, među kojima i Viktorija, i zarobili šezdeset osmoro dece i žena. Iz te velike zasede uspela je da pobegne samo grupa od tridesetak ratnika.

Među beguncima se našao i ratnik iz plemena Mimbres koji je imao više od sedamdeset godina. Zvao se Nana i oduvek se borio i protiv belih ljudi koji govore španski i protiv belih ljudi

Slika 42. *Viktorio. Fotografija dobijena ljubaznošću Biblioteke Pionirskog udruženja istoričara Arizone.*

koji govore engleski. Siguran u to da se borba mora nastaviti, odlučio je da skupi novu gerilsku vojsku i ratnike potraži u rezervatu, gde su stotine i stotine mladih ljudi živele kao u toru, nezadovoljne i besposlene. Taj izbrazdani i izborani mali Apač prešao je sa grupicom vernih sledbenika Rio Grande u leto 1881. godine. Za manje od mesec dana prošli su kroz osam okršaja, zarobili dvesta konja i u Meksiko se vratili sa hiljadama konjanika za petama. Iako Nana nije dejstvovao u predelu Belih planina, i tamošnji Apači čuli su za njegove smele podvige, a Armija je reagovala tako što je stotine vojnika poslala da čuvaju rezervat.

U septembru su Čirikaue u rezervatu San Karlos uznemirili pokreti vojske u neposrednoj blizini njihovih logora. Sa svih strana stizale su vesti o tome kako se Armija sprema da pohapsi sve vođe koje su u bilo kojem trenutku bile neprijateljski nastrojene prema belim ljudima. Jedne noći, pred kraj meseca,

Džeronimo, Hu, Naiče i grupa od oko sedamdeset Čirikaua iskrali su se iz rezervata Bele planine i pojurili ka starom uporištu Sijera Madre u Meksiku.

Posle šest meseci (aprila 1882. godine), ratnici Čirikaua su se, dobro opremljeni i naoružani, vratili u Bele planine sa čvrstom odlukom da oslobode svoj narod i sve Apače koji su voljni da se sa njima vrate u Meksiko. Bio je to smeo poduhvat: u galopu su uleteli u logor poglavice Lok i većinu Apača ubedili da se vrate u Meksiko.

Za njima su u poteru odmah krenuli konjički odredi koje je predvodio pukovnik Džordž Forsajt. (On je preživeo Bitku u kojoj je poginuo Rimski Nos; videti Sedmo poglavlje.) Forsajt je Apače stigao kod klanca Potkovica, ali su Indijanci sjajnom akcijom uspeli da zadrže trupe sve dok se glavnina njihovih snaga nije prebacila u Meksiko. Tu ih je, međutim, neočekivano zadesila velika nesreća. Na apačku kolonu naišao je meksički pešadijski puk i pobio gotovo sve žene i svu decu koji su jahali na čelu kolone.

Među poglavicama i ratnicima koji su uspeli da pobegnu bili su Loko, Naiče, Čato i Džeronimo. Ojađeni i ogorčeni, desetkovani i poraženi, brzo su se pridružili starom Nani i njegovim gerilcima. Za sve njih je to sada bio rat za opstanak.

Svaki i najmanji sukob u Belim planinama dovodio je nova vojna pojačanja. Vojnici su u rojevima nadirali sa svih strana i punili sva utvrđenja – tvrđavu Tomas, tvrđavu Apača, tvrđavu Bovi – a svako vojno pojačanje pratili su novi nemiri; Apači su iz rezervata bežali u Meksiko i usput bespoštedno napadali bele rančere.

Da bi u taj haos uvela koliko-toliko reda, Armija je u pomoć pozvala generala Džordža Kruka. A on se sad vrlo mnogo razlikovao od onog Kruka koji je deset godina ranije krenuo iz

Arizone na sever i tamo se borio protiv Sijua i Čajena. Od njih je i od Ponka Indijanaca, u sudskom procesu Medveda Koji Stoji, naučio da su i Indijanci ljudska bića, činjenicu koju većina njegovih kolega oficira nikako nije htela da prihvati.

Čim je 4. septembra 1882. godine preuzeo zapovedništvo u Arizoni, general Kruk je pohitao u rezervat Bele planine. Održao je sa Apačima nekoliko većanja u San Karlosu i tvrđavi Apača i tom prilikom privatno, u četiri oka, razgovarao sa nekolikim pojedincima. „Odmah mi je bilo jasno da

Slika 43. *Nana. Fotografija dobijena ljubaznošću Biblioteke Pionirskog udružena istoričara Arizone.*

u svim apačkim skupinama vlada opšte nepoverenje prema našim ljudima“; izveštavao je Kruk. „Ipak sam, uz velike napore i teškoće, uspeo da se sastanem sa nekolicinom vođa koje su, čim sam razbio njihovu sumnjičavost, vrlo otvoreno razgovarale sa mnom. Indijanci su mi rekli… da su izgubili poverenje u svakoga belog čoveka i da više ne znaju ni kome ni čemu da veruju; a kako im se stalno preti da će vojnici upasti u rezervat, razoružati ih i na silu proterati iz postojbine, zaključili su da je muževnije umreti u borbi nego dozvoliti da ih belci unište.“ Pošto je ustanovio da Indijanci u rezervatu žive u očajnim uslovima, Kruk je izjavio: „Apači imaju sve razloge ovoga sveta da se žale i moram da priznam da su, u želji da sačuvaju mir, ispoljili izuzetno strpljenje i veliku popustljivost.“

U daljem istraživanju, Kruk je otkrio da „razne hulje od zastupnika i drugi beskrupulozni belci pljačkaju Indijance, uskraćuju im sledovanja i ne isporučuju robu koju vlada kupuje da bi im omogućila opstanak". Pronašao je niz dokaza da belci Apače izazivaju na nasilje sa namerom da ih što pre isteraju iz rezervata i razgrabe njihovu zemlju[312].

General Kruk je odmah naredio da se iz rezervata povuku svi beli uljezi i kopači, a potom je od Biroa za indijanska pitanja zatražio punu saradnju u zavođenju reformi. Umesto da ih i dalje zadržava u neposrednoj blizini San Karlosa ili tvrđave Apača, general je raznim grupama dao pravo da same izaberu svoj deo rezervata i na tom zemljištu podignu kuće i rančeve. Ostale reforme bile su: da se ugovori za seno zaključuju sa Apačima, a ne više sa belim nabavljačima; da Armija otkupljuje sav višak kukuruza i povrća koje Indijanci uzgaje i isplatu vrši u gotovom novcu. Indijanci su, zauzvrat, dužni da izaberu svoju upravu, reorganizuju policiju i obrazuju sudska veća, kako su to činili i u vreme Džona Klama. Kruk je Apačima obećao da u rezervatu neće videti nijednog vojnika sve dok žive u miru i samo budno nadziru svoju zajednicu.

Apači su u prvo vreme bili vrlo nepoverljivi. Dobro su pamtili sve Krukove okrutnosti iz onih vremena kada je Sivi Vuk nemilosrdno proganjao i lovio Kočiza i Čirikaue, ali su ubrzo shvatili da će general učiniti ono što je obećao. Sledovanja su iz dana u dan bivala obilnija i raznovrsnija, zastupnici i trgovci ih više nisu pljačkali i varali, vojnici se nisu pojavljivali na vidiku, a Sivi Vuk ih je podsticao da vredno podižu svoja stada i pronalaze što bolje zemljište za pasulj i kukuruz. Iako u granicama rezervata, Apači su ponovo bili slobodni ljudi.

Nisu, međutim, zaboravili one svoje rođake koji su u punoj slobodi, van rezervata, živeli u Meksiku; grupice mladića često su bežale na jug, a pojedinci se vraćali sa pričama o uzbudljivim pustolovinama i sjajnim provodima.

O Čirikauama i Apačima sa Toplih vrela koji žive u Meksiku pomno je razmišljao i general Kruk. Znao je da će oni ponovo preći granicu i krenuti u napade i znao da ih spremno mora dočekati. Vlada Sjedinjenih Država je nedavno sa meksičkom vladom potpisala ugovor po kojem se vojnicima obeju zemalja dozvoljava prelaz preko granice ukoliko granicu prelaze goneći neprijateljske apačke bande. Kruk je, dakle, skovao plan da taj ugovor iskoristi u svoje svrhe i građane Arizone i Novog Meksika spreči da izazovu rat sa Indijancima.

„Suviše je česta pojava", rekao je, „da manji pogranični listovi... šire o Indijancima razne izmišljotine i neistine, a te se priče preko listova od ugleda i velikog tiraža potom prenose i u druge krajeve zemlje; reč Indijanaca se, naravno, vrlo retko čuje. I tako narod stiče pogrešnu predstavu o celom problemu. A kad dođe od izgreda, javnost svoju pažnju usmerava na Indijance i jedino njih optužuje za zločine i svireposti, dok oni koji su ih svojom nepravičnošću i podstakli na nasilje ostaju nekažnjeni i pretvaraju se u najglasnije potkazivače. Tu činjenicu niko ne zna bolje od Indijanaca, pa i nije čudo što oni nepravičnom smatraju i vladu koja kažnjava samo njih, a belcima dozvoljava da ih pljačkaju po svom nahođenju."

Džordža Kruka užasavala je i sama pomisao na novi gerilski rat Apača. Bio je svestan toga da je indijanske gerilce praktično nemoguće pokoriti u toj kaševitoj zemlji u kojoj će se, ako do njega dođe, rat i voditi. „Mi sebi ne možemo da dozvolimo da se borimo protiv njih", priznavao je otvoreno. „Suviše smo krivi za postojeće stanje stvari, krivi kao pojedinci, krivi kao narod. A to znači da ih moramo ubediti u jedno: da će se od sada prema njima postupati pravično i da će od sada biti zaštićeni najezde belaca."

Kruk je verovao da će Džeronima i ostale gerilske vođe pridobiti razgovorima a ne borbom. A najpogodnije mesto za razgovore bilo je neko od njihovih meksičkih uporišta do kojih su teško dopirali glasovi beskrupuloznih podstrekača na rat i novinara koji su šireći lažne vesti izazivali one što žude za tuđom zemljom i lako stečenim bogatstvom.

I dok je čekao da mu neki izgred na granici pruži priliku da uđe u Meksiko, Kruk je brižljivo sastavljao svoje „specijalne odrede". Izabrao je pedesetak vojnika, nekoliko tumača-civila i oko dve stotine mladih Apača iz rezervata, od kojih su mnogi već više puta prelazili u Meksiko. Prvih nedelja 1883. godine prebacio je deo trupa na novu Južno-pacifičku železničku prugu koja je kroz Arizonu išla na oko pedeset milja od američko-meksičke granice. Dvadeset prvog marta, grupa Apača koje su predvodili Čato, Čiuaua i Bonito napala je nedaleko od Tumstouna jedan rudarski logor. Čim je čuo za napad, general Kruk prešao je preko granice u Meksiko; njegovi izvidnici su logor Čirikaua u Sijera Madre otkrili tek posle nekoliko nedelja neumornog traganja.

U Mesecu kad je lišće tamno zeleno, u maju, Džeronimo je krenuo u napad na meksičke rančere sa namerom da im otme stoku. U poteru za njim pošli su meksički vojnici, ali im je Džeronimo postavio zasedu, naneo teške gubitke i pobegao. Na povratku u bazu presreo ga je jedan od stražara njegovog uporišta i rekao mu da je Sivi Vuk (general Kruk) napao logor i zarobio sve žene i svu decu.

Džejson Betsines, Džeronimov rođak, pričao je kako poglavica odabrao dva najstarija ratnika i naredio im da sa zastavom primirja siđu u logor i ispitaju zbog čega je Sivi Vuk došao. „Njih dvojica se nisu vratili na vrh brda na kome smo mi stajali; zaustavila su se na pola puta i poručili nam da siđemo sa brda... Naši ratnici su sišli niz padinu, otišli u Krukov logor i posle dužeg većanja svi se predali Sivom Vuku", rekao je Betsines[313].

U stvari, Džeronimo se sa Krukom sastajao tri puta i dugo pregovarao pre nego što su se sporazumeli. Vođa Apača izjavio je da je oduvek želeo mir, ali da su zli beli ljudi u San Karlosu vrlo rđavo postupali s njim. Kruk je dogovorio da je to najverovatnije tačno, ali da će se on, Sivi Vuk, postarati da se prema poglavici, ako se vrati u rezervat, svi ponašaju kako valja. Međutim, Čirikaue će u rezervatu morati da obrađuju zemlju, gaje stoku i žive od svoga rada. „Ja vam oružje neću oduzeti, jer vas se ne bojim", dodao je Kruk[314].

Džeronimu se dopala Krukova otvorenost i neposrednost; a kad je general Apačima saopštio da se za dan-dva vraćaju u Arizonu, odlučio je da iskuša Sivog Vuka i proveri da li beli zapovednik u njega ima poverenja. Rekao je da još nije spreman za povratak i da će mu trebati bar nekoliko meseci da okupi sve ljude. „Ja ću ostati ovde sve dok ne skupim i poslednjeg ratnika, poslednju ženu i poslednje dete iz plemena Čirikaua." Predložio je da sa njim ostane i Čato i pomogne mu da narod dovede u San Karlos[315].

Na njegovo veliko iznenađenje, Kruk je prihvatio predlog. vojna kolona krenula je na sever 30. maja, a sa njom su pošli i Apači: grupa od dvesta pedeset žena i dece, grupa od sto dvadeset tri ratnika, Loko, Mangas (sin Mangasa Kolorada), Čiuaua, Bonito, pa i stari izborani Nana – dakle sve ratne vođe osim Džeronima i Čata.

Proteklo je osam meseci, a onda je na generala Kruka došao red za veliko iznenađenje. Veran datoj reči, Džeronimo je sa Čatom granicu prešao u februaru 1884. godine i vojnici su ih sproveli do San Karlosa. „Na nesreću, Džeronimo je napravio kobnu grešku: poveo je i veliko stado koje je ukrao od Meksikanaca", rekao je Betsines. „Međutim, poglavica je smatrao da to nije ništa rđavo i da time svom narodu obezbeđuje dobre zalihe hrane. Ali vlasti su mislile drukčije i oduzele mu svu stoku[316]."

Pošteni Sivi Vuk naredio je da se stoka proda, a onda je sumu od 1.762 dolara i 50 centi vratio meksičkoj vladi sa molbom da je ona razdeli vlasnicima otete stoke.

* * *

General Kruk je imao valjane razloge da se više od godinu dana hvali kako Apači iz Arizone i Novog Meksika „nisu napravili nijedan izgred i nijedan prekršaj". Džeronimo i Čato su se utrkivali u razvoju svojih *ranchos*, a Sivi Vuk je budno motrio od njihovog zastupnika, ne dozvoljavajući mu da zakida na sledovanjima i isporučuje nekvalitetnu robu. Izvan rezervata i u drugim vojnim garnizonima, Kruk je, međutim, bio izložen oštroj kritici zbog preterane blagosti prema Apačima; oni listovi koje je general svojevremeno napadao tvrdeći da „o Indijancima šire razne izmišljotine i neistine" sačekali su svoj trenutak i uzvratili napad napadom. Pojedini novinari išli su u svojim natpisima tako daleko da su tvrdili kako se Kruk u Meksiku predao Džeronimu i da se, spasavajući glavu, prosto nagodio sa apačkim vođom. Što se pak samog Džeronima tiče, opisivali su poglavicu Čirikaua kao pravog pravcatog demona i izmišljali sijaset priča o njegovim navodnim zverstvima; neumorno su pozivali građane da tog crvenog đavola obese sami kad to već njihova vlada odbija da učini. Miki Fri, zvanični tumač Čirikaua, preneo je Džeronimu pisanje štampe. „Ako čovek pokušava da radi ono što je pravo i valjano, onda novine ne treba da pišu o njemu ružne stvari[317]", rekao je na to Džeronimo.

Čim je prošlo Godišnje doba kad se seje kukuruz (proleće 1885.), među Čirikauama je zavladalo nezadovoljstvo. Muškarci nisu imali posla: išli su po sledovanja, kockali se, svađali, bazali i pili pivo od tisvina. Upotreba tisvina bila je u rezervatu strogo zabranjena, ali su Čirikaue imale dovoljno kukuruza; pravili su, dakle, pivo jer je opijanje bilo i jedino zadovoljstvo koje im je preostalo od dobrih starih vremena.

U noći 17. maja, Džeronimo, Mangas, Čiuaua i stari Nana su se iznapijali i u svom pijanstvu odlučili da pobegnu u Meksiko. Pozvali su i Čata da pođe sa njima, ali je Čato bio trezan i odbio je da im se pridruži. Pred polazak, Džeronimo i Čato su se posvađali i zamalo nije došlo do prolivanja krvi. U grupi

begunaca bilo je devedesetoro dece i žena, osam dečaka i četr-
deset četiri ratnika. Napuštajući San Karlos, Džeronimo je u
rezervatu presekao sve telegrafske žice.

I belci i Apači navodili su bezbroj razloga koji su doveli do
tog sasvim neočekivanog bekstva iz rezervata u kojem se sve,
kako se činilo, odvijalo na najbolji mogući način. Jedni su kao
glavni povod navodili terevenku i pijanstvo, a drugi tvrdili da
su se Čirikaue zbog ružnih priča koje su kolale o njima upla-
šile da ih beli ljudi ne pohapse. „Budući da su ih vojnici jed-
nom prilikom u okovima prebacivali u San Karlos, poglavi-
ce su čvrsto odlučile da im to više nikad ne dozvole", rekao je
Džejson Betsines.

Džeronimo je svoj iznenadni odlazak iz rezervata kasnije
ovako objasnio: „Toga dana došao je kod mene jedan Indijanac
po imenu Vadiskaj i rekao mi: 'Oni će te uhapsiti', ali ja nisam
obraćao pažnju na njegove reči jer sam znao da ništa rđavo
nisam učinio. I Mangasova žena Uera je rekla da će mene i
Mangasa strpati u tamnicu. Američki i apački vojnici, Čato i
Miki Fri, svi su oni govorili da će me beli ljudi uhapsiti i obesiti.
Zato sam otišao[318]."

Bekstvo Džeronimove grupe kroz Arizonu bio je davno oče-
kivani znak za opštu uzbunu i sve moguće glasine. U dnevnim
listovima pojavili su se na naslovnoj strani naslovi: APAČI SU
OTIŠLI! Reč „Džeronimo" pozivala je na osvetu. Liferanti iz
takozvane „Tusonske grupe" videli su u svemu tome mogućnost
za vojnu ofanzivu i unosne poslove i zatražili su od generala
Kruka da bespomoćne bele građane trupama zaštiti od krvo-
žednih Apača. Džeronimo je očajnički pokušavao da izbegne
svaki sukob sa belim građanima i želeo samo jedno: da svoj
narod bezbedno prevede preko granice i vrati ga u nekadašnje
utočište Sijera Madre. Čirikaue su jahale dva dana i dve noći
ne dižući logor. Uz put je Čiuaua promenio mišljenje i odustao
od odlaska u Meksiko; sa grupom istomišljenika skrenuo je s

puta u nameri da se vrati u rezervat, ali je naišao na vojnike koji su krenuli u poteru za beguncima. Vojnici su ga primorali na borbu posle koje je, pokušavajući da se domogne meksičke granice, Čiuaua ostavio za sobom krvave tragove pustošenja. Za sve njegove napade i pljačku bio je optužen Džeronimo, jer je žiteljima Arizone Čiuaua bio potpuno nepoznat.

General Kruk je u međuvremenu na sve načine pokušavao da izbegne veće vojne operacije na koje su ga terali tusonski liferanti i njihovi politički prijatelji u Vašingtonu. Znao je da su pregovori jedini put od odbeglih apačkih ratnika. Iako je, da bi zaštitio građanstvo, konjičkim odredima u svim utvrđenjima naredio da budu spremni za pokret, oslonio se najviše na apačke izvidnike; bio je duboko ubeđen da samo oni mogu da pronađu odbegle Čirikaue i bio je veoma zahvalan Čatu i Kočizovom sinu Alčizu što su se dobrovoljno prijavili za učešće u poteri za Džeronimom.

Jesen se približavala i Kruku je bilo jasno da će meksičku granicu morati da pređe i po drugi put. Naređenja iz Vašingtona bila su nedvosmislena, izričita: begunce treba ili pobiti ili naterati na bezuslovnu predaju.

U međuvremenu su Čirikaue otkrile da ih u uporištu Sijera Madre čekaju odredi meksičke vojske. Svesni da ih na jednoj strani vrebaju Meksikanci spremni da ih pobiju, a na drugoj Amerikanci voljni da ih zarobe, Džeronimo i ostale poglavice odlučiše da poslušaju Čata i Alčiza.

„Zloglasne" apačke vođe sastale su se sa generalom Krukom 25. marta 1886. godine u neposrednoj blizini granice. Posle uzbudljivih trodnevnih razgovora, Čirikaue su pristale na predaju. Kruk im je onda saopštio da je predaja bezuslovna a kad su ga oni upitali šta to znači, otvoreno im je rekao da će ih vojnici najverovatnije odvesti na Istok, u Floridu, i tamo ih bar dve godine držati u zatočeništvu. Poglavice su izjavile da se neće predati ukoliko im Sivi Vuk ne obeća da će ih posle dvogodišnjeg zatočeništva vratiti u rezervat. Kruk je dobro razmislio o tom zahtevu koji mu se činio i opravdan i ostvarljiv. I složio se sa poglavicama, siguran u to da će Vašington uspeti da ubedi da je predaja uz taj jedan uslov najbolje moguće rešenje.

„Ja se predajem tebi", rekao mu je Džeronimo. „Možeš učiniti sa mnom sve što hoćeš. Ja se predajem. Nekada sam bio brz kao vihor, a sad se predajem tebi i to je sve."

Većanje je okončano Alčizovom molbom Kruku da se smiluje njegovoj zabludeloj braći: „Svi su oni moji dobri prijatelji i ja se radujem što su se predali. Oni i ja smo jedan narod, jedna porodica... Kao što svi delovi ubijenog jelena pripadaju jednom telu, tako i mi Čirikaue pripadamo jednom telu... Želimo da idemo otvorenim putem i pijemo vode belih Amerikanaca. Ne želimo više da se krijemo po planinama, hoćemo da živimo van opasnosti i bez muka. Ja se radujem što su se Čirikaue predale i što sam mogao da govorim u njihovo ime... Ja tebi nikad nisam rekao laž, a ni ti meni nikad nisi rekao laž. I zato ti sad kažem da Čirikaue žele da rade ono što valja i žive u miru. Ako one to ne žele, onda ja lažem i ti mi više ne moraš verovati. Sve će biti u redu; vi ćete prvi otići u tvrđavu Bovi i ja te molim da u džepu poneseš sve što je danas ovde rečeno[319]."

Siguran u to da će Čirikaue u pratnji njegovih izviđača doći u tvrđavu Bovi, Kruk je odmah telegrafisao Ministarstvu vojske i obavestio ih o predaji uz samo jedan uslov na koji je pristao. Njihov odgovor ga je duboko porazio: „Ne pristajemo na predaju neprijatelja pod uslovom da posle dvogodišnjeg zatočeništva na Istoku budu vraćeni u rezervat[320]."

Sivi Vuk dao je još jedno obećanje koje nije mogao da održi. Sutradan je doživeo još teži udarac kad je čuo da su Džeronimo i Naiče kolonu napustili pred samom tvrđavom i pobegli natrag u Meksiko. Neki trgovac iz Tusonske grupe napojio ih je viskijem i lažima o tome kako će ih beli građani Arizone povešati čim uđu u tvrđavu Bovi. Prema izjavi Džejsona Betsinesa, Naiče se napio i ispalio pušku u vazduh. „Džeronimo je pomislio da je izbio sukob između vojnika i Apača i sa Naičem odjurio u galopu, praćen grupom od tridesetak ratnika." Možda razlog ponovnog bekstva i nije bio tako jednostavan. „Bojao sam se prevare, sumnje su nas obuzele i morali smo da bežimo", rekao je Džeronimo. A Naiče je kasnije priznao Kruku: „Bojao sam se da će me odvesti nekuda, na neko mesto koje mi se neće dopasti, na neko mesto koje ne poznajem. I da ću tako odvojen morati da umrem... Mislio sam o svemu tome, razgovarali smo i... Bili smo pijani; bilo je mnogo viskija, a mi smo želeli to piće i popili ga[321]."

Ministarstvo vojske strogo je ukorilo Kruka; zamerali su mu da je bio nebrižljiv, da je neovlašćeno pristao na uslov predaje i da je prema Indijancima bio suviše popustljiv i blagonaklon. General je odmah podneo ostavku, pa ga je ubrzo zamenio Nelson Majls – Medveđi Kaput – brigadni general željan unapređenja.

Medveđi Kaput Majls preuzeo je komandu 12. aprila 1886. godine, uz punu podršku Ministarstva vojske, aktivirao je pet hiljada vojnika (skoro trećinu borbenih jedinica) i još je na raspolaganju imao pet stotina apačkih izvidnika i hiljade pripadnika milicijskih odreda. Organizovao je leteću konjičku kolonu i uveo veoma skup sistem heliografa, šaljući poruke po celoj Arizoni i po celom Novom Meksiku. Neprijatelji koje je ova moćna ratna sila trebalo da savlada bili su Džeronimo i njegova „vojska" od dvadeset četiri ratnika, koje su u toku celog leta 1886. godine neumorno progonile i hiljade vojnika meksičke armije.

Kapetan Veliki Nos (poručnik Čarls Gejtvud) i dva apačka izvidnika pronašli su Džeronima i Naičea u kanjonu Sijera Madre. Džeronimo im je predao pušku i rukovao se sa Kapetanom, upitavši ga mirno za zdravlje. Odmah zatim postavio je niz pitanja: Šta se dešava u Sjedinjenim Državama? Šta se dešava sa Čirikauama? Gejtvud je odgovorio da su svi oni koji su se predali prebačeni u Floridu i da će se i Džeronimo, ako se preda generalu Majlsu, pridružiti ostalima.

Džeronimo se podrobno raspitivao o Medveđem Kaputu Majlsu. Da li je njegov glas oštar ili prijatan za uvo? Da li je general okrutan ili milostiv? Da li kod razgovora gleda čoveka u oči ili luta pogledom po zemlji i vazduhu? Da li ispunjava svoja obećanja? I na kraju rekao Gejtvudu: „Posavetuj nas, Kapetane. Zamisli da si jedan od nas, da nisi beli čovek. Seti se svega što je danas rečeno; da si Apač, šta bi uradio?"

„Imao bih poverenja u generala Majlsa i u njegovu reč", odgovorio mu je poručnik Gejtvud[322].

I tako se Džeronimo predao poslednji put. Veliki Otac u Vašingtonu (Grover Klivlend), koji je verovao u sve priče o Džeronimovim zverstvima, toplo je preporučio da se poglavica obesi bez odlaganja. Preovladalo je, međutim, mišljenje razumnijih, pa su Džeronimo i njegovi preživeli ratnici prebačeni u tvrđavu Merion na Floridi. Tamo je poglavica većinu svojih prijatelja zatekao na samrti; umirali su lagano u toj toploj i vlažnoj zemlji koja se toliko razlikovala od njihovog suvog planinskog podneblja. Više od stotinu Čirikaua poumiralo je od bolesti koja se zvala sušica ili tuberkuloza. Vlada im je oduzela decu i poslala ih u indijansku školu u Karlajlu, Pensilvanija, gde ih je umrlo više od pedesetoro.

Ali na Floridu nisu otišli samo „neprijatelji", otišli su i mnogi prijateljski raspoloženi Indijanci, zajedno sa apačkim izvidnicima koji su radili za Kruka. Martin i Kajita, izvidnici koji su poručnika Gejtvuda, Kapetana Velikog Nosa, doveli do Džeronimovog skrovišta, nisu dobili obećanu nagradu od deset ponija; Umesto nagrade, poslati su na Floridu u zatočeništvo. I Čatu, koji je učinio sve da Džeronima zadrži u rezervatu i koji je Kruku pomogao da ga kasnije pronađe jednog je dana naređeno da napusti svoj *rancho* i preseli se u Floridu. Izgubio je i zemlju koja mu je dodeljena i svu stoku; oba deteta umrla su mu u Karlajlu. Pleme Čirikaua bilo je osuđeno na istrebljenje jer se suviše žestoko borilo da sačuva slobodu.

Ali Čirikaue nisu bile usamljene. Eskiminsin, poglavica Aravaipa, koji je, ekonomski nezavisan, živeo mirno na svom ranču, uhapšen je jednog dana pod optužbom da održava prisne veze sa otpadnikom poznatim pod imenom Apači Kid. Beli ljudi poslali su Eskiminsina i četrdeset još živih Aravaipa na Floridu, kod Čirikaua. Kasnije su ih, sve zajedno, prebacili u barake Maunt Vernon, Alabama.

Da nekoliko njihovih belih prijatelja kao što su Džordž Kruk, Džon Klam i Hju Skot nisu uložili ogromne napore, Apači bi brzo bili pokopani u garnizonu na Prevrtljivoj reci u kome je harala malarična groznica. I pored oštrog protivljenja Medveđeg Kaputa Majlsa i Ministarstva vojske, prijateljima je pošlo za rukom da Eskiminsina i Aravaipe vrate u San Karlos. Građani Arizone su, međutim, odbili da u svoju državu puste Džeronima i njegove Čirikaue. Kad su od poručnika Hjua Skota čuli za muke Čirikaua, Kiove i Komanči ponudili su nekadašnjim neprijateljima apačima deo svog rezervata i Džeronimo je 1894. godine preživele izgnanike doveo u tvrđavu Sil. U tom je rezervatu, kao ratni zarobljenik, umro 1909. godine i sahranjen je na apačkom groblju. I danas je još živa legenda po kojoj su njegove kosti potajno iskopane i prenete na jugozapad – možda u planine Mogolon, možda u planine Čirikaua, a možda u Meksiko, u Sijera Madre. Džeronimo je bio poslednji poglavica Apača.

„TO TAMO BIZONI DOLAZE"

Dobijeno ljubaznošću Biroa američke etnološke kolekcije

Oslušni, reče, to tamo bizoni dolaze.
Bile su to njegove reči, to tamo bizoni dolaze.
Oni idu, oni stoje, oni dolaze.
To tamo bizoni dolaze.

Ples aveti

1887 – 4. *februar*: na osnovu Zakona o međudržavnoj trgovini, Kongres SAD osniva Komisiju sa zadatkom da nadzire cene železničkog prevoza; 21, jun: Britanija slavi zlatni jubilej kraljice Viktorije; 2-4. jul: veterani Saveza i Konfederacije na zajedničkom skupu u Getisburgu.

1888 – 14. *maj*: Brazil ukida ropstvo; 6. novembar: Grover Klivlend dobija više glasova birača od Bendžamina Herisona, ali Herison odnosi pobedu zahvaljujući izbornim glasovima država.

1889 – 4. *mart*: Bendžamin Herison proglašen za predsednika SAD; 23. mart: predsednik Herison otvara Oklahomu (nekadašnju Indijansku teritoriju) belim naseljenicima; 31. mart: u Parizu završena Ajfelova kula; 31. maj: pet hiljada žitelja varoši Džonstaun, Pensilvanija, izgubilo živote u strašnim poplavama; 2-11. novembar: Severna i Južna Dakota, Montana i Vašington postaju države Saveza.

1890 – 25. *januar*: Neli Blaj dobija trku oko sveta za 72 dana, 6 časova i 11 minuta; 1. jun: broj stanovnika u SAD – 62, 622.250; Ajdaho i Vajoming postaju četrdeset treća i četrdeset četvrta država Saveza.

Kad čovek nešto izgubi, on se vrati, potraži i nađe ono što je izgubio. To radimo i mi Indijanci kad od vas tražimo da nam date ono što ste nekad obećali. Sa Indijancima ne treba postupati kao sa zverima. A sa njima se tako postupa, pa sam i ja odrastao sa osećanjima koja su i danas u mom srcu... Moja zemlja je danas na rđavom glasu; a ja želim da ona bude na dobrom glasu jer je uvek uživala dobar glas. Sedim tako ponekad i pitam se ko je kriv što je danas moja zemlja na rđavom glasu.

TATANKA JOTANKA (BIK KOJI SEDI)

Ova zemlja je nama najdraža na svetu. Ljudi se o tu zemlju otimaju i bogate sa na njoj. Zato je Indijancima mnogo stalo da je sačuvaju.

BELA OLUJA

Nek vračevi objave narodu i svim Indijancima pošalju glas: zaigrajte, Indijanci, igrajte svuda i na svakom mestu, igrajte i dan i noć! Uskoro, u proleće, doći će Veliki Duh. Sa njim će se vratiti naša divljač, divljač svakovrsna i česta kao što je šuma česta. I svi mrtvi Indijanci vratiće se i živeće. I biće snažni i mladi kao što su bili. I stari slepi Indijanci progledaće i radovaće se. Veliki Duh proći će ovuda, a Indijanci će se popeti visoko gore, na vrh planina, daleko od belih ljudi. Doći će Veliki Duh i belci Indijance više neće mučiti. Indijanci će biti na visinama, a na zemlju će se spustiti potop velikih voda i beli narod će se podaviti i nestati u njima. Vode će se povući i na zemlji će ostati samo Indijanci. Indijanci i divljač svakovrsna i česta kao što je šuma česta. Nek vračevi objave narodu i svim Indijancima pošalju glas: zaigrajte, Indijanci, igrajte svuda i na svakom mestu: igrajte i dan i noć! A, oni koji ne zaigraju i u ovaj glas ne poveruju, neka znaju: porašće samo jednu stopu i zanavek ostaće mali, pretvoriće se u drvo i izgoreće u vatri.

VOVOKA, MESIJA IZ PLEMENA PIJUTA

POŠTO SU POSLE RATOVA 1876–77. godine položili oružje, tetonski Sijui izgubili su i oblast Barutne reke i Crna brda. Sledeći vladin korak bio je da zapadnu granicu Velikog sijuskog rezervata sa 104. pomeri na 103. podnevak i odseče im još jedan trougao bogate zemlje koja se uz Crna brda pružala između nekolikih račvi reke Čajen. A kad ih je 1877. godine vlada proterala iz Nebraske, Sijuima je preostalo područje u obliku nakovnja između 103. podnevka i reke Misuri – 35.000 kvadratnih milja dakotske zemlje koja po mišljenju geometara zaduženih za pomeranje i obeležavanje granica nije ništa vredela.

Jedni vladini činovnici tražili su da se Tetoni prebace na Indijansku teritoriju, a drugi da se sijuske ispostave podignu na obalama reke Misuri. Posle ogorčenih protesta Crvenog Oblaka i Šarenog Repa, postignuta je neka vrsta kompromisa. Oglale Crvenog Oblaka smeštene su u jugozapadni deo rezervata kod Vazi Alanhama, Venca borova. Sve skupine Oglala podigle su stalne logore na obalama potoka koji su tekli ka Beloj reci i zvali se Žuta vradžbina, Rep bodljikavog praseta i Ranjeno koleno. Šareni Rep i njegovi Ispečeni smestili su se na istočnoj strani Venca borova, na obale Male Bele reke; njihova ispostava zvala se Ružin pupoljak. Za ostala sijuska plemena otvorene su četiri ispostave: Donja ispostava Ispečenih, Vranin potok, Reka Čajen i Stojeća stena. Ispostave će potrajati gotovo čitav vek, ali će Indijanci gubiti deo po deo Velikog sijuskog rezervata i zemlje od 35.000 kvadratnih milja.

Dok su se Tetoni smeštali u svoja nova sela, istočnu Dakotu zapljusnuo je veliki talas doseljenika iz severne Evrope koji su silom pokušavali da duž reke Misuri probiju granicu Velikog sijuskog rezervata. Kod mesta Bizmark, na Misuriju, rezervat je zaprečio prodiranje železničke pruge na zapad. Naseljenici spremni za put zahtevali su, uz bučno negodovanje, da se preko teritorije rezervata izgrade drumovi koji će ih odvesti u Montanu i na severozapad, a vešti nakupci kovali su planove da razbiju Veliki sijuski rezervat i jevtinu zemlju uz veliku dobit rasprodaju doseljenicima.

U stara dobra vremena Sijui bi pružili žestok otpor i sve te nakupce isterali sa svoje teritorije; sada, međutim, nisu imali ni oružje ni konje, a jedva su uspevali da se ishrane i odenu. Njihov veliki ratni vođa, Bik Koji Sedi, bio je još živ i nalazio se u izgnanstvu, u Kanadi, sa tri hiljade sledbenika. Oni su bili slobodni, naoružani, na konjima, i svi su se nadali da će se jednoga dana vratiti.

Činjenica da Džeronimo živi slobodno u Meksiku, a da Bik Koji Sedi živi slobodno u Kanadi užasavala je vladu Sjedinjenih Država i izazivala osećanje ugroženosti. Armija je na sve moguće načine pokušavala da vođu Hunkpapa i njegove sledbenike vrati pod svoj nadzor, a u septembru 1877. godine Ministarstvo vojno dobilo je od kanadske vlade odobrenje da komisija generala Alfreda Terija pređe granicu i u pratnji Kraljevske konjičke policije ode u tvrđavu Volš. Tu je Teri trebalo da se sastane sa Bikom Koji Sedi i obeća mu pomilovanje ukoliko poglavica položi oružje, preda konje i sa svojim ljudima vrati se u Veliki sijuski rezervat, u ispostavu Hunkpapa Stojeća stena.

Bik Koji Sedi nije bio voljan da se odazove pozivu Zapovednika Sa Jednom Zvezdicom. „Nema nikakvog smisla razgovarati sa tim Amerikancima", rekao je komandantu kanadske konjičke policije, Džejmsu Mek Liodu. „Oni su obični lažovi i ne možeš im verovati na reč." Ali Mek Liod, kome je i te kako bilo stalo da Bik Koji Sedi što pre napusti Kanadu, uspeo je uz velike napore da vođu Hunkpapa 17. oktobra dovede u tvrđavu Volš na većanje[323].

Zapovednik Sa Jednom Zvezdicom Teri održao je kratak uvodni govor: „Vi ste jedina skupina koja se još nije predala… Članovi komisije prešli su nekoliko stotina milja da bi vam preneli poruku Velikog Oca koji, kao što i sami znate, hoće da živi u miru sa svojim narodom. Suviše je mnogo krvi proliveno do danas, vreme je da krvoproliće prestane jednom zauvek[324]."

„Ali šta smo vam mi učinili? Zašto nas ne pustite da dišemo?", rekao je Bik Koji Sedi. „Mi smo živeli mirno, a vi ste nas naterali da pljačkamo i pustošimo. Nismo imali kuda da odemo i zato smo utočište potražili u ovoj zemlji… Hoću da znam zašto ste došli ovamo. Došli ste da nam govorite laži, a mi vaše laži nećemo da slušamo. Ja više ne želim da vas slušam, ne želim da slušam taj vaš jezik. Došli ste u kuću moje Staramajke (kraljice Viktorije) da nam govorite svoje laži. Neću da čujem više ni jednu jedinu reč. Vratite se onamo odakle ste i došli… Vi ste mi dali delić zemlje, a onda ste me i sa tog delića zemlje grubo oterali. Došao sam ovamo da bih živeo sa ovim narodom i sa njim nameravam i da ostanem."

Posle poglavice govorili su i drugi Indijanci, među kojima su bili jedan Sante Siju i jedan Jankton Siju koji su mu se priključili u Kanadi. I svi su odreda ponovili njegove reči. Tada je Bik Koji Sedi učinio nešto sasvim neuobičajeno: uveo je na većanje jednu ženu, Indijanku koja se zvala Žena Koja Govori Samo Jednom. Indijanci su kasnije tvrdili da je poglavica jednoj skvo dozvolio da se na većanju obrati gostu samo zato da bi uvredio generala Terija. A skvo je generalu rekla: „Ja sam bila u vašoj zemlji. I htela sam da moja deca odrastu u njoj. Vi mi to niste dozvolili i ja sam došla ovamo da bi moja deca odrasla u ovoj zemlji i bar malo proživela u miru. To je sve što ja želim da vam kažem. Vi se vratite odakle ste i došli, a ja ću ostati sa ovim narodom i moja će deca odrasti sa ovim ljudima."

Sastanak se završio i Zapovednik Sa Jednom Zvezdicom Teri shvatio je da su svi dalji razgovori sa Bikom Koji Sedi uzaludni. Poslednja nada bio mu je komandant konjičke policije Mek Liod. A on je poglavici Hunkpapa „izložio" stav kanadske vlade: Bik Koji Sedi je američki Indijanac i, prema tome, iako je prebegao u Kanadu, ne može da bude britanski Indijanac. „Naša vlada će vam pružiti zaštitu sve dok se pristojno vladate, samo zaštitu i ništa više. Vi se uzdate u bizone, ali će i taj izvor snabdevanja brzo usahnuti. Granicu ne smete prelaziti sa neprijateljskim namerama, jer vam onda neprijatelji neće biti samo Amerikanci nego i mi, britanska vlada i konjička policija."

Mek Liodove obeshrabrujuće reči nisu, međutim, pokolebale Bika Koji Sedi, koji je doneo čvrstu odluku da ostane u zemlji svoje Staramajke.

Sledećeg jutra, Zapovednik sa Jednom Zvezdicom Teri vratio se u Sjedinjene Države. „Ta velika skupina Indijanaca, koji su, ogorčeni i ratoborni, tako blizu granice, ozbiljno ugrožava mir sa našim indijanskim teritorijama[325]", izvestio je general Teri Ministarstvo vojske.

Izgnanici Bika Koji Sedi ostali su u Kanadi četiri godine, a da je kanadska vlada pokazala više razumevanja, Hunkpape bi verovatno ceo svoj vek proživele na nizijama Seskečivena. Vlada Kraljice Viktorije smatrala je, međutim, da Bik Koji Sedi svojim prisustvom izaziva nevolje i da je, uz to, i gost koji mnogo košta; Konjička policija morala je da izdvoji poseban odred da bi motrila na tri hiljade Indijanaca. Na račun Bika Koji Sedi šalili su se čak i članovi Parlamenta. Tako je, na primer, 18. februara 1878. godine jedan član Donjeg doma postavio pitanje: „Koliko iznose dodatni troškovi vlade otkako je Bik Koji Sedi prešao preko granice na našu teritoriju?"

Ser Džon Mekdonald: „Ne shvatam kako bi Bik Koji Sedi mogao da pređe granicu."
Gospodin Mekenzi: „Kad bi ustao, mogao bi."
Ser Džon: „Da, ali onda ne bi bio Bik Koji Sedi[326]."

U Kanadskom parlamentu se, dakle, na tom nivou razgovaralo o problemu sijuskih izbeglica. Vlada im nije pružala pomoć ni u hrani ni u odeći, pa su Indijanci, bez skloništa i bez ćebadi, umirali od hladnoće u toku oštrih zima. Divljač je bila retka, mesa nikad dovoljno, a bizonskih koža tako malo da su ostali gotovo goli. Mlađi ljudi osećali su sve jaču čežnju za zavičajem. „Sve više smo čeznuli za zemljom u kojoj smo nekad bili tako srećni", rekao je jedan mladi Oglala[327].

A kad je zima prošla, neke gladne porodice krenule su preko granice na jug i predale se sijuskoj ispostavi u Dakoti.

Bik Koji Sedi molio je Kanađane da njegovom narodu odrede rezervat u kojem bi se Indijanci sami izdržavali, ali su njihovi odgovori bili uvek isti: poglavica nije britanski podanik i zato nema prava na zemlju. U toku ljute zime 1880. godine, mnogi sijuski konji našli su smrt u mećavi, a kad je granulo proleće, izgnanici su u koloni krenuli na jug, pešice. Ka Velikom sijuskom rezervatu uputili su se i najverniji doglavnici – Čemer i Kralj Vrana.

Na kraju je 19. jula granicu prešla i poslednja grupa: Bik Koji Sedi i sto osamdeset šest njegovih Hunkpapa. Kad je ujahao u tvrđavu Bjuford, veliki sijuski vođa imao je na sebi pamučnu košulju u dronjcima, otrcane kožne gležnjake i prljavo ćebe. Star i poražen, bio je samrtnički bled dok je zapovedniku predavao svoju pušku. Armija je i ovoga puta pogazila obećanje; nije ga poslala u ispostavu Hunkpapa Stojeća stena nego ga je zadržala kao ratnog zarobljenika u tvrđavi Rendel.

U pozno leto 1881. godine, povratak Bika Koji Sedi bacilo je u zasenak ubistvo Šarenog Repa. Ubica nije bio beli čovek nego poglavičin saplemenik Vrana-Pas. Pucao je poglavici Ispečenih u leđa, dok je ovaj jahao ka rezervatu Ružin pupoljak, i ubio ga na mestu. Činovnici u ispostavi nisu poveli istragu i tvrdili su da je poglavica Šareni Rep našao smrt u svađi oko neke žene. Crveni Oblak bio je uveren da je kukavičko ubistvo izvršeno po nalogu onih kojima je smetao Šareni Rep i njegova neumorna borba za dobrobit naroda. „Za zločin su optuženi Indijanci.

Ubistvo jeste izvršio Indijanac, ali ko je tom Indijancu naredio da ga izvrši[328]?"

Pošto se bes zbog umorstva Šarenog repa stišao, Sijui u Velikom rezervatu usmerili su svu svoju pažnju na Bika Koji Sedi koji je tamnovao u tvrđavi Rendel. I poglavice i doglavnici često su ga obilazili, ukazujući mu počast i želeći mu dobro zdravlje, a novinari su na razgovor s njim pohrlili sa svih strana. Bik Koji Sedi nije bi ni poražen ni zaboravljen, njegova slava rasla je iz dana u dan. Godine 1882, u tvrđavu Rendel došli su predstavnici mnogih sijuskih ispostava moleći poglavicu za savet: nova američka vlada predlagala je da se Veliki rezervat razbije na manje delove i pola zemljišta rasproda belim naseljenicima. Bik Koji Sedi savetovao im je da zemlju ne prodaju ni po koju cenu jer je nemaju na pretek. I pored sveg otpora, malo je falilo da Sijui 1882. godine izgube 14.000 kvadratnih milja svoje teritorije. Na pregovore je došla komisija čiji je predsednik bio Njutn Edmonds, stručnjak za nagodbe sa Indijancima, a članovi: pravnik Piter Šenon, brat novog ministra unutrašnjih poslova Džejms Teler i „tumač" – prečasni Semjuel D. Hinmen, sijuski misionar iz vremena Male Vrane. Hinmen je i dalje bio duboko ubeđen da je Indijancima hrišćanstvo potrebnije od zemlje.

Komisija je išla od jedne ispostave do druge, a Hinmen je poglavice ubeđivao da rezervat treba rasparčati na šest ispostava. To je jedini način, govorio je, da različna sijuska plemena tu oblast sačuvaju za sebe i u njoj žive do kraja života. A Crvenom Oblaku je rekao: „Čim rasparčate rezervat, Veliki Otac će vam dati 25.000 krava i 1.000 bikova[329]."

Ali da bi tu stoku dobili, Sijui su morali da potpišu hartije koje su članovi komisije doneli sa sobom. A kako nijedan sijuski poglavica nije znao da čita, nisu ni slutili da bi svojim potpisom predali belcima 14.000 kvadratnih milja zemlje i zauzvrat dobili krave i bikove.

U ispostavama gde su Sijui oklevali da potpišu dokument, Hinmen se služio i prijateljskim ubeđivanjem i pretnjama. Da bi prikupio što više potpisa, Hinmen je čak i sedmogodišnje dečake terao da „dodirnu pero". (Na osnovu Ugovora iz 1868. godine, svaki dokument smeli su da potpišu samo odrasli Indijanci.) Na sastanku održanom u rezervatu Venac borova na potoku Ranjeno koleno, prečasni je izgubio strpljenje i oštro zapretio: ako ne potpišu novi ugovor, Indijanci će ostati bez sledovanja i bez anuiteta i biće proterani na Indijansku teritoriju.

Stariji Sijui, koje je svaki „dodir pera" lišavao zemlje, prozreli su Hinmenovu podlu igru, ali im to ništa nije vredelo. Žuta Kosa, mali poglavica u rezervatu Venac borova, bio je ogorčeni protivnik potpisivanja ugovora, ali se na kraju, prepadnut pretnjama, pridružio ostalima. Čim je ceremonija potpisivanja završena i čim su članovi komisije otputovali, poglavica Žuta Kosa podigao je sa tla grudvicu zemlje i podrugljivo je pružio zastupniku, doktoru Velentajnu Mek Gilikadiju: „Oduzeli ste nam gotovo celu zemlju, pa je sad vreme da uzmete i ostatak koji vam, evo, ja dajem[330]."

Početkom 1883. godine, Edmonds i Hinmen otputovali su u Vašington sa svežnjem indijanskih potpisa i Kongresu podneli predlog na osnovu kojeg se Sjedinjenim Američkim Državama ustupa polovina Velikog rezervata. Na sreću, Sijui su u Vašingtonu imali dovoljno prijatelja koji su, proučivši predlog, izrazili sumnju u to da su svi potpisi na dokumentu punovažni. Brzo se ispostavilo da Edmonds i Hinmen nemaju potpise tri četvrtine odraslih Sijua.

U Dakotu je, sa zadatkom da ispita kojim su se metodima služili Edmonds i Hinmen, upućena nova komisija na čelu sa senatorom Henrijem Dosom. Članovima te komisije nije bilo teško da vrlo brzo otkriju smicalice svojih prethodnika.

U toku istrage, Dos je pitao Crvenog Oblaka da li je po njegovom mišljenju gospodin Hinmen pošten čovek. „Taj gospodin

Hinmen vas je sve dobro nasamario", odgovorio mu je poglavica. „Ispričao vam je same laži i gluposti a vi, eto, dolazite čak ovamo da biste se raspitali o njemu."

Poglavica Crveni Pas je posvedočio da im je Hinmen obećao krave i bikove, ali da ni pomenuo nije da se Sijui, zauzvrat, moraju odreći zemlje. A Mala Rana je rekao: „Gospodin Hinmen je tvrdio da Veliki rezervat ne pripada Indijancima i da naš Beli Otac zato i hoće da ga izdeli na šest manjih rezervata da bi nam tu zemlju dodelio zauvek; kad smo to čuli, potpisali smo hartiju."

„Da li vam je gospodin Hinmen rekao da će Veliki Otac polovinu zemljišta razdeliti belim naseljenicima?" pitao je senator.

„Ne, gospodine, on nam to nije rekao."

Kad je Beli Grom izjavio da je hartija koju su Indijanci potpisali čista podlost, Dos ga je upitao šta je za njega podlost.

„Podlo je što su oni došli da nam u bescenje oduzmu zemlju. To je za mene podlost."

„Znači li to da bi Indijanci bili voljni da zemlju ustupe za veće pare?"

„Ne, gospodine, ne znači. Indijanci nisu voljni da ustupe zemlju", odgovorio je Beli Grom. „Ova zemlja je nama najdraža na svetu. Ljudi se o tu zemlju otimaju i bogate se na njoj. Zato je Indijancima mnogo stalo da je sačuvaju[331]."

Pred sam dolazak Dosove komisije u Dakotu, Bik Koji Sedi pušten je iz zatvora i iz tvrđave Rendal prebačen u ispostavu Stojeća stena. Čim su 22. avgusta članovi komisije zakazali većanje i počeli da ispituju svedoke, poglavica je napustio svoj logor na Velikoj reci i došao u ispostavu. Članovi komisije su se pravili da uopšte ne primećuju najslavnijeg živog sijuskog vođu i iskaze prvo zatražili od Antilope Koja Trči i mladog Džona Trave, sina poglavice plemena Crna Noga.

Senator Dos se tek na kraju obratio tumaču i rekao: „Pitaj Bika Koji Sedi da li on ima nešto da nam kaže."

„Ja imam šta da kažem i govoriću ako vi želite da me čujete", odgovorio je Bik Koji Sedi. „Pretpostavljam da samo oni koje vi želite da čujete imaju šta da kažu."

„A mi pretpostavljamo da su Indijanci izabrali one koji će govoriti u njihovo ime. Rado ćemo, dakle, saslušati onoga koji ima šta da kaže, koji želi da govori i koga su Indijanci izabrali da istupa u njihovo ime."

„Da li znate ko sam ja kad govorite kako govorite?"

„Znam da ste Bik Koji Sedi. Ako imate šta da kažete, govorite, rado ćemo vas saslušati."

„Da li ste me prepoznali? Znate li ko sam?"

„Znam, Bik Koji Sedi."

„Znate da se zovem Bik Koji Sedi, ali znate li koji položaj zauzimam?"

„Ne znam da postoje bilo kakve razlike između vas i ostalih Indijanaca u ispostavi."

„Veliki Duh je hteo da budem poglavica, Veliki Duh je hteo da dođem ovamo. Moje je srce crveno i slatko; znam da je ono slatko, jer sve što pored mene prođe isplazi jezik da me poliže. A vi koji ste došli da sa nama razgovarate, vi, eto, kažete da ne znate ko sam. Ja sam poglavica ovog naroda, jer je Veliki Duh tako hteo."

„Govorite, ako imate šta da kažete, mi ćemo vas saslušati. U protivnom, prekinućemo većanje."

„Da, to mi je jasno. Vi se ponašate kao ljudi koji su popili mnogo viskija, a ja sam došao da vam dam dobar savet", rekao je Bik Koji Sedi, mahnuo rukom i u pratnji Indijanaca napustio većanje[332].

Saznanje da se Sijui ponovo okupljaju oko snažnog vođe kakav je Bik Koji Sedi porazilo je članove komisije. Te promene mogle su da ugroze celokupnu politiku američke vlade prema

Indijancima i sva njena nastojanja da *iskoreni sve indijansko.* Za nepuna dva minuta, Bik Koji Sedi pokazao je pred svima i svoju moć i svoju oholost.

Toga dana vođe Hunkpapa dugo su razgovarale sa Bikom Koji Sedi; klele su mu se u svoju odanost, ali mu i zamerale što je uvredio članove komisije. Ovi beli ljudi nisu kradljivci zemlje, ovi predstavnici Velikog Oca ne pokušavaju da im zemlju oduzmu nego im pomažu da je sačuvaju.

Bik Koji Sedi nije verovao u čestitost belih ljudi, ali je rekao da će se, ukoliko je pogrešio, izviniti vladinoj komisiji. I zamolio njene članove za još jedno većanje.

„Došao sam da se izvinim i povučem neke jučerašnje reči zato što mislim da sam njima povredio vaša srca… Želim da se izvinim što smo ja i moji ljudi napustili većanje… Reći ću vam otvoreno šta mislim. Znam da me Veliki Duh gleda sa svojih visina i čuje sve što vam govorim. Biću iskren i jasan. I nadam se da će bar neko od vas čuti moje želje i pomoći mi da ih ostvarim.“

Ispričao je ukratko šta se sve sa Sijuima zbilo i nabrojao sva obećanja koja im je vlada dala i pogazila: „Kad čovek nešto izgubi, on se vrati, potraži i nađe ono što je izgubio. To radimo i mi Indijanci kad od vas tražimo da nam date ono što ste nekad obećali. Sa Indijancima ne treba postupati kao sa zverima. A sa njima se tako postupa, pa sam i ja odrastao sa osećanjima koja su i danas u mom srcu… Veliki Otac mi je poručio da se u prošlim danima ljutio na mene, ali da je sve to zaboravljeno i oprošteno, i da se u budućim danima više na mene neće ljutiti; ja sam njegovo obećanje prihvatio i predao se. Veliki Otac mi je rekao da ne skrećem sa staze belog čoveka i ja se valjano trudim da sa nje ne skrenem. Moja zemlja je danas na rđavom glasu; a ja želim da ona bude na dobrom glasu jer je uvek uživala dobar glas. Sedim tako ponekad i pitam se ko je kriv što je danas moja zemlja na rđavom glasu.“

Bik Koji Sedi opisao je uslove u kojima žive Indijanci i rekao da su oni lišeni svih onih stvari koje imaju beli ljudi. Ako se od njih traži da rade onako kako rade belci, onda i oni treba da imaju alat, stoku i kola.

Umesto da blagonaklono prime izvinjenje Bika Koji Sedi, članovi komisije su ga napali čim je završio izlaganje. Senator Džon Logan ga je izbrusio zato što je napustio većanje i što je vladine predstavnike optužio da su pijani: „Osim toga, hoću odmah da vam kažem da niste veliki poglavica ove zemlje, da nemate ni sledbenike, ni moć, ni nadzor, a ni prava na moć i nadzor. Svi se vi danas nalazite u ovom indijanskom rezervatu samo zahvaljujući darežljivosti naše vlade. Ona vas hrani, ona odeva, ona vam školuje decu; za sve što danas imate zahvalite vladi, jer da nije nje, vi biste skapavali od gladi i smrzavali se po planinama. Ovo vam govorim zato da više ne vređate narod Sjedinjenih Američkih Država i njegove komisije... Vlada vas hrani, odeva i školuje decu jer želi da vas civilizuje, pomogne vam da obrađujete zemlju, živite od svog rada – jednom rečju, da *budete slični belim ljudima*[333].“

Da bi ubrzao proces kojim bi Sijui postali slični belim ljudima, Biro za indijanska pitanja je za rukovodioca ispostave Stojeća stena postavio Džejmsa Mek Laflina. Mek Laflin, ili Sedokosi kako su ga zvali Indijanci, bio je dugogodišnji službenik Biroa; a kako mu je žena bila poluindijanka iz plemena Santea, njegovi pretpostavljeni verovali su da će opunomoćenik i brzo i uspešno uništiti kulturu Sijua i zameniti je civilizacijom belog čoveka. Čim se Dosova komisija vratila u Vašington, Sedokosi Mek Laflin se bacio na posao; zanemario je Bika Koji Sedi: sva pitanja Hunkpapa rešavao je sa Čemerom, a sva pitanja Crnih Nogu sa Džonom Travom. Svaki potez Sedokosog bio je usmeren na to da se Bik Koji Sedi potisne u pozadinu i Sijuima u rezervatu Stojeća stena pokaže da njihov stari junak više ne može ni da ih vodi ni da im pomaže. Manevri opunomoćenika nisu, međutim, niukoliko umanjili ugled i popularnost Bika Koji Sedi. Svi posetioci rezervata, i oni bele i oni crvene kože, želeli su da razgovaraju sa slavnim sijuskim vođom. U leto 1883. godine, Severno-pacifička železnička kompanija proslavljala je polaganje poslednje tračnice na transkontinentalnoj pruzi i jedan od organizatora proslave došao je na sjajnu zamisao: da i neki indijanski poglavica prisustvuje svečanosti i tom prilikom pozdravi Velikog Oca i uglednce zvanice. Izbor je, naravno, pao na Bika Koji Sedi; jedan mladi oficir, koji je natucao sijuski jezik, dobio je zadatak da sa poglavicom pripremi pozdravni govor: Indijanac će govor održati na svom jeziku, a oficir će ga onda prevoditi gostima.

Bik Koji Sedi i oficir u plavom šinjelu došli su u Bizmark, na veliko slavlje, 8. septembra. Projahali su pred masom okupljenog sveta na čelu parade i onda se popeli na govornicu. Bik Koji Sedi je ustao, predstavio se i počeo da govori na sijuskom. Mladi oficir ga je slušao sa najvećim zaprepašćenjem jer je poglavica govorio sasvim drugačiji tekst: „Mrzim sve bele ljude, jer ste svi vi lopovi i lažovi. Oteli ste nam zemlju i pretvorili nas u begunce i izgnanike[334].“

Siguran u to da samo mladi oficir razume ono što govori, Bik Koji Sedi bi s vremena na vreme zastao, kao da očekuje aplauz, klanjao se i smeškao, pa nastavljao da niže najgore uvrede. A kad je završio, seo je i mesto ustupio izbezumljenom tumaču. Oficir se brzo snašao; iako je u ruci držao prevod veoma kratkog pozdravnog govora, dodao je nekolikim prigodnim frazama niz indijanskih metafora i publika je Biku Koji Sedi priredila prave ovacije. Vođa Hunkpapa postao je toliko popularan da su ga činovnici železničke kompanije poveli i na sličnu svečanost u Sent Pol.

Ministar unutrašnjih poslova pozvao je sledećeg leta Bika Koji Sedi u obilazak petnaest američkih gradova, a njegovo istupanje izazvalo je takvu senzaciju da je Vilijem Kodi (Bufalo Bil) odlučio da slavnog poglavicu uključi u svoj putujući spektakl o Divljem zapadu. Birou za indijanska pitanja se ta ponuda nije dopala, ali je zato oduševila Sedokosog koji im je najtoplije preporučio da ga puste na turneju sa Vilijemom Kodijem. Poglavica je u rezervatu Stojeća stena bio simbol otpora i neumorni branilac indijanske kulture koju je Mek Laflin trebalo da iskoreni. Sedokosi je od sveg srca priželjkivao da se njegov protivnik sa turneje nikad više i ne vrati.

Bik Koji Sedi se pridružio Bufalu Bilu i velikoj predstavi o Divljem zapadu u leto 1885. godine i proputovao s njima Sjedinjene Države i Kanadu. Sijuski vođa je mase neodoljivo privlačio. Ponekad bi se čuli uzvici „ua" i zvižduci upućeni „Kasterovom ubici", ali bi ga ti isti ljudi posle predstave obasipali metalnim novcem za fotografije sa njegovim potpisom. Bik Koji Sedi je sav zarađen novac delio gladnim dečacima u ritama koji su ga, činilo se, svuda pratili. Jednom prilikom rekao je zvezdi predstave Eni Oukli: „Ne mogu da razumem zašto su beli ljudi tako bezobzirni prema svojoj sirotinji. Beli čovek ume sve da napravi ali to što napravi ne ume da podeli sa drugima."

Po završenoj turneji, poglavica se u rezervat Stojeća stena vratio sa darovima Bufala Bila: sa velikim belim sombrerom i cirkuskim konjem koji je bio dresiran tako da na svaki hitac ispaljen iz puške legne i podigne jednu potkovanu nogu.

Bufalo Bil je 1887. godine pozvao Bika Koji Sedi na novu turneju, ovoga puta po Evropi. Poglavica je odbio njegov poziv: „Potreban sam ljudima ovde, jer opet se priča o tome kako će nam beli ljudi zaposesti zemlju[335]."

Pokušaj da se zemlja zaposedne usledio je tek godinu dana kasnije kad je iz Vašingtona došla komisija sa predlogom da se Veliki sijuski rezervat rasparča na šest manjih rezervata, a četiri miliona hektara zemlje ustupi belim naseljenicima. Članovi komisije ponudili su Indijancima dolar i pedeset centi za hektar. Bik Koji Sedi je Čemeru i Džonu Travi savetovao da ne pristanu na podvalu i zemlju ne ustupaju ni po koju cenu, a članovi komisije su mesec dana Indijance u rezervatu ubeđivali da ih poglavica pogrešno savetuje, da im prodaja zemljišta može biti samo od koristi i da će, ukoliko ugovor ne potpišu, zemlju izgubiti zauvek. Dokument su potpisala samo dvadeset dva Sijua iz rezervata Stojeća stena. Članovi komisije nisu uspeli da dobiju potpise tri četvrtine Indijanaca u ispostavama Vranin potok i Donja stanica Ispečenih; digli su ruke od daljih pokušaja, zaobišli rezervate Venac borova i Ružin pupoljak, vratili se u Vašington i vladi preporučili da Ugovor iz 1868. godine jednostavno zanemari i Indijancima zemlju oduzme bez njihove saglasnosti. Godine 1888, vlada Sjedinjenih Američkih Država još nije bila spremna da poništi taj ugovor, ali je već sledeće godine, zlu ne trebalo, učinila prvi korak ka tome. Političari su Indijancima ozbiljno zapretili: ili će veći deo rezervata prodati ili će izgubiti svu zemlju. Da bi se izbeglo kršenje Ugovora iz 1868. godine, crvenokošce je trebalo zaplašiti i naterati ih da iz straha zemlju ustupe u bescenje.

Vladini činovnici su znali da Indijanci imaju poverenja u generala Džordža Kruka; pozvali su ga na razgovor i prvo njega ubedili u to da će, ako ne pristanu na rasparčavanje zemljišta i deobu rezervata, Sijui izgubiti sve što imaju. Kruk je pristao da obrazuje komisiju i dobio ovlašćenje da Indijancima za hektar ponudi 4 dolara i 50 centi, a ne samo dolar i 50 centi koliko su im nudili njegovi prethodnici.

U pratnji dvojice objektivnih političara, Čarlsa Fostera iz Ohaja i Vilijema Vornera iz Misurija, Džordž Kruk je u maju 1889. godine otputovao u Veliki sijuski rezervat sa čvrstom odlukom da prikupi potpise tri četvrtine Indijanaca. Zapovednik Sa Tri Zvezdice ostavio je svoju plavu uniformu u Čikagu i za susret sa nekadašnjim neprijateljima obukao izgužvano sivo odelo. Za prvo većanje namerno je izabrao ispostavu Ružin pupoljak. Posle ubistva Šarenog Repa pleme Ispečeni raspalo se na manje suparničke grupe i Kruk je bio uveren da kod njih neće naići na jedinstven otpor.

Račune mu je pomrsio Medved Šuplji Rog, koji je zahtevao da se na većanje pozovu poglavice iz svih šest ispostava. „Meni su vaše namere potpuno jasne; vi hoćete da se prvo ovde obezbedite, dobijete naše potpise, a onda Indijancima u drugim ispostavama pokažete da smo mi tu vašu hartiju dodirnuli perom", rekao je prekorno generalu.

Kruk je odgovorio da po savetu Velikog Oca većaju u svakoj ispostavi posebno, zato što „u vreme prolećnih radova usevi mogu i da stradaju ako se svi Indijanci iskupe na jednom mestu i u istom trenutku."

Medved Šuplji Rog i Veliki Soko odbili su, međutim, da komisiji pruže bilo kakvu pomoć. „Ostavili ste nam samo još parče zemlje", rekao je Veliki Soko. „Nadao sam se da će na ovoj zemlji živeti i moja deca i moji unuci. A vi sad tražite od mene da sebi odsečem 'spravu' i ne pravim decu."

Žuta Kosa je na to dodao: „Ustupali smo vam zemlju, parče po parče; vi ste samo uzimali i nikada ništa niste vraćali; ovoga puta ćemo dobro razmisliti pre nego što se odreknemo i ovog što nam je još preostalo." Kruk je sve mirno saslušao i na kraju odgovorio: „Beli ljudi sa Istoka liče na ptice. Izležu se svake godine i tražeći prostora sele se na druga mesta. Dolaze ovamo, na zapad, što ste poslednjih godina i sami mogli da vidite. Dolazili su i dolaziće sve dok ne preplave celu ovu zemlju i vi tu najezdu nećete moći da sprečite... U Vašingtonu o svemu odlučuje većina; ti ljudi onda dođu ovamo na zapad i, videvši ogromnu zemlju koju Indijanci ne obrađuju i ne koriste, kažu: 'Ovu zemlju treba iskoristiti, dajte je nama'[336]."

Posle devetodnevne rasprave većina Velikoispečenih poslušala je generala Kruka i potpisala dokument. Prvi koji je dodirnuo pero bio je Vrana-Pas, ubica Šarenog Repa.

U junu je komisija otišla u rezervat Venac borova, na pregovore sa Crvenim Oblakom, koji je svoju moć iskazao na taj način što je veće opkolio sa nekoliko stotina ratnika na konjima. On i njegovi odani doglavnici energično su odbijali da potpišu ugovor, ali je članovima komisije ipak pošlo za rukom da dobiju potpise gotovo polovine Oglala. Preostale potpisnike pronašli su u ispostavama Donja stanica Ispečenih, Vranin potok i Reka Čajen. U rezervat Stojeća stena prispeli su 27. jula, svesni toga da je ona od presudnog značaja za uspeh njihove misije i da novi sporazum neće biti punovažan ako ga ne potpišu dve trećine Hunkpapa i Crnih Nogu.

Bik Koji Sedi prisustvovao je prvom većanju, ali nije progovorio ni reči. „I samo njegovo prisustvo bilo je dovoljno da stvori bedem otpora. Indijanci su slušali sa velikom pažnjom, ali je bilo očigledno da su odluku već doneli i da nas slušaju iz puke radoznalosti", rekao je general Kruk.

U ime Sijua iz rezervata Stojeća stena govorio je Džon Trava: „Dok smo imali mnogo zemlje mogli smo da je ustupamo po ceni koju ste nudili; danas zemlju moramo da čuvamo jer nam je od nje malo preostalo. Mi zemlju ne nudimo na prodaju, a vi hoćete da je kupite pošto-poto. Cena koju nam nudi Veliki Otac suviše je niska i po toj ceni zemlju nećemo prodati[337]."

Bik Koji Sedi i njegovi sledbenici nisu hteli da je prodaju ni po toj ni po bilo kojoj ceni, jer ona je, kako je to rekao Beli Grom, njima bila „najdraža na svetu".

Posle višednevnih jalovih razgovora, Kruk je shvatio da Indijance nikad neće pridobiti na skupovima. Naložio je opunomoćenika Džejmsu Mek Laflinu da sve napore usredsredi na „prijateljsko ubeđivanje u četiri oka". Ali, Bik Koji Sedi bio je nepokolebljiv. Zašto bi Indijanci prodavali svoju zemlju? Zar zato da vladu Sjedinjenih Američkih Država poštede bruke i pomognu joj da bez kršenja Ugovora iz 1868. godine ne dođu do nje?

Sedokosi Mek Laflin je onda tajni sastanak zakazao Džonu Travi. „Ubeđivao sam ga satima sve dok nije obećao da će se založiti za potpisivanje novog sporazuma", rekao je Mek Laflin. „Na kraju smo čak sastavili besedu koju će održati. Morao je da odstupi mudro i na ubedljiv način pridobije ostale poglavice[338]."

Ne obaveštavajući o tome Bika Koji Sedi, Mek Laflin je završni sastanak komisije zakazao za 3. avgust i oko većališta postavio svoju indijansku policiju u četvorokolonskoj formaciji. Džon Trava je već gotovo bio završio besedu koju mu je pripremio Džejms Mek Laflin kad je Bik Koji Sedi prokrčio sebi put kroz policijski kordon i ušao u krug većnika.

I progovorio prvi put: „Želeo bih nešto da kažem, ako nemate ništa protiv; ako imate, neću govoriti. Nas o većanju niko nije izvestio i zato smo zakasnili."

Kruk je pogledao Mek Laflina. „Da li je Bik Koji Sedi znao da ćemo danas održati većanje?", upitao je opunomoćenika.

„Znao je, gospodine", slagao je Mek Laflin i ne trepnuvši. „Sve smo obavestili, pa i njega[339]."

U tom trenutku su Džon Trava i ostale poglavice prišli stolu i dodirom pera potpisali dokument. „Slučaj" je okončan; veliki sijuski rezervat rasparčan je na ostrvca koja će ubrzo prepraviti talasi belih naseljenika. Jedan novinar upitao je Bika Koji Sedi kako se Indijanci osećaju sad kad su se odrekli zemlje.

„Indijanci"?, uzviknuo je poglavica. „Indijanci više ne postoje, preostao je još samo jedan – a to sam ja!"

U Mesecu kad trava vene (9. oktobra 1890.), godinu dana pošto je Veliki rezervat rasparčan, kod Bika Koji Sedi došao je u posetu jedan Minekonžu iz ispostave Reka Čajen. Zvao se Medved Koji Se Rita i nosio poglavici vesti o Vovoki, Mesiji Pijuta, osnivaču religije Ples aveti. On i njegov pašenog Omaleni Bik upravo su se vratili sa dugačkog putovanja u Blistave planine u kojima su tražili Mesiju. Čim je čuo za to hodočašće, Bik Koji Sedi pozvao je Minekonžua u svoj logor da bi od njega čuo nešto više o tom verskom pokretu koji se zvao Ples aveti.

Medved Koji Se Rita ispričao je sledeću priču: Pošto je jednog dana čuo glas koji mu je naređivao da ode i vidi aveti mrtvih Indijanaca koji će ponovo oživeti i vratiti se na zemlju, on i Omaleni Bik otputovali su u pratnji devet sijuskih ratnika u vagonu Gvozdenog konja daleko, vrlo daleko, u zemlju gde sunce zalazi; putovali su sve do kraja gvozdenih šina, a na poslednjoj stanici dočekala su ih dva nepoznata Indijanca, pozdravili ih kao rođenu braću i podelili sa njima hleb i meso. Na konjima, koje su dobili od tih nepoznatih Indijanaca, jahali su četiri dana i četiri noći bez predaha i petog dana stigli u logor Ljudi Koji Jedu Ribu (Pijuta), koji se nalazi u Nevadi, pored jezera Piramida.

Ljudi Koji Jedu Ribu rekli su gostima-hodočasnicima da se Isus Hristos vratio na zemlju. „Glas koji sam čuo bio je Hristov glas. On nam je naredio da odemo u zemlju Pijuta, tako nam je bilo suđeno. Ali da bismo videli Mesiju, morali smo da nastavimo put do ispostave koja se zove Jezero šetača.“

Dva dana su Medved Koji Se Rita, njegovi prijatelji i stotine drugih Indijanaca koji su govorili različitim jezicima i poticali iz različitih rezervata, čekali na obali Jezera šetača dolazak Isusa Hrista.

Veliki Mesija pojavio se trećeg dana, pred sam zalazak sunca, i Indijanci su zapalili veliku vatru da bi ga osvetlili. Medved Koji Se Rita je oduvek mislio da je Isus beli čovek i da liči na misionare, ali se tad konačno uverio da je Mesija Indijanac. Posle izvesnog vremena, Mesija je ustao i rekao okupljenom narodu: „Ja sam vas pozvao i radujem se što vas vidim. Kasnije ćemo razgovarati o vašim rođacima i prijateljima, o vašim milim i dragim, svima onima koji su umrli i nestali. Slušajte me pažljivo, deco moja! Ja od vas tražim da igru koju ovde naučite prenesete u sve rezervate i pokažete je svim Indijancima. Spremite se za veliki ples! A kad se on završi, razgovaraćemo o svemu." Mesija je zaigrao Ples aveti kome su se brzo pridružili i svi ostali. Hristos je pevao, a njegova indijanska deca su igrala sve do kasno u noć[340].

Sutradan su Medved Koji Se Rita i ostali Indijanci prišli Mesiji i zagledali ga sa svih strana; tražili su pogledom ožiljke od rana koje su mu beli ljudi zadali raspinjući ga na krst i o kojima su im misionari u rezervatu toliko pričali. Mesija je imao ožiljke na rukama i na licu, a noge mu nisu mogli videti jer je nosio mokasine. Razgovarao je sa njima celog dana i pričao im: u početku je Bog stvorio zemlju i poslao na nju svog Sina da pouči narod. Ali beli ljudi su prema Isusu Hristu rđavo postupali i na telu mu ostavili bezbroj ožiljaka. Zato se On vratio na nebo. Sada se, posle dugog vremena, rešio da u obličju Indijanca ponovo siđe na zemlju i preporodi svet. Sve će opet biti onako kako je bilo, i još mnogo, mnogo bolje.

Idućeg proleća, kad trava naraste do kolena, tle će se pokriti novom zemljom u kojoj će biti pokopani svi beli ljudi. Na toj novoj zemlji biće mnogo sveže trave i bujnog drveća i bistrih voda. I vratiće se velika stada bizona i divljih konja. Indijanci koji su igrali Ples aveti podići će se sa tla i lebdeće u vazduhu sve dok ne prođe taj talas nove zemlje. A onda će se spustiti na novu zemlju, među oživele aveti svojih predaka, i živeće na njoj sami u večnoj radosti.

Čim su posle nekoliko dana provedenih na obali Jezera šetača Medved Koji Se Rita i njegovi pratioci naučili Ples aveti, krenuli su natrag prema železničkoj stanici. I dok su oni jahali planinskim stazama, Mesija je leteo i lebdeo iznad njih pevajući im pesme nove igre. Rastao se sa njima na stanici i prethodno im rekao da se vrate u svoje rezervate i pokažu svima kako se igra Ples aveti, ples vaskrsenja. A on će, čim sledeća zima prođe,

Slika 44. *Vovoka, Mesija Pijuta. Fotografija dobijena ljubaznošću Smitsonovog zavoda za naučna istraživanja.*

Slika 45. *Medved Koji Se Rita. Fotografija Dejvida F. Berija iz Javne biblioteke Denvera.*

Slika 46. *Omanji Bik, poglavica Sijua. Fotografija Dejvida F. Berija, Javna biblioteka Denvera.*

Slika 47. *Džon Trava. Fotografija Dejvida F. Berija, Javna biblioteka Denvera.*

dovesti aveti njihovih očeva i dedova i svi će se ponovo naći na okupu i uživati u radostima novog života.

Kad su se vratili u Dakotu, Medved Koji Se Rita uveo je Ples aveti u rezervat Reka Čajen, a Omaleni Bik u rezervat Ružin pupoljak. U skupini Minekonžua poglavice Velika Noga, a ona se uglavnom sastojala od žena čiji su muževi i sinovi izginuli u bitkama sa Dugokosim Kasterom i Medveđim Kaputom Majlsom, žene su, priželjkujući povratak mrtvih ratnika, igrale dan i noć sve dok nisu izgubile svest.

Bik Koji Sedi pažljivo je slušao priču o Mesiji i Plesu aveti. On lično nije verovao da će mrtvi oživeti i da će se vratiti na zemlju, ali za Mesiju su čule i njegove Hunkpape; želele su da što pre nauče Ples aveti i igraju ga da ih Isus ne bi zaobišao i uskratio im pravo na vaskrsenje i novi život radosti. Poglavica nije imao ništa protiv toga da i njegov narod zaigra, ali načuo je da zastupnici u pojedinim rezervatima plesne ceremonije prekidaju uz pomoć vojnika. A on nije želeo da mu vojnici uplaše narod, a možda čak i pucaju u njega. Na to mu je Medved Koji Se Rita mirno rekao da se Indijancima ništa rđavo ne može dogoditi ako nose Mesijino sveto ruho, Avetinjske košulje ukrašene magijskim simbolima, jer taj oklop ni meci Plavih šinjela ne mogu da probiju.

Iako skeptičan prema novoj religiji, Bik Koji Sedi zamolio je Minekonžue da ostanu u rezervatu Stojeća stena i Hunkpape nauče Plesu aveti. U Mesecu kad lišće opada, sveti ples osvojio je sve sijuske rezervate na Zapadu i širio se kao što se pod jakim vetrom širi prerijska vatra. Uplašeni silinom tog verskog žara, činovnici Biroa za indijanska pitanja i oficiri od Dakote do Arizone i od Indijanske teritorije do Nevade bezuspešno su pokušavali da dokuče značenje nove religije sve dok početkom jeseni nisu dobili i zvanično naređenje da to ludilo uguše po svaku cenu.

„Narodu koji je bio na pragu civilizacije ništa nije moglo da naškodi više od verskog zanosa koji mu je naudio Ples aveti", rekao je Sedokosi Mek Laflin.

Ni on, a ni mnogi drugi usrdni katolici, nisu u dogmama Plesa aveti otkrili temelje ranog hrišćanstva. Dogma je bila ista, razlikovali su se samo obredi.

„Ne nanosite zlo, ne borite se i budite pravični", nalagao je Mesija. Propovedajući nenasilje i ljubav među ljudima, nova religija tražila je od Indijanaca samo jedno: da igrom i pesmom zasluže večno spasenje.

Ta igra i ta pesma uznemirile su opunomoćenike rezervata i oni su u pomoć pozvali vojne jedinice.

Nije prošlo ni nedelju dana otkako je Medved Koji Se Rita došao u rezervat Stojeća stena da bi narod Bika Koji Sedi naučio Plesu aveti, a Sedokosi Mek Laflin naredio je indijanskoj policiji da ga istera iz ispostave. Zastrašeni aurom svetosti hodočasnika, policajci su se za pomoć obratili Biku Koji Sedi, ali je poglavica odlučno odbio da sarađuje sa njima. Učitelja svetog plesa izveo je iz rezervata 16. oktobra tek sledeći, brojniji policijski odred.

Sutradan je Mek Laflin obavestio Komesara za indijanska pitanja da je sila koja se krije iza „štetnog religioznog sistema" vođa Hunkpapa i preporučio da se Bik Koji Sedi uhapsi, ukloni iz rezervata i stavi u vojni zatvor. Komesar se posavetovao sa ministrom vojske i obojica su došla do zaključka da bi hapšenje popularnog poglavice izazvalo još veći otpor.

Sredinom novembra je Ples aveti u svim sijuskim rezervatima dobio takve razmere da su u njima prestale sve delatnosti; đaci nisu išli u školu, trgovine su zvrjale prazne, a male farme potpuno opustele. Uplašeni opunomoćenik rezervata Venac borova poslao je u Vašington telegram sledeće sadržine: „Indijanci igraju po snegu i dan i noć, podivljali i pomahnitali... Molimo najhitniju zaštitu. Vođe treba pohapsiti i zatvoriti u neki garnizon dok se ovo ludilo ne stiša[341]."

Omaleni Bik je grupu svojih vernika poveo niz Belu Reku u Pustoline, a ona se za svega nekoliko dana povećala toliko da je imala i više od tri hiljade pripadnika. Ne obazirući se na zimu, oluje i vejavice, Indijanci su u svome beznađu prigrlili novu religiju, navukli Avetinjske košulje i igrali od rane zore do ponoći. Omaleni Bik je plesačima govorio da se ne plaše vojnika koji dolaze sa namerom da prekinu igru: „Njihovi konji će propasti u zemlju; jahači bez konja pokušaće da pobegnu, ali će i njih zemlja progutati[342].“

U rezervatu Reka Čajen, skupina poglavice Velika Noga imala je već šest stotina vernika-plesača ili, tačnije rečeno, vernika-udovica. A kad je njihov zastupnik pokušao da se umeša i zaustavi igru, Velika Noga poveo je narod u utočište na Dubokom potoku.

Biro za indijanska pitanja naredio je 20. novembra svim opunomoćenicima na terenu da telegrafskim putem dostave imena „podstrekača nemira“ i vođa Plesa aveti; njegovi činovnici sastavili su spisak buntovnika i poslali ga u Čikago Medveđem Kaputu Majlsu. Čim je među „podstrekačima“ video i ime Bik Koji Sedi, Majls je svu krivicu za neočekivane nerede bacio na poglavicu Hunkpapa.

Znao je, međutim, da bi hapšenje omiljenog vođe izazvalo pravu pobunu i zato je pokušao da Bika Koji Sedi izvede iz rezervata na miran način. Pozvao je u pomoć jednog od malobrojnih belih ljudi koje je poglavica voleo i u koje je imao poverenja – Bufala Bila Kodija. Bufalo Bil je pristao da poseti starog prijatelja, nagovori ga da sa njim pođe u Čikago i sastane se sa Medveđim Kaputom. (Ni danas nije utvrđeno da li je Kodi znao da će, ako zadatak uspešno obavi, dovesti prijatelja pravo u vojni zatvor.)

Bufalo Bil je otputovao u rezervat Stojeća stena, ali je opunomoćenik odbio da mu pruži bilo kakvu pomoć. Plašeći se da Kodi svojom neposrednošću ne upozori poglavicu na opasnost koja mu preti, Mek Laflin je telegramom zatražio od Biroa za indijanska pitanja da ga smesta opozove. Bufalo Bil je u mračnom raspoloženju napustio rezervat i, ne videvši Bika Koji Sedi, vratio se u Čikago.

Armija je u međuvremenu naredila svojim trupama da uđu u Venac borova i rezervat se pretvorio u bure baruta. Zato je Biro poslao iz Vašingtona nekadašnjeg opunomoćenika ispostave, doktora Velentajna Mek Gilikadija, da kao dobar poznavalac prilika u rezervatu predloži najmudrije rešenje problema. „Ja bih im dozvolio da nastave sa tim smešnim i potpuno bezopasnim plesom", rekao je Mek Gilikadi. „Dolazak trupa prestravio je Indijance. Kad subotari-adventisti pripremaju odeždu vaskrsenja u kojoj će dočekati dan drugog dolaska Spasitelja, Armija Sjedinjenih Država ne opkoljava njihove vernike i ne ometa ih u obredima. Zašto bi se onda Indijancima uskraćivalo to isto pravo? Ako se trupe na povuku iz rezervata, nevolje su neizbežne." Ali vojnici nisu uvažili njegovo mišljenje. Zapovednik tvrđave Jejts, potpukovnik Vilijem Dram, dobio je od generala Majlsa 12. decembra sledeće naređenje: „Odmah pritvorite Indijanca koji se zove Bik Koji Sedi. Da bi zadatak obavili na najbolji mogući način, obratite se za pomoć opunomoćeniku Mek Laflinu[343]."

U praskozorje 15. decembra 1890. godine, brvnaru Bika Koji Sedi opkolila je grupa od četrdeset tri Sijua u uniformama ispostavne policije. U neposrednoj blizini nalazio se konjički eskadron spreman da im, ako zatreba, priskoči u pomoć. Policijski Starešina, kako su Indijanci zvali mladog poručnika koji je predvodio odred, zatekao je Bika Koji Sedi kako spava na podu. Kad su ga probudili, poglavica je s nevericom izbuljio oči u poručnika,: „Šta ti tražiš ovde?", upitao ga je zgranuto.

„Došao sam da te uhapsim i odvedem u ispostavu", odgovorio mu je sijuski policajac.

Bik Koji Sedi se uspravio i zevnuo: „U redu. Čim se obučem, poći ću s tobom. Osedlajte mi konja."

Kad je Policijski Starešina izašao sa svojim uhapšenikom, primetio je da se ispred brvnare okupila poveća grupa vernika Plesa aveti u kojoj je bilo više od sto pedeset Indijanaca. Jedan od plesača, Ulovi Medveda, prišao je poručniku i viknuo: „Ljuto se varaš ako misliš da ćeš ga odvesti odavde!"

„Hajdemo, ne slušaj nikoga", rekao je mirno sijuski policajac svom uhapšeniku. Ali Bik Koji Sedi se opirao, pa su poručnik i narednik Crveni Tomahavk morali da ga guraju ka osedlanom konju.

U tom trenutku je plesač Ulovi Medveda strgao ćebe s leđa i potegao pušku. Pucao je u poručnika i ranio ga u slabinu. Ovaj je u padu pokušao da ubije napadača, ali je metak pogodio poglavicu. Gotovo istovremeno pucao je i narednik Crveni Tomahavk; njegov metak prošao je Biku Koji Sedi kroz glavu i ubio ga.

Na prvi pucanj, stari cirkuski konj koga je poglavici darovao Bufalo Bil počeo je da izvodi svoju tačku; legao je na zemlju, podigao nogu i nekoliko sekundi kružio njom po vazduhu; a onima koji su ga gledali činilo se da i on igra Ples aveti. Ali čim je konj završio svoju tačku i nestao u kasu, borba se rasplamsala svom žestinom; sijuskim policajcima pritekao je u pomoć konjički odred i spasao ih od istrebljenja[344].

DEVETNAESTO POGLAVLJE

Ranjeno koleno

Na zemlji više nije bilo nade, Bog kao da je bio zaboravio na nas. Jedni su govorili da su videli Sina Božjeg, a drugi da nisu videli Sina Božjeg. Da je uistinu sišao na zemlju, On bi učinio velike stvari kao što je činio i nekada. Sumnjali smo da je Bog došao, jer nismo videli ni Njega ni Njegova dela. Indijanci nisu znali šta je istina, a nisu ni marili za istinu. Njima je bila potrebna nada i oni su se za nadu hvatali kao davljenik za slamku. Urlali su kao ludi moleći Boga za milost i verovali u spasenje koje im je obećao.

Beli ljudi su se uplašili i pozvali vojnike. Mi smo se molili za svoje živote, a oni su mislili da pretimo njihovim životima. Čuli smo da dolaze vojnici. I nismo se bojali. Hteli smo da im ispričamo svoje jade i nadali se da će nam oni pomoći. Jedan beli čovek rekao je da će nas vojnici pobiti. Nismo mu verovali, ali su se neki naši ljudi na kraju uplašili i iz straha pobegli u Pustoline.

CRVENI OBLAK

DA SE NISU POTPUNO prepustili verskom zanosu Plesa aveti, Sijui bi se u svom velikom bolu i gnevu zbog ubistva Bika Koji Sedi možda i suprotstavili puškama vojnika. Bili su, međutim, tako čvrsto uvereni da će sa prvom zelenom travom beli ljudi nestati sa zemlje i da će sa na nju vratiti mrtvi rođaci i prijatelji, mili i dragi, da se nisu svetili za smrt velikog poglavice. Stotine obezglavljenih Hunkpapa i drugih Sijua bežale su iz rezervata Stojeća stena i tražile utočište u logorima vernika Plesa aveti ili u Vencu borova, kod poslednjeg živog vođe Crvenog Oblaka. U Mesecu kad jeleni zbacuju rogovlje (17. decembra) oko stotinak Hunkpapa stiglo je u logor poglavice Minekonžua Velike Noge, koji se nalazio na obali Trešnjevog potoka. Baš toga dana, Ministarstvo vojno izdalo je naređenje da se Velika Noga, čije se ime takođe nalazilo na spisku „podstrekača nereda" zarobi ili liši slobode i pritvori.

Čim je čuo da je Bik Koji Sedi ubijen, poglavica Velika Noga je sa svojim narodom krenuo ka Vencu borova sa nadom da će ih Crveni Oblak zaštititi od vojnika. Usput se razboleo od zapaljenja pluća, a kad je nastupilo krvarenje, nastavio je put ležeći u zaprežnim kolima. Približavajući se potoku Bodljikavo prase, Indijanci su 28. decembra opazili četiri konjička odreda i Velika Noga je odmah naredio da se na kolima istakne bela zastava. Oko dva sata posle podne, zbacio je ćebad natopljenu krvlju koja mu je navirala iz pluća, ustao i pozdravio se sa Semjuelom Vitsajdom, majorom Sedmog konjičkog puka. Dok je šapatom razgovarao sa Vitsajdom, crvene kapi slivale su mu se iz nosa i ledile se na usnama i bradi.

Major Vitsajd saopštio je poglavici da ga po naređenju mora sprovesti u vojni logor kod potoka Ranjeno koleno, a Velika Noga je odgovorio da se i sam uputio u tom pravcu i da narod vodi u Venac borova.

Na to je major svom izvidniku, poluindijancu Džonu Šangrou, naredio da razoruža zarobljenike.

„Slušajte, majore", rekao mu je Šangro, „ako to učinite, doći će do bitke; a ako dođe do bitke, vi ćete poubijate žene i decu, a ratnici će vam umaći."

Vitsajd se kruto držao naređenja da se Indijancima oduzmu i konji i oružje.

„Bilo bi bolje da ih odvedemo u logor i da im tek tamo oduzmemo konje i oružje", savetovao je Šangro.

„U redu", složio se na kraju Vitsajd. „Kaži poglavici da ih vodimo u logor kod Ranjenog kolena[345]."

Pošto je naredio da teško bolesnog poglavicu unesu u vojna ambulantna kola gde će mu biti i toplije i udobnije nego u rasklimatanim kolima, major je obrazovao kolonu i u maršu krenuo ka potoku Ranjeno koleno. Na čelu su jahala dva konjička odreda, za njim išla ambulantna i zaprežna kola, a iza njih Indijanci zbijeni u krdo. Pozadinu su, sa dva teška topa, štitila druga dva konjička odreda.

Kolona je u suton prešla preko poslednjeg uzvišenja i počela da se spušta niz dolinu ka Čankpe Opi Vakpala, potoku koji se zvao Ranjeno koleno. U tom decembarskom sumraku, u kome su kristali leda podrhtavali na svetlosti što je lagano gasnula, sumorni zimski pejzaž delovao je gotovo sablasno. Tu negde na obali smrznutog potoka, pokopano na skrovitom mestu, ležalo je srce Ludog Konja i vernici Plesa aveti bili su sigurni da njegov duh razdvojen od tela s nestrpljenjem očekuje dan sjedinjenja na novoj zemlji, dan koji mora doći sa prvom zelenom prolećnom travom.

U vojnom logoru na obali Ranjenog kolena vojnici su prebrojali zarobljene Indijance: sto dvadeset muškaraca i dvesta tridesetoro dece i žena. Mrak je bivao sve gušći, pa je major Vitsajd odlučio da sačeka jutro i onda razoruža svoje zarobljenike. Naredio im je da logor podignu na južnom kraju vojnog logora, podelio im sledovanja, a kako Indijanci nisu imali dovoljno koža za pokrivanje tipija, dao im i nekoliko šatora; rekao je vojnicima da u šator Velike Noge unesu peć i bolesnom poglavici poslao pukovskog lekara. Da bi onemogućio svaki pokušaj bekstva, opkolio je sijuske tipije stražom konjanika, a na vrh obližnjeg uzvišena postavio dva hočkisa, dva brzometna topa, čije su cevi bile uperene u indijanske šatore.

Kasnije je, te decembarske noći, sa istoka došao i drugi deo Sedmog konjičkog puka i ulogorio se severno od majora Vitsajda. Pukovnik Džejms V. Forsajt, koji je komandovao nekadašnjim Kasterovim pukom, preuzeo je dalje operacije u svoje ruke i majora Vitsajda izvestio da će skupinu Velike Noge ukrcati u voz na Savezno-pacifičkoj pruzi i prebaciti je u vojni zatvor u Omahi.

Pošto su pored Vitsajdovih topova postavili još dva hočkisa, Forsajt i njegovi oficiri su se opustili i uz balon viskija proslavili zarobljavanje poglavice Velika Noga.

Zarobljeni poglavica je, jedva dišući, ležao u svom šatoru, suviše bolestan da bi pobegao u san. A njegov narod se, i pored zaštitničkih Avetinjskih košulja i vere u proročanstvo novog Mesije, bojao Poni vojnika koji su ga opkoljavali sa svih strana. Četrnaest godina ranije, na reci Mali Veliki Rog, neki od tih ratnika doprineli su porazu nekih od tih belih zapovednika – Mojlana, Vermama, Volasa, Godfrija, Edžerlija – i Indijanci su se sa zebnjom pitali nije li u njihovim srcima još živa želja za osvetom.

„Sledećeg jutra zasvirala je truba", rekao je Vasumaza, jedan od ratnika Velike Noge koji je kasnije promenio ime i zvao se Đui Brada. „Vojnici su poskakali na konje, opkolili nas i rekli da se okupimo u središtu logora na razgovor posle koga ćemo svi otići u Venac borova. Poglavicu smo izneli iz tipija; sedeo je ispred šatora, okružen starijim ljudima."

Pukovnik Forsajt je Indijancima za doručak podelio dvopek i onda ih obavestio da ih mora razoružati. „Tražio je da odmah predamo puške i drugo oružje, pa smo svi prišli središtu logora i tu položili oružje na gomilu", rekao je ratnik Belo Koplje. Beli zapovednici nisu, međutim, bili zadovoljni količinom položenog oružja i naredili su vojnicima da pretraže indijanske tipije.

Slika 48. *Mrtvi poglavica Velika Noga. Fotografija napravljena na bojištu kod Ranjenog kolena, dobijena ljubaznošću Smitsonovog zavoda za naučna istraživanja, Vašington.*

„Oni su ušli u naše šatore i iz njih izašli sa zavežljajima koje su iscepali, bacajući na gomilu naše sekire, noževe i šatorske kočeve", pričao je Poglavica Pas[346].

I dalje nezadovoljni, zapovednici su ratnicima naredili da skinu ćebad i da se podvrgnu pretresu. Iako se gnev ogledao na licima svih Indijanaca, jedino je plemenski vrač Žuta Ptica otvoreno protestovao: odigrao je deo Plesa aveti i otpevao jednu od svetih pesama u kojoj je bodrio ratnike i uveravao ih da meci vojnika ne mogu probiti oklop njihovih košulja. „Meci vas neće raniti. Prerija je velika, meci će nestati u njoj i u vas se neće zariti", pevao je vrač na sijuskom jeziku[347].

Vojnici su pronašli samo dve puške; jedna, nova vinčesterka, pripadala je mladom Minekonžuu koji se zvao Crni Kojot. Crni Kojot je podigao pušku iznad glave vičući da je za nju platio velike pare i da je nikom živom neće predati. Nekoliko godina kasnije, Đui Brada setio se da je Crni Kojot bio gluv. „Da su ga ostavili na miru, i on bi svoju pušku položio na gomilu ostalih. Ali vojnici su ga ščepali i počeli da ga vuku na istočnu stranu logora. Ne shvatajući zašto to rade, mladić se opirao ali pušku ni u koga nije uperio; bio je spreman da se preda. Vojnici su pokušali da mu otmu pušku, i ona je planula. Ne znam da li je neko bio povređen, ali prasak smo svi čuli."

„Taj zvuk je više ličio na cepanje šatorskog krila", rekao je ratnik Oštro Pero, a Čovek Koji Se Boji Neprijatelja je zvuk opisao kao „prasak groma[348]."

Soko Koji Se Okreće tvrdio je da je Crni Kojot bio „mlad ali lud čovek, vrlo neodgovoran, jednom rečju ništarija" i da je on opalio iz puške; „vojnici su istog trenutka otvorili vatru i posle toga je nastalo opšte klanje[349]."

U prvim sekundama nasilja, paljba iz karabina zaglušivala je uši a vazduh bio ispunjen dimom. Među onima koji su ležali zgrčeni i umirali na zaleđenom tlu bio je i poglavica Velika Noga. I dok se zveket oružja stišavao, manje grupe Indijanaca hvatale su se ukoštac sa vojnicima i tukle s noževima, močugama i pištoljima. Oni koji su prikrili oružje dali su se u bekstvo, ali su se već u sledećem trenutku našli pod vatrom „gromkogo-vorećih" topova koji su gruvali gotovo svake sekunde raznoseći tipije letećim šrapnelima i ubijajući ljude, žene i decu.

„Pokušavali smo da pobegnemo", rekla je Luiz Lasica, „ali su vojnici pucali u nas kao da smo bizoni. Znam da postoje i neki dobri beli ljudi, ali vojnici su gadovi kad ubijaju žene i decu. Indijanci ratnici nikad ne bi pucali u belu decu."

„Potrčali smo iz sve snage, a i ja sam se pridružila onima koji su bežali", rekla je Hakiktavin, druga mlada Indijanka. „Dok smo se provlačili kroz jarugu, poginuli su mi deda, baba i brat; mene je metak pogodio u desni kuk i u desnu ruku; nisam mogla dalje, nisam mogla da hodam; a kad su me vojnici podigli, pritrčala je jedna devojčica i zavukla se pod moje ćebe[350].“

Kad se ludilo stišalo, na zemlji su ležali mrtvi ili teško ranjeni poglavica Velika Noga i više od polovine njegovog naroda; zna se da je pobijeno sto pedeset troje Indijanaca, ali su mnogi ranjenici otpuzali dalje i umrli kasnije. Po jednoj proceni, na obali Ranjenog kolena izginulo je od ukupno trista pedesetoro Indijanaca gotovo tri stotine njih. Beli zapovednici izgubili su dvadeset pet vojnika i imali trideset devet ranjenika, od kojih su većinu pogodili meci saboraca ili topovski šrapneli.

I dok su jedni vojnici sa ranjenicima na nosilima krenuli ka ispostavi Venac borova, drugi su se vratili na bojište kod Ranjenog kolena, pokupili još žive Indijance i natovarili ih na kola. A kako se pred smiraj dana spustila mećava, ostavili su mrtve tamo gde su i pali. (Kad se snežna oluja stišala, na bojište kod potoka Ranjeno koleno došli su vojnici-pogrebnici i zatekli u groteksknom položaju gomilu smrznutih leševa, među kojima i leš poglavice Velika Noga.)

Kola sa ranjenim Sijuima (četiri muškarca i četrdeset sedmoro dece i žena) stigla su u rezervat Venac borova kada se mrak već bio spustio. Sve raspoložive barake bile su pune vojnika; i dok je jedan smušeni oficir pokušavao da im pronađe kakvo-takvo sklonište, indijanski ranjenici ležali su satima na mrazu u nepokrivenim kolima. Vojnici su, konačno, u ponoć otvorili episkopsku crkvu, izneli iz nje klupe i pod zastrli slamom.

Bio je četvrti dan Božića leta Gospodnjeg 1890. A kad su prvi izrešetani i krvavi Indijanci uneti u svećama osvetljenu crkvu, oni koji su još bili pri svesti mogli su da vide grančice božićnih jelki kojima je bio okićen drveni svod. Iznad propovedaonice, na razapetom platnu, pisalo je:

MIR NA ZEMLJI, DOBRA VOLJA MEĐU LJUDIMA

Tada još nisam znao čemu je sve došao kraj. Ali kad danas sa ovog visokog brda moje starosti gledam unazad, vidim pobijene žene i pobijenu decu: leže na gomili ili razbacani po rubovima vijugave jaruge; vidim ih isto tako jasno kao što sam ih video i onda kad su moje oči bile mlade. I vidim kako je u krvavom blatu umrlo još nešto, kako je još nešto sahranjeno u mećavi. Kod Ranjenog kolena umro je i san, lep san, jednog naroda… Beočug je raskinut, seme razvejano. Mi više nemamo svoje središte, mrtvo je sveto drvo.

CRNI LOS

SAMO JE ZEMLJA VEČNA

Dobijeno ljubaznošću Biroa američke etnološke kolekcije

Starci kažu
Samo je zemlja večna.
Istinu rekoste.
Samo je zemlja večna.

Slika 49. *Crveni Oblak u starosti: „Oni su nam dali mnoga obećanja a ja svih i ne mogu da se setim a održali su samo jedno; obećali su da će nam oduzeti zemlju i tu zemlju su nam oduzeli.“ Reprodukcija iz zbirke Kongresne biblioteke. Fotografija E. S. Kertisa.*

Beleške

1 Irokvoj (Iroquois) – pravilnije od ustaljenog *Irokezi*.

2 Ekspanzionisti su smatrali da je „bogomdana dužnost Amerikanaca da svoje demokratske običaje" prošire na ceo kontinent. „Proviđenje dejstvuje u velikim razmerama i ono će postići svoje naume", pisao je jedan list, dok je jedan političar izjavio: „…napravite mesta mladom američkom bizonu – on nema dovoljno prostora… I ja vam kažem, daćemo mu Oregon za letnju hladovinu a kao zimski pašnjak područje Teksasa…" Sva ova osećanja i zahtevi sažeti su pojmom „Očita sudbina".

3 Prva sednica 49. Kongresa SAD; dokument Predstavničkog doma 263, strana 14.

4 Druga sednica 39. Kongresa SAD; izveštaj Senata 156, strana 314.

5 Zvanični zapisnik. *Rat pobunjenika* (*War of the Rebellion*), broj 1, tom 15, strana 580.

6 Izveštaj Ministarstva unutrašnjih poslova SAD 1863. godine, strane 544-5; dokument objavljen u knjigama: Lorens Keli, *Navahi saterani u krdo* (Lawrence Kelly: *Navaho Roundup*), Boulder, izdanje Pruett, 1970. godine; Džon Kremoni: *Život među Apačima* (John Cremony: *Life Among the Apaches*), San Francisko 1868. godine, strana 201.

7 Druga sednica 39. kongresa SAD; izveštaj Senata 156, strana 103.

8 Ibid, strane 108 i 116.

9 Ibid, strane 136 i 139.

10 Dokument objavljen u Kelijevoj knjizi *Navahi saterani u krdo*; Lin R. Bejli: *Dugo putovanje* (Lynn R. Bailey: *Long Walk*), Los Anđeles, 1964. godine, strana 157; izveštaj Senata 156, strana 141.

11 Izveštaj Senata 156, strane 153-4 i 255; dokument Predstavničkog doma 263, strana 15.

12 Prva sednica 49. Kongresa SAD; dokument Predstavničkog doma 263, strana 15.

13 Izveštaj Senata 156, strane 144, 157, 162-7, 174, 179, 183-4, 259-60; Lin Bejli: *Dugo putovanje*, strane 164-66; dokument objavljen u Kelijevoj knjizi *Navahi saterani u krdo*; Vilijem A. Keleher: *Nemiri u Novom Meksiku* 1846-1868. godine (William A Kelleher: *Turmoil in New Mexico* 1846-1868), Santa Fe, izdanje *Rydal Press*, 1952. godine, strana 441.

14 *Ibid.*, strane 221-2.

15 *Ibid.*, strana 223.

16 Izveštaj Biroa za indijanska pitanja iz 1867. godine, strana 190

17 Prva sednica 49. Kongresa SAD; dokument Predstavničkog doma 263, strana 15.

18 „Priča Velikog Orla o sijuskoj buni 1862. godine" („Big Eagle's Story of the Sioux Outbreak 1862"), Udruženje istoričara Minesote, izdanje *Collections*, tom VI, 1894. godine, strana 385.

19 Vilijem V. Folvel: Istorija Minesote (William W. Folwell: *A History of Minnesota*), Sent Pol, udruženje istoričara Minesote, 1924. godine, tom II, strana 232.

20 *Ibid*, strana 233. Roj V. Majer: *Istorija Sante Sijua* (Roy W. Meyer: *History of the Santee Sioux*); Linkoln, izdanje Univerziteta Nebraske, 1967. godine, strana 114.

21 „Priča Velikog Orla", strana 389.

22 „Ta-oja-te-duta nije kukavica" („Ta-oya-te-duta Is Not a Coward"), *Istorija Minesote*, tom 38, 1962. godine, strana 115.

23 „Priča Velikog Orla", strana 389.

24 Kenet Kerli: „Ustanak viđen očima crvenokožaca; tri indijanska izveštaja o ustanku" (Kenneth Carley: „As Red Men Viewed It; Three Indian Accounts of the Uprising"), *Istorija Minesote*, tom 38, 1962. godine, strana 144.

25 *Ibid.*, strane 144-5.

26 *Ibid.*, strane 145-6.

27 *Ibid.*, strana 146.

28 *Ibid.*, strana 148.

29 „Priča Velikog Orla", strana 390.

30 Ajzek V. D. Herd: *Istorija sijuskog rata* (Isaac V. D. Heard: *History of the Sioux War*), Njujork, izdanje *Harper & Brothers*, 1864. godine, strana 147.

31 Kenet Kerli: *Sijuska buna 1862. godine* (*The Sioux Uprising of 1862*), Sent Pol, udruženje istoričara Minesote, 1961. godine, strana 54.

32 Tomas Galbrajt bio je opunomoćenik rezervata, a A. Dž. Mirik, Vilijem Forbs i Luis Roberts bili su trgovci u Donjoj ispostavi.

33 Herd, strane 147-8.

34 S. R. Rigs: „Kazivanje Pola Mazakutemanea" (S. R. Riggs: „Narrative of Paul Mazakootemane"), Udruženje istoričara Minesote, izdanje *Collections*, tom III, 1880. godine, strane 84-5.

35 Herd, strane 151-2.

36 *Ibid.*, strana 150.

37 „Priča Velikog Orla", strane 398-9. Naređenje generala Siblija (Sibley) 35. Folvel, strana 182.

38 C. M. Eler: *Velika sijuska buna* (S. M. Oehler: *The Great Sioux Uprising*), Njujork, izdanje Univerziteta Oksford, 1959. godine, strana 197.

39 Rigs, strana 8.

40 Folvel, strane 202-5; Eler, strana 208.

41 Predsednik Linkoln generalu Sibliju, 6. decembra 1863. godine

42 Folvel, strana 211.

43 Herd, strana 284.

44 „Priča Velikog Orla", strane 399-400

45 Herd, strana 311.

46 Ibid, strana 312. Volter N. Treneri: „Pucanje u Malu Vranu: junaštvo ili ubistvo?" (Walter N. Trenerry: „The Shooting of Little Crow: Heroism or Murder?"), Istorija Minesote, tom 38, 1962. godine, strane 152-3.

47 Robin V. VInks: „Kanadski Zapad i građanski rat", Istorija Severne Dakote (Robin W. Winks: „The British North American West and the Civil War", North Dakota History), tom 24, 1957. godine, strane 148-51. Folvel, strane 443-50.

48 Džordž Berd Grinel: Borbeni Čajeni (George Bird Grinnell: The Fighting Cheyennes), Normen, izdanje univerziteta Oklahome, 1956. godine, strane 145-6. Džordž E. Hajd: Život Džordža Benta (George E. Hyde: Life of George Bent), Normen, izdanje Univerziteta Oklahoma, 1968. godine, strane 131-2.

49 Druga sednica 39. Kongresa SAD; izveštaj Senata 156, strane 93-94

50 Donald Dž. Bertrong: Južni Čajeni (Donald J. Berthrong: The Southern Cheyennes), Normen, izdanje Univerziteta Oklahoma, 1968. godine, strane 131-2.

51 Druga sednica 39. Kongresa SAD; izveštaj Senata 156, strana 94.

52 Ibid., strane 55-56

53 Izveštaj Ministra unutrašnjih poslova SAD 1864. godine, strane 374-5.

54 Ibid, strane 374 i 377.

55 Sten Hojg: *Pokolj kod Peskovitog potoka* (Stan Hoig: *The Sand Creek Massacre*), Normen, izdanje Univerziteta Oklahome, 1961. godine, strana 99.

56 Hajd, strana 142.

57 Druga sednica 39. Kongresa SAD; dokument Senata 26, strana 44.

58 Zvanični zapisnik. *Rat pobunjenika*, broj 1, tom 41, strana 462.

59 Druga sednica 39. Kongresa SAD; izveštaj Senata 156, strana 77.

60 *Ibid.*, strane 87-90.

61 Hajd, strana 146.

62 Betrong, strana 213.

63 Druga sednica 39. Kongresa SAD; dokument Senata 26, strana 226.

64 Druga sednica 38. Kongresa SAD; dokument Senata 142, strana 18.

65 Druga sednica 39. Kongresa SAD; dokument Senata 26, strana 25.

66 Ibid., strana 47. Druga sednica 39. Kongresa SAD; izveštaj Senata 156, strane 53 i 74.

67 Ibid., strana 66.

68 Džordž Bent – Džordžu Hajdu, 14. aprila 1906. godine, izdanje *Coe Collection,* Univerzitet Jejl.

69 Druga sednica 39. Kongresa SAD; izveštaj Senata 156, strane 66. i 73.

70 Druga sednica 39. Kongresa SAD; dokument Senata 26, strana 70.

71 Druga sednica 39. Kongresa SAD; izveštaj Senata 156, strane 73. i 96.

72 Ibid, strana 53. Betrong, strana 220.

73 Džordž Bent: „Četrdeset godina sa Čajenima" (George Bent: „Forty Years with the Cheyennes"), *The Frontier,* tom IV, broj 6, decembar 1905. godine, strana 3. Hajd, strane 152, 158-9.

74 Druga sednica 39. Kongresa SAD; dokument Senata 26, strane 73-4.

75 Hajd, strana 177.

76 Izveštaj Komesara za indijanska pitanja iz 1871. godine, strana 439.

77 Izveštaj ministra unutrašnjih poslova SAD iz 1865. godine, strane 701-11.

78 Čarls Dž. Kepler: *Indijanska pitanja, zakoni i mirovni ugovori* (Charles J. Kappler: *Indian Affairs, Laws and Treaties*), tom 2, strane 887-8.

79 Zvanični zapisnik. *Rat pobunjenika*, broj 1, tom 48, strane 1048-9.

80 Džordž Bent: „Četrdeset godina sa Čajenima", *The Frontier*, tom IV, broj 7, januar 1906. godine, strana 4.

81 Albert M. Holmen: *Krčeći put na severozapad* (Albert M. holman: *Pioneering in the Northwest*), Siju Siti, Ajova, 1924. godine.

82 Bent, strana 5.

83 Ibid.

84 Džordž Berd Grinel: *Borbeni Čajeni*, Normen, izdanje Univerziteta Oklahome, 1956. godine, strane 210-11.

85 Li Hamfrevil: *Dvadeset godina među našim neprijateljski raspoloženim Indijancima* (Lee Humfreville: *Twenty Years Among Our Hostile Indians*), Njujork, izdanje Hunter and Co., 1903. godine, strana 356.

86 H. E. Palmer: „Istorija indijanskog pohoda u oblasti Barutna reka 1865. godine", *Pregovori i izveštaji* (H. E. Palmer: „History of the Powder River Indian Expedition of 1865", Udruženje istoričara Nebraske, tom II, strana 216.

87 Džordž Berd Grinel: *Dva velika izvidnika i njihov bataljon Poni Indijanaca (Two Great Scouts and Their Pawnee Battalion)*, Klivlend, izdanje *Arthur H. Clark Co.*, 1928. godine, strana 117.

88 Ogromna ptica koja po verovanju nekih severnoameričkih Indijanaca proizvodi gromove, munje i kišu. (Prim. Prev.)

89 Džordž E. Hajd: *Život Džordža Benta*, Normen, izdanje Univerziteta Oklahome, 1968. godine, strane 239-40.

90 L. R. i En V. Hejfen: *Ratovanje u oblasti Barutna reka i Sojersova ekspedicija 1865. godine* (L. R. and Ann W. Hafen: *Powder River Campaign and Sawyers' Expedition of 1865*), Glendejl, Kalifornija, izdanje *A. H. Clark Co.*, 1961. godine, strana 97.

91 Druga sednica 40. Kongresa SAD: dokument Predstavničkog doma 97, strana 9.

92 Izveštaj Ministarstva unutrašnjih poslova SAD iz 1866, strane 206-7.

93 Džejms C. Olsen: *Crveni Oblak i sijuski problem* (James S. Olsen: *Red Cloud and the Sioux Problem*), Linkoln, izdanje Univerziteta Nebraske, 1965. godine, strana 31.

94 Prva sednica 50. Kongresa SAD; dokument Senata 33

95 Ibid., strana 18.

96 Frensis Kerington: *Moj život sa vojnicima i pokolj kod tvrđave Fil Kerni* (Frances Carrington: *My Army Life and the Fort Phil Kearny Massacre*), Filadelfija, izdanje *Lippincott*, 1911. godine, strane 291-2. Margaret Kerington: *Ab-sa-ra-ka, zemlja pokolja* (Margaret Carrington: *Ab-sa-ra-ka, Land of Massacre*), Filadelfija, izdanje *Lippincott*, 1978. godine, strane 79-80.

97 H. B. Kerington: *Indijansko pitanje* (H. B. Carrington: *The Indian Question*), Boston, 1909. godine, strana 9.

98 Prva sednica 50. Kongresa SAD; dokument Senata 3, strane 20-21.

99 Džon Koji Stoji U Šumi i Margot Liberti: *Sećanja Čajena* (John Who Stands in TImber and Margot Liberty: *Chayenne Memories*); Nju Hejven, izdanje Univerziteta Jejl, 1967. godine; strana 172.

100 Ibid., strane 174-6. Džordž Hajd: *Život Džordža Benta*, Normen, izdanje Univerziteta Oklahome, 1968. godine, strane 276-7.

101 Džejms D. Lokvud: *Život i pustolovine jednog dobošara ili Bio sam vojnik sedam godina* (James D. Lockwood: *Life and Adventures of a Drummer Boy or Seven Years a Soldier*), Olbeni, država Njujork, 1893. godine, strane 188-9.

102 Džon Dž. Nejhard: *Govori Crni Los* (John G. Neihardt: *Black Elk Speaks*), Linkoln, izdanje Univerziteta Nebraske, 1961. godine, strana 17.

103 Henri M. Stenli: *Moja prva putovanja i mladalačke pustolovine* (Henry M. Stanley: *My Early Travels and Adventures*), Njujork, izdanje Suribner's, 1895. godine, tom I, strane 201-16.

104 Luj L. Simonen: *Zapad Stenovitih planina 1867. godine* (Louis L. Simonin: *The Rocky Mountain West in 1867*), Linkoln, izdanje Univerziteta Nebraske, 1966. godine, strana 107.

105 Druga sednica 40. Kongresa SAD; dokument Predstavničkog doma 97, strana 5. Treća sednica 41. Kongresa SAD; dokument Senata 39, strane 63-66.

106 *Omaha Weekly Herald*, 10. jun 1868. godine.

107 Druga sednica 44. Kongresa SAD; dokument Senata 9, strana 38.

108 Džordž Hajd: *Život Džordža Benta*, Normen, izdanje Univerziteta Oklahome, 1969. godine, strana 253.

109 Vinfild Skot Henkok: *Izveštaji... o indijanskim pitanjima* (Winfield Scott Hancock: *Reports of... upon Indian Affairs*), 1867. godine, strane 45-6, 77.

110 *Ibid.*, strane 47.

111 Izveštaj ministra unutrašnjih poslova SAD 1867. godine, strana 311.

112 Hajd, strana 259.

113 Izveštaj ministra unutrašnjih poslova SAD 1867. godine, strana 312.

114 Henri M. Stenli: *Moja prva putovanja i mladalačke pustolovine*, Njujork, izdanje Scribner's, 1895. godine, tom I, strane 37-8; Džordž Berd Grinel: *Borbeni Čajeni*, Normen, izdanje Univerziteta Oklahome, 1956. godine, strane 250-252.

115 Druga sednica 40. Kongresa SAD; dokument Predstavničkog doma 97, strana 12.

116 Prva sednica 40. Kongresa SAD; dokument Senata 13, strane 11-12, 95 i 121.

117 Donald Bertrong: *Južni Čajeni*, Normen, izdanje Univerziteta Oklahome, 1963. godine, strana 294.

118 *Chicago Tribune*, 4. novembar 1867. godine; Daglas Džouns: *Mirovni ugovor sklopljen u Bivaku kod Vradžbenog potoka* (Douglas Jones: *The Treaty of Medicine Lodge Creek*), Normen, Univerzitet Oklahome, 1966. godine, strane 165-9.

119 Čarls Dž. Bril: *Osvajanje južnih Visoravni* (Charles J. Brill: *Conquest of the Southern Plains*), Oklahoma Siti, 1938. godine, strana 107.

120 Rendolf de Benevil Kejm: *Šeridanovi konjanici na Granici* (Randolph De Benneville Keim: *Sheridan's Troopers on the Borders*), Filadelfija, izdanje McKay, 1885. godine strana 103.

121 Izveštaj Ministarstva vojske SAD iz 1869. godine, strane 47-8.

122 *Ibid.*, strana 48; Betrong, strana 332.

123 Iz Šeridanovih dokumenata od 1. januara 1869. godine, prema navodima iz Betrongove knjige na stranama 33-4.

124 Edvard S. Elis: *Istorija naše zemlje* (Edward Ellis: *The History of Our Country*), Indijanapolis, 1900. godine, tom 6, strana 1483.

125 Izveštaj Ministarstva unutrašnjih poslova SAD iz 1870. godine, strane 672-82. Treća sednica 41. Kongresa SAD; dokument Senata 39, strana 2.

126 Artur S. Parker: *Život generala Elija S. Parkera* (Arthur S. Parker: *The Life of General Ely S. Parker*), Bafalo, država Njujork, Udruženje istoričara Bafala, 1918. godine, strane 102-3.

127 Treća sednica 41. Kongresa SAD; dokument Senata 39, strane 38-39.

128 *Ibid,* strana 39.

129 *Ibid.,* strane 40-41.

130 *Ibid.,* strane 42-44.

131 *The New York Times,* 17. juna 1870. godine.

132 Džejms S. Olson: *Crveni Oblak i sijuski problem,* Linkoln, izdanje Univerziteta Nebraske, 1965. godine, strana 127.

133 *Cheyenne Daily Leader,* Vajoming, 3. mart 1870. godine.

134 Treća sednica 41. Kongresa SAD; izveštaj Predstavničkog doma 39, strana 284.

135 Denijel E. Koner: *Džouzef Redford Voker i pustolovine u Arizoni* (Daniel E. Conner: *Joseph Reddefor Walker and the Arizona Adventure*), Normen, izdanje Univerziteta Oklahome, 1956. godine, strana 37.

136 Džejms H. Mek Klintok: *Arizona* (James H. McClintock: *Arizona*), Čikago, 1916. godine, tom I, strane 176-8.

137 Koner, strane 38-42.

138 Metak nazvan po pronalazaču, Francuzu C. E. Minijeu (1814-1879). (Prim. prev.)

139 Druga sednica 39. Kongresa SAD; izveštaj Senata 156, strane 305-6.

140 Eskiminsin nije govorio o meskalu-rakiji nego o listovima agave od kojih su, kuvajući ih u zemljanim sudovima, spravljali slatku hranljivu kašu – meskal, po kojoj su Meskalero Apači i dobili ime.

141 Izveštaj ministra unutrašnjih poslova SAD iz 1871. godine, strana 485.

142 *Ibid.,* strana 486.

143 *Ibid.,* strana 488.

144 Ibid., strana 470.

145 Ibid., strane 475-9.

146 A. N. Elis: „Sećanja na razgovor sa Kočizom, poglavicom Apača" („Recollections of an Interview with Cochise, Chief of the Apaches"), Udruženje istoričara države Kanzas, *Collections*, 1915. godine, tom 13. strane 391-2.

147 O. O. Hauard: *Kako sam živeo i šta sam doživeo među našim neprijateljski raspoloženim Indijancima* (O. O. Howard, *My Life and Experiences Among Our Hostile Indians*), Hertford, Konektikat, 1907. godine, strane 204-19.

148 Martin F. Šmit: *General Džordž Kruk* (Martin F. Schmitt: *General George Crook*), Normen, izdanje Univerziteta Oklahome, 1946. godine, strana 182.

149 Vudvort Klam: *Zastupnik Apača, priča o Džonu P. Klamu* (Woodworth Clum: *Apache Agent, the Story of John P. Clum*), Boston, 1936. godine, strane 99-100, 129.

150 Frenk Lokvud: *Pionirski dani u Arizoni* (Frank Lockwood; *Pioneer Days in Arizona*), Njujork, izdanje *Macmillan*, 1932. godine, strane 171-2.

151 Prva sednica 43. Kongresa SAD; dokument Predstavničkog doma 122, strana 173.

152 Džef C. Ridl: *Indijansko viđenje rata Modoka* (Jeff C. Riddle: *The Indian History of the Modoc War*), 1914. godine, strana 44.

153 Ibid, strane 45-46.

154 Prva sednica 43. Kongresa SAD; dokument Predstavničkog doma 122, strana 173.

155 Ibid, strana 174.

156 Ibid., strane 50-51.

157 Albert Brit: *Velike indijanske poglavice* (Albert Britt: *Great Indian Chiefs*), Njujork, izdanje *Whittlesey House*, 1938. godine, strane 235-6.

158 General Šerman generalu Kenbiju (Canby), 12. marta 1873. godine, prema navodu iz knjige *Modoci i njihov rat* Kita A. Marija (Keith A. Murray: *The Modocs and Their War*), Normen, izdanje Univerziteta Oklahome, 1959. godine, strane 156-7.

159 A. B. Mičem: *Vigvam i ratna staza* (A. V Meacham: *Wigwam and Warpath*), Boston, 1875. godine, strana 441.

160 *Ibid*, strane 444-52.

161 Prva sednica 43. Kongresa SAD; dokument Predstavničkog doma 122, strane 140-41.

162 Prva sednica 43. Kongresa SAD; dokument Predstavničkog doma 122, strana 111.

163 *Ibid.*, strane 140-41.

164 Čarls Dž. Kepler: *Indijanska pitanja, zakoni i mirovni ugovori* (Kappler Charles J., *Indian Affairs, Laws and Treaties*), tom 2, strana 980.

165 V. S. Naj: *Karabin i koplje* (W. S. Nye: *Carabine and Lance*), Normen, Univerzitet Oklahome, 1937. godine, strana 95.

166 Vilijem H. Leki: *Vojno osvajanje južnih Visoravni* (William H. Leckie: *Military Conquest of the Southern Plains*), Normen, Univerzitet Oklahome, 1963. godine, strana 113.

167 Lori Tejtam: *Naša braća crvenokošci* (Lawrie Tatum; *Our Red Brothers*), Filadelfija, Vinston, 1899. godine, strana 29.

168 Odsek za američku etnologiju – 17. godišnji izveštaj, 1895-96. godine, strana 208.

169 L. Tejtam E. Hoagu, kako to navodi Naj na stranama 173-4.

170 Naj, strana 179.

171 *Ibid.*, strana 182.

172 Leki, strana 151.

173 Odsek za američku etnologiju, 17. godišnji izveštaj, 1895-96. godine, strana 329.

174 Kapetan R. Dž. Karter: *Na granici sa Mekenzijem* (Captain R. G. Carter: *On the Border with Mackenzie*), Njujork, izdanje *Antiquarian Press*, 1961. godine, strane 355-6.

175 Izveštaj Ministarstva unutrašnjih poslova SAD iz 1872. godine, strana 516.

176 *Army and Navy Journal*, tom 10, 26. oktobar 1872. godine, strana 165.

177 Tomas Beti: *Život i pustolovine jednog kvekera među Indijancima* (Thomas Battery: *Life and Adventures of a Quaker Among the Indians*), Boston, izdanje *Lee and Shepard*, 1891. godine, strana 90.

178 Naj, strana 209.

179 *Ibid.*, strana 219.

180 Beti, strane 202-3.

181 Martin S. Geritson: *Američki bizon* (Martin S. Garretson: *The American Bison*), Njujorško udruženje zoologa, 1938. godine, strana 128. V. T. Hornedej: *Istrebljenje američkog bizona* (W. T. Hornaday: *Extermination of the American Bison*), Vašington, izdanje *Smithsonian Institution*, 1889. godine, strane 496-501.

182 V. S. Naj: *Dobre i rđave vradžbine* (W. S. Nye: *Bad Medicine and Good*), Normen, izdanje Univerziteta Oklahome, 1962. godine, strane 179-80.

183 *Ibid*, strana 182.

184 Naj, *Karabin i koplje*, strana 246.

185 Beti, strana 296.

186 Naj, *Karabin i koplje*, strana 300.

187 Mandan: pripadnik plemena Sionana Indijanaca koji su živeli u dolini reke Misuri. (Prim. prev.)

188 Njujorški *Herald*, 27. avgusta i 25. septembra 1874. godine.

189 H. Gilbert: „*Big Bat*" *Pourier*, Šeridan, Vajoming, izdanje *Mills Company*, 1968. godine, strana 43.

190 Čarls Kepler: *Indijanska pitanja, zakoni i mirovni ugovori*, tom 2, strana 1002.

191 Izveštaj Komesara za indijanska pitanja iz 1875. godine, strana 187.

192 Gilbert, strana 43.

193 Enson Mils: *Moja priča* (Anson Mills: *My Story*), Vašington, 1918. godine, strana 168.

194 Izveštaj Komesara za indijanska pitanja iz 1875. godine, strana 199.

195 Prva sednica 44. Kongresa SAD; dokument Predstavničkog doma 184, strane 10, 17-18.

196 Izveštaj ministra vojske SAD iz 1875. godine, strana 21.

197 Prva sednica 44. Kongresa SAD; dokument Predstavničkog doma 184, strane 10, 17-18.

198 Izveštaj ministra vojske SAD 1876. godine, strana 441.

199 Džon Dž. Nejhard: *Govori Crni Los* (John Neihardt, *Black Elk Speaks*), Linkoln, Univerziet Nebraske, 1961. godine, strana, 90.

200 Tomas B. Markvis: *Drvena Noga, ratnik koji se borio protiv Kastera* (Thomas B. Marquis: *Wooden Leg, a Warrior Who Fought Custer*), Linkoln, Univerzitet Nebraske, 1957. godine, strane 165 i 168; Džo de Bart: *Život i pustolovine Frenka Gruarda* (Joe de Barthe: *Life and Adventures of Frank Grouard*), Univerzitet Oklahome, 1958. godine, strana 98.

201 Hemlin Garlend: *Poslednja bitka generala Kastera, viđena očima poglavice Dva Meseca* (Hamlin Garland: *General Custer's Last Fight as Seen by Two moon*), *McClare's Magazine*, tom 11, 1898. godine, strana 444.

202 *Ibid.*, strana 445.

203 Markvis, strana 185.

204 Stenli Vest: *Bik Koji Sedi, zaštitnik Sijua* (Stenli Vestal: *Sitting Bull, Champion of the Sioux*), Normen, Univerzitet Oklahome, 1957. godine, strane 150-51.

205 Nejhard, strana 106.

206 Markvis, strana 205.

207 Odsek za američku etnologiju, 19. godišnji izveštaj 1888-89. godine, strana 564.

208 Džejms Mek Laflin: *Moj prijatelj Indijanac* (James McLaughlin: *My Friend the Indian*), Boston, izdanje *Houghton Mifflin Co.*, 1910. godine, strane 168-9.

209 Nejhard, strane 108-9.

210 *Leavenworth Weekly Times*, Kanzas, 18. avgusta 1881. godine.

211 Garlend, strana 446.

212 D. V. Robinson: *Napomene urednika uz istorijsku skicu Severne i Južne Dakote* (D. W. Robinson: *Editorial Notes on Historical Sketch of North and South Dakota*), South Dakota Historical Collections, tom I, 1902. godine, strana 151.

213 *St. Paul Pioneer Press*, Minesota, 18. jul 1886. godine.

214 Mek Laflin, strana 175.

215 Njujorški *Herald*, 24. septembra 1876. godine. T. Dž. Istervud: *Sećanja na godinu sedamdeset šestu* (T. J. Easterwood: *Memories of Seventy-Six*), Dandi, Oregon, 1880. godine, strana 15.

216 Mek Laflin, strana 175.

217 *Leavenworth Weekly Times,* Kanzas, 18. avgusta 1881. godine.

218 Odsek za američku etnologiju, 10. godišnji izveštaj 1888-89, strana 565.

219 *Leavenworth Weekly Times*, Kanzas, 18. avgusta 1881. godine.

220 Njujorški *Herald*, 16. novembra 1877. godine.

221 V. A. Greem: *Mit o Kasteru* (W. A. Graham: *The Custer Myth*), Herisberg, Pensilvanija, izdanje Stackpole Co., 1953. godine, strana 11.

222 Druga sednica 44. Kongresa SAD; dokument Senata 9, strana 5 i 13.

223 Njujorški *Herald*, 23. septembra 1876. godine.

224 Druga sednica 44. Kongresa SAD; dokument Senata 9, strana 38-40, 66.

225 De Bart, strane 157-8.

226 Mils, strane 171-2.

227 Izveštaj ministra unutrašnjih poslova SAD iz 1877. godine, strana 724.

228 Ministarstvo vojske SAD, Vojni okrug Misuri. Zapisnik o sukobima sa neprijateljski nastrojenim Indijancima, 1882. godine, strana 62.

229 Poglavica Žozef: *Mišljenje jednog Indijanca o indijanskim pitanjima* (Chief Joseph: *An Indian's Views of Indian Affairs*), *North American Review*, tom 128, 1879. godine, strana 417.

230 *Ibidi.*, strana 418.

231 Godišnji izveštaj Komesara za indijanska pitanja iz 1873. godine, broj 527.

232 Poglavica Žozef, strana 419.

233 Godišnji izveštaj ministra vojske SAD iz 1877. godine, strana 594. Lukulus V. Mek Vorter: *Žuti Vuk priča svoju priču* (Lucullus V. McWhorter: *Yellow Wolf: His Own Story*), Koldvel, Ajdaho, 1940. godine, strana 39.

234 Poglavica Žozef, strane 420 i 423.

235 *Ibid*, strana 425.

236 Poglavica Žozef, strane 420 i 423.

237 Mek Vorter, strane 120 i 132.

238 Dž. D. Šilds: *Bitka kod velike jazbine* (G. D. Shields: *Battle of the Big Hole*), Čikago, 1889. godine, strane 51-2.

239 Mek Vorter, strane 120 i 132.

240 Poglavica Žozef, strana 427.

241 Mek Vorter, strana 204.

242 Poglavica Žozef, strane 425 i 428.

243 Poručnik Vud je ubrzo izašao iz vojske; posvetio se advokaturi i pisao oglede i satirične pesme. Saznanja do kojih je došao zahvaljujući poglavici Žozefu i njegovom plemenu Probušeni Nosevi bila su od velikog uticaja na njegov kasniji

život; Vud je postao neumoran borac za socijalnu pravdu i vatreni branilac obespravljenih.

244 Izveštaj ministra vojske SAD iz 1877. godine, strana 630.

245 Poglavica Žozef, strana 432.

246 *Ibid.*

247 Tomas B. Markvis: *Drvena Noga, ratnik koji se borio protiv Kastera*, Linkoln, Univerzitet Nebraske, 1957. godine, strana 308.

248 *Ibid.*, strana 310.

249 *Ibid.*, strana 320.

250 Druga sednica 46. Kongresa SAD; izveštaj Senata 708, strana 153, 266 i 269.

251 *Ibid.*, strane 267-8, 271-2.

252 *Ibid.*, strane 146-7, 217-9.

253 *Ibid.*, strana 278. Džordž Berd Grinel: Borbeni Čajeni, Normen, Univerzitet Oklahome, 1956. godine, strana 401.

254 Grinel, strana 403.

255 C. E. Kembel: *Među crvenokošcima* (C. E. Kampbell: *Down Among the Red Men*), Udruženje istoričara države Kanzas, *Collections*, tom 17, strana 677-8.

256 Druga sednica 46. Kongresa SAD; izveštaj Senata 708, strana 241.

257 Edgar B. Bronson: *Uspomene jednog rančera* (Edgar B. Bronson: *Reminiscenes of a Ranchman*), Njujork, izdanje *McClure Companu*, 1908. godine, strane 167-9.

258 Druga sednica 46. Kongresa SAD; izveštaj Senata 708, strane 244 i 251.

259 „Obračun sa Tupim Nožem" („Liquidation of Dull Knife"), *Istorija Nebraske* (*Nebraska History*), tom 22, 1941. godine, strane 109-10.

260 Druga sednica 46. Kongresa SAD; izveštaj Senata 708, strana 242.

261 *Ibid.*, strana 249.

262 Markvis, strana 333.

263 Džejms H. Hauard: *Pleme Ponka* (James H. Howard: *The Ponca Tribe*), Odsek za američku etnologiju, bilten 195, Vašington, 1965. godine, strana 21.

264 Treća sednica 46. Kongresa SAD; dokument Senata 30.

265 *Ibid.*, strane 14-15.

266 *Ibid,* strana 15.

267 *Ibid.,* strana 31.

268 Izveštaj ministra vojske SAD iz 1877. godine, strana 493.

269 Treća sednica 46. Kongresa SAD; dokument Senata 30, strane 15 i 31.

270 Izveštaj ministra vojske SAD iz 1877. godine, strane 493-6.

271 Treća sednica 46. Kongresa SAD; dokument Senata 30, strana 16.

272 Tomas H. Tibls: *Dani jelenske kože i ćebadi* (Thomas H. Tibbles: *Buckskin and Blanket Days*), Njujork, izdanje *Doubleday*, 1957. godine, strana 197.

273 Izveštaj ministra vojske SAD iz 1879. godine, strana 78.

274 Tibls, strana 198.

275 Edison E. Šeldon: *Nebraska, zemlja i ljudi* (Addison E. Sheldon: *Nebraska, the Land and the People*), Čikago, izdanje *Lewis*, 1931. godine, tom I, strana 117.

276 SAD protiv Kruka (U. S. v. Crook), 5 Dion, 453.

277 Izveštaj ministra Vojske SAD iz 1880. godine, strane 22-5.

278 Treća sednica 46. Kongresa SAD; dokument Senata 14.

279 *Ibid.*, strana 5.

280 *Ibid.*, strane 5-6.

281 *Ibid.*, strana 13.

282 Tibls, strana 15.

283 Maršal Sprejg: *Pokolj: tragedija na beloj reci* (Marschall Sprague: *Massacre: the Tragedy at White River*), Boston, izdanje *Little Brown*, 1957. godine, strana 92.

284 Izveštaj ministra unutrašnjih poslova SAD iz 1873. godine, strane 465-79.

285 Izveštaj ministra unutrašnjih poslova SAD iz 1879. godine, strana 124.

286 Druga sednica 46. Kongresa SAD; dokument Predstavničkog doma 83, strana 66.

287 Izveštaj ministra unutrašnjih poslova SAD iz 1879. godine, strane 124-5. Pol Velman: *Smrt na konju* (Paul Wellman: *Death on Horseback*), Filadelfija, izdanje *Lippincott*, 1947. godine, strana 217.

288 Sprejg, strana 157.

289 *Ibid.*, strana 163.

290 Izveštaj ministra unutrašnjih poslova SAD iz 1879. godine, strana 84.

291 Druga sednica 46. Kongresa SAD; dokument Predstavničkog doma 84, strana 68.

292 *Ibid.*, strane 53-4.

293 Sprejg, strana 176.

294 Druga sednica 46. Kongresa SAD; dokument Predstavničkog doma 84, strane 7-8.

295 Druga sednica 46. Kongresa SAD; dokument Predstavničkog doma 38, strana 199.

296 Izveštaj ministra unutrašnjih poslova SAD iz 1879. godine, strane 91-92.

297 Izveštaj ministra vojske SAD iz 1879. godine, strana 9.

298 Druga sednica 46. Kongresa SAD; dokument Predstavničkog doma 38, strana 193.

299 Druga sednica 46. Kongresa SAD; dokument Predstavničkog doma 83, strana 72.

300 Izveštaj ministra unutrašnjih poslova SAD iz 1879. godine, strane 92-3.

301 Druga sednica 46. Kongresa SAD; dokument Predstavničkog doma 83, strana 62.

302 Ibid., strana 63.

303 Druga sednica 46. Kongresa SAD; dokument Predstavničkog doma 38, strana 14.

304 Izveštaj ministra unutrašnjih poslova SAD iz 1879. godine, strana 94.

305 Robert Emit: *Poslednja ratna staza; Jute i naseljavanje Kolorada* (Robert Emmit: *The Last War Trail; the Utes and the Settlement of Colorado*), Normen, Univerzitet Oklahome, strane 234-5.

306 Druga sednica 46. Kongresa SAD., izveštaj Predstavničkog doma 83, strana 3.

307 Britn Dejvis: *Istina o Džeronimu* (Britton Davis: *The truth about Geronimo*), Čikago, izdanje *Lakeside press*, 1951. godine, strana 48.

308 Vudvort Klam: *Zastupnik Apača: priča o Džonu P. Klamu*, Boston, izdanje *Houghton Mifflin*, 1936. godine, strana 198.

309 S. M. Berit: *Džeronimo priča o svom životu* (S. M. Berrett: *Geronimo's Story of His Life*), Njujork, izdanje *Duffield & Company*, 1907. godine, strane 131-2.

310 Izveštaj ministra vojske SAD iz 1877. godine, strana 134.

311 Den L. Trep: *Osvajanje apačerije* (Dan L. Thrapp: *The Conquest of Apacheria*), Normen, Univerzitet Oklahome, 1967. godine, strana 179.

312 Izveštaj ministra vojske SAD iz 1883. godine, strane 159-165.

313 Džejson Betsines, u saradnji sa V. S. Najom: *Borio sam se rame uz rame sa Džeronimom* (Jason Betzinez: *I Fought with Geronimo*), Herisberg, Pensilvanija, izdanje *Stackpole Companu*, 1959. godine, strana 116.

314 Trep, strana 290.

315 Džon Dž. Berk: *Apački pohod na Sijera Madre* (John G. Bourke: *An Apache Campaign in the Sierra Madre*), Njujork, izdanje *Charles Scribner's Sons*, 1958. godine, strana 114.

316 Betsines i Naj, strana 122.

317 Prva sednica 51. Kongresa SAD; dokument Senata 88, strana 12.

318 *Ibid.*, strana 11. Betsines i Naj, strana 129.

319 Prva sednica 51. Kongresa SAD; Dokument Senata 88, strane 16-17.

320 Džordž Kruk: *Kratak pregled vojnih operacija protiv Apača od 1882. do 1886. godine* (George Crook: *Résumé of Operations Against Apache Indians, 1882 to 1886*), Omaha, Nebraska, 1886. godine, strana 12.

321 Betsines i Naj, strana 135. Berit, strana 139. Prva sednica 51. Kongresa SAD; dokument Senata 83, strana 33.

322 Odi B. Fok: *Džeronimov pohod* (Odie B. Faulk: *The Geronimo Campaign*), Njujork, Univerzitet Oksford, 1969. godine, strane 125-6.

323 Stenli Vestl: *Bik Koji Sedi, zaštitnik Sijua* (Stanley Vestal, *Sitting Bull, Champion of the Sioux*), Normen, Univerzitet Oklahome, 1957. godine, strana 215.

324 Izveštaj ministra unutrašnjih poslova SAD iz 1877. godine, strane 723-5.

325 *Ibid.*, strane 726-7.

326 Kanada: debate u Donjem domu; sednica 1878. godine, strane 353-4.

327 Džon Dž. Nejhard: *Govori Crni Los*, Linkoln, Univerzitet Nebraske, 1961. godine, strana 159.

328 De Bart: *Život i pustolovine Frenka Gruarda*, Normen, Univerzitet Oklahome, 1958. godine, strana 248.

329 Prva sednica 48. Kongresa SAD; izveštaj Senata 283, strana 137.

330 *Ibid.*, strane 135-6, 149.

331 Ibid., strane 139, 143 i 158.

332 *Ibid.*, strane 71-2.

333 *Ibid.*, strane 79-81.

334 Kejt E. Glaspel: *Događaji u životu jednog pionira* (Kate E. Glaspell: *Incidents in the Life of a Pioneer*), North Dakota Historical Quaterly, tom 8, 1941. godine, strane 187-8.

335 Vestl, strane 251 i 255.

336 Prva sednica 51. Kongresa SAD; dokument Senata 51, strane 52, 58 i 65.

337 *Ibid.*, strane 21 i 203.

338 Džejms Mek Laflin: *Moj prijatelj Indijanac,* Boston, izdanje Houghton Mifflin Co., 1910. godine, strana 285.

339 Prva sednica 51. Kongresa SAD; dokument Senata 51, strana 213.

340 Odsek za etnologiju, 14. godišnji izveštaj za 1892-3. godinu, drugi deo, strana 795.

341 Džejms Olson: *Crveni Oblak i sijuski problem* (James Olson, *Red Cloud and the Sioux Problem*), Linkoln, Univerzitet Nebraske, 1965. godine, strana 326.

342 Odsek za američku etnologiju, 14. godišnji izveštaj za 1892-3. godinu, drugi deo, strana 789.

343 Izveštaj Komesara za indijanska pitanja iz 1891. godine, strana 333.

344 Martin F. Šmit i Di Braun: *Borbeni Indijanci američkog Zapada* (Martin F. Schmitt and Dee Brown: *Fighting Indians of the West*), Njujork, izdanje *Scribner's*, 1948. godine, strana 335. Robert M. Jutli: *Poslednji dani sijuskog naroda* (Robert M. Utley: *The Last Days of the Sioux Nation*), Nju Hejven, Univerziete Jejl, 1963. godine, strana 159.

345 Robert M. Jutli: *Poslednji dani sijuskog naroda* (Robert M. Utley, *The Last Days of the Sioux Nation*), Nju Hejven, Univerzitet Jejl, 1963. godine, strana 195.

346 Džejms H. Mek Gregor: *Pokolj kod Ranjenog kolena sa stanovišta preživelih* (James H. McGregor: *The Wounded Knee Massacre from the Viewpoint of the Survivors*), Boltimor,

Merilend, izdanje *Wirth Brothers,* 1940. godine, strane 105, 118 i 134.

347 Jutli, strana 210.

348 Mek Gregor, strane 106, 109 i 126.

349 Izveštaj Odseka za američku etnologiju, 14. godišnji izveštaj za 1892-3. godinu, drugi deo, strana 885.

350 Mek Gregor, strane 111 i 140.

O autoru

Detinjstvo i ranu mladost Di Braun je proveo u logorima drvoseča i na petrolejskim poljima američkog jugozapada. Radio je kao štampar, novinar i knjižar; objavio je sedamnaest knjiga, većinom publicističkih, u kojima se bavi istorijom američkog zapada.

Di Braun je opsednut tragedijom američkih Indijanaca još od dečaštva, od onih dana kada je, dakle, shvatio kakva ih je zla sudbina zadesila. Knjigu *Sahranite mi srce kraj Ranjenog kolena* napisao je posle dugogodišnjih istraživanja, nastojeći da sva svedočanstva sredi, poveže i prenese verno i nepristrasno.

Diplomirao je na Univerzitetu „Džordž Vašington" i na Univerzitetu države Ilinoj, gde i danas predaje.

Laguna Klub čitalaca

Postanite i Vi naš član!

Sva obaveštenja o učlanjenju i članskim pogodnostima možete pronaći na sajtu **www.laguna.rs** ili ih dobiti u našim klubovima:

BEOGRAD
Resavska 33
Knez Mihailova 48
Terazije 38
Makedonska 12
Bul. kralja Aleksandra 92
Bul. kralja Aleksandra 146
Stanoja Glavaša 1
TC Zira, Ruzveltova 33
RK Beograd Miljakovac,
Vareška 4
Požeška 118a
TC Aviv Park, Živka
Davidovića 86
TC Stop Shop, Bratstva i
jedinstva 2g
TC BIG FASHION,
Višnjička 84

NOVI BEOGRAD
Bulevar Mihajla Pupina 181
Immo Outlet centar,
Gandijeva 21

ZEMUN
Glavna 20

NOVI SAD
Zmaj Jovina 12
BIG Shopping Center,
Sentandrejski put 11

NIŠ
Voždova 4
TC Stop Shop, Bulevar
Medijana 21g
Obrenovićeva 3

PANČEVO
BIG Shopping Center,
Miloša Obrenovića 12

KRAGUJEVAC
Kralja Petra I 12

GORNJI MILANOVAC
Vojvode Milana 4

VALJEVO
Kneza Miloša 31

JAGODINA
Vivo Shopping Park,
Vuka Bojovića bb.
„Til", Kneginje Milice 83

POŽAREVAC
Stari Korzo 2

KRUŠEVAC
Vidovdanska 89

KRALJEVO
Omladinska 37

UŽICE
Trg Svetog Save 46

SMEDEREVO
Karađorđev dud 2e

VRŠAC
Trg Sv. Teodora
Vršačkog 5

SREMSKA MITROVICA
Trg Svetog Stefana 32

ZRENJANIN
TC Aviv Park, Bagljaš
Zapad 5
„Teatar", Trg Slobode 7

SUBOTICA
Korzo 4
TC Stop Shop,
Segedinski put 88

ČAČAK
Gradsko šetalište bb.

ŠABAC
Gospodar Jevremova 18

ZAJEČAR
„Kaligraf", Svetozara
Markovića 26

LAZAREVAC
TC Stop Shop, Železnička bb.

LESKOVAC
Bul. oslobođenja 89

SOMBOR
Kralja Petra I 18

BANJA LUKA
„Kultura"
TC Emporium,
Jovana Dučića 25
TC Konzum, Aleja Svetog Save 69
Kralja Petra I
Karađorđevića 83
Delta Planet,
Bul. srpske vojske 8

BIJELJINA
„Kultura"
TC Emporium,
Trg kralja Petra I 1

TUZLA
„Kultura", TC Bingo City Center,
Mitra Trifunovića Uče 2

SARAJEVO
„Kultura"
Alta Shopping Center,
Franca Lehara 2
TC Importanne,
Zmaja od Bosne 7

PODGORICA
„Narodna knjiga"
Novaka Miloševa 12
TC Bazar, Blaža Jovanovića 8
City Mall, Cetinjski put bb.

NIKŠIĆ
„Narodna knjiga",
TC Laković, Bulevar 13. jul

Laguna

Posetite nas na internetu!

www.laguna.rs

Na Laguninom sajtu nalaze se informacije o svim našim izdanjima, mnogi zanimljivi podaci o vašim omiljenim knjigama i piscima, intervjui, prikazi knjiga. Možete da čitate besplatne odlomke iz svih naših izdanja, ali i da se zabavite učestvujući u nagradnim igrama koje svakodnevno organizujemo i dobijete knjige na poklon. Naravno, na sajtu možete da nabavite naša izdanja po najpovoljnijim cenama kao i da se učlanite u Lagunin klub čitalaca.

Laguna na društvenim mrežama

Saznajte prvi najnovije informacije o akcijama ili svojim omiljenim knjigama i piscima tako što ćete pratiti objave na našoj *Fejsbuk* stranici, prijaviti se na naš *Jutjub* kanal, pratiti naše tvitove ili objave na *Instagramu*.

 laguna.knjige   laguna_knjige

 lagunaknjige   IPLaguna

Di Braun
SAHRANITE MI SRCE KRAJ RANJENOG KOLENA

Za izdavača
Dejan Papić

Urednik
Srđan Krstić

Lektura i korektura
Saša Novaković, Dragoslav Basta

Slog i prelom
Igor Škrbić

Dizajn korica
Lidija Šijačić

Tiraž
1500

Beograd, 2019.

Štampa i povez
SD Press, Smederevo

Izdavač
Laguna, Beograd
Resavska 33
Telefon: 011/3341-711
www.laguna.rs
e-mail: info@laguna.rs

CIP – Каталогизација у публикацији
Народна библиотека Србије, Београд

821.111(73)-321.6

БРАУН, Ди, 1908–2002
    Sahranite mi srce kraj Ranjenog kolena : Indijanci o istoriji
američkog zapada / Di Braun ; prevela Gordana Velmar-Janković. -
Beograd : Laguna, 2019 (Smederevo : SD Press). - 515 str. : ilustr. ;
20 cm
    Prevod dela: Bury my heart at wounded knee / Dee Brown. - Tiraž
1.500. - O autoru: str. [516]. - Napomene: str. 493–515.
    ISBN 978-86-521-3460-1
    COBISS.SR-ID 279098892